高等职业教育教学改革融合创新型教材 · 旅游类

旅游目的地国家概况

Lüyou Mudidi Guojia Gaikuang

杨 薇 主 编
张 岚 卢 夕 朱 牧 副主编

东北财经大学出版社
Dongbei University of Finance & Economics Press
大连

图书在版编目（CIP）数据

旅游目的地国家概况 / 杨薇主编. —大连：东北财经大学出版社，2024.5

（高等职业教育教学改革融合创新型教材·旅游类）

ISBN 978-7-5654-5178-2

Ⅰ.旅… Ⅱ.杨… Ⅲ.旅游地-概况-世界 Ⅳ.F591

中国国家版本馆CIP数据核字（2024）第054877号

东北财经大学出版社出版

（大连市黑石礁尖山街217号 邮政编码 116025）

网 址：http://www.dufep.cn

读者信箱：dufep@dufe.edu.cn

大连天骄彩色印刷有限公司印刷 东北财经大学出版社发行

幅面尺寸：185mm×260mm 字数：463千字 印张：20.5

2024年5月第1版 2024年5月第1次印刷

责任编辑：魏 巍 吉 扬 责任校对：刘贤恩

封面设计：原 皓 版式设计：原 皓

定价：55.00元

教学支持 售后服务 联系电话：（0411）84710309

如有印装质量问题，请联系营销部：（0411）84710711

前言

“旅游目的地国家概况”是高等职业教育旅游类专业的核心课程之一，在培养旅游类高素质人才方面发挥着重要的作用。我国是世界上最主要的旅游客源国和接待国之一，在“旅游+”新业态下，旅游从业者只有熟悉我国主要目的地国家和地区的经济发展、民风民俗、旅游文化资源等内容，才能为游客提供高标准的食住行游购娱全程陪同服务，从而促进我国旅游业的高质量发展。鉴于此，在坚持为党育人、为国育才、全面提高人才自主培养质量的理念下，编写团队在总结多年来旅游类专业理论与实践教学经验的基础上，以学生为主体，以市场需求为导向，以提高学生实践能力为目标，与时俱进、去芜存菁，编写了《旅游目的地国家概况》这本教材。

本书内容丰富，实践性和知识性强，主要特点如下：

1.以价值引领落实立德树人根本任务

党的二十大报告指出：“坚守中华文化立场，提炼展示中华文明的精神标识和文化精髓，加快构建中国话语和中国叙事体系，讲好中国故事、传播好中国声音，展现可信、可爱、可敬的中国形象。加强国际传播能力建设，全面提升国际传播效能，形成同我国综合国力和国际地位相匹配的国际话语权。”这是我们党在增强中华文明传播力影响力工作上的明确要求。本书在开篇介绍了改革开放以来我国旅游业功能定位的不断变化，即从外事接待转变为拉动内需、推动经济增长，从为国创汇发展为国民经济战略性支柱产业。我国从旅游大国向旅游强国迈进，逐渐实现依法兴旅、依法治旅和依法强旅，引导学生坚定中国特色社会主义道路自信、理论自信、制度自信、文化自信。同时，本书全面落实习近平新时代中国特色社会主义思想和党的二十大精神，设置“育德启智”栏目，体现了中国和世界各国的友好合作、亲诚惠容、以邻为伴、文明交流互鉴等理念，展现可信、可爱、可敬的中国形象，激发学生厚植爱国主义情怀，把爱国情、强国志、报国行自觉融入坚持和发展中国特色社会主义、全面建成社会主义现代化强国、实现中华民族伟大复兴的奋斗之中。

2.以校企共育模式实施产教融合理念

本书是校企合作教材，由优秀的双师型教师和旅游企业专家在了解旅游行业发展趋势和旅游企业对人才需求的基础上，共同编写而成。其中，教师负责提供目的地国家的素养知识和教学方法，企业专家负责提供旅行社岗位的实践案例和旅游行业经验。双方共同制定教材大纲和学习目标，明确教材内容和学习重点，对教材进行审查，确保教材内容准确、实用。如此校企共育教材更贴近实际岗位需求，使学生能够更好地了解旅游行业的发展趋势和企业对人才的需求，进而提高实践能力和就业竞争力；同时，校企双方的资源和优势得到充分利用，从而提高了教材的质量和效果。另外，考虑到“1+X”书证融通的需要，本书在编写过程中融入了导游资格证书、研学旅行策划与管理职业技能等级证书（EEPM）等考试内容，助力学生考取证书，优化职业生涯发展路径。

3.以项目任务设计革新形式与内容

本书对标教育部最新发布的高等职业教育旅游类专业教学标准，面向旅游业、“旅游+”新业态的导游、计调、营销、咨询、服务等岗位群，以培养能够从事旅游咨询、旅游产品策划、旅游数字营销等工作的高素质技术技能人才为目标，创新传统教材简单罗列知识点的模式，以“模块—项目—任务”为主线安排章节内容，包括6个模块、29个项目，共27个国家。每个模块下都设计了“模块小结”“我的习得与思考”等栏目，每个项目下都设计了“学习目标”“对应岗位”“情景描述”“任务清单”“知识要点”“职场模拟演练”等栏目，不仅使学生全方位了解了目的地国家的概况，而且使学生明确了每个知识点的设置是基于什么岗位的何种业务，从而使学习内容更加清晰明确。

4.以信息化配套资源打造沉浸式学习氛围

本书充分运用现代信息技术，打造丰富的配套教学资源，包括“遇见世遗”“旅游贴士”“在线测评”“拓展阅读”二维码资源，以及教学课件、课程标准和课程教学计划等。学习者通过扫描书上的二维码或者登录东北财经大学出版社网站，即可获取相关学习资源，从而打造沉浸式学习氛围。

本书由辽宁现代服务职业技术学院杨薇副教授任主编，辽宁现代服务职业技术学院张岚副教授、天域（沈阳）商务国际旅行社有限公司总经理卢夕和辽宁和平国际旅行社出入境经理朱牧任副主编。具体编写分工如下：杨薇编写模块一至模块四，张岚编写模块五至模块六，卢夕和朱牧负责核对全书有关旅游线路及部分旅游资源的内容。全书由杨薇统纂定稿。

《旅游目的地国家概况》一书得以付梓，得到了东北财经大学出版社的支持与帮助，同时编者也参考和借鉴了学界和旅游行业诸多学者和专家的成果，在此一并表示感谢。

因时间和编者水平所限，恐有不足与疏漏之处，恳请专家和读者斧正。

编　者

2023年11月

目　录

数字资源目录

模块一
世界及中国旅游业

项目一 世界旅游业及世界旅游区

◎ 学习目标

知识目标：

•了解世界旅游业的发展历程。

•熟悉世界旅游市场的格局。

能力目标：

•能够介绍不同时代旅游业的发展历程。

•能够概括说明世界旅游市场各分区的基本特征。

素养目标：

•培养学生对国际旅游市场前沿的关注。

•提高学生的旅游服务意识和服务水平。

任务1 车上讲解

任务导入

对应岗位：领队

情境描述：一名游客坐在飞奔的旅游巴士上，一边感叹现代交通技术的发达，出国也可以实现朝发夕至，一边感叹地球上有那么丰富的旅游资源，这可比古代帝王的出行惬意多了。由此聊到了古人的出行和旅游方式，作为领队，这个话题不可不接，这也可以展示领队的讲解服务能力。

任务清单：

1. 车上讲解时向游客普及世界旅游业发展的历程；
2. 古代出行或旅游的方式与现代的不同。

知识要点

世界旅游业的发展历程

一、古代旅游

据史料记载，世界旅行最早出现在古埃及、古巴比伦、古印度、中国等四大文明古国。古埃及建立了以法老为首的中央专制政权，修建了许多金字塔，宏伟而神秘的金字塔吸引了无数旅行者前来观光、朝拜，从而使古埃及成为世界最早的旅游胜地。公元前8世纪，古希腊、古罗马兴起，宗教旅行和商业旅行的规模逐渐扩大，古希腊成为世界宗教圣地和旅游胜地。此后，随着波斯帝国、阿拉伯帝国的强盛，从帝国首都出发，西至小亚细亚，东至印度边境，交通四通八达，驿馆驿舍星罗棋布，舟车辐辏，商旅游客络绎不绝，频频奔走于中亚、中国、印度、东非诸国。中世纪以后，欧洲开始复兴，商贸旅行再次盛行，意大利人马可·波罗及其游记为最有力的历史见证。马可·波罗穿越两河流域，经伊朗高原和帕米尔高原来到中国，先后在中国旅行17年，足迹几乎踏遍了中国南北各地及周边邻国，其巨著《马可·波罗游记》详细记载了中亚、西亚、东南亚等地区的风土人情，盛赞东方特别是中国的繁荣与富庶，激发了西方各国对东方世界及新大陆的好奇和向往之心。此后，哥伦布、达·伽马相继开辟世界新航线，密切东西往来，引发了新一轮的更大规模的世界旅行活动。总体说来，此阶段的世界旅游属于自发、萌芽性质，旅行主体仅限于王亲、贵族、士子或商人等一些特殊身份的群体，出游规模较小，旅行范围较窄。

二、近代旅游

18世纪中叶的产业革命把人类推向近代旅游的新阶段。1769年英国人詹姆斯·瓦特发明的蒸汽机标志着近代工业革命的开始，带动了铁路等交通方式的改进，使人类长距离、快速的旅行成为可能。同时，高效的工作、丰厚的收入和低廉的旅行费用给人们创造了外出旅行的有利条件。1841年7月5日，英国人托马斯·库克利用包租火车的方式组织了570多人从莱斯特前往拉巴夫勒参加禁酒大会。这次活动被公认为世界第一次商业性旅游活动，被称为近代旅游及旅游业开端的标志。他还创办了世界上第一家旅行社——托马斯·库克旅行社，即通济隆旅行社。

三、现代旅游

第二次世界大战以后，具有普及化、大众化特征的现代旅游业开始迅速发展。1945年后，世界各国普遍进入持续稳定的发展和增长时期，国际环境相对稳定，科学技术高速发展。收入的大幅提高、带薪假期的逐渐延长、生活和消费观念的改变、交通运输方式的进步使人们的旅游欲望高涨，旅游条件日益优化，现代旅游业得到了蓬勃发展。从1950年开始，世界旅游业每年以超过6.5%的速度增长。1950年，国际旅游接待游客数量为2 500万人次，国际旅游收入为21亿美元；1984年，国际旅游接待游客数量达3亿人次，国际旅游收入达到1 000亿美元；2000年，国际旅游接待游客数量增长到6.99亿人次，国际旅游收入增加到4 758亿美元。预计2023年全球旅游（包括国内旅游和入境旅游）接待游客数量为107.8亿人次，全球旅游总收入（包括国内旅游收入和入境旅游收入）为5万亿美元。世界旅游业呈持续快速增长之势。

职场模拟演练

模拟本任务情境描述中的场景，领队在飞机上或车上的讲解中穿插有关“旅游业发展历程”的介绍。

任务2　提供咨询服务

任务导入

对应岗位：旅行社前台接待人员

情境描述：在某旅行社前台，一位客人正在咨询前台工作人员，表示自己想出境旅游，但是没有确定旅游目的地，想让工作人员根据经验帮忙推荐一下。

任务清单：

1. 了解世界五大旅游区的自然旅游资源和文化旅游资源；
2. 了解世界五大旅游区的旅游市场。

知识要点

世界五大旅游区概况

一、世界五大旅游区旅游市场概况

全球旅游可分为五大区域，即欧洲、美洲、亚洲及太平洋（简称亚太）、非洲、中东。近年来，全球旅游格局呈现三分天下的态势。从旅游总收入方面来看，亚太、美洲、欧洲分别占32%、31%和30%；就旅游总人次而言，亚太占比最高，占66%以上，欧洲和美洲都接近15%。

与此同时，五大区域的特点有明显不同。欧洲是全球入境旅游的高地，2018年欧洲接待了全球一半多（51.3%）的入境旅游者，但占比有所下降，这与欧洲国家数量众多而面积、人口规模较小有一定关系；欧洲的入境旅游收入在全球的占比下降得更为显著，从超过50%下降到不足40%。亚太地区已经成为全球旅游的新星。亚太地区的入境旅游与国内旅游实现双增长，且其旅游收入占地区生产总值的比例在全球名列首位。其国内旅游人次增速遥遥领先于其他地区，同时接待了全球22.7%的入境旅游者。更加值得关注的是，相比其他地区而言，旅游对亚太地区经济的发展更为重要，并且越来越重要。美洲地区基本稳定，非洲和中东地区则占比很小。非洲旅游业起步晚、基础差、发展缓慢。1950年，非洲接待国际入境旅游的游客只有50万人次，占世界总数的2%；2017年，非洲接待国际旅游者占世界总数的4.74%。非洲大多数国家经济较落后，一些地区社会动荡、自然灾害严重，影响了旅游业的发展，但非洲旅游资源丰富，因此发展前景广阔。中东地区的旅游业长期受该地区战争和恐怖活动的影响，起伏不定，发展缓慢。1960年，中东地区接待国际入境旅游的游客数量达到63万人次，占世界总数的0.9%；国际旅游收入0.89亿美元，占世界总额的1.3%。2017年，中东地区接待国际旅游者占国际旅游者总数的比重为4.39%。中东地区旅游业能否实现快速发展，关键在于中东地区能否保持社会稳定，实现和平发展。

二、世界五大旅游区的旅游资源

（一）欧洲旅游区

欧洲，全称欧罗巴洲，三面环海，气候温暖湿润，西部沿海为温带海洋性气候，南部为地中海式气候。南部有纵贯东西的阿尔卑斯山脉，平原广布，河湖众多，自然旅游资源丰富。欧洲在地理上习惯分为北欧、东欧、中欧、西欧和南欧。

欧洲居民中99%属欧罗巴人种，因此欧洲是种族构成比较单一的一个洲，信奉基督教的人口约占65%，还有部分人口信奉伊斯兰教和犹太教。欧洲历史悠久，古希腊、古罗马及基督教文化源远流长，资本主义发展最早，经济最发达，古建筑、博物馆比比皆是，城堡、宫殿和教堂堪称欧洲“三绝”，是世界人文景观中的绚丽奇葩。欧洲是购物天堂，经济发达，城市密布，旅游商品琳琅满目。

（二）美洲旅游区

美洲全称亚美利加洲，西临太平洋，东临大西洋，纵贯南北半球，从热带到寒带各种气候类型都有，气候复杂多样，西部纵贯南北的科迪勒拉山系高大雄伟。南美的巴西高原是世界最大的高原，亚马孙平原是世界最大的平原，拥有世界最大的热带雨林区。本区河湖众多，亚马孙河是世界流量最大的河流，密西西比河是世界第四长河，北美的五大湖是世界最大的淡水水域，被誉为“北美地中海”。自然旅游资源丰富多彩。在地理上，通常将美洲划分为北美洲和南美洲。

本区的居民大都是英、法等欧洲国家移民的后裔，其次是印第安人、黑人和混血人种，主要信基督教。本区的原有居民是印第安人，保留有众多的古迹，如墨西哥的金字塔、秘鲁的马丘比丘古城等。美洲的经济发展非常不平衡。北美是世界经济最发达的地区之一，拉丁美洲则为发展中地区。自20世纪70年代以来，拉丁美洲经济发展速度较快，巴西、墨西哥、阿根廷、委内瑞拉、智利、哥伦比亚和秘鲁等国，已建立起相对完善的工业体系或工业基础。

（三）亚太旅游区

亚太地区通常是指亚洲地区和太平洋沿岸地区，本书涵盖的范围包括亚洲和大洋洲。

亚洲是亚细亚洲的简称，是世界上面积最大的洲。亚洲在地理上习惯分为东亚、东南亚、南亚、西亚、中亚和北亚。大洋洲（Oceania）即大洋中的陆地，是世界上面积最小、人口最少的洲。亚太地区东临太平洋，西南临印度洋，地跨南北半球，气候复杂多样。各种地形齐全，高山、高原、沙漠、平原广布，有世界海拔最高的高原——青藏高原，也有世界海拔最高的山脉——喜马拉雅山脉。河湖众多，著名的大河有长江、黄河等。同时，本区岛屿众多，礁石、沙滩、珊瑚、红树林绚丽多彩，自然旅游资源丰富。

亚洲居民多属黄种人，其次为白种人。大洋洲居民中70%以上是欧洲移民的后裔，当地土著居民约占20%。本区历史悠久，各民族和各种习俗相互交织，形成了独特的风景。

（四）非洲旅游区

非洲，全称阿非利加洲，面积约占世界陆地总面积的20%。非洲西临大西洋，东临印度洋，北隔地中海与欧洲相望，赤道穿过中部，南北气候对称，降水偏少，气温偏高，被称为“热带大陆”。地形多高原，被称为“高原大陆”，有广袤的热带草原和沙漠，撒哈拉沙漠横贯非洲北部，是世界最大的沙漠。野生动物丰富，有“天然动物园”之称。

本区居民主要是黑种人（约占2/3）和白种人。北部居民多信奉伊斯兰教，其他地区居民多信奉原始宗教、基督教新教和天主教。非洲历史悠久，文化独特，绝大多数国家属于发展中国家。从世界旅游分区来看，非洲一般不包括埃及。

（五）中东旅游区

中东包括西亚的大部分和非洲的埃及。中东联系亚、欧、非三大洲，沟通大西洋和印度洋，自古以来是东西方交通枢纽，战略位置极为重要。除以色列、塞浦路斯外，其他中东国家都是伊斯兰国家。除土耳其、黎巴嫩等国外，大多数国家国民经济以开采原油和炼油为主，是世界上最大的石油输出地。与丰富的石油资源形成鲜明对比的是，中东的水资源匮乏。中东气候干燥，河流稀少，还有大面积没有河流的沙漠地区。水资源匮乏严重影响中东人民的生产和生活。随着人口增长、经济发展，中东水资源紧缺日趋严重。

拓展阅读1-1

全球旅游业拥抱可持续发展

本区是两大世界文明（古埃及、古巴比伦）的发源地之一，也是基督教、伊斯兰教和犹太教的发源地。丰富而独特的民俗风情和宗教文化古迹、海滨、沙漠、死海等奇特的自然景观，形成了神秘而诱人的旅游目的地。

职场模拟演练

在线测评1-1

世界旅游业

模拟本任务情境描述中的场景，以前台接待人员的身份为潜在客源提供周到的咨询服务。依据世界五大旅游区的旅游资源和旅游市场的特点，以及游客的兴趣、时间和经济条件等，帮助推荐旅游目的地。

项目二　中国旅游业及中国出境旅游

◎　学习目标

知识目标：

•了解中国旅游业从改革开放至今的发展情况。

•熟悉中国旅游业出现的“旅游+”新业态。

•了解我国出境游市场现状。

•熟悉我国出境游市场产品优化提质的方向。

能力目标：

•能够把握旅游业的发展趋势，为游客提供标准化和个性化服务。

•能够立足旅游新业态和出境旅游市场现状，研发优质出境游产品。

素养目标：

•培养学生关注旅游业前沿的主动学习意识。

•培养学生的守正创新精神。

任务1　旅游产品研发设计依据

任务导入

对应岗位：旅游线路产品研发人员

情境描述：某旅行社计调在和经理汇报工作时提到，一些线路产品总是没有流量，收不满游客；一些线路产品同质化很高，没有特色，游客只是一味在比较价格；还有一些线路产品的游客满意度不是很高……经理应如何回答？

任务清单：

1. 了解中国旅游业从改革开放至今的发展情况；

2. 了解中国旅游业出现的“旅游+”新业态。

知识要点

中国旅游业的发展概况

一、中国旅游业发展沿革

总体来说，改革开放以来，中国旅游业的发展大致历经了以下几个阶段：

（一）政府主导产业培育阶段（1979—1998年）

1979年，中国旅游业迈出历史性步伐，逐步从外交事业转向经济产业，走出了一条先入境、后国内、再出境的特色发展道路。改革开放初期，国内旅游仅有小规模公务差旅，不存在严格意义上的出境游。由外事接待转轨而来的旅游业，承载着为国创汇的光荣使命，形成了入境旅游一枝独秀的市场格局。

在旅游业发展初期，受接待能力不足、消费条件不充分等因素限制，旅游对经济的拉动作用并未显现，直至20世纪90年代初期，我国开始认识到旅游业对扩大消费与拉动经济增长的重要性，为满足入境市场需求而快速建设起来的基础设施也具备了服务国内客源的能力。1995年实施的“双休日”制度和1999年的“黄金周”政策，促使国内假日旅游出现井喷，国内旅游市场就这样从无到有、由小到大发展起来。日渐增长的内生性消费需求与入境旅游共同构成了中国旅游业发展的两个基础支撑。1998年，中央经济工作会议明确提出将旅游业确定为国民经济新的增长点。

旅游业功能与定位的转变推动了行政管理体制改革，政策创新的重点转到产业体系培育上来。1985年，国务院提出了“政企分开、统一领导、分级管理、分散经营、统一对外”的体制管理原则，使我国旅游业从行政管理转变为行业管理，从直接管理转变为间接管理，同时明确了这一时期旅游发展的指导方针，即“要从只抓国际旅游转变为国际、国内旅游一起抓；从主要搞旅游接待转变为开发、建设旅游资源与接待并举；从以国家投资为主建设旅游基础设施转变为国家、地方、部门、集体、个人一起上，自力更生与利用外资一起上”，有效促进了各类资本向旅游业的聚集，标志着我国旅游业进入全面构建旅游产业体系的新阶段。1985年，国务院发布我国旅游业第一部行政法规《旅行社管理暂行条例》，为各类市场主体规范发展提供了法律保障。1987年，《旅游涉外饭店星级的划分与评定》标准颁布，标志着我国旅游业标准化工作的开始。1995年，全国旅游标准化技术委员会成立，带动了整个旅游服务业标准化的建设，促进了产业整体水平的提升。中国旅游产业体系的培育完成了从计划到市场、从封闭走向开放的渐变过程。

纵观改革开放后的前20年，在经济发展水平较低、基础设施不完善、市场经济发育水平不高的特殊国情下，旅游业依靠政府主导的发展战略，取得了前所未有的发展成就。政府管理也完成了从集中解决供给问题、满足入境市场需要到拉动内需、撬动国内市场、培育市场主体的职能转变。

（二）政府引导产业重构阶段（1999—2012年）

跨入21世纪后，随着经济的高速增长和人们生活需求的日益丰富，强劲的国民旅游需求驱动旅游业不可逆转地走进大众旅游时代。旅游业的战略地位不断提升，行业管理进入法治时代，政府放弃直接干预，更加强调宏观调控作用。

从20世纪末在相关政策刺激下国民旅游需求的有效释放，到2009年《国务院关于加快发展旅游业的意见》明确强调以国内市场为基础，再到2011年国务院常务会议决议将5月19日确立为“中国旅游日”，大众旅游时代悄然到来。2011年，我国国内旅游的游客数量达26.4亿人次，是1999年的3.7倍；国内旅游总收入1.93万亿元，是1999年的6.8倍。作为国民旅游需求升级与延伸的出境游，其人数连续15年保持两位数以上的增长，在2011年突破7 000万人次，是2000年的7倍。截至“十一五”末期，我国已成为世界第三大入境旅游接待国和第四大出境旅游消费国，并形成了全球最大的国内旅游市场，旅游业进入大众化、产业化发展的新阶段，最终形成“入境旅游势头不减、出境旅游强势发展及国内旅游成为绝对主角”的三大旅游市场协调发展的新局面。

顺应大众旅游时代日趋多元的旅游需求，旅游市场主体进入了政府引导、资本驱动的快速成长期。产业体系的培育完成了从单一到综合的发展过程，主要表现为国有旅游企业的改革、重组和民营旅游企业的市场化成长。随着企业规模的扩大、经营能力的提升，部分有实力的旅游企业陆续上市，市场主体进入了产融结合的新阶段。

旅游需求的快速释放与市场主体全面建设的背后，是旅游业不断提升的战略定位。2001年，国务院《关于进一步加快旅游业发展的通知》中指出："树立大旅游观念，充分调动各方面的积极性，努力扩大旅游发展规模，进一步发挥旅游业作为国民经济新的增长点的作用。"2006年，《中国旅游业发展"十一五"规划纲要》明确提出，要把旅游业培育成为国民经济的重要产业。2009年12月，《国务院关于加快发展旅游业的意见》（国发〔2009〕41号），明确提出要"把旅游业培育成为国民经济的战略性支柱产业和人民群众更加满意的现代服务业"，标志着旅游业正式进入了国家战略体系。旅游业成为衡量人民群众生活水平的重要指标、服务业的龙头和幸福产业之首。

随着市场主体的丰富完善，旅游行业管理的重点也随之变化，以旅行社和饭店行业为重点向大旅游、大市场、大产业方向转变，一系列行业性管理规章和办法出台，推动旅游管理向纵深发展。为了保障大众旅游权利，规范完善旅游市场环境，2009年《国务院关于加快发展旅游业的意见》指出：要抓紧旅游综合立法，加快制定旅游市场监管、资源保护、从业规范等专项法律，不断完善相关法律法规。全国人大正式启动立法程序，实现历史性突破，对旅游业产生了深远的影响。

（三）文旅融合高质量发展阶段（2013年至今）

2013年，《中华人民共和国旅游法》开始施行，国民旅游权利被写入法律并得到充分保障，旅游市场秩序进一步规范，也标志着中国旅游业进入了全面依法兴旅、依法治旅、依法强旅的新阶段。2015年，习近平总书记首次提出供给侧结构性改革，为旅游业的调整、优化、转型、升级指明了方向。2016年，全国旅游工作会议提出将"全域旅游"作为新时期的旅游发展战略，打破了传统的"好山好水好风光，圈山圈水收门票"的旅游开发模式，强调"主客共享"的发展理念。2017年，作为全球最大的国内旅游市场，我国国内旅游50亿人次，出境旅游1.3亿人次，这意味着旅游已从少数人的享受变成老百姓的日常生活，大众旅游正在从初级向中高级阶段快速演变。

2018年，国家机构改革，文化和旅游部的组建更为旅游业发展带来重要历史机遇。旅游业始终与国家战略相向而行，在脱贫攻坚、乡村振兴、刺激消费、投资就业等领域发挥了重要作用，成为全面深化改革的重要抓手和新常态下经济增长的重要引擎。在文旅融合发展的新时期，文化和旅游部逐步明确了"宜融则融，能融尽融；以文促旅，以旅彰文"的工作思路，旅游业更承载着弘扬我国优秀传统文化、红色革命文化和社会主义先进文化，讲好中国故事、将美丽中国推向世界的时代任务。党的十八大以来，我国先后完善了以《旅游法》《国民休闲纲要》《"十三五"旅游业发展规划》为代表的制度框架，形成了旅游市场秩序综合治理体系。

2021年12月，《"十四五"旅游业发展规划》印发，明确指出到2025年，旅游业发展水平不断提升，现代旅游业体系更加健全，旅游有效供给、优质供给、弹性供给更为丰富，大众旅游消费需求得到更好满足。国内旅游蓬勃发展，出入境旅游有序推进，旅游业国际影响力、竞争力明显增强，旅游强国建设取得重大进展。文化和旅游深度融合，建设一批富有文化底蕴的世界级旅游景区和度假区，打造一批文化特色鲜明的国家级旅游休闲城市和街区，红色旅游、乡村旅游等加快发展。旅游创新能力显著提升，旅游无障碍环境建设和服务进一步加强，智慧旅游特征明显，产业链现代化水平明显提高，市场主体活力显著增强，旅游业在服务国家经济社会发展、满足人民文化需求、增强人民精神力量、促进社会文明程度提升等方面作用更加凸显。展望2035年，旅游需求多元化、供给品质化、区域协调化、成果共享化特征更加明显，以国家文化公园、世界级旅游景区和度假区、国家级旅游休闲城市和街区、红色旅游融合发展示范区、乡村旅游重点村镇等为代表的优质旅游供给更加丰富，旅游业综合功能全面发挥，整体实力和竞争力大幅提升，基本建成世界旅游强国，为建成文化强国贡献重要力量，为基本实现社会主义现代化作出积极贡献。

2022年，党的二十大报告中也提出要“建好用好国家文化公园。以文塑旅、以旅彰文，推进文化和旅游深度融合发展”。

拓展阅读1-2

全面融入国家战略 添彩人民美好生活

40多年的改革开放，见证了国民在全球范围内自由行走，见证了旅游市场的高速增长，也见证了旅游业在国家战略中的责任担当。未来，旅游业的高质量发展，需要坚持“以人民为中心”的发展理念，需要所有从业者以“更多的国民旅行，更高的品质分享”为己任，需要提高全行业的创新发展、全社会的广泛参与，建设高度集约型的世界旅游强国。

二、“旅游+”新业态

从2018年开始，以改革开放40周年为重要标志，中国旅游迈入了跨界融合中国旅游新时代，这个时代的突出特征是“旅游+”。旅游通过跨界，与文化、健康、农业、体育、生态、研学等融合发展，形成众多新兴业态。

（一）全域旅游

1.全域旅游的内涵。全域旅游是在一定区域内，以旅游业为优势产业，通过对区域内经济、社会资源，尤其是旅游资源、相关产业、生态环境、公共服务、体制机制、政策法规、文明素质等进行全方位、系统化的优化提升，实现区域资源有机整合、产业融合发展、社会共建共享，以旅游业带动和促进经济、社会协调发展的新的区域协调发展理念和模式。

全域旅游是我国新时代的旅游发展战略，完成了九个转变，一是从单一景点景区建设和管理向综合目的地统筹发展转变；二是从门票经济向产业经济转变；三是从导游必须由旅行社委派的封闭式管理体制向导游依法自由有序流动的开发式管理体制转变；四是从粗放低效旅游向精细高效旅游转变；五是从封闭的旅游自循环向开放的“旅游+”融合发展方式转变；六是从旅游企业单打独享向社会共建共享转变；七是从景区（景点）围墙内的“民团式”治安管理、社会管理向全域旅游依法治理转变；八是从部门行为向党政统筹推进转变；九是从仅是景区（景点）接待国际游客和狭窄的国际合作向全域接待国际游客，最终实现从小旅游格局向大旅游格局的转变。

2.全域旅游的特征。全域旅游具备全域配置资源、全域统筹规划、全域协调管理、全域开展“旅游+”、全域共享共建五个基本特征。

（1）全域配置资源，注重全社会各类发展资源及公共服务的高效配置，既宜游又宜居，“处处是风景，处处可旅游”。例如，植树造林不仅要具备水土保持、荒山绿化功能，还要有休闲度假功能和审美游憩价值。

（2）全域统筹规划，使景区（景点）内外协调一致，以旅游者的体验为中心，以让旅游者满意到极致为目标，按照全区域景区化的建设和服务标准，从整体上优化环境、从全局上美化景观，优化旅游服务全过程。

（3）全域协调管理，按照综合执法和综合产业发展需求，创新全域治理体系，提高治理能力，实现全域综合管理。充分发挥政府引领作用，充分发挥市场配置资源的决定性功能。

（4）全域开展“旅游+”，促进旅游和相关产业的深度融合，催生新的生产力和竞争力。利用旅游业拉动力、融合力强的特性，为相关产业的发展提供平台，以产生新的业态，提升其综合价值和发展水平。

（5）全域共享共建。全域旅游的理念是要让全区域的社区居民都成为主人和服务者，使他们从局外人和旁观者变为受益者和参与者，自觉把自己作为旅游环境建设的一分子，树立主人翁意识，增强整体旅游意识和提高文明素质。

（二）智慧旅游

1.智慧旅游的概念。智慧旅游是利用云计算、物联网等新技术，通过互联网或移动互联网，借助便携的移动终端上网设备，感知旅游资源、经济、活动和旅游者等方面的信息并及时发布，让人们能够及时了解这些信息，及时安排和调整工作与旅游计划，从而达到对各类旅游信息智能感知、方便利用的效果，并通过便利的手段实现更加优质的服务。

2.智慧旅游的发展趋势。智慧旅游有着广泛的应用前景，它不仅引领世界旅游的发展潮流，成为现代服务业与科技结合的典范，还可以改进平台管理、增强竞争优势，满足旅游者的个性需求。

（1）引领世界旅游发展潮流。智慧旅游以人文、绿色、科技创新为特征，利用云计算、物联网、高速通信技术等信息高科技提升旅游服务质量，改进服务方式，改变人们的旅游消费习惯与旅游体验。

（2）打造现代服务业科技典范。智慧旅游建设是我国旅游业由传统服务业向现代服务业转变的突破口，借助智慧旅游示范城市、产业园区、示范企业的建设，进行智慧旅游装备制造、智慧旅游应用软件、智慧旅游经营发展模式等方面的探索和建设，以提高我国旅游业的科技含量，增强我国旅游创新能力，提升我国旅游服务质量和国际竞争力，使我国旅游业发展成为信息含量高、知识密集的现代服务业的典范。

（3）建设旅游管理创新平台。智慧旅游需要有智慧旅游系统应用平台的支撑。智慧旅游系统应用平台作为一个信息集成系统，收集景区物联网的监控信息，通过虚拟数据中心的云计算系统，传输到云计算中心，在云计算中心完成信息计算与处理，再返回虚拟数据中心。虚拟数据中心的系统平台提供分析结果，供管理者进行旅游信息决策，使景区管理更加高效、合理。

（4）满足旅游体验个性化需求。智慧旅游发展的直接受益者是旅游者。智慧景区也将提供多元化、个性化的服务，旅游者能够根据自己的需要选择性消费。旅游者借助虚拟辅助系统能够全面、直观、深入地进行旅游体验。旅游者与智慧景区系统不断地进行信息互动，进而使景区服务形式和消费内容不断创新，旅游者每次到来都有不同的体验和感受，从而乐于重复消费。

（三）乡村旅游

1.乡村旅游和农业旅游。乡村旅游是指以各种类型的乡村为背景，以乡村文化、乡村生活、乡村环境和乡村风光为旅游吸引物而进行的兼有观光、休闲、体验性质的活动。农业旅游是利用农林牧渔等农业形态发展旅游，休闲农业和观光农业都是农业旅游的子类，两者有交叉。农业旅游占乡村旅游相当大的部分。乡村旅游还包括农民的居住环境、农村的生活、农村的生态环境等。乡村旅游和农业旅游的区别表现在：乡村是和城市相对的概念，但是农业在很多城市存在，城市可以搞都市农业；所有的农业旅游未必都在农村，但是乡村旅游都在乡村。

2.中国乡村旅游的特点。中国乡村旅游至少应当包括以下三个特点：

第一，为提升乡村旅游的品位及丰富性，乡村旅游需要具备特色鲜明的乡村民俗民族文化。

第二，为便于展示“住农家屋、吃农家饭、干农家活、享农家乐”的民俗特色，乡村旅游需要以农民为经营主体。

第三，为满足城市居民享受自然风景、体验淳朴民风民俗的愿望，乡村旅游的目标市场主要定位为城市居民。也就是说，乡村旅游的核心和焦点是乡村性，其发展的主体空间在乡村，发展的要素是农民、农业和农村建设，发展的内涵不仅仅包括设施和景观，还体现为乡村文化的传承和体验。

（四）体育旅游

当下，体育旅游已成为一个全球性的文化现象，体育旅游作为旅游产业和体育产业交叉融合又相互渗透的一个新领域，是以体育资源为基础，吸引人们体验体育活动和大自然情趣的一种新的旅游形式。

1.体育旅游的概念。广义的体育旅游，是指以体育资源为载体，体育旅游参与者在从事体育健身、体育休闲、体育探险，观看体育赛事，参与体育活动和体育文化交流时与旅游地、旅游景区、旅游企业之间关系的总和。体育旅游是一项专业性较强且具有一定风险的旅游活动。狭义的体育旅游，是指以体育资源为载体，以观看、参与（体验）体育运动项目为主要目的、有组织的旅游活动。

2.体育旅游的类型。根据体育运动项目特点、社会属性、参与程度和参与者的个人喜好，体育旅游可分为六类：

（1）休闲健身类体育旅游。其特点是让游客能放松心情、与大自然融为一体，享受运动带来的愉快与欢乐，同时达到健身的目的，如徒步、钓鱼、放风筝、漂流、溯溪、露营等。

（2）观看比赛类体育旅游。参与者把对不同体育项目的爱好、对体育明星的喜好和体育赛事的精彩场面融入整个活动当中，从而达到精神上的满足，如观看奥运会、世界杯足球赛、F1汽车大奖赛、环法自行车赛、亚运会、全运会等。

（3）参加体育赛事类体育旅游。此类旅游者出游的主要目的是前往目的地作为运动员、裁判员、随队工作人员参加有组织的体育赛事，如参加奥运会、世界杯足球赛等。他们在比赛期间或比赛结束后参加赛事主办城市的旅游观光活动。

（4）参观体育胜地类体育旅游。此类旅游者出游的主要目的是前往目的地参观自己心中景仰的体育胜地，如参观奥林匹克总部、北京鸟巢等。

（5）探险刺激类体育旅游。其对参与者要求较高，风险较大，但是能让参与者感受到勇敢、无畏、精彩、刺激，如攀岩、蹦极、溶洞探险、潜水、野外生存、登山、滑翔、跳伞等。

（6）教育类体育旅游。如拓展项目、中小学生夏令营等。

（五）康养旅游

随着2016年《国家康养旅游示范基地》标准的出台，康养旅游作为一种新型旅游方式，逐步进入大众视野，“健康+旅游”产业融合模式得到快速发展。此后，各部门先后推动康养旅游示范基地、健康旅游示范基地、中医药健康旅游示范基地等的建设，康养旅游迎来发展良机。

1.康养旅游的概念。依据《国家康养旅游示范基地》标准，康养旅游是通过养颜健体、营养膳食、修身养性、关爱环境等各种手段，使人在身体、心智和精神上都达到自然和谐的优良状态的各种旅游活动的总和。

2.康养旅游的类型。康养旅游的类型包括以下五种：

（1）生态养生型：以生态资源为依托，借助体验、观光、学习相关文化等手段，实现修身养性的状态。

（2）运动休闲型：以旅游目的地或其周边的运动资源或者大型的运动活动为依托开展旅游活动。以参与运动或者观赏体育赛事为主要内容，同时以配套的休闲、养生设施和项目为辅助，达到增进游客身体健康的目的。

（3）休闲度假型：为游客提供休闲娱乐设施和个性化的康养旅游服务。游客通常利用闲暇时间参与该类型康养旅游的活动，通过体验、参与进而实现与自然环境的亲近，提高身体和心灵的享受与放松程度。

（4）医疗保健型：以实现疾病预防与身体康养为目的，依托旅游目的地的医疗保健设施和机构，利用当地的医疗保健资源吸引游客到旅游目的地进行医疗护理、医疗保健、体检、康复等活动。

（5）文化养生型：旅游目的地具有浓郁的养生文化，可使游客对其进行挖掘，并以旅游目的地的自然生态环境和自然资源为依托，充分整合资源与文化，提高生活质量，达到养生的目的。

（六）文化旅游

经济合作与发展组织（OECD）指出，“文化旅游”已成为全球规模最大、发展最快的旅游市场之一。文化创意产业越来越多地被用作竞争策略与工具，以此提升旅游目的地的吸引力。目前，很多地区正在积极开发有形和无形的文化资产，在全球化的形势下创造地方特色，为到访者创造差异化的旅游体验。

1.文化旅游的定义。从概念上，文化旅游可被定义为“人们离开其常居地前往文化景点，意图收集新的信息和体验文化来满足他们的文化需求”。从旅游产品开发或体验设计上来看，一般而言，文化旅游可被分为三类：一是参观具有价值的遗址、建筑物或欣赏艺术品；二是体验与日常生活相关的休闲与生活方式、习俗、美食等；三是观赏或参与演出、节庆等活动。

2. 文化旅游未来发展策略。

（1）大力开发文化旅游资源，合理化开发。要进行深入挖掘、重点开发、科学规范，走差异化发展道路。任何一个文化旅游的形态，其整合能力越强，特色就越鲜明，文化个性就越突出，这样才能吸引游客，产生轰动效应和更好的经济效益。景区应当树立“人无我有，人有我特”的文化旅游特色概念，用独特的文化底蕴，提升其价值。

（2）完善配套设施建设，不断革新。景区应当充分考虑餐饮、交通等景点配套设施的建设。针对商业化，景区应该进行合理整合，突出景区的文化底蕴，尽量做到少而精，让商业化和文化旅游主题完美融合；加大力度解决用地困难现象，要懂得利用荒山、垃圾场、废区进行建设，做到废物利用。

（3）加大开发资金的投入，大力推动民营企业的发展。政府应该针对文化旅游业进行大力投资，促进其发展。同时政府要引导金融产业支持文化产业发展，进行金融产品创新，支持我国民营文化旅游企业的发展；要积极引导民间资金进入文化旅游产业，鼓励社会资本进入文化旅游产业，要让民间企业能够看见市场前景，进而吸引民间投资。

职场模拟演练

在线测评 1-2

中国旅游业

旅游新业态中呈现出了全域旅游、智慧旅游、乡村旅游、康养旅游、体育旅游和文化旅游等形式，选择其中一个，说说在进行标准化旅游产品设计和服务时应着重考虑哪些方面的内容。

任务2　旅行社计调相关业务

任务导入

对应岗位：计调

情境描述：如今，游客在旅游过程中更看重旅游产品的体验与品质，这就要求境内组团社和旅游目的地在平等对待中国游客的基础上，提供更多高品质的产品。

任务清单：

1. 了解我国出境游市场的现状。

2. 了解我国出境游产品优化提质的方向。

知识要点

中国出境游市场现状与展望

一、中国出境游市场现状

中国出境游市场呈现大且升、稳又变的局面。也就是说，巨大的旅游市场规模与稳定结构并存，旅游目的地呈现满意度持续提升和小特征轮动的趋势。2019年，中国公民出境旅游达到1.55亿人次，比上年同期增长3.3%，中国继续保持世界第一大出境旅游客源国地位。

（一）出境旅游市场呈现大且升、稳又变的局面

中国出境旅游的稳定性主要体现在目的地流向和分布结构上。在总体稳定的结构下，出境目的地、客源地、出境市场和商业模式创新等方面持续出现“小特征”嬗变。该变化既有市场需求影响下的被动变化，也有产业求强创新带来的主动变化。

2023年上半年，接待中国游客市场份额前10位的出境旅游目的地分别是：中国香港、中国澳门、日本、泰国、法国、韩国、澳大利亚、加拿大、英国、新加坡。从总体上看，中国出境目的地表现出“大热带、小热点”，“热带”稳定，“热点”活跃。国内出境游人次排名前十的城市依次为：深圳、上海、广州、北京、杭州、佛山、东莞、珠海、成都、武汉。自由行、新跟团游等出境游市场变迁和对应商业模式的创新正在从越来越多“小”的方面重塑当前的中国出境旅游业。众多的“小”正在汇聚成不可忽视的“大”，这可能也是当下我们时代最激动人心的重要变化。

（二）出境旅游更加便利

中国经济持续增长、人均可支配收入增加、交通日益便利、签证环境改善等因素使得中国出境旅游保持快速增长的势头。以签证环境持续改善为代表的旅游便利化，正在消除政策和心理障碍；新航线的开发和铁路业的发展，使得跨境交通网络不断优化；出境旅游的市场辐射范围持续增长，提升了客源地游客产出能力；适应中国游客习惯而提供的中文标识、中式服务和越发便利的目的地支付等一系列便利因素，让中国出境旅游市场处于最好的时代。

中国旅游市场呈现更加激烈的竞争和更多元的梦想。除了市场主体的激烈竞争，目的地间的竞争也烽烟四起，使积极、友善和精细成为关键词。境外各旅游目的地和出境游相关企业开始更加关注并挖掘中国游客的旅游需求，努力帮助中国游客实现他们的多元梦想，为中国游客量身打造贴心的“欢迎中国”服务。

（三）出境游客既“从众”也“自由”

中国出境游客既“从众”也“自由”。“从众”表现在，初次出境旅游者众多，跟团游依然是许多人的第一选择。“自由”表现在，越来越多的出境游客倾向于自由行，与跟团游几乎势均力敌。影响出境游客选择旅行社的主要因素包括：旅行社诚信度、品牌知名度、朋友推荐与否、服务态度、收费标准、旅行社规模、旅行社网站、广告宣传等。

随着游客对旅游品质追求的不断提高，低品质的跟团游产品正在逐步被淘汰。在消除人数多、自由度低、不灵活、服务差、购物多、不能满足个性化需求等痛点的进化中，小团化、个性化、主题化和高品质的“新”跟团游产品正在获得旅游者的更多认可。

二、中国出境游市场展望

（一）我国出境游市场仍需时间才能恢复高峰

与从复苏快速转入繁荣的国内旅游市场相比，出境游市场仍需时间才能恢复高峰。我国对几乎所有ADS（被批准的旅游目的地国家）放开了旅行社经营团队旅游和“机票+酒店”业务。与世界贸易和投资一样，旅游业的全球供应链正在“重组”而非“回流”，旅游产业供应链重新构建难度较大。此外，国际政局动荡，各国出入境政策不时变化，也为出境游市场带来压力。

（二）我国出境游市场将有序发展，把提升文化软实力和旅游影响力作为发展目标

读万卷书、行万里路，自古以来就是中华民族的优良传统，出国旅游尤为人们所向往。随着我国国力的增强和政策的优化，中国公民出境游市场将继续扩容。有序发展出境游，既能满足人民对美好生活的向往，也能有效提升旅行服务商、品牌运营商和投资机构的全球影响力。我国将继续落实亚洲旅游促进计划、上海合作组织成员国政府间旅游合作发展协定、金砖国家旅游部长会议公报等，在平台和机制创新中彰显文化软实力和国际影响力。

（三）我国出境游业务开展需要外交、外汇、对外贸易、出入境等多部门的政策协同

中央经济工作会议要求认真解决数据跨境流动，签证、移民、口岸、支付和互联网使用等长期困扰入境旅游发展的一些深层次障碍，有望陆续得到解决。此外，我国与“一带一路”沿线国家、上海合作组织、金砖国家之间的贸易和投资一直在增长，这些都为旅游交流合作提供了新的增长点。

（四）亚洲仍为我国主要出境游目的地，欧洲和大洋洲出境游市场缓步恢复

亚洲一直都是最热门的出境游目的地，随着2023年第一批恢复出境团队旅游名单公布，以及中国部分省份与东南亚国家签署“互为旅游目的地”协议，东南亚出境游市场得到短暂的复苏繁荣，价格一度飙升。欧洲和大洋洲虽然是热门出境旅游目的地，但受限于签证审核慢、开放旅游试点国家少和航班恢复慢且价格高昂等因素影响，市场信心仍然不足。

目前，团签恢复等更多利好政策出台，进一步激活我国出境游全面复苏的潜能。供给方紧跟国家政策，迅速行动，推出各类出境游组团产品。与此同时，许多国家和官方旅游局也积极推出旅游优惠消费政策，并增设签证中心，以期加速中国游客的回流。中国出境游市场将葆有积极发展前景。在出境游群体年轻化和国人旅行经验日趋丰富的大趋势下，出境游市场也需顺势而为，提供更多具有深度体验内容创意和个性细分路线的多元产品，为出境游市场的迭代进程注入新鲜动力。

育德启智 1-1　　更好满足人民美好生活新需要

2024年是中华人民共和国成立75周年，是全面完成“十四五”规划目标任务的重要一年。我们要坚持以习近平新时代中国特色社会主义思想为指导，全面贯彻落实党的二十大精神，深入学习贯彻习近平文化思想，自觉担负起推动文化繁荣、建设文化强国、建设中华民族现代文明这一新时代新的文化使命，以满足人民文化需求、增强人民精神力量为着力点，不断推动文化和旅游深度融合、促进旅游业高质量发展，在中国式现代化建设中发挥积极作用，交出合格答卷。

一要深入学习宣传贯彻习近平文化思想，更好推动旅游业高质量发展。习近平文化思想的形成和提出，在党的宣传思想文化事业发展史上具有里程碑意义。要深入领会习近平文化思想中蕴含的重大创新观点、科学方法和战略部署，加强学习教育，做好研究阐释，强化宣传推介，抓好贯彻落实，将学习成果切实转化为推动高质量发展的具体行动、务实成效。

二要坚持以人民为中心的工作导向，更好满足人民美好生活新期待。党领导文化建设、旅游发展的历史，就是团结带领人民追求幸福生活、开创美好未来的光辉历程。要坚持人民立场，坚持社会效益优先，坚持发展依靠人民，把满足人民美好生活向往作为奋斗目标、出发点和落脚点，把是否有利于满足人民文化和旅游需求、促进人的全面发展作为重要判断标准，把人民广泛参与和热情创造作为文化兴盛、旅游兴旺的根本力量，使文化和旅游发展获得不竭动力源泉。

三要推动文化和旅游深度融合发展，建设中华民族现代文明。坚持以文塑旅、以旅彰文，以文化资源、创意元素丰富旅游内涵、提升旅游品位，用旅游带动文化传播推介、助力文化繁荣发展。找准文化和旅游深度融合发展的相容性、契合处、联结点，推出新产品、拓展新服务、培育新业态、形成新动能，让人民群众在畅享“诗和远方”的美好旅程中，望得见山、看得见水、记得住乡愁。

四要发挥好文化赋能、旅游带动作用，助力经济社会高质量发展。文化的力量是经济发展的“助推器”，旅游业是综合性产业。要立足文化建设功能定位，积极探索文化和旅游与经济社会交融互动、协同发展的有效路径，发挥文化赋能和旅游关联带动作用，做好“旅游+”“+旅游”这篇大文章。

五要坚持创新驱动发展战略，强化科技创新成果应用。要运用科技创新推动旅游发展，更好参与塑造新质生产力。顺应信息化、数字化、网络化、智能化趋势，更加广泛地应用5G、大数据、人工智能、虚拟现实、增强现实等科技成果，大力发展智慧旅游，为旅游业高质量发展插上科技翅膀。

六要践行全球文明倡议，更好推动中华文化走向世界。要积极落实全球文明倡议，用好国际交流合作机制平台，发挥文化和旅游交流以文化人、润物无声作用，办好各类旅游交流活动，加强国家旅游形象推广，统筹解决难点堵点问题，推动入境旅游加快恢复、健康发展，让海外民众通过旅游的方式更自然、更深入地感悟中华文化魅力、领略中国大好河山、见证中国发展成就，讲好中国故事、传播好中国声音、塑造好中国形象，增强中华文化传播力影响力。

资料来源：佚名. 更好满足人民美好生活新需要［N］. 中国旅游报，2024-01-08（1）.

思政元素：人民至上；守正创新；增强中华文化传播力影响力

学有所悟：党的二十大报告指出，“必须坚持人民至上”“坚持把实现人民对美好生活的向往作为现代化建设的出发点和落脚点”。旅游从业者应以奋发有为的精气神、“时时放心不下”的责任感，继续埋头苦干、勇毅前行，更好担负起新时代新的文化使命，发展人民满意的旅游、拉动经济的旅游、富有内涵的旅游、安全有序的旅游、传递文明的旅游，实现旅游业质的有效提升和量的合理增长，更好满足人民日益增长的美好生活新需要。

职场模拟演练

在既有的出境游线路产品中，找出一些低品质的跟团游产品。作为旅行社计调，尝试从如今的旅游市场和游客消费心理角度出发，结合当地的旅游资源和文化，完善低品质产品，进行线路的再设计和规划。

模块小结

世界旅游业在古代、近代和现代等不同时代背景下表现出了不同的特点和模式，如今形成了世界五大旅游区的市场格局，各区域都呈现出比较明显的旅游资源特点、优势；在世界旅游业背景下，探讨了中国旅游业自改革开放以来40多年的变化和成就，梳理了中国游客出境旅游目的地国家旅游市场的发展现状及展望。建议学习者通过仔细研读中国旅游研究院、中国社会科学院旅游中心等权威机构的研究报告，多关注旅游产业前沿动态，立足自己的岗位工作，自觉增强旅游服务创新意识，提升业务水准。

我的习得与思考

模块二
亚太旅游区

项目一 日本

◎ 学习目标

知识目标：

•熟悉日本的基本国情。

•熟悉日本的政治经济简况。

•掌握日本的节日、民居、饮食、服饰、礼节等民俗文化。

•掌握日本的食、住、行、游、购、娱等旅游业基本情况。

能力目标：

•能够策划日本旅游产品。

•作为领队能够协助当地导游安排落实在日本的旅游行程，并按照行程计划为游客提供讲解、陪同游览等服务。

•作为产品销售能够运用新媒体，策划实施日本旅游产品线下线上营销推广。

素养目标：

•培养学生具备国际的视野，厚植爱国情感、民族自豪感和对我国优秀传统文化的认同感。

•培养学生具有健康的体魄和心理、完善的人格；具备良好的行为习惯、一定的审美和人文素养。

•培养学生乐观向上的工作和生活态度，并具有自我管理能力、集体意识和团队合作精神。

任务1 领队说明会

任务导入

对应岗位：领队

情境描述：领队小王即将带领30多名游客赴日本旅游，临行前旅行社给游客召开说明会，领队应该如何简要介绍日本，才能使游客印象深刻，对行程有所期待呢？

任务清单：

1.熟悉日本的自然地理（位置、地形、气候、自然资源等）。

2.熟悉日本的人文地理（人口、民族、语言等）。

知识要点

日本概况

一、位置

日本位于亚洲东部、太平洋西岸，是一个由东北向西南延伸的弧形岛国，西隔东海、黄海、朝鲜海峡、日本海与中国、朝鲜、韩国、俄罗斯相望。陆地面积约37.8万平方千米，包括北海道、本州、四国、九州4个大岛和其他6 800多个小岛屿。

二、地形与地貌

日本是个多山的国家，山地、丘陵约占全国面积的76%，平原面积狭小，分布零散，是个地形地貌奇特的群岛国家。日本第一高峰富士山位于本州中部，主峰海拔3 776米，是一座山体呈圆锥形、山顶终年积雪的活火山，附近温泉、瀑布较多，风景优美，被称为“圣岳”，是日本的象征。日本河流都以流程短、流速快为特征，急流和瀑布多。最长的河流信浓川长约367千米。最大的湖泊是琵琶湖，面积672.8平方千米。

三、气候

日本属温带海洋性季风气候，终年温和湿润。6月多梅雨，夏秋季多台风。1月平均气温北部-6℃，南部16℃；7月北部17℃，南部28℃。

四、自然资源

日本森林面积约2 508万公顷，占国土总面积的近2/3，森林覆盖率约67%，是世界上森林覆盖率最高的国家之一。木材自给率仅为20%左右，日本是世界上进口木材最多的国家之一。日本山地与河流较多，水力资源丰富。日本渔业资源丰富，主要集中在本州岛附近，有世界著名的北海道渔场，是渔业大国。

五、人口与民族

日本人口约1亿2 443万（2023年8月）。主要民族为大和族，北海道地区约有1.3万阿伊努族人。

六、语言

通用日语。日语属于阿尔泰语系，汉字在日语词汇中占有一定比例。

七、国旗与国徽

日本国旗也称日章旗，旗面上一轮红日居中，辉映着白色的旗面。19世纪中叶开始，日章旗逐渐成为代表日本的旗帜，1870年被正式定为日本海军旗帜，1999年8月，日本国会通过《国旗国歌法》，将“日之丸”定为日本的国旗。

日本国徽为圆形，绘有16瓣黄色的菊花图案。菊花图案也是皇室御纹章上的图案。

八、行政区划

分为1都（东京都）、1道（北海道）、2府（大阪府、京都府）和43县（省），下设市、町、村。

九、时差

日本位于东九区，比北京时间早1个小时。

职场模拟演练

在领队说明会上，请你从自然地理和人文地理的角度简单介绍一下日本的情况，让游客对日本有一个大致的了解。

任务2 车上讲解/与游客交谈

任务导入

对应岗位：领队

情境描述：游客看见窗外仿唐代的建筑有些似曾相识的感觉，日本是我国隔海相望的邻邦，领队可以从历史角度与游客谈谈中日在秦汉时期、唐宋时期的交往……旅游巴士驶过日本皇宫，游客从车上观赏到日本皇宫的外观，地陪导游介绍日本皇室文化……在车上讲解或与游客交谈时会聊到日本的历史、政治和经济这些话题，领队一定要做好知识储备。

任务清单：

1. 熟悉日本重要历史时期的大事件。
2. 了解日本皇室文化。
3. 了解日本经济现状。

知识要点

日本简史和政治、经济概况

一、简史

● 公元3世纪中叶，日本出现奴隶制国家——大和国。

● 公元645年“大化革新”，仿照唐朝律令制度，建立以天皇为绝对君主的中央集权国家体制。

● 12世纪末武士阶层掌权，史称“幕府”时期。

● 19世纪中叶，英美俄等国家迫使日本签订了很多不平等条约，民族矛盾和社会矛盾激化。

● 1868年，明治天皇实行“明治维新”，废除幕藩体制，进入资本主义，对外逐步走向侵略扩张的道路。

● 19世纪末20世纪初，日本先后发动中日甲午战争、日俄战争，侵吞朝鲜，参加了两次世界大战。

● 1945年8月15日，日本宣布无条件投降。

● 1947年5月，日本实施新宪法，由天皇制国家变为以天皇为国家象征的议会内阁制国家。

二、政治

实行立法、司法、行政三权分立。天皇为国家象征，无权参与国政。国会是最高权力和唯一立法机关，分众、参两院。内阁为最高行政机关，对国会负责，首相（亦称内阁总理大臣）由国会选举产生，天皇任命。

三、经济

日本2023年国内生产总值被德国超越，排名世界第四，制造业高度发达，服务业占国内生产总值的70%左右，单位土地产量世界第一。日本是世界第一大动漫强国，世界第二大渔业国，造船业仅次于我国和韩国，居世界第三位，交通运输业发达。

日本现行通用货币是日元，与人民币的汇率换算为：1人民币≈20.0393日元；1日元≈0.0499人民币（2024年1月）。

职场模拟演练

从本任务情境描述的话题中任选一个，作为与游客的谈资，帮助游客更好地了解日本和日本社会。

任务3　线路产品设计/沿途导览/景区讲解

任务导入

对应岗位：计调/领队

情境描述：当面对私人定制旅游服务的时候，计调往往要考虑游客的特殊需求，例如，游客想参与当地的节庆文化活动或者想体验民宿生活等，这就需要有丰富的当地民俗文化背景知识做支撑。

任务清单：

1. 了解日本的重要节日。
2. 熟悉日本民居的典型特点。
3. 熟悉日本的饮食文化。
4. 了解日本的传统服饰特点。
5. 熟悉日本人的礼节。

知识要点

日本民俗文化

一、重要节日

● 建国纪念日：2月11日

● 天皇生日：2月23日

●节分：立春前一天
●樱花节：3月15日—4月15日
●七夕：农历七月初七
●七五三节：11月15日
●盂兰盆节：关东7月；关西8月

二、民居

日本式的传统住房，一般是独门独院的，由院子、厨房、卫生间等组成，进入室内必须脱鞋，以保持清洁。因此，住房入口一般有门厅，它比地面高，入门厅就脱鞋。房子的窗口很大，以利于夏天通风，冬天有温暖的阳光照进。幛子是日本式住房特有的，它是在木框上糊上不透明的纸而制成的，用来间隔各房间与走廊或是当作拉窗、拉门。房间内都铺有“榻榻米”，这是一种用稻草编制的草垫，在大小上各地有所不同，但一般是2米长的。日本人习惯睡觉不用床，而是睡榻榻米地铺。

三、饮食

日本人以米饭为主食，副食多吃鱼，喝酱汤。喜食清淡，除油炸食品外，使用油的菜很少，一般都是低热量、低脂肪的饮食，而且营养均衡。日本的传统饭菜有寿司、生鱼片、天妇罗（油炸菜、虾、鱼等）、寿喜烧（日式火锅），还有各式各样的鱼饼、海菜制品等，讲究使用新鲜的配料。寿司是以生鱼片、生虾、生鱼粉等为原料，配以精白米饭、醋、海鲜、辣根等，捏成饭团后食用的一种食物。寿司的种类很多，不下数百种，各地区的寿司也有不同的特点。吃生鱼寿司时，饮日本绿茶或清酒。日本菜素有“五味五色五法菜肴”之称。“五味”即甜、酸、辣、苦、咸；“五色”为白、黄、红、青、黑；“五法”乃生、煮、烤、炸、蒸。日本菜重视春夏秋冬的季节感，注重材料的时令性。

日本的酒中最有代表性的是用大米酿造成的“清酒”，酒精含量15%~16%，糖分3%~4%，味微酸，口感醇和。日本最大众化的茶饮料是绿茶，根据茶叶品质大体分为玉露、煎茶、粗茶，著名的有京都府宇治产的宇治茶等。日式抹茶按冲泡方式的不同有浓茶和薄茶之分，茶道用具包括仕覆、茶筅、茶入、茶枣、茶碗、茶勺、柄勺等七种。

四、服饰

虽然今天日本人的日常服装早已是西服的天下，但在婚礼、庆典、传统花道、茶道及其他隆重的社交场合，和服仍是公认的必穿礼服。和服是日本传统民族服装的称呼，在日本也称“着物”，是仿照我国隋唐服饰改制的。女式和服的款式和花色是区别年龄和结婚与否的标志。未婚的姑娘穿紧袖外服，已婚妇女穿宽袖外服；梳“岛田”式发型（日本式发型之一，呈钵状），穿红领衬衣的是姑娘，梳圆发髻，穿素色衬衣的是主妇。和服不用纽扣，只用一条打结的腰带。腰带的种类很多，其打结的方法也各有不同。比较广泛使用的一种打结方法叫“太鼓结”，在后腰打结处的腰带内垫有一个纸或布做的芯子，看上去像个方盒，这就是我们常看到的和服背后的装饰品。由于打结很费事，第二次世界大战后又出现了备有现成结的“改良带”和“文化带”。

五、礼节

日本人见面习惯脱帽鞠躬，在国际交往中也习惯行握手礼。在社交活动中，日本人爱用自谦语言，如“请多关照”“粗茶淡饭、照顾不周”等，谈话时也常使用谦语。在交谈中，不要打听日本人的年龄、婚姻状况、工资收入等私事。对年事高的男子和妇女不要用“年迈”“老人”等字样，年事越高的人越忌讳。日本人见面习惯于准备一些小礼品，礼物小而谊重情深。按日本习俗，向个人赠礼须在私下进行，不宜当众送出。不用手绢作礼品，因为它会让人联想到擦眼泪，意味着分离。赠送结婚礼品时忌送易碎易破物品，因为“破碎”意味着良缘破裂。

职场模拟演练

在结束当天游览，前往酒店的途中，游客对入住的日式温泉旅店和第二天早上的日式餐食很感兴趣，领队应怎样向客人做简单介绍？

任务4 线路产品设计/产品特色推广/沿途导览/景区讲解

任务导入

对应岗位：计调/销售/领队

情境描述：在面对定制旅游团时，计调应深挖当地的旅游文化内涵，避免与其他产品同质化。领队在给游客提供周到的导游服务工作时不能只做向导，还要做好讲解服务，使游客对当地的食、住、行、游、购、娱有一个深入的了解。

任务清单：

1. 了解日本旅游市场现状。
2. 从文化角度了解日本的世界遗产。
3. 熟悉日本的食、住、行、游、购、娱等旅游业基本情况。

知识要点

日本旅游业

一、旅游业概况

2003年日本政府提出了“观光立国”战略，希望通过大力发展旅游业来振兴经济，并在战略中将发展入境旅游提到了相当重要的位置。旅行社不断开发新线路产品，如避暑旅游、修学旅游、体育旅游、娱乐旅游、购物旅游、休闲旅游、趣味旅游和动漫旅游等等。从旅游资源的角度看，其数量并不占有优势，但有着环境保护良好、景观精致、有序等特点。从另一个角度讲，日本的旅游接待服务业由传统与现代相结合的住宿业、分工明确的旅行社以及完善的交通服务设施构成。

二、世界遗产

遇见世遗2-1

日本

自日本1992年6月30日加入《保护世界文化与自然遗产公约》的缔约国行列以来，截至2019年，经联合国教科文组织审核被批准列入《世界遗产名录》的日本世界遗产共有23项。日本的世界遗产数量明细见表2-1-1。

表2-1-1　　日本的世界遗产数量明细

遗产数量	文化遗产	文化景观遗产	自然遗产	混合遗产	其中	跨国遗产	濒危遗产	除名遗产
23	18	1	4	0		1	0	0

三、旅游线路示例

旅游线路示例见表2-1-2。

表2-1-2　　旅游线路示例

线路一（跟团游）	日本本州全景三古都5日游
D1 京都	清水寺—三年坂/二年坂
D2 大阪—奈良	大阪城公园—心斋桥—奈良公园—春日大社
D3 箱根—东京	富士山五合目—忍野八海/御殿场奥特莱斯—浅草寺—秋叶原动漫街
D4 东京	银座—迪士尼乐园
D5 东京	综合电器店—东京大学—镰仓高校前站—江之电铁—江之岛
线路二（自由行）	关东关西8日游
D1 东京	皇居—银座—东京塔—六本木
D2 东京	上野公园—秋叶原—浅草寺—东京晴空塔
D3 东京	涩谷—新宿
D4 京都	伏见稻荷大社—三十三间堂—先斗町—鸭川
D5 京都	清水坂商业街—清水寺—三年坂/二年坂—祇园
D6 京都	金阁寺—龙安寺/京都二条城—四条河原町
D7 奈良	兴福寺—奈良公园—奈良町
D8 大阪	大阪城公园—道顿堀美食街—心斋桥—通天阁—梅田蓝天大厦

四、餐食

1. 早餐：酒店自助（日式、西式）。

2. 正餐：中餐团餐桌餐、日本料理（寿司和生鱼片）、拉面/乌冬面、居酒屋特色餐、咖喱饭、日本火锅、牛丼（牛肉饭）。

五、住宿

日本酒店等级分类至今未采用世界通行的星级制，除国际著名酒店集团经营的酒店外，日资酒店一般是按酒店的投资规模、设施完备程度、服务内容、知名度以及运营公司的名气来划分，并以行业及住宿客人的默认和口碑为基准分为高级酒店或一般酒店。

团队旅游在日本入住的是相当于国际三星级或四星级标准的酒店。对自由行游客来讲，可选择的类型更多些。日本住宿设施大致可分为都市酒店、商务酒店、度假酒店、温泉旅馆（日式）、普通旅馆（日式）、民宿、公寓式酒店等不同形态。在日本住宿，很多游客会选择日式旅馆，因为可以体验到古代诸侯的住宿条件。房间为未做间隔的单个大房间，地下铺有传统的稻草编的“榻榻米”草席，仅有的家具是一张矮桌子。房门是滑动的“拉门”，装饰品通常是一两幅画或卷轴。大多数日式旅馆有公共浴池，男女分开。许多高级温泉胜地会有日式旅馆。

六、交通

（一）机场和航空公司

在英国评测机构Skytrax发布的“2022年全球最佳机场百强榜”中，世界前十名机场中日本包揽了3个（东京羽田国际机场、东京成田国际机场和关西国际机场）。从我国出发飞往日本的旅游团乘坐的航班通常降落的是东京羽田国际机场。日本和我国是近邻，很多城市都实现了直航，如北京、上海、深圳、厦门、福州、无锡、南京、青岛、杭州、沈阳、大连、长春、哈尔滨、天津、重庆、成都等。

（二）境内交通

1.内陆段航线：不论是国内线还是国际线，日本航空服务准点率都很高。全日空航空公司是内陆段航线的主要承担商，机上服务被称为“实惠价格、贵族服务”。日本机场服务周到，店铺众多，尤其是免税店，商品丰富，环境舒适。

2.新干线：日本第一条新干线——东海道新干线也是全世界第一条投入商业运营的高速铁路。但是新干线票价很高，从东京到大阪的票价大约是13 620日元，行程大概2个半小时。

3.JR铁路（Japan Railways）：由国家运营，有四种类型：特急、急行、快速、普通。JR列车通常分为两种坐席：“自由席”是可以随便坐的，但是没有座位就只能站着；“指定席”是对号入座的，但是要额外付费。

4.地铁：由当地的市政府运营，每条线路都有自己专属的颜色标志，而且每一站也有专门的代码，只要记住目的站点的代码，就不会因为不认识日文而上错车或者坐过站。

5.巴士：在轨道交通分布不密集的城市如京都，巴士是最主要的交通方式。京都市区内部的交通情况有别于其他日本大城市，来往景区之间以公交为主。一般而言，持一张公交一日券就可以方便实惠地在市内游览了。

七、游览

（一）主要旅游城市

主要旅游城市介绍见表2-1-3。

表2-1-3　主要旅游城市介绍

城市	简　介	代表景点
东京	●日本的首都，日本的政治、经济、文化中心，世界上最大的都市圈；与纽约、伦敦和巴黎合称“世界四大城市”。 ●位于本州岛关东平原南端。 ●大学占日本全国大学总数的1/3	乐町区的剧场和游乐场所；银座区的商场；东京塔；东京天空树；日本皇宫；彩虹大桥

续表

城市	简 介	代表景点
横滨	●位于东京都以南约30千米处，面向东京湾。 ●日本第二大城市，最大的港口，最早开埠的城市。 ●工业生产总值居全国第三位。 ●横滨的文化教育事业发达，有横滨国立大学、横滨市立大学、神奈川大学等多所高等院校和博物馆	山下公园；港未来21区；三溪园；横滨海洋塔；帆船日本丸；横滨港口博物馆；面包博物馆；新横滨拉面博物馆
大阪	●位于本州岛西南部大阪湾东北岸。 ●日本第三大城市，西部经济、贸易和文化中心，海陆空交通枢纽。 ●运河网发达，市内河道纵横，又有“水都”之称。 ●工业生产规模仅次于东京，西部临海地域为重化工业集中区	古皇宫难波宫遗址（奈良时代）；大会佛寺（平安时代）；丹珠庵（江户时代）；泉布观（明治时代）
名古屋	●位于东京和京都中间，又被称为中京，是日本中部地区政治、经济、文化中心。 ●第四大城市和第三大港口城市，主要工业中心和制造业中心。 ●中心地区是日本规划最好的城区，港湾隐蔽，不受风浪影响。 ●综合性的大工业城市，纺织业和造船业非常发达	丰田产业技术纪念馆；东山动植物园；日本陀螺博物馆；名古屋科学博物馆；名古屋城堡；名古屋城市艺术博物馆
京都	●位于日本本州岛的中部，呈东南向西北伸展的细长形状。 ●日本人的精神故乡，日本的文化发源地和象征地	西本愿寺；三十三间堂；银阁寺

（二）主要旅游资源

主要旅游资源介绍见表2-1-4。

表2-1-4 主要旅游资源介绍

旅游资源	简 介
富士山	●日本第一高峰，海拔3 775.63米，被日本人民誉为“圣岳”。 ●典型的成层火山，属于标准的锥状火山，山上有植物2 000余种。 ●在富士山山顶直径约800米的火山口周边，共有8座山峰，称“富士八峰”。 ●周边景点有富士五湖、圣庙、昆虫博物馆、自然科学厅、奇石博物馆、富士博物馆等
皇宫	●位于东京中心，是日本皇室居住的地方，包括皇居前广场、皇居外苑及皇居东御苑在内的区域，周围护城河环绕，风景优美。 ●昭和42年建造完成，集日本古典建筑美于一身，地上两层地下一层，面积共24 175平方米。 ●皇居东御苑，保留着江户城石墙遗迹，是春秋季节赏花和赏红叶的好去处。二重桥是皇居内的热门景点，也是纪念留影的绝佳场所
东京塔	●官方名称为日本电波塔，是以巴黎埃菲尔铁塔为范本建造的红白色铁塔，高332.6米。 ●塔身照明根据季节变换不同的颜色，在圣诞节等节日时会用特别的灯饰装点。 ●东京的标志之一，塔上设有展望台，整个东京都的景象尽收眼底，天气晴好的时候可远眺富士山

续表

旅游资源	简 介
浅草寺	●是日本现存的具有“江户风格”的民众游乐之地，是东京都内最古老的寺庙。 ●寺院的大门叫“雷门”，是浅草地区的象征。雷门是公元942年为祈求天下太平和五谷丰登而建造的。几经火灾焚毁，后于1960年重建。 ●寺西南角有一座五重塔，高度仅次于京都东寺的五重塔，为日本第二高佛塔；寺东北有浅草神社，造型典雅，雕刻优美
唐招提寺	●位于奈良市西京五条街。于公元759年开始建造，大约于公元770年竣工。 ●由中国唐代高僧鉴真和尚亲手兴建，是著名的古寺院，后被确定为日本国宝。 ●寺内有金堂、讲堂、经藏、宝藏及礼堂、鼓楼等建筑物。寺院大门上红色横额“唐招提寺”是日本孝谦女皇仿王羲之、王献之的字体所书
金阁寺（鹿苑寺）	●位于京都，建于1397年，后被日本政府指定为国宝。 ●金阁寺正式名称为鹿苑寺，因为建筑物外面包有金箔，故又名金阁寺。 ●金阁寺住宅式的建筑配以佛堂式的造型，和谐幽雅，像一艘美丽的船
广岛和平纪念公园	●位于广岛市街中心、元安川和本川汇合点的中岛町。 ●是为纪念1945年8月6日广岛遭原子弹轰炸而建立的公园。 ●纪念馆是一个长形的建筑物，馆内展品包括当时的文件、遗物、图片及一些模型，重现原子弹爆炸可怕的经历，展示它给人们带来的巨大灾害，昭示保持人类和平的重要性。 ●1996年广岛和平纪念公园被列入《世界遗产名录》
奈良公园	●位于奈良市街的东边，东西长4千米，南北宽2千米。 ●若草山、东大寺、春日大社、国立博物馆等奈良的名胜古迹大多在这里。 ●明治二十一年（1888年）成为了县立公园，是日本现代公园的先驱之一。大正十一年（1922年）被指定为日本的国家名胜。 ●成群嬉戏于公园里的鹿，因与春日大社流传的白鹿传说有关而受到保护，且被指定为国家的自然保护动物。极富灵性的鹿群见到游人手上有鹿饼会主动走来，喂食萌萌的小鹿也是游客到此的一大乐趣

八、购物

（一）场所

在日本旅游，主要的购物场所有银座、秋叶原、心斋桥百货商店、综合免税店和御殿场奥特莱斯、药妆店等。

（二）购品

游客在日本旅游主要购买的商品有电器类（索尼、佳能、卡西欧、尼康等电子产品等）；生活用品类（电饭煲、吸尘器、空气净化器等）；药妆产品（DHC、资生堂、高丝等品牌）；甜点类（明治巧克力、生巧、白色恋人等）；纪念品（日本娃娃、蒙奇奇、Hello Kitty等。）

九、娱乐

（一）东京迪士尼乐园

东京迪士尼乐园有世界市集、探险乐园、西部乐园、动物天地、梦幻乐园、卡通城及明日乐园等七个分区，园内的舞台以及广场上定时会有各种各样的游行活动。在迪士尼正门的中心，可以看到高耸的“灰姑娘城”这座主建筑，在它的周围则建造了多种主题的游乐宫，如冒险宫，世界著名故事、传说宫，风景宫，闲游宫，宇宙宫，幻想宫等，每一个游乐宫都配有详细的情节解说和音乐。

（二）体验日本温泉

世界10%的火山集中在日本，火山喷发在给日本带来自然灾害的同时，也赋予其大自然的恩惠。日本是一个温泉大国，温泉设施遍布全国各地。日本凭借得天独厚的温泉资源，很早就孕育了独特的温泉文化，温泉从多方面满足了日本人的诸多身心要求，集汤治保养、观光旅行、休闲娱乐于一体，早已成为日本生活文化的重要组成部分。日本著名的温泉有别府温泉、热海温泉和草津温泉等。团队游客在体验日本温泉时一般会被安排入住日本温泉旅馆，那里有很多不同类别的温泉泡池。

旅游贴士2-1
日本

职场模拟演练

在线测评2-1
日本

1. 车上导览——利用既有线路中的一天，查看路线，进行车上沿途风光讲解。

2. 购物指导——因为行程单中有游客心心念念的奥特莱斯的行程，所以领队应做好购物方面的指导，告诉游客在哪里买什么比较好。

3. 景区导览——选择一个城市、一个景区或一项娱乐，融入相关文化要素，介绍给游客。

项目二　朝鲜

◎ 学习目标

知识目标：

•熟悉朝鲜的基本国情。

•熟悉朝鲜的政治经济简况。

•掌握朝鲜的节日、民居、饮食、服饰、礼节等民俗文化。

•掌握朝鲜的食、住、行、游、购、娱等旅游业基本情况。

能力目标：

•能够策划朝鲜旅游产品。

•作为领队能够协助当地导游安排落实在朝鲜的旅游行程，并按照行程计划为游客提供讲解、陪同游览等服务。

•作为产品销售能够运用新媒体，策划实施朝鲜旅游产品线下线上营销推广。

素养目标：

•培养学生具备国际的视野，厚植爱国情感、民族自豪感和对我国优秀传统文化的认同感。

•培养学生具有健康的体魄和心理、完善的人格；具备良好的行为习惯、一定的审美和人文素养。

•培养学生乐观向上的工作和生活态度，并具有自我管理能力、集体意识和团队合作精神。

任务1　领队说明会

任务导入

对应岗位：领队

情境描述：终于要踏上游客心中最神秘的国家——朝鲜了，同样是社会主义国家，朝鲜在经济、城市建设方面与我国相比有哪些不同呢？领队在说明会上应怎样讲解朝鲜的国情来开启朝鲜之旅呢？

任务清单：

1.熟悉朝鲜的自然地理（位置、地形、气候、自然资源等）。

2.熟悉朝鲜的人文地理（人口、民族、语言等）。

知识要点

朝鲜概况

一、位置

朝鲜位于亚洲东部朝鲜半岛的北半部，面积12.3万平方千米。北部与中国为邻，东北与俄罗斯接壤，南部以军事分界线为界与韩国相邻。朝鲜半岛三面环海，东为日本海（包括东朝鲜湾），西南为黄海（包括西朝鲜湾）。

二、地形与地貌

山地约占国土面积的80%。半岛海岸线全长约17 300千米（包括岛屿海岸线）。北部多为山区，东北地区多深狭的山谷，海岸平原大部分都在西部地区，耕地面积占14.4%。

三、气候

朝鲜属温带季风气候。夏季温热多雨，冬季寒冷干燥，年平均气温8～12℃，年平均降水量1 000～1 200毫米。6月到9月的降雨量为全年的70%，年均降水量约1 500毫米，降水量由南向北逐步减少。冬季平均气温在零度以下。

四、自然资源

已探明矿产300多种，其中有用矿200多种。石墨、菱镁矿储量居世界前列。铁矿及铝、锌、铜、银等有色金属和煤炭、石灰石、云母、石棉等非金属矿物储量丰富。水力和森林资源较丰富。

五、人口与民族

朝鲜人口约2 500万（2023年10月），为单一民族朝鲜族。

六、语言

通用朝鲜语（训民正音）。

七、国旗与国徽

朝鲜国旗的旗面中间是一条红色的宽带，上下各有一蓝边，在红色和蓝色之间是白色的细条。在红色宽条中的靠旗杆一侧有一白色圆底，内有一红色五角星。红色宽条象征崇高的爱国主义精神和顽强斗争的精神，白色象征朝鲜是一个单一的民族，蓝窄条象征团结、和平，红五角星象征革命传统。

朝鲜国徽呈椭圆形。由红色绶带束扎的稻穗构成椭圆形图案，顶上是一颗光芒四射的红五角星，其下有革命圣地白头山。国徽中间为水坝、水电站、高压输电线架等图案，底部的红色饰带上用朝文写着“朝鲜民主主义人民共和国”。红五星象征革命，水电站和稻穗分别象征工人和农民，红色绶带束扎在国徽周围象征团结和胜利。

八、行政区划

朝鲜全国划分为1个直辖市（平壤市）；2个特别市（南浦市、罗先市）；9个道（平安南道、平安北道、慈江道、两江道、咸镜南道、咸镜北道、江原道、黄海南道、黄海北道）。

九、时差

朝鲜的首都平壤位于东九区，比北京时间早1个小时。

职场模拟演练

领队说明会上，请你从自然地理和人文地理的角度简单介绍一下朝鲜的国情，让游客对朝鲜有一个大致的了解。

任务2　车上讲解/与游客交谈

任务导入

对应岗位：领队

情境描述：游客站在朝鲜国土上，还是难掩心中的好奇，也打开了话匣子，如“朝鲜和中国的历史渊源”“抗美援朝”“朝鲜经济的现状”旅游巴士穿过朝鲜的科学家大街……面对游客的讨论，领队应如何讲解？

任务清单：

1.朝鲜重要历史时期的大事件。

2.朝鲜的国体和政体与我国的异同之处。

3.朝鲜经济现状。

知识要点

朝鲜简史和政治、经济概况

一、简史

●公元1世纪后，朝鲜半岛形成高句丽、百济、新罗3个封建国家。

●公元7世纪中叶，新罗在半岛占据统治地位。

●公元918年，朝鲜国王王建定国号为高丽，取代了新罗。

●1392年，高丽三军都制使李成桂废除了高丽第三十四代王，自称国王，并改国号为“朝鲜”。

●1910年8月，朝鲜沦为日本殖民地。

●1945年8月15日因日本战败投降而获得解放。同时，苏联和美国两国军队以北纬38度线为界分别进驻朝鲜的北半部和南半部（1948年底苏军撤出，1949年6月美军撤出），朝鲜半岛从此处于分裂状态。

●1946年2月8日，朝鲜北半部成立临时人民委员会。

●1948年9月9日，朝鲜民主主义人民共和国宣告成立。

●1950年6月25日，朝鲜战争爆发，同年10月25日中国人民志愿军赴朝鲜参战。

●1953年7月27日，美国被迫与朝中方面在板门店签订停战协定。

●1970年，朝鲜宣布实现了社会主义工业化。

二、政治

朝鲜是朝鲜劳动党领导的社会主义国家。朝鲜的国家最高权力机关是最高人民会议，行使立法权。最高人民会议代表由选举产生，每届任期5年。内阁是国家最高权力的行政执行机关和全面管理国家的机关，任期5年。现任最高领导人为金正恩，即朝鲜劳动党总书记、国务委员长、朝鲜武装力量最高司令官。

三、经济

朝鲜实行高度集中的计划经济体制，奉行优先发展国防事业的政策，工业方面重视发展冶金、电力、煤炭、铁路运输四大先行产业和采矿、机械、化工、轻工业，努力实现生产正常化、现代化。实行“住房免费（改革后有些变动）”“医疗免费”“教育免费”。主要贸易伙伴为中国、俄罗斯、韩国等。

朝鲜现行通用货币是朝鲜圆，朝鲜圆与人民币的汇率换算为：1人民币≈125.94朝鲜圆；1朝鲜圆≈0.00794人民币（2024年1月）。

职场模拟演练

从本任务情境描述的话题中任选一个，引发游客思考，帮助游客更好地了解朝鲜和朝鲜社会。

任务3　线路产品设计/沿途导览/景区讲解

任务导入

对应岗位：计调/领队

情境描述：游客对朝鲜饮食很感兴趣，请导游多讲讲当地的饮食，导游介绍了朝鲜比较有名的人参鸡汤、烧烤、定食、电锅（小火锅）等团队餐会体验到的吃食。领队应配合地陪导游，解答客人提出的关于饮食和其他方面的问题。

任务清单：

1. 了解朝鲜的重要节日。
2. 熟悉朝鲜民居的典型特点。
3. 熟悉朝鲜的饮食文化。
4. 熟悉朝鲜的传统服饰特点。
5. 了解朝鲜人的礼节。

知识要点

朝鲜民俗文化

一、重要节日

● 光明星节/金正日诞辰：2月16日

●太阳节/金日成诞辰：4月15日

●国庆节：9月9日

●朝鲜劳动党建党纪念日：10月10日

二、民居

朝鲜民居常见的有草房和瓦房两种形式，房屋通常面向南或东南、西南，有院落。朝鲜民居的屋顶坡度缓和，中间平行如舟，两头翘立如飞鹤。屋顶多采用缓和的曲线和曲面，屋顶一般由四个斜面构成，主室上盖为大"人"字形，两翼斜坡较小，用谷草或灰瓦片覆盖。屋身平矮，没有高起陡峻的感觉，特别是门窗比例窄长，使得平矮的屋身又有高起之势，而整座建筑又稳稳地坐落在低矮平实的石台基上。每套房屋正面开一扇或四扇门，同时开窗，后面一般亦设门和窗，内分为寝室、厨房等。

三、饮食

朝鲜的饮食以咸辣为主要特点。主食为米饭和面食，米饭的烹调方式主要有汤饭（排骨汤饭、牛肉汤饭、鳕鱼汤饭等）、拌饭等；面食主要有冷面、鸡汤面等；副食主要是肉类和蔬菜。朝鲜人喜欢吃泡菜（发酵的辣白菜）、海鲜酱（盐渍海产品）、豆酱（发酵的黄豆）等各种发酵食品。此外还有烤牛肉、烧狗肉、火锅、生鱼片、生牛肉、人参鸡等。一般不吃过腻、过油、过甜的东西，不吃鸭子、羊肉和肥猪肉，大都爱吃狗肉。用餐的时候，一定要请长辈先动筷子。饮料品种较多，传统的酒有用糯米酿成的米酒、药酒和烧酒，还有啤酒和清酒。

四、服饰

朝鲜人在节日和庆典时身着民族传统服饰，女性长裙上及胸部，下至脚跟，宽舒自由，看上去很优雅，鞋如船形，鞋尖向上翘起；男性穿短衣肥裤，外着坎肩，显出独特的品位。白色为服装基本色，朝鲜族有"白衣民族"之称，朝鲜也被称为"白衣之国"。男性农民喜戴漏斗形竹帽，头顶重物搬运是农村妇女的特长。

五、礼节

在正式交际场合，人们一般都以握手作为见面礼节。妇女一般不与男子握手，而往往代之以鞠躬或者点头致意。人们在不少场合有时也采用先鞠躬、后握手的方式。同他人告别时，若对方是有地位、身份的人，往往要行礼达三五次之多。在一般情况下，称呼他人时爱用尊称和敬语，或称呼对方头衔。行事讲究预约，遵守时间，并且十分重视名片的使用。朝鲜有着尊老敬老的良好传统，晚辈在拜见长辈时，有时要行跪拜礼。

职场模拟演练

在结束当天游览，前往酒店的途中，游客对晚餐的定食很感兴趣，一个人9个小铜碗，吃得好不热闹。请再和游客聊聊朝鲜的饮食特点和朝鲜人用餐方面的礼仪。

任务4　线路产品设计/产品特色推广/沿途导览/景区讲解

任务导入

对应岗位：计调/销售/领队

情境描述：朝鲜旅行社是国营企业，没有形成市场化，因此线路产品比较单一，甚至个别项目还强制参与，如阿里郎大型演出，我国的旅行社作为组团社也不能定制旅游线路产品。但是作为销售或者计调，我们要熟悉朝鲜当地旅游资源，为游客做好推介和宣传工作，为旅行社招徕客源。另外，领队在为游客提供周到的导游服务工作的同时，还要对当地的食、住、行、游、购、娱文化做深入了解。

任务清单：

1. 了解朝鲜旅游市场现状。
2. 从文化角度了解朝鲜的世界遗产。
3. 熟悉朝鲜的食、住、行、游、购、娱等旅游业基本情况。

知识要点

朝鲜旅游业

一、旅游业概况

实行计划经济的朝鲜，旅游业起步于20世纪80年代。目前，在20多万国外游客中，中国、东南亚和日本游客占到了85%以上。如今的朝鲜旅游基本以生态旅游为主，如妙香山风景游和元山海滨度假游等，同时借助朝鲜民族的悠久历史文化、淳朴民风民俗的优势，开展文化古迹游及城市旅游，逐渐形成了以平壤为中心的多支点放射性发展的特色旅游。

二、世界遗产

自朝鲜1998年7月21日加入《保护世界文化与自然遗产公约》的缔约国行列以来，截至2019年，经联合国教科文组织审核被批准列入《世界遗产名录》的朝鲜世界遗产共有2项。朝鲜的世界遗产数量明细见表2-2-1。

遇见世遗2-2

朝鲜

表2-2-1　朝鲜的世界遗产数量明细

遗产数量	文化遗产	文化景观遗产	自然遗产	混合遗产	其中	跨国遗产	濒危遗产	除名遗产
2	2	0	0	0		0	0	0

三、礼仪线路示例

现阶段，赴朝鲜旅游只有跟团游，不能实现自由行。线路示例见表2-2-1。

表2-2-2　　旅游线路示例

线路（跟团游）	朝鲜四日游
D1 沈阳—平壤	凯旋门—友谊塔—万景台
D2 平壤	万寿台喷泉公园—万寿台纪念碑—平壤地铁—主题思想塔—建党纪念塔—金日成故居—少年宫
D3 平壤—开城—平壤	板门店—军事分界线（三八线）—高丽博物馆—王建王陵
D4 平壤—丹东	民俗纪念品商店—新义州—丹东

四、餐食

1.早餐：酒店自助（朝式、西式）。

2.正餐：中式团餐桌餐、朝鲜定食、朝鲜小火锅、高丽人参鸡、朝鲜冷面、朝鲜烤肉。

五、住宿

跟团游入住的酒店一般是西式特级或一级酒店，朝鲜的酒店都是国营酒店。涉外酒店的设施比较齐全，桑拿、KTV、台球、酒吧等应有尽有，但像冰箱、电视和空调的款式都比较老旧，和其他国家不同的是双标间的单人床都比较窄，为0.8～1米的规格。电视节目可以看到我国央视和地方卫视等10个台，但没有朝鲜电视台。酒店内有便利店，可以买明信片、邮票、零食和饮料，还有朝鲜烟酒茶，都可以直接用人民币购买。

六、交通

（一）机场和航空公司

从我国北京、上海、沈阳等地出发有直飞朝鲜平壤的航班，一般都是高丽航空执飞，降落至平壤顺安国际机场。

（二）境内交通

1.火车：朝鲜的铁路总长度为8 800多千米，电气化铁路总长度为2 000多千米，1993年基本实现干线铁路电气化。

2.公路：总长度为77 500多千米。已建成平壤—南浦、平壤—元山、平壤—开城和平壤—妙香山高速公路。

3.地铁：平壤建造了世界上最深的地下轨道交通，最深处可达地下200米。除交通运输外，地铁系统还有防空洞的功能。平壤地铁主要有两条线，乘坐一次的票价是5朝鲜圆。很多旅行团都有带游客体验平壤地铁的行程。

4.出租车：在平壤比较普及，主要服务于在朝工作的外国人。外国人车费为每千米0.5美元，本地人半价。车上没有计价器，车费按行驶距离计算，除美元外还可用欧元、人民币和日元支付。

5.公交：分为有轨电车、无轨电车、公共汽车。游客在朝鲜市内游览时可以看到，但旅行社不会安排游客体验。

七、游览

（一）主要旅游城市

主要旅游城市介绍见表2-2-3。

表2-2-3 主要旅游城市介绍

城市	简　介	代表景点
平壤	●早在5 000年前就是古朝鲜的首都，在高句丽时期也长时间扮演着首都的角色。 ●因为满城的柳树，平壤还有“柳京”的美称，是一座美丽、清洁、文明的现代化公园式的城市	牡丹峰；大城山；峨眉山；云头峰；五一体育场；羊角岛；金日成铜像；主体思想塔；凯旋门；万寿台纪念碑等
开城	●位于平壤以南160千米，曾是朝鲜半岛的第一个统一国家高丽的首都，是高丽人参的原产地。 ●松岳山上松林茂密，因此一直被称为“松都”。拥有众多的历史遗迹和文物，最有代表性的是高丽国的王宫“万月台”	开城南大门；高丽成均馆（高丽博物馆）；善竹桥；子男山；王建王陵；恭愍王陵；朴渊瀑等
南浦	●朝鲜西海岸的港口城市，朝鲜最大的对外贸易港。朝鲜2个特别市之一，市内有许多大型企业。 ●在许多地区还分布着古墓	卧牛岛；太圣湖；体育村；西海闸门等
新义州	●新义州特别行政区位于朝鲜西北部中朝边境鸭绿江南岸，原是新义州市的一部分。 ●朝鲜最高人民会议常任委员会于2002年9月12日发布政令成立新义州特别行政区，面积132平方千米，人口约50万。 ●地处鸭绿江下游左岸的冲积平原上，与中国辽宁省丹东市隔江相望	统军亭；鸭绿江大桥；新温温泉；东林瀑布；革命事迹馆；义州郡等

（二）主要旅游资源

主要旅游资源介绍见表2-2-4。

表2-2-4 主要旅游资源介绍

旅游资源	简　介
金刚山	●素有朝鲜第一名山之称，位于江原道东部。海拔1 639米的毗卢峰为主峰，是太白山的最高峰。 ●金刚山号称有1.2万座山峰，怪石嶙峋、形状各异，似用金刚石雕塑而成。以奇峰怪石、飞瀑流泉、密林奇洞、松林云海，且四季变幻无穷而闻名。金刚山中的矿物、动植物资源也很丰富。 ●古迹以寺院为多，共有大小8万多座寺院
妙香山	●位于平安北道、慈江道和平安南道交界处。妙香山中苍松翠柏密布，溪流瀑布众多，还有亭台楼寺庵散落其间。 ●普贤寺为朝鲜五大寺院之一，坐落于妙香山麓，建于公元1042年。妙香山中有1 179多种植物、33种野兽、133种鸟类和20多种鱼类。 ●建有国际友谊展览馆，馆内展览各国政要及友人向金日成和金正日赠送的20多万件珍贵礼品，价值连城

续表

旅游资源	简　介
凯旋门	●位于首都平壤牡丹峰山脚下的凯旋广场，是一座纪念碑式的建筑，建于1982年4月15日。 ●高60米，宽52.5米，整座建筑用1万多块精雕细琢的高级花岗石砌成。 ●楼台正面上端镂刻着《金日成将军之歌》，北边和南边门柱之间刻有“1925”“1945”字样，门楼下面有群像浮雕
友谊塔	●位于平壤市，为纪念在抗美援朝战争中中国人民志愿军的丰功伟绩，于1959年10月25日建造。友谊塔总占地面积为12万平方米，高30米，塔身由1 025块花岗石和大理石组成。 ●其建筑地址和建筑造型在1958年2月周恩来总理访问朝鲜时由周恩来总理和金日成主席亲自选定。 ●塔身的前面刻有“友谊塔”的字样，左右两侧有描绘朝中友谊和中国人民志愿军勇士战斗英姿的浮雕，由朝鲜万寿台创作社精心策划创作
万景台	●距平壤市区大约12千米，因是“万景交辉”之地而得名。 ●依山傍水，大同江款款流过，万景峰是群峰中的主峰，岿然耸立，峰顶建有万景楼，由此可以眺望平壤全城景色。一座古代石砌烽火台雄踞在万景峰上，台下悬崖绝壁
主体思想塔	●位于首都平壤市中心的大同江畔。1982年4月15日竣工。 ●塔及其周围附属建筑占地总面积15万平方米。塔身表面面积6 600平方米，砌石25 550块。塔基左右两面是石雕花篮饰物。 ●塔前有高30米、重33吨的一组塑像。塔高170米，其中塔身高150米，火炬高20米，火炬台和火炬的重量达45吨
板门店	●位于朝鲜半岛中西部、北纬38°线以南5千米处，1953年7月27日，朝鲜停战协定在这里签字。板门店是朝鲜战争和朝鲜半岛分裂的见证，也是当今朝韩双方最为敏感的前线阵地。 ●旅游者参观板门店，实际上只是参观军事停战委员会会议室。会议室两端各有一扇门。当本方的旅游者进入会议室时，对方的门就会关闭。本方的警卫就会站在门前，防止游客出门走入对方地区。会议室内的桌椅都按原样排列
高丽博物馆	●位于开城工业地区，最初为11世纪初叶高丽国的行宫——大明宫，当时曾作为外国来宾的住宿地，称作“顺天馆”，后来又改作宣传儒教的“僧务馆”，1089年，最高教育机关国子监迁到这里，改称“成均馆”。 ●1987年建造，总面积70 000平方米，拥有超过1 000件历史遗物，馆外亦有石塔、石碑及石灯等展品

八、购物

（一）场所

在朝鲜旅游主要的购物场所有民俗纪念品商店和免税店等。

（二）购品

游客在朝鲜旅游主要购买的商品有高丽参、安宫牛黄丸、化妆品和烟酒等。

九、娱乐

《阿里郎》是一首古老的朝鲜民谣，产生于14世纪90年代[①]，即高丽末期和朝鲜王朝的初期。《阿里郎》在朝鲜人心中象征苦难与痛苦、纷争与和解、爱情与喜悦等错综复杂情感，同时也是朝鲜民族精神追求的写照。2002年，朝鲜人民首次以大型团体操及艺术演出的形式隆重纪念金日成主席诞辰90周年和金正日同志诞辰60周年，此后的每年夏季都要举行阿里郎艺术演出并发展成了阿里郎艺术节。参加表演的有杰出艺术家、青年学生和小朋友，共10多万人。表演讲述了朝鲜民族苦难的历史和今天的建设成就以及朝鲜人民的幸福生活。由于编排高超，阵容庞大，《阿里郎》还被载入吉尼斯世界纪录。

旅游贴士2-2

朝鲜

育德启智2-1　　中朝旅游合作迎来更广阔发展空间

中朝人文交往底蕴深厚，旅游作为重要的交往内容，对增进两国相互了解、助推更深更广合作发挥着重要作用。此次习近平总书记出访朝鲜，无疑将为两国旅游合作与交往带来新的机遇。

我国吉林省与朝鲜接壤，人文交往密切。近年来，吉林省文化和旅游厅积极与省直有关部门合作，沿图们江和鸭绿江中朝边境风情带打造边境旅游产品，相继推出了中朝骑行游、中朝步行游、中俄朝环形跨国游、中朝专列游、中俄朝和中韩朝陆海联运游等多业态边境旅游产品。

在2019年亚洲文化旅游展上，吉林省推出了“坐着火车去朝鲜慢游山海风光线”“长白山下金达莱最美中朝边境线”等对朝边境旅游产品，引起国内外游客极大兴趣。

据了解，吉林与朝鲜旅游合作交往基础较好，早在2011年6月，由24台车、93人组成跨境自驾、畅游朝鲜首发团进入朝鲜境内，圆满完成3天的游览，标志着吉林首个跨境自驾旅游项目正式开通。2019年1月，图们江跨江游首发，5月，举办了“2019年中国—延边东北亚国际青少年足球邀请赛”。

丹东市位于辽宁省的东南部，与朝鲜新义州隔鸭绿江相望。中朝界河鸭绿江流经丹东210千米，沿途有6大景区、100多个景点。据了解，多个在线旅游平台上都有朝鲜的相关旅游产品和内容。马蜂窝旅游网大数据显示，2019年以来，朝鲜旅游热度同比上涨18%，越来越多的游客在马蜂窝平台上查询朝鲜旅游的信息，分享在朝鲜旅游的见闻。朝鲜旅行团的目的地主要为平壤、开城、新义州等城市，旅行团的出行天数在2～6天不等。55%的游客选择了4天及以下的行程，另有45%的游客停留5～6天。在朝鲜的各大景点中，热度排名前5位的分别为金日成广场、金日成事迹馆、中朝友谊桥、板门店和平壤凯旋门。

马蜂窝旅游研究中心负责人冯饶认为，未来将有越来越多的中国游客前往朝鲜，体验当地独具特色的风土人情。

资料来源：费菲，周凤文，李志刚. 中朝旅游合作迎来更广阔发展空间［EB/OL］.［2023-06-21］. https：//baijiahao.baidu.com/s? id=1636914053070199223&wfr=spider&for=pc.

① 李宝恒. 阿里郎起源与变异的音乐研究［J］. 韩国民谣学，1977（5）.

思政元素：文明交流互鉴；坚定文化自信

学有所悟：党的二十大报告指出，“深化文明交流互鉴，推动中华文化更好走向世界”“坚持创造性转化、创新性发展，以社会主义核心价值观为引领，发展社会主义先进文化，弘扬革命文化，传承中华优秀传统文化，满足人民日益增长的精神文化需求”。中朝两国间的旅游合作有着巨大动能，随着两国关系的进一步深化，旅游业必将成为两国人民传递友谊、加深了解的重要途径，中朝两国间的旅游合作也必将有更广阔的发展空间。

职场模拟演练

1. 车上导览——利用既有线路中的一天，查看路线，进行车上沿途风光讲解。

2. 购物指导——购物环节有保健品店、化妆品店等，通过查找相关资料，为游客做好购物方面的指导。

3. 景区导览——选择一个城市、一个景区或一项世界遗产，融入相关文化要素，介绍给游客。

在线测评 2-2

朝鲜

项目三 韩国

◎ 学习目标

知识目标：

•熟悉韩国的基本国情。

•熟悉韩国的政治经济简况。

•掌握韩国的节日、民居、饮食、服饰、礼节等民俗文化。

•掌握韩国的食、住、行、游、购、娱等旅游业基本情况。

能力目标：

•能够策划韩国旅游产品。

•作为领队能够协助当地导游安排落实在韩国的旅游行程，并按照行程计划为游客提供讲解、陪同游览等服务。

•作为产品销售能够运用新媒体，策划实施韩国旅游产品线下线上营销推广。

素养目标：

•培养学生具备国际的视野，厚植爱国情感、民族自豪感和对我国优秀传统文化的认同感。

•培养学生具有健康的体魄和心理、完善的人格；具备良好的行为习惯、一定的审美和人文素养。

•培养学生乐观向上的工作和生活态度，并具有自我管理能力、集体意识和团队合作精神。

任务1 领队说明会

任务导入

对应岗位：领队

情境描述：我国与韩国于1992年正式建交。韩国与中国历史同源、文化同源，但是两国的发展道路明显不同，在即将踏上韩国之旅时，领队在说明会上应该如何向游客简要介绍韩国呢？

任务清单：

1.熟悉韩国的自然地理（位置、地形、气候、自然资源等）。

2.熟悉韩国的人文地理（人口、民族、语言 、宗教等）。

知识要点

韩国概况

一、位置

位于亚洲大陆东北部朝鲜半岛的南部，地处日本海与黄海之间，北与朝鲜接壤，南隔朝鲜海峡与日本相望。国土面积10.329万平方千米。

二、地形与地貌

韩国海域岛屿星罗棋布，其中最大的岛屿是济州岛，还有巨济岛、江华岛、珍岛、南海岛等。太白山脉是韩国最长的山脉，位于济州岛的汉拿山是韩国最高峰，海拔1 950米。洛东江和汉江是韩国最大的两条河流。

三、气候

属温带季风气候，年均气温13～14℃，年均降水量1 300～1 500毫米。

四、自然资源

韩国矿产资源较少，已发现的矿产有280多种，其中有经济价值的约50种。有开采利用价值的矿物有铁、无烟煤、铅、锌、钨等，但储量都不大。由于自然资源匮乏，因此主要工业原料均依赖进口。

五、人口与民族

人口约5 100万（2023年10月）。韩国为单一民族，即大韩民族。

六、语言

通用语言和官方语言是韩国语（训民正音）。

七、国旗与国徽

韩国的国旗为太极旗，是以儒家及道家的思想为基础而绘制的。中央的太极象征宇宙，蓝色为阴，红色为阳，万物是由阴阳所构成的；太极也是由阴阳组成，以表示宇宙调和与统一之意。四个角落的卦左上为乾卦，右下为坤卦，右上为坎卦，左下为离卦，代表天地水火、父母男女之意，也象征民族的融合与国家的发展。国旗底色为白色，象征韩国人民的纯洁和对和平的热爱。

韩国的国徽中央为一朵盛开的木槿花。木槿花的底色白色象征着和平与纯洁，黄色象征着繁荣与昌盛。花朵的中央被一幅红蓝阴阳图代替，它不仅是韩国文化的一个传统象征，而且在此代表着国家行政与大自然规律的和谐。一条白色饰带环绕着木槿花，饰带上写着国名“大韩民国”。

八、行政区划

全国划分为1个特别市：首尔特别市；2个特别自治市（道）：世宗特别自治市、济州特别自治道；8个道：京畿道、江原道、忠清北道、忠清南道、全罗北道、全罗南道、庆尚北道、庆尚南道；6个广域市：釜山、大邱、仁川、光州、大田、蔚山。

九、时差

韩国的首都首尔位于东九区，比北京时间早1个小时。

职场模拟演练

在领队说明会上，请你从自然地理和人文地理的角度简单介绍一下韩国的国情，让游客对韩国有一个大致的了解。

任务2 车上讲解/与游客交流

任务导入

对应岗位：领队

情境描述：韩国人一生无法避免的三样东西就是：死亡、税收和三星，这是美国《华盛顿邮报》对于三星公司的评价。三星集团是韩国最大的财阀，此外还有SK集团、LG集团、大宇集团等，这些财阀贡献的经济体量，能占到整个韩国GDP的70%，它们控制着韩国的经济命脉。韩国的这种经济体制与很多国家不同，领队应该为游客做客观的讲解，帮助游客更好地理解韩国社会。

任务清单：

1. 熟悉韩国重要历史时期的大事件。
2. 熟悉韩国的国体和政体。
3. 了解韩国经济现状。

知识要点

韩国简史和政治、经济概况

一、简史

- 约公元前2333年，檀君王俭创建古朝鲜，之后先后建立了许多部落王国。
- 公元676年，新罗统一了朝鲜半岛。公元918年—1392年进入高丽时代。
- 14世纪末建立了朝鲜王朝。
- 1910年至1945年，朝鲜半岛沦为日本殖民地。
- 1945年8月日本投降，美苏军队分别进驻半岛南北部。
- 1948年8月15日半岛南部建立大韩民国，李承晚为韩国首任总统。

二、政治

韩国是议会民主制国家，奉行“三权分立”原则。1987年10月全民投票通过现行宪法，1988年2月25日生效。宪法规定，总统享有作为国家元首、政府首脑和武装力量总司令的权力，任期5年，不得连任，由全国范围内的平等、直接和无记名投票选举产生。

三、经济

20世纪60年代，韩国经济开始起步。20世纪70年代以来，韩国经济持续高速增长，人均国内生产总值从1962年的87美元增至1996年的10 548美元，创造了“汉江奇迹”。1996年韩国加入经济合作与发展组织（OECD），同年成为世界贸易组织（WTO）创始成员之一。1997年亚洲金融危机后，韩国经济进入中速增长期。产业以制造业和服务业为主，造船、汽车、电子、钢铁、纺织等产业产量均进入世界前10名。大企业集团在韩国经济中占有十分重要的地位，目前主要大企业集团有三星、现代、SK、LG等。

韩国现行通用货币是韩元，与人民币的汇率是1人民币≈183.4韩元；1韩元≈0.0055人民币（2024年1月）。近年来，韩国商场等地越来越尊重中国人的消费习惯，逐渐开通了移动支付业务，我国游客可以使用支付宝或微信等App支付。

职场模拟演练

从本任务情境描述的话题中任选一个，引发游客思考，帮助游客更好地了解韩国和韩国社会。

任务3　线路产品设计/沿途导览/景区讲解

任务导入

对应岗位：计调/领队

情境描述：在韩剧中，所有人对泡菜都情有独钟。无论多么奢华的宴会饮食，餐桌上都少不了泡菜。韩国有句俗话叫“泡菜是半个粮食”。领队应该在熟悉韩国独特饮食文化的基础上向游客推荐饮食等民俗文化体验。

任务清单：

1. 了解韩国的重要节日。
2. 熟悉韩国民居的典型特点。
3. 熟悉韩国的饮食文化。
4. 了解韩国的传统服饰特点。
5. 熟悉韩国人的礼节。

知识要点

韩国民俗文化

一、重要节日

- 独立运动纪念日：3月1日
- 显忠日：6月6日
- 制宪节：7月17日
- 光复节：8月15日

●春节：农历正月初一

●端午节：农历五月初五

●中秋节：农历八月十五

●开天节：10月3日（古朝鲜建国日）

●韩文节：10月9日（纪念《训民正音》颁布）

二、民居

韩国传统的民居叫“韩屋”，韩屋的特点体现在兼顾地形和季节气候的分布和结构上，即“背山临水”，因为冬季较冷，所以在房间里设置温突（暖炕）。韩屋在结构上采取宽敞过厅的形式，以便达到良好的通风效果。不同地区韩屋的结构也不同，寒冷的北方采取封闭式“口”字形结构，而中部和温暖的南方分别呈“ㄱ”和“一”字形。韩屋按阶层不同分为上流住宅和中下层住宅。上流住宅兼备实用性和艺术性，舍廊是成年男子就寝或用餐的地方，里屋是成年女子和小孩子们居住的地方，行廊是下人们住的地方，供奉祖先的是祠堂，还有宽敞的大厅。上流社会的住宅用瓦作屋顶，因此也称为“瓦房”。中下层住宅的结构简单，由房间、过厅和厨房组成。最具代表性的是草房（用稻草铺屋顶），一些地方也用橡树厚皮或者石片、木片瓦铺屋顶。而以风多闻名的济州岛的草屋屋顶上，通常会悬挂一些小石头。

三、饮食

韩国传统饮食主要有以下几个特点：第一，传统饮食区分主食和副食，米饭是主食，小菜和凉拌菜是副食。第二，将准备好的食物都摆上一桌吃，不分程序，这与按主餐到甜点次序的西餐文化不同。第三，烹饪方式以烧烤、煮炖、凉拌为主。凉拌是韩国烹饪中经常使用的方法，也可算是韩国烹饪的特色之一。在韩国，蔬菜一般不上火烹制，而以生食居多，其方法主要是“凉拌”。第四，酱类、泡菜等发酵的食品很多。韩国泡菜不仅种类丰富，而且味道也有很多创新之处。韩国人家里还有专门储存泡菜的冰箱，这足以见得韩国人对泡菜的喜爱程度。另外，韩国的越冬泡菜于2013年入选联合国人类非物质文化遗产。

四、服饰

现代韩服主要是由韩国历史上最后一个封建朝代——李氏王朝的服饰演变而来。男装主要有上衣、裤、坎肩、长袍等，上衣多称“则高里”，裤多称“巴基”。女式韩服最大特点是上衣很短，紧贴身，裙子分长裙和筒裙。

五、礼节

韩国人崇尚儒教，尊重老者。乘车时，要让位给老年人；吃饭时应先为老人或长辈盛饭上菜，老人动筷后，其他人才能吃；长辈在场，不能抽烟，不能戴墨镜。韩国人见面时的传统礼节是鞠躬，晚辈、下级走路时遇到长辈或上级，应鞠躬、问候，站在一旁，让其先行，以示敬意。男人之间见面打招呼时互相鞠躬并握手，握手时或用双手，或用左手。在称呼上多使用敬语和尊称，很少会直接称呼对方的名字。接受物品时要用双手。与韩国人交流，应回避韩国国内政治以及韩国与朝鲜、日本的关系。

职场模拟演练

在结束当天的游览、乘坐旅游巴士前往酒店的途中，游客谈到韩国人在聚会时相互敬酒的场面，如向长辈、领导、同事、下属等敬酒都有不同的礼节。领队可以从“韩国人的酒桌礼仪”或“儒家文化在韩国社会的表现”等角度与游客做交流。

任务4　线路产品设计/产品特色推广/沿途导览/景区讲解

任务导入

对应岗位：计调/销售/领队

情境描述：韩国旅游业的快速发展得益于韩国政府对传统文化的挖掘。旅行社计调、领队和销售只有熟悉韩国旅游文化，才能为游客做好线路产品的推介和宣传工作，为游客提供满意周到的服务。

任务清单：

1.了解韩国旅游市场现状。

2.从文化角度了解韩国旅游业的线路产品的吸引力。

3.熟悉韩国的食、住、行、游、购、娱等旅游业基本情况。

知识要点

韩国旅游业

一、旅游业概况

韩国旅游业较为发达。近年来，韩国政府将旅游业确定为战略产业，积极鼓励和发展旅游业，通过简化热点旅游地区入境手续、完善国内旅游市场、改善国内旅游硬件设施、提升相关服务水平，吸引国外游客。

二、世界遗产

自韩国1988年9月14日加入《保护世界文化与自然遗产公约》的缔约国行列以来，截至2019年，经联合国教科文组织审核被批准列入《世界遗产名录》的韩国世界遗产共有14项。韩国的世界遗产数量明细见表2-3-1。

遇见世遗2-3

韩国

遗产数量	文化遗产	文化景观遗产	自然遗产	混合遗产	其中	跨国遗产	濒危遗产	除名遗产
14	13	0	1	0		0	0	0

三、旅游线路示例

旅游线路示例见表2-3-2。

表 2-3-2 旅游线路示例

线路一（跟团游）	韩国首尔4日游
D1 沈阳—仁川—首尔	景福宫—国立故宫博物馆—青瓦台
D2 首尔	华克山庄—免税店（新罗、乐天）—泡菜体验馆—乱打秀表演
D3 首尔	南山韩屋村—韩式汗蒸幕—爱丽丝美容城—泰迪熊馆
D4 首尔—沈阳	东大门—明洞商业街
线路二（自由行）	济州岛环岛5日游
D1 沈阳—济州	山君不离—济州森林小火车生态公园—龙头岩
D2 济州	汉拿山—宝健路（莲洞商业街）
D3 济州	正房瀑布—信不信由你博物馆—济州泰迪熊博物馆—柱状节理带
D4 济州	城山日出峰—涉地可支—4D艺术馆（城邑馆）
D5 济州—沈阳	牛岛—济州新罗免税店

四、餐食

1.早餐：酒店自助（韩式、西式）。

2.正餐：中餐团餐桌餐、韩定食、韩国参鸡汤、韩国部队火锅、韩国烧烤鸡排饭、猪肉包饭。

五、住宿

韩国的跟团游会为游客安排韩国当地4花、5花的酒店，相当于中国三星、四星级别的酒店，但如果是自由行，除了高级酒店外，还有青年旅舍、韩屋寄宿、家庭住宿等可供选择。在很多景点周围还有很多观光酒店，不仅方便游玩，还能与更多美景亲密接触。如果想更全面深入感受韩国的传统生活方式和文化，也可以选择韩屋住宿。提供住宿的传统韩屋都有着少则几十年，多则几百年的历史。韩屋有年代久远的老家具、装饰着韩纸的窗户、酱缸台等韩国传统设施摆件，也有电视机、空调等家电产品和西式卫生间。有一些韩屋还提供茶道体验、陶器制作、韩国传统民俗游戏等各种能体验韩国文化的活动。

六、交通

（一）机场和航空公司

我国很多城市都有直飞韩国首尔（仁川）的航班，如北京、上海、青岛、沈阳、厦门、杭州、广州、武汉、烟台、天津、南京、哈尔滨等，可以选择的航空公司也很多，如中国国际航空、中国南方航空、厦门航空、深圳航空、大韩航空、首尔航空、韩亚航空等。此外，还可以选择坐船前往韩国，在丹东港、营口港和大连港都有船次到达仁川港。

（二）境内交通

1.内陆段航空：团队旅游从首尔到达济州往往会选择搭乘飞机，从首尔金浦国际机场出发到达济州国际机场。

2. 火车：根据列车运行速度及列车内便利设施的不同分为高速列车KTX和一般列车新村号、无穷花号，价格也各不相同。京釜线（首尔站—釜山站）和湖南线（龙山站—木浦站）是铁路枢纽线。

3. 高速巴士：城市间的出行通常采用的大众交通方式就是高速巴士。四通八达的交通网分布在城市的每个角落，费用相对低廉，设施干净整洁。守时、准点出发等优势使得高速巴士在大众交通中起到了核心的作用。

4. 地铁：首尔地铁是世界五大载客量最高的地铁系统之一，第一条线路建于1974年。首尔地铁一共有8条线路，服务首尔和周边京畿道的首都圈，同时也和仁川的地铁系统相连。首尔、釜山等城市地铁重要站点还会用中文报站，地铁内大量标注汉字，对中国游客来说乘坐地铁出行是不错的选择。

5. 出租车：韩国的出租车大体分为一般出租车、模范出租车（黑色）和大型出租车（可荷载大件物品）三种。模范出租车一般为2 000cc排量的车型、司机有10年以上驾驶经验，且未发生过任何事故，费用也较一般出租车要高。大型出租车实行预约制。

6. 公交车：首尔的公交网络很发达，分红、黄、蓝、绿四种常见车型，黄色和蓝色是常见的市内运行的公交车颜色；绿色为支线；红色为市中心到郊外的线路。首尔的公交车站牌不像地铁站牌那样有中文名称。

七、游览

（一）主要城市

主要旅游城市介绍见表2-3-3。

表2-3-3　主要旅游城市介绍

城市	简　介	代表景点
首尔	●韩国最大的城市，位于半岛汉江下游。 ●首尔群山环绕，地形险要，历史上曾有不少朝代在此建都，故遗迹甚多，宫殿尤多，所以有“皇宫城”之称。 ●公元14世纪建成的南大门（崇礼门）是首尔的象征，被誉为韩国的“国门”。1988年奥运会在首尔举行	景福宫；昌德宫；国立民俗博物馆；青瓦台；北村韩屋村；清溪川；梨花女子大学；首尔塔；明洞；乐天世界等
釜山	●位于韩国东南部，是韩国最大的港口和第二大城市，为海陆空交通要地。 ●工业发达，也是金融、商业和文化中心。 ●名胜古迹众多，有教堂、寺庙1 884所，以市郊建于公元619年的禅宗大本山（梵鱼寺）最著名	甘川文化村；海云台海水浴场；札嘎其市场；龙头山公园；广安大桥；影岛太宗台游园地；BIFF广场等
仁川	●位于半岛中西部，是韩国的第三大城市和第二大贸易港口，距首都首尔28千米。 ●韩国最大的沿海工业城市，汽车、钢铁、家具、玻璃等工业非常发达，是韩国走向世界的交通要塞。 ●近代韩国足球发源地	舞衣岛；仁川登陆作战纪念馆；松岛游乐园雪橇场；仁川唐人街；自由公园；新浦文化街等

续表

城市	简　介	代表景点
庆州	●位于东南部庆州盆地中部，是韩国著名的历史古城。 ●曾是朝鲜半岛历史最悠久、文化艺术品最丰富的地方，目前尚存有新罗时代的城堡遗迹	佛国寺；瞻星台；国立庆州博物馆；大陵苑；雁鸭池；石窟庵；庆州良洞村等
济州岛	●韩国第一大岛，其地貌十分奇特，由火山喷发而形成。岛上大陆性气候和海洋性气候分明，气候非常宜人，故有“韩国的夏威夷”之称。 ●自古该岛以“三多三无”而出名，“三多”是石头多、风多、女人多，“三无”是无乞丐、无小偷、无门。 ●在济州岛可以观赏名胜古迹、欣赏自然景观，最适宜旅游的季节是春秋两季	城山日出峰；济州泰迪熊博物馆；牛岛；龙头岩；天地渊瀑布；柱状节理带；涉地可支；汉拿山等

（二）主要旅游资源

主要旅游资源介绍见表2-3-4。

表2-3-4　　主要旅游资源介绍

旅游资源	简　介
城山日出峰	●位于济州岛东端，海拔182米，是一块高耸的巨岩，其顶部有巨大的火山口，是海底火山爆发形成的。 ●城山日出峰由99块尖石围绕在火山口周围，如同一顶巨大的皇冠，在其顶部观看日出是绝佳选择。 ●2000年7月城山日出峰被指定为地方天然纪念物，2007年被联合国教科文组织评为世界自然遗产
柱状节理带	●在济州岛的西归浦市，石柱在海岸边层层堆积，是济州岛的自然保护对象。 ●柱状节理带是汉拿山喷出的熔岩流入大海时冷却而成，由大大小小的四方或六角形石柱组成，仿佛是石匠雕凿而成，景色如画。 ●波浪汹涌时可高达20米，惊涛拍岸，蔚为壮观，还是垂钓的绝佳地点
景福宫	●朝鲜王朝的正宫。位于韩国首尔钟路区社稷路，因位于城北部，故又称“北阙”，是首尔五大宫之首，朝鲜王朝前期的政治中心。占地面积57.75公顷，南面是正门光化门，东为建春门，西为迎秋门，北为神武门。 ●始建于1395年，历经多次破坏和重建。得名于《诗经》中“君子万年，介尔景福”中的“景福”二字。王宫面积与规制严格遵循与宗主国中国的宗藩关系，为亲王规制的郡王府，依明代王府之制营建，所有建筑均以丹青之色来区别于中国皇宫的黄色
昌德宫	●是韩国的“故宫”，位于首都首尔市院西洞，是李朝王宫里保存得最完整的一座宫殿。 ●现存的建筑为1611年重建，这座建筑作为王宫的历史长达300年

续表

旅游资源	简　介
国立庆州博物馆	●位于庆尚北道原新罗的国都庆州市，建于1945年，最初为韩国国立中央博物馆庆州分部，1975年升级为国立庆州博物馆。 ●仿照新罗石塔而建，有两层高，由本馆和古坟馆组成，共收藏约2.9万件藏品。大多数藏品不对外展示，主要展品包括圣德大王神钟、新罗金皇冠及雁鸭池和皇龙寺挖掘出土的文物
南山韩屋村	●位于南山脚下，南山韩屋村在高楼大厦之间显得格外引人注目。韩屋村复原了5幢传统的韩式房屋和庭院，配以亭台、莲花池等。 ●每个房屋都有自己的典故，这里不仅是体验韩国文化的重要场所，而且是首尔市民举办传统婚礼的重要场所
宗庙	●由朝鲜王朝太祖李成桂建于1394年，以祭祀王朝的先祖。殿前巨大的石铺平台显示出庄严肃穆的气氛。 ●很好地保留了庄严的祭礼、祭礼乐等古老的传统及习俗，特别保存了最古老和最真实的孔子圣殿。 ●每年5月的第一个周日都可在此看到祭祀典礼。1995年被列入《世界遗产名录》
韩国民俗村	●位于京畿道首府水原市附近，占地0.99平方千米，村内有传统住宅260余座，展出了3万多件民俗展品，生动、直观地再现了李朝后期不同阶层人民的文化和生活，是一个了解韩国文化的最佳场所。 ●民俗村由3部分组成，分别是复原和展出民俗资料及民族文化遗产的民俗景观区、展出文化遗产和民俗资料的博物馆区，以及展出传统食品、工艺、纪念品的集市街

八、购物

（一）场所

在韩国旅游主要的购物场所有免税店、奥特莱斯购物店（首尔、坡州）、土特产购物店、本土化妆品购物店、高丽参购物店、护肝宝等保健品购物店、紫水晶购物店、明洞商业街、东大门市场商业街等。

（二）购品

游客在韩国旅游主要购买的商品有化妆品类（水乳套盒、面膜、气垫粉底等）；服饰类（MCM、lapalette小马包、Blank martine sitbon小鹿包、lovcat包、依恋服饰、New balance鞋子）；保健品类（护肝宝、高丽参）；宝石类（紫水晶）；食品类（香蕉牛奶、养生饮品、橘子巧克力、骰子巧克力、国民咖啡）；手工艺品类（木制河回假面、陶瓷器）等。

九、娱乐

（一）汗蒸幕体验

汗蒸幕是韩国“大众洗浴文化”和“房屋文化”的完美结合。据韩国沐浴业中央会的统计，韩国约有 9 400家汗蒸房，韩国的汗蒸市场一年营收约合人民币1 200亿元。

跟团游的线路有些会包含汗蒸幕体验，自由行游客也可以自行选择商家体验。韩国的汗蒸幕中有各种功能类型的小屋，如木炭屋、黄土屋、盐蒸房、冰屋等，汗蒸可以达到的功效有改善皮肤肤质，延缓衰老，增强肝脏解毒、排毒能力等。韩国人喜欢和亲朋挚友一起坐在大厅里，吃零食喝饮料，一起享受休闲时光。甜米露和烤鸡蛋是韩国汗蒸馆里不可或缺的小吃，从高温的汗蒸房出来，马上喝一杯冰凉的甜米露，可谓舒服至极。

（二）爱宝乐园

爱宝乐园是韩国最大的主题公园，是一座包括动物园、游乐山、雪橇场、植物园等在内的大型主题公园，现排名已进入全世界主题公园前10位。这里由全球博览会、美洲冒险区、魔幻乐园、欧洲冒险区、赤道冒险区5个主题区域组成，还经常举办韩流明星4D演唱会。爱宝乐园一年四季主题的庆典活动也各有特色，有滑雪庆典、郁金香庆典、玫瑰庆典、万圣节庆典等，游行演出能力也在世界范围获得认可。

（三）视听盛宴“乱打秀”

“乱打”来源于韩国传统乐器“四物农乐”的击打和韵律。它源于朝鲜半岛的农耕文化，是为活跃农事劳作气氛而产生的一种农乐表演形式。“四物”是指使用京锣、铜锣、长鼓、鼓4种打击乐器，使用农乐中富有韵律的音乐和绝妙的演奏技法而形成的表演艺术。“乱打秀”是一部无言喜剧，是韩国文化的名片之一。演出以大型厨房为舞台，内容为4名厨师为结婚宴做菜的过程。整场演出最大特点在于没有任何台词，无隔阂的演出尽在敲锣打鼓的“乱打秀”中。

旅游贴士2-3

韩国

职场模拟演练1

车上导览——利用既有线路中的一天，查看路线，进行车上沿途风光讲解。

职场模拟演练2

购物指导——购物环节有保健品店、化妆品店等，通过查找相关资料，为游客做好购物方面的指导。

在线测评2-3

韩国

职场模拟演练3

景区导览——选择一个城市、一个景区或一项世界遗产，融入相关文化要素，介绍给游客。

项目四　泰国

◎ 学习目标

知识目标：

•熟悉泰国的基本国情。

•熟悉泰国的政治经济简况。

•掌握泰国的节日、民居、饮食、服饰、礼节等民俗文化。

•掌握泰国的食、住、行、游、购、娱等旅游业基本情况。

能力目标：

•能够策划泰国旅游产品。

•作为领队能够协助当地导游安排落实在泰国的旅游行程，并按照行程计划为游客提供讲解、陪同游览等服务。

•作为产品销售能够运用新媒体，策划实施泰国旅游产品线下线上营销推广。

素养目标：

•培养学生具备国际的视野，厚植爱国情感、民族自豪感和对我国优秀传统文化的认同感。

•培养学生具有健康的体魄和心理、完善的人格；具备良好的行为习惯、一定的审美和人文素养。

•培养学生乐观向上的工作和生活态度，并具有自我管理能力、集体意识和团队合作精神。

任务1　领队说明会

任务导入

对应岗位：领队

情境描述：泰国在地理上与中国相近，入境手续简单，加上当地旅游业发达，没有太多的不确定性和后顾之忧，因此很多中国游客也选择泰国作为首次出境的目的地。尤其是2023年1月9日，泰国副总理和两部长亲赴机场迎接中国游客“回归”，成为中泰文化交流史上的美谈。你作为此次赴泰旅游团队的领队，在说明会上应该如何向游客简要介绍泰国呢？

任务清单：

1.熟悉泰国的自然地理（位置、地形、气候、自然资源等）。

2.熟悉泰国的人文地理（人口、民族、语言等）。

知识要点

泰国概况

一、位置

泰国位于中南半岛中南部。东北部与老挝相邻，东南部与柬埔寨相邻，西北与缅甸接壤，南面濒泰国湾（太平洋）并与马来西亚接壤，西南濒安达曼海（印度洋）。

二、地形与地貌

泰国的北部为山区丛林，中部平原有广阔稻田，东北部高原有半干旱农田，南部半岛有热带岛屿和较长的海岸线。国境大部分为低缓的山地和高原。地形多变，可分为西、中、东、南四个部分。

三、气候

泰国气候属于热带季风气候，全年分为热、雨、凉三季。年均气温27℃，常年温度在18℃以上，平均年降水量1 000毫米。

四、自然资源

泰国是一个自然资源十分丰富的国家，主要资源有矿产、生物和水力资源。丰富的资源，为泰国的经济发展和人民生活水平的提高创造了优异的条件。泰国的矿产资源种类多，储量丰富，主要分为三类，即燃料矿、金属矿和非金属矿。

五、人口与民族

泰国总人口6 790万（2023年9月）。全国共有30多个民族。泰族为主要民族，占人口总数的40%。祖籍潮汕的泰国华侨华人有800多万。有华人血统的泰国人有2 000多万，约为该国总人口的1/3。

六、语言

通用语言和官方语言都为泰语。

七、国旗与国徽

泰国国旗呈长方形、长与宽之比为3：2。由红、白、蓝三色的五个横长方形平行排列构成。国旗中的三色条纹分别有不同的象征意义：红色代表民族，象征各族人民的力量与献身精神；白色代表宗教，象征宗教的纯洁；蓝色代表王室，泰国是君主立宪制国家，国王是至高无上的。蓝色居中象征王室在各族人民和纯洁的宗教之中。

泰国国徽是一个极富宗教神秘色彩的图腾图案。深红色大鹏鸟的鸟背上蹲坐着那莱王，他是泰国民间传说中鹰面人身的神灵。他头顶金色宝塔，颈部、手臂和手腕都戴着光彩夺目的金色饰品，两臂弯向头部，手指向内，翩翩起舞，构成泰国民间舞蹈的经典造型，展现出浓郁的泰国民族特色。

八、行政区划

全国分中部、南部、东部、北部和东北部5个地区，共有77个府，府下设县、区、村。曼谷是唯一的府级直辖市。

九、时差

泰国的首都曼谷位于东七区，比北京时间晚1个小时。

职场模拟演练

在领队说明会上，请你从自然地理和人文地理的角度简单介绍一下泰国的国情，让游客对泰国有一个大致的了解。

任务2　车上讲解/与游客交谈

任务导入

对应岗位：领队

情境描述：中泰关系可谓源远流长，泰国和中国一直保持着友好亲密的邻里关系；因为国体不同，很多游客对泰国王室充满了好奇；经济活动中，中国是泰国最大贸易伙伴……面对游客的讨论，领队应如何讲解？

任务清单：

1.熟悉泰国重要历史时期的大事件。

2.熟悉泰国经济现状。

知识要点

泰国简史和政治、经济概况

一、简史

●泰国原名暹罗，大约在5 000年前泰国所在的地区就有人类居住。

●公元6世纪时，中国南部的部分傣族人南迁至中南半岛，定居于湄公河流域，建立了一些小国家。

●公元1238年形成较为统一的国家，先后经历素可泰王朝、大城王朝、吞武里王朝和曼谷王朝。

●16世纪，葡萄牙、荷兰、英国、法国等殖民主义者先后入侵。

●1896年英法签订条约，规定暹罗为英属缅甸和法属印度支那间的缓冲国，暹罗成为东南亚唯一没有沦为殖民地的国家。

●19世纪末，拉玛四世王开始实行对外开放，拉玛五世王借鉴西方经验进行社会改革。

●1932年6月，民党发动政变，改君主专制为君主立宪制。

●1939年更名泰国，后经几次更改，1949年正式定名泰国。

二、政治

泰国实行君主立宪制。第二次世界大战后军人集团长期掌握政权，政府一度更迭频繁。20世纪90年代开始，军人逐渐淡出政坛。泰国是以国王为国家元首的民主体制国家。国王是国家元首、武装部队最高统帅。

三、经济

泰国实行自由经济政策，属外向型经济，依赖中、美、日等外部市场。泰国是传统农业国，农产品是外汇收入的主要来源之一，全国可耕地面积约占国土面积的41%。主要作物有稻米、玉米、木薯、橡胶、甘蔗等。泰国海域辽阔，泰国湾和安达曼海是得天独厚的天然海洋渔场，泰国是世界市场主要鱼类产品供应国之一。出口导向型工业的主要门类有采矿、纺织、电子、塑料、食品加工等，工业在国内生产总值中的比重不断上升。电子工业等制造业发展迅速，产业结构变化明显，经济持续高速增长。

泰国现行通用货币是泰铢，与人民币的汇率为：1人民币≈4.8717泰铢；1泰铢≈0.2053人民币（2024年1月）。

职场模拟演练

从本任务情境描述的话题中任选一个，作为与游客的谈资，帮助游客更好地了解泰国和泰国社会。

任务3　线路产品设计/沿途导览/景区讲解

任务导入

对应岗位：计调/领队

情境描述：“庙宇林立的千佛之国、信仰为上的微笑之国，既美丽热情又平和安宁”……这些仿佛都是泰国的标签。由于历史等原因，泰国的华人后裔众多，因此大小地方无不烙刻着中国文化的印记。由于旅游者赴泰旅游的动机不同，关注的方面也不尽相同，领队要协助当地导游做好导览工作，从历史文化、中泰文化对比角度做好补充讲解工作。

任务清单：

1. 了解泰国的重要节日。
2. 熟悉泰国民居的典型特点。
3. 熟悉泰国的饮食文化。
4. 了解泰国的传统服饰特点。
5. 熟悉泰国人的礼节。

知识要点

泰国民俗文化

一、重要节日

●宋干节（公历四月十三日至十五日）

●水灯节（泰历十二月十五日）

●国庆日（公历十二月五日）

二、民居

纳兰时期泰国的房子都是三角顶，少有平顶，寺庙多为三层叠式的尖顶，民居则是单层的。这种建筑特色，一直保留下来，也充分体现了浓郁的地域特色。曼谷王朝初期，一般的民众仍按照传统的方式，用木板建造高脚屋。拉玛三世（1824—1851年在位）以后，出现了砖砌的民居，分为泰式和中式。中式房屋是大批华人移民泰国后才出现的，基本是按照中国南方城镇民宅和店铺的样式来建，一般分为二层楼，下面是店铺，楼上是居室。曼谷如今仍可看到这种建筑。从拉玛四世（1851—1868年在位）开始，出现了西式建筑。最初的西式建筑是国王的行宫和王公贵戚的官邸，后来富裕人家也盖西式别墅。特别是拉玛五世（1868—1910年在位）学习西方进行行政制度改革以后，西方文明进入泰国社会，出现了曼谷、清迈这样的现代化都会，城市里的民居建筑与传统式样相比发生了质的变化。但在广大的农村，仍然到处可以看到用木板和茅草搭成的高脚屋。

三、饮食

泰国人以大米为主食，副食主要是蔬菜和鱼。泰国人最喜欢吃的食物是咖喱饭，常吃鸡粥、猪油糕、酸猪肉、烤肉皮、剁生牛肉等，偏爱辛辣味，辣椒和鱼露被当作最好的调味品。泰国人不爱吃红烧、甜味的菜肴，喜欢喝冰茶。泰国人可以吃老鼠、蜗牛、田鸡、蛇、蝗虫，但不习惯吃猫狗。泰国人好吃生，有些蔬菜、海产放些调料就能生吃。完整的泰餐应该包括一份汤、一份有调味品的咖喱饭、鱼和蔬菜。就餐习惯通常是用手抓着吃。

四、服饰

泰国人的服装，总体来说比较朴素，在乡村多以民族服装为主。泰族男子的传统民族服装叫“绊尾幔”纱笼和“帕农”纱笼。帕农是一种用布缠裹腰和双腿的服装。绊尾幔是用一块长约3米的布包缠双腿，再把布的两端卷在一起，穿过两腿之间，塞到腰背处，穿上以后，很像我国的灯笼裤。由于纱笼下摆较宽，穿着舒适凉爽，因此它是泰国平民中流传最长久的传统服装之一。

五、礼节

泰国人问候的方式是双手合十，置于胸前，然后礼貌点头鞠躬。双手举得越高，表示尊敬程度越深。平民见国王双手要举过头顶；晚辈见长辈时，双手举至前额，平辈相见时双手举至鼻部；长辈对晚辈还礼时双手放在胸前。地位较低或年纪较轻者应先行合十礼。当一方致意时，受礼者应还合十礼。泰国以佛教为国教，有“千佛之国”“黄袍佛国”之称，故切忌对佛教、佛像、寺庙、和尚有不敬行为。路遇和尚应主动让路，乘车应主动给和尚让座。泰国男子一般在年满20岁前都必须出家一次，时间在3天至3个月之间。这样，他们才能获得成人资格。递物品应用右手。右手吃饭，左手拿不洁之物。

职场模拟演练

在结束当天游览、回酒店的途中，游客对泰国的佛教礼仪非常感兴趣，领队应怎样向客人做简单介绍？

任务4 线路产品设计/产品特色推广/沿途导览/景区讲解

任务导入

对应岗位：计调/销售/领队

情境描述：泰国游产品在国内市场中已经日臻成熟且完善，如观赏表演型产品、康养休闲型产品、食客体验型产品、宗教朝圣型产品、海岛度假型产品等，而且泰国的消费水平不高，所以在泰国游玩，能够实现奢简由己。销售或者计调要熟悉泰国当地旅游资源，为游客做好推介和宣传工作，为旅行社招徕客源。另外，领队在给游客提供周到的导游服务的同时，还要对当地的食住行游购娱文化做深入了解。

任务清单：

1. 了解泰国旅游市场现状。
2. 从文化角度了解泰国的世界遗产。
3. 熟悉泰国的食、住、行、游、购、娱等旅游业基本情况。

知识要点

泰国旅游业

一、旅游业概况

泰国对旅游业十分重视，制定了有关旅游的法规，强化旅游业的管理，同时还制定了若干优惠政策吸引外商投资和鼓励民间投资。泰国还在发展观光旅游的同时，大力发展会议旅游和购物旅游。泰国重视对旅游设施的建设和管理。泰国旅馆设施相当先进，服务水平很高，在国际上有较高的声誉。

二、世界遗产

自泰国加入《保护世界文化与自然遗产公约》的缔约国行列以来，截至2023年，经联合国教科文组织审核被批准列入《世界遗产名录》的泰国世界遗产共有6处。泰国的世界遗产数量明细见表2-4-1。

遇见世遗2-4

泰国

表2-4-1 泰国的世界遗产数量明细

遗产数量	文化遗产	文化景观遗产	自然遗产	混合遗产	其中	跨国遗产	濒危遗产	除名遗产
6	3	0	3	0		0	0	0

三、旅游线路示例

旅游线路示例见表2-4-2。

表2-4-2　　旅游线路示例

线路一（跟团游）	直飞普吉，乐享斯米兰7日游
D1沈阳—甲米	交通
D2普吉岛	攀牙湾—泛舟之旅—007岛—沙法里—水果自助大餐+芒果糯米饭
D3普吉岛—斯米兰群岛	斯米兰群岛—4号安岛—8号斯米兰岛—7号巴布岛—9号班古岛
D4斯米兰群岛	飞龙湾—爱琴群岛—洪岛—浮潜观—黄金海岸
D5斯米兰群岛	珍宝玉石AB馆—168水果街便利店—精油SPA1小时—网红青蛙夜市
D6斯米兰群岛—普吉岛	乳胶体验馆—庆祖庙+四面佛—人蛇大战—GMS暹罗免税店
D7甲米/沈阳	交通
线路二（自由行）	曼谷芭提雅经典7日游
D1沈阳—曼谷	交通
D2曼谷	大皇宫—卧佛寺—郑王庙—考山路—湄南河
D3曼谷	曼谷文化艺术中心—四面佛—暹罗海洋世界—唐人街
D4曼谷	胜利纪念碑—王权免税曼谷市区店—航站楼21—曼谷河畔夜市
D5芭提雅	丹嫩沙多水上市场—乐博橡胶馆—尚泰芭提雅海滩购物中心
D6芭提雅—曼谷	东芭乐园—芭提雅四方水上市场—芭提雅海滩
D7曼谷—沈阳	交通

四、餐食

1.早餐：酒店自助（泰式、西式）。

2.正餐：中式团餐桌餐、泰式自助（游船上）、海鲜大餐、热带水果大餐（榴莲、芒果、山竹、青木瓜）、泰式咖喱鸡、椰汁鸡、辣牛肉沙律饭。

五、住宿

游客随旅游团入住的酒店一般为国际四星或五星级别，内部设施均为西式或泰式风格。泰国酒店普遍都特别宽敞舒适，每间客房均配有空调、阳台、平面电视、保险箱、冰箱和迷你吧、室外游泳设施等。很多到泰国旅游的游客都喜欢选择居住在湄南河边，这里环境优美，交通便利，还可以体验快艇，这里高级酒店的价格同国内四、五星级宾馆相当。曼谷的背包客旅馆业也非常发达，数量众多，性价比也很高。考山路附近是亚洲著名廉价背包旅馆汇集区，通常三五百泰铢就能找到整洁舒适的房间。背包客旅游条件也较为成熟，为背包客提供服务的旅行机构、换汇处、网吧、餐厅比比皆是，一天24小时热闹的场景本身就是一个景观。

六、交通

（一）机场和航空公司

从我国到泰国是比较方便的，目前有很多城市都开通了直飞航班，如从我国广州、海口、天津、成都、上海、桂林等城市可以直飞到泰国廊曼国际机场。泰国几乎每个城市都有机场，曼谷、清迈、普吉岛、苏梅岛、甲米等主要旅游地均有国际航班通航，其中廊曼国际机场是东南亚最负盛名的机场之一。

（二）境内交通

1.火车：泰国的铁路布局以曼谷为中心向其他城市辐射，有北方线、东方线、东北线、南方线和国际线，车速通常很慢。

2.长途巴士：泰国的公路也是以曼谷为中心形成的发散布局，泰国的公路运输并不是很好，政府赞助的公交车虽然稍微便宜一点，但空调不足，舒适性急需改善。

3.长尾船：泰国的水运很有地方特色，尤其那种狭长而又小巧的长尾船，是常见的河上摆渡。

4.嘟嘟车（TukTuk）：最有泰国本土色彩的交通方式。车子发动时会发出"突、突"的声音，在街头上穿梭，既有摩托车的便利性，又有足够的座位。

七、游览

（一）主要旅游城市

主要旅游城市介绍见表2-4-3。

表2-4-3 主要旅游城市介绍

城市	简　介	代表景点
曼谷	●位于湄南河下游，距泰国湾40千米，是泰国首都，东南亚第二大城市，主要港口和政治、经济、文化中心。 ●市内河道纵横，货运频繁，有"东方威尼斯"之称；又是国际活动中心之一，每年举办的各种国际会议达二三百场。 ●下辖24个县、150个区。泰国是世界上佛寺最多的地方，有大小400多个佛教寺院，被称为"佛庙之都"	大皇宫；四面佛；考山路夜市；湄南河；乍都乍周末市场；玉佛寺；卧佛寺；郑王庙等
芭提雅	●位于泰国的东海岸边，距曼谷约150千米，位于印度半岛和马来半岛间的泰国湾处。 ●东南亚海滩度假胜地，享有"东方夏威夷"的美誉。风光旖旎，气候宜人，年均温度20℃。旅游区素以阳光、沙滩、海鲜名扬天下。每年11月至次年2月，是到芭提雅旅游的最佳季节	芭提雅海滩；四方水上市场；阁兰岛；东芭乐园；七珍佛山；金沙岛；热带水果园等
清迈	●泰国北部政治、经济、文化的中心，清迈府的首府，泰国第二大城市。 ●市内风景秀丽，遍植花草，尤以玫瑰花最为著名，有"北国玫瑰"的雅称。环境优美，气候凉爽，是东南亚著名的避暑胜地	素贴山；双龙寺；清迈大学；宁曼路；契迪龙寺；清迈古城；塔佩门等
清莱	●位于科克河南岸，是泰国最北的府城，距离曼谷市约785千米。 ●举世闻名的"金三角"就在清莱府的山区，泰、缅、老三国的交界地带。 ●11月至次年2月是凉爽的干季，3月至5月是湿热的雨季，年平均气温24.6℃	金三角；白庙；黑庙；蓝庙；清莱温泉；长颈族村；辛哈农场；玉佛寺等

（二）主要旅游资源

泰国主要旅游资源介绍见表2-4-4。

表2-4-4　　主要旅游资源介绍

旅游资源	简　介
普吉岛	●位于泰国南部马来半岛西海岸外的安达曼海，离曼谷867千米，是泰国最大的海岛。普吉岛周围有39个小岛，都归属普吉镇行政管理，涵盖面积570平方千米。11月至次年4月海水平静，天气良好，降水少，是旅游旺季。 ●普吉岛自然资源十分丰富，有“珍宝岛”“金银岛”的美称，有著名的“3S景观”(阳光、海水和沙滩)。 ●附近景点有皮皮岛、珊瑚岛、攀牙湾、通赛瀑布、幻多奇乐园等
斯米兰群岛	●普吉岛西北海域的9个岛屿，是著名的潜水胜地，开放时间为11月至4月，雨季时禁止登岛，以保护自然生态，1982年被指定为国家公园。 ●斯米兰群岛是世界上最美丽的、未损坏的岛屿之一，具有丰富的、种类繁多的海洋生物，以及壮观的珊瑚礁，这些为深海潜水者提供了世界级的水下天堂。斯米兰群岛的潜水活动位居世界前列
苏梅岛	●泰国第三大岛，距曼谷约500千米。面积247平方千米，周围有80多个大小岛屿，位于泰国湾中西部。 ●风光秀丽，海水清澈，被誉为“天堂岛”。逾300万株椰树和其他热带植物覆盖全岛，环岛多处白色细沙滩犹如银链，海水浴、日光浴、潜水、帆板、划艇、海滨月光派对等旅游项目丰富多彩
大皇宫	●位于首都曼谷市中心，湄南河畔，又称大王宫，总面积为21.84万平方米；泰国曼谷王朝拉玛一世至拉玛八世的王宫，也是曼谷市内最为壮观的古建筑群。 ●1782年，拉玛一世开始兴建，第一座宫殿阿玛林宫于1784年建成，后代不断扩建使之成为现在的规模。 ●大皇宫四周筑有白色宫墙，高约5米，总长1 900米。建筑以白色为主色，风格主要为暹罗式。庭院内绿草如茵，满目芳菲
古城博物馆	●位于泰国北榄府境内，建于1956年。荟萃了泰国各地历史上有代表性的建筑物，被誉为“泰国迪士尼”。古城的四周由砖墙围起，模仿泰国版图的轮廓，呈斧头形，故又有“小泰国”之称。 ●城内有泰国各地最著名的75处寺庙、佛塔、纪念碑等建筑的仿制品，也有一个个建立在湖面上、由高脚木屋组成的小市场。 ●博物馆内还有十几组根据佛教和泰国民间传统而制造的大型雕塑群，反映了泰国自1238年建立素可泰王朝以来的历史和艺术概貌
普拉辛寺	●位于旧市街西端、海拔1 000多米的最高峰素贴山上，建于1345年，是清迈规模最大的佛寺，与契迪龙寺同为清迈地位最崇高的寺庙。 ●寺院周围古木参天，各有大小7个龙头的两条巨龙雄踞石阶两侧，长约150米的龙身随309级石阶起伏而上。 ●寺内有东西南北4座佛殿，分别有长廊相连，呈四边形。寺院正中有一座高约20米的大金塔，右侧有呈高床式的七旋塔，被誉为泰国建筑的精华

八、娱乐

(一) 体验泰式古法按摩

泰式古法按摩为泰国古代医学文化之一，拥有4 000多年历史。利用手指、手臂、膝部和双腿等按摩对方穴位，又在肌肉和关节上按压和伸展，令身体、精神和心灵恢复最佳状态。200多年前，泰国皇帝担心这项按摩技艺失传，于是下旨将按摩的各式手法、教理、人身的经络经脉刻在石板之上。如今这些保存在卧佛寺的石碑，成为泰国古式按摩承袭传统的最好佐证。泰式古法按摩源于印度瑜伽术，于公元前2世纪随佛教传到泰国，被认为是从寺庙传到民间的技艺。旅游团线路产品一般会包含泰式古法按摩项目，这种按摩其实是对体验者施以的被动瑜伽，利用独特的推拉蹬摇踩等手法，通过压足、压腰、踩脊等方式作用于肌肉筋膜和关节等部位，体验者按摩后如同进行了高强度运动，所以按摩后店方都会提供茶饮和小吃。

(二) 体验浮潜

沿着泰国湾及安达曼海岸，分布着50多个潜水中心，由专职教员带领游客娴熟地寻找最佳潜水地点，在海底，潜水者可以看到巨人般的岩石、刀切般的石灰岩壁、

旅游贴士 2-4

泰国

硕大的岩洞、孕育着成百上千种软硬珊瑚的纯净的珊瑚礁群。各种难得一见的深海鳖类，如鲸鱼鳖、银鳖、鹤鳖等，会出其不意地出现在潜水者身旁，还有数不胜数的印度洋、太平洋热带鱼类成群悠游。随着潜水活动的日益盛行，价格也逐渐下降，热门潜水之地有斯米兰群岛、皮皮岛、普吉岛或是苏梅岛等。

育德启智 2-2

泰国总理巴育感谢中国支持泰铁路建设

泰国总理巴育于2023年8月17日视察中泰铁路施工段，对中方提升泰国铁路运力的支持表示感谢。

泰国总理府副发言人黛素丽援引巴育的话说，中方给予的支持保障了两国合作的落实，将提升泰国铁路运输效率、促进泰国国力发展。巴育强调政府对推进铁路网络建设、实现客运与货运效率最大化的决心。他说，快速且安全的区域互联互通将有效推动经济、贸易投资、农业、工业和旅游业等各领域发展，进而提升居民的生活质量。黛素丽说，泰国正在加紧中泰铁路建设工作。作为"一带一路"倡议的一部分，中泰铁路经由老挝连接中泰两国，将有助于满足泰国东北部人员和物资流动需求。

中泰铁路建设项目将进一步推进泰国旅游产业的发展，并在未来将泰国与老挝和中国连接起来，降低时间成本，解决交通问题，促进旅游业和区域经济的发展。

资料来源：任芊．泰国总理巴育感谢中国支持泰铁路建设［EB/OL］．［2023-08-17］．http：//m.news.cn/2023-08/17/c_1129809020.htm.

思政元素：合作共赢；区域发展

学有所悟：党的二十大报告指出："中国坚持在和平共处五项原则基础上同各国发展友好合作，推动构建新型国际关系，深化拓展平等、开放、合作的全球伙伴关系，致力于扩大同各国利益的汇合点。促进大国协调和良性互动，推动构建和平共处、总体稳定、均衡发展的大国关系格局。坚持亲诚惠容和与邻为善、以邻为伴周边外交方针，深化同周边国家友好互信和利益融合。"泰国是共建"一带一路"重要合作伙伴，中泰铁路合作项目的建设不仅有利于带动铁路沿线地区和产业的繁荣发展，也将完善泛亚铁路中线建设，进一步奠定泰国作为地区互联互通枢纽和东盟重要经济中心的地位。中泰铁路全线建成后将形成从昆明直达曼谷的快速通道，把东南亚铁路网与中国乃至整个欧亚大陆的铁路网连接起来，不仅方便了沿线地区民众的出行和相互往来，而且有利于促进沿线地区的市场开放整合和生产要素的优化组合，带动生产、贸易、物流、旅游业的发展，为沿线国家经济发展注入新活力。

职场模拟演练

在线测评 2-4

泰国

1. 车上导览——利用既有线路中的一天，查看路线，进行车上沿途风光讲解。

2. 购物指导——购物环节有保健品店、化妆品店等，通过查找相关资料，为游客做好购物方面的指导。

3. 景区导览——选择一个城市、一个景区或一项世界遗产，融入相关文化要素，介绍给游客。

项目五　新加坡

◎　**学习目标**

知识目标：

•熟悉新加坡的基本国情。

•熟悉新加坡的政治经济简况。

•掌握新加坡的节日、民居、饮食、服饰、礼节等民俗文化。

•掌握新加坡的食、住、行、游、购、娱等旅游业基本情况。

能力目标：

•能够策划新加坡旅游产品。

•作为领队能够协助当地导游安排落实在新加坡的旅游行程，并按照行程计划为游客提供讲解、陪同游览等服务。

•作为产品销售能够运用新媒体，策划实施新加坡旅游产品线下线上营销推广。

素养目标：

•培养学生具备国际的视野，厚植爱国情感、民族自豪感和对我国优秀传统文化的认同感。

•培养学生具有健康的体魄和心理、完善的人格；具备良好的行为习惯、一定的审美和人文素养。

•培养学生乐观向上的工作和生活态度，并具有自我管理能力、集体意识和团队合作精神。

任务1　领队说明会

任务导入

对应岗位：领队

情境描述：新加坡作为我国最早出境旅游经典线路“新马泰”上的关键节点，自20世纪90年代出境旅游兴起以来一直是我国民众首选的出境旅游目的地之一。同时，作为“一带一路”沿线的重要国家，新加坡与我国的商旅合作也进一步加深。在即将带领团队赴新加坡旅游之前，领队在说明会上应如何向游客简要介绍新加坡呢？

任务清单：

1.熟悉新加坡的自然地理（位置、地形、气候、自然资源等）。

2.熟悉新加坡的人文地理（人口、民族、语言等）。

知识要点

新加坡概况

一、位置

新加坡毗邻马六甲海峡南口，北隔狭窄的柔佛海峡与马来西亚紧邻，并有两条长堤相通，南隔新加坡海峡与印度尼西亚廖内群岛有轮渡联系，被称为“世界的十字路口”之一。

二、地形与地貌

新加坡地势起伏和缓，其西部和中部是丘陵地区，东部以及沿海地带都是平原，平均海拔15米，最高峰武吉知马山海拔仅163.63米。

三、气候

新加坡靠近赤道，为热带雨林气候，常年气温变化不大，雨量充足，空气湿度高，温度在23~34℃，年均降雨量2 400毫米。

四、自然资源

新加坡资源比较匮乏，主要工业原料、生活必需品需进口。岛上保留有部分原生植物群。新加坡建有17个蓄水池储存淡水。

五、人口与民族

人口约564万（2022年），公民和永久居民407万。华人占74%左右，其余为马来人、印度人和其他种族。

六、语言

马来语为国语，英语、华语、马来语、泰米尔语为官方语言，英语为行政用语。

七、国旗与国徽

新加坡国旗又称星月旗，由红、白两个平行相等的长方形组成，长与宽之比为3∶2，左上角有一弯白色新月以及五颗白色小五角星。

新加坡国徽中央为一个红盾，盾面有一轮白色新月和5颗白色五角星；红盾的左侧有一只狮子，右侧有一只老虎支扶着红盾；红盾下为一条蓝色饰带，上有用马来语写的“前进吧，新加坡”。红色象征人类的平等，白色象征普遍永久的纯洁和美德，新月象征祖国永恒长存，5颗星表示民主、和平、进步、正义和平等的理想，狮子代表新加坡，狮虎表示新加坡与马来西亚之间的联系。

八、行政区划

新加坡是一个城邦国家，故无省市之分，而是以符合都市规划的方式将全国划分为5个社区，由相应的社区发展理事会（简称社理会）管理。5个社区是按照地区划分，定名为东北、东南、西北、西南和中区社理会。

九、时差

新加坡的首都新加坡市位于东八区，与北京时间无时差。

职场模拟演练

领队说明会上，请你从自然地理和人文地理角度简单介绍一下新加坡的国情，让游客对新加坡有一个大致的了解。

任务2 车上讲解/与游客交谈

任务导入

对应岗位：领队

情境描述：新加坡人民行动党自1959年执政后，建立以清廉高效为基础的政府，推行市场经济和有为政府的两手经济发展战略。1990年中国和新加坡建交之后，双边关系发展迅速，两国在经济上也有很强的互补性。谈到新加坡的政治和经济，领队应如何为游客做客观的讲解，以帮助游客更好地认识了解新加坡？

任务清单：

1. 熟悉新加坡重要历史时期的大事件。
2. 熟悉新加坡的国体和政体。
3. 了解新加坡经济现状。

知识要点

新加坡简史和政治、经济概况

一、简史

● 新加坡古称淡马锡，在公元8世纪之前，它还只是个无名的海岛小渔村。

● 8世纪建国，属印度尼西亚室利佛逝王朝。

● 18—19世纪是马来西亚柔佛王国的一部分。

● 1824年至第二次世界大战前沦为英国殖民地，成为英国在远东的转口贸易商埠和在东南亚的主要军事基地。

● 1942年被日本占领。

● 1945年日本投降后，英国恢复殖民统治，次年划为直属殖民地。

● 1959年实现自治，成为自治邦，英保留国防、外交、修改宪法、宣布紧急状态等权力。

● 1963年9月与马来亚、沙巴、沙捞越共同组成马来西亚联邦。

● 1965年8月9日脱离马来西亚，成立新加坡共和国；同年9月成为联合国成员国，10月加入英联邦。

二、政治

实行议会共和制。总统为国家元首，总理为政府首脑。新加坡国家机构三权分立，总统由直接民选产生，为国家元首。国会议员也是选举产生，总理从国会多数党中产生，其领导的内阁拥有行政权，总理从议员中选出内阁部长。

三、经济

新加坡国小人少，资源并不丰富，但地理位置十分优越，经济上发挥区位优势，发展迅速。新加坡属外贸驱动型经济，以电子、石油化工、金融、航运、服务业为主，高度依赖中、美、日、欧和周边市场，外贸总额是GDP的3倍。现已创建的国际通商口岸、免税购物中心、国际金融中心、世界著名转口港、贸易中心、交通中心、国际会议中心和“花园式城市”，使该国成为东南亚名副其实的区域中心。为刺激经济发展，新加坡政府提出“打造新的新加坡”，努力向知识经济转型，并成立经济重组委员会，全面检讨经济发展政策，积极与世界主要经济体商签自由贸易协定。

新加坡现行通用货币是新加坡元，与人民币的汇率为：1新加坡元≈5.3886人民币；1人民币≈0.1856新加坡元（2024年1月）。

职场模拟演练

谈谈新加坡是如何发挥区位优势，把原本资源并不丰富、地小人少的国家打造成全球旅游目的地国家的。

任务3　线路产品设计/沿途导览/景区讲解

任务导入

对应岗位：计调/领队

情境描述：旅游巴士在雨水冲刷过的街道上行驶，领队为游客讲解到窗外别样的建筑形态：曲曲折折的雨阳棚和连廊把住宅、商业、天桥等连接在了一起，甚至连通到附近的巴士站和地铁，为出行者遮阳挡雨。中心商业区更是在地下挖出一个四通八达的地下城，与街道两边的建筑和地铁融为一体，形成另一个城市空间，给出行带来了极大的方便。所以许多上班族从家里到公司，通勤、吃饭、购物甚至健身，全部在地下和室内搞定，可以不出户外……导游应做好这些内容的沿途讲解工作。

任务清单：

1. 了解新加坡的重要节日。
2. 熟悉新加坡民居的典型特点。
3. 熟悉新加坡的饮食文化。
4. 了解新加坡的传统服饰特点。
5. 熟悉新加坡人的礼节。

知识要点

新加坡民俗文化

一、重要节日

- 华人新年：同中国春节
- 泰米尔新年：4、5月间
- 卫塞节：5月的月圆日
- 国庆节：8月9日
- 开斋节：伊斯兰教历10月新月出现之时
- 圣诞节：12月25日

二、民居

新加坡的住宅可以分为5类，分别是政府组屋、私人住宅、老式商铺、新式商厦、庙宇寺院，可以作为民宅使用的是前三类。政府组屋类似于国内的公寓，也就是家属楼或者商品房，基本等同于国内的建筑风格，在新加坡的房地产市场当中，这种类型的房子是主流。新加坡民居最明显的特征就是每个地铁站附近几乎都有组屋，屋顶的瓦片都是橘红色的。这种类型房屋的客厅以及卧室的面积都是比较大的。私人住宅的种类就比较五花八门，整体的风格都比较偏欧洲风格，因为每一处建筑的设计风格都不一样，所以样式也就比较多。老式商铺最明显的特征就是具有南洋风格。

三、饮食

新加坡华人饮食习惯受广东、福建、海南和上海影响，口味喜清淡、偏甜，大都喜欢饮茶。而马来人忌食猪肉、狗肉，不吃贝壳类动物，不饮酒；印度人忌食牛肉。在用餐时，不论马来人还是印度人都不用刀叉、筷子，而惯于用右手直接抓取食物，忌用左手取食。新加坡的特色食品有咖喱鱼头、叻沙、米果汁、汽锅等。新加坡的文化融合充分地表现在餐桌上，有热辣辣的咖喱鱼头、香喷喷的沙嗲肉串、鲜美生猛的海鲜大餐等。

四、服饰

新加坡的气候受海洋和纬度的影响，气温高、湿度大，因此夏季穿轻质料子的服装最为适宜。工作时人们普遍穿便服，下班后可穿T恤衫和细斜纹布裤，仅在正式的宴会上才必须穿西装、系领带，女士们则要穿晚礼服。

五、礼节

新加坡人待人处世以礼相见，社交场合多用握手礼，与东方人相见也行鞠躬礼。讲卫生爱清洁是他们的基本习惯，违反者会受到严厉的法律制裁。新加坡人时间观念较强，赴约要准时。新加坡的法律与人们生活的每一个方面都息息相关，鞭刑、绞刑等酷刑保留至今。

对游客来说，应注意以下规定：

1. 随地吐痰、乱扔垃圾罚款1 000新币；
2. 在公共汽车和地铁内，喝水、喝饮料、吃东西等，罚款500新币；
3. 每人入境只能带19根香烟，每多出1根，罚款10新币；

4.在公共汽车、地铁、汽车、影院、餐馆、商店吸烟，罚款1 000新币；

5.公共场所不允许嚼口香糖，严重的会被逮捕和坐牢。

职场模拟演练

结合新加坡严苛的法律制度和产生的惩戒作用，谈谈新加坡严苛的法律制度是否也适用于他国。

任务4　线路产品设计/产品特色推广/沿途导览/景区讲解

任务导入

对应岗位：计调/销售/领队

情境描述：新加坡是一个和中国文化契合度非常高的国家，新加坡当局也很欢迎中国人来此旅游、留学和居住。龟屿、圣淘沙岛裕廊鸟类公园、滨海湾花园是比较典型的自然类旅游资源。跟团游的产品线路往往和泰国、马来西亚捆绑在一起作为东南亚最热门的旅游产品售卖，在新加坡一地停留的时间通常是1～2天。旅行社销售人员应该如何为潜在客源生动介绍当地的旅游文化资源，成功实现销售？

任务清单：

1.了解新加坡旅游市场现状。

2.从文化角度了解新加坡的世界遗产。

3.熟悉新加坡的食、住、行、游、购、娱等旅游业基本情况。

知识要点

新加坡旅游业

一、旅游业概况

新加坡是世界上最著名的清洁卫生国家。新加坡国土面积不大，既没有名山大川，也没有多少名胜古迹，旅游资源并不丰富。然而，新加坡旅游业相当发达，发展也相当迅速。这是因为政府特别重视旅游业的发展，健全相关法律法规并严格实施，不仅开展了观光旅游，而且重视开展购物旅游，发挥其作为“购物天堂”的优势；航空交通发达，新加坡与世界49个航空公司建立了联系；增加会议旅游，会议设施齐全完善；开展优质服务，一些饭店屡屡在国际上获得最佳饭店的称号，新加坡航空公司在国际上也享有很高的声誉。另外，为了激励旅游需求并帮助某些生意不佳的饭店和餐馆，政府还对它们实行减税政策。

二、世界遗产

自新加坡2012年6月19日加入《保护世界文化与自然遗产公约》的缔约国行列以来，截至2019年，经联合国教科文组织审核被批准列入《世界遗产名录》的新加坡世界遗产共有1项。新加坡的世界遗产数量明细见表2-5-1。

表 2-5-1　　新加坡的世界遗产数量明细

遗产数量	文化遗产	文化景观遗产	自然遗产	混合遗产	其中	跨国遗产	濒危遗产	除名遗产
1	1	0	0	0		0	0	0

遇见世遗 2-5

新加坡

三、旅游线路示例

旅游线路示例见表 2-5-2。

表 2-5-2　　旅游线路示例

线路一（跟团游）	新加坡马来西亚 8 日游
D1 沈阳—新加坡	新加坡鱼尾狮公园—滨海艺术中心—市区观光
D2 新加坡	环球影城—摩天轮—河川生态园—老巴刹（用餐）
D3 新加坡—新山（马来西亚）	克拉码头—滨海湾花园—百货店—珠宝店—圣淘沙名胜世界—马来西亚
D4 新山—波德申	乐高乐园
D5 波德申—吉隆坡	黑风洞—云顶高原—吉隆坡
D6 吉隆坡—瓜拉雪兰莪—吉隆坡	土产店—国家英雄纪念碑—独立广场—高等法院—国家清真寺—双塔广场—巧克力馆—苏丹皇宫—瓜拉雪兰莪萤火虫—喂老鹰—海鲜大餐—皇家山银叶
D7 吉隆坡—马六甲—新加坡	太子城—首相署—粉红清真寺—马六甲—古城门—三宝庙、汉丽宝井—荷兰红屋—葡萄牙广场—圣保罗教堂
D8 新加坡—沈阳	
线路二（自由行）	新加坡 7 日游
D1 新加坡	平民战争纪念碑（15 分钟）—滨海艺术中心音乐厅（30 分钟）—鱼尾狮公园（20 分钟）—新加坡摩天观景轮（45 分钟）—双螺旋桥（15 分钟）—滨海湾金沙购物中心（2 小时）—新加坡滨海湾花园（3 小时）—滨海湾灯光秀（15 分钟）
D2 新加坡	圣安德烈教堂（30 分钟）—旧高等法院（1 小时）—新加坡国会大厦（10 分钟）—新加坡国家美术馆（2 小时）—旧议会大厦（30 分钟）—新加坡维多利亚剧院（15 分钟）—亚洲文明博物馆（1 小时）—新加坡河游船（1 小时）—克拉码头（2 小时）
D3 新加坡	河川生态园（3 小时）—新加坡动物园（4 小时）—夜间野生动物园（3 小时）
D4 新加坡	新加坡环球影城（6 小时）—鱼尾狮塔（1 小时）—圣淘沙天际线斜坡滑车（45 分钟）—《时光之翼》（45 分钟）
D5 新加坡	小印度（1 小时）—苏丹回教堂（30 分钟）—哈芝巷（1 小时）—武吉士街（1 小时）—佛牙寺龙华院博物馆（30 分钟）—马里安曼兴都庙（30 分钟）—詹美回教堂（30 分钟）—牛车水（2 小时）
D6 新加坡	新加坡植物园（3 小时）—国立胡姬花园（1 小时）—乌节路（4 小时）
D7 新加坡	新加坡国立大学（2 小时）—南部山脊（4 小时）—怡丰城（2 小时）

四、餐食

1.早餐：酒店西式自助。

2.正餐：中式团餐桌餐、肉骨茶、海南鸡饭、辣椒螃蟹、娘惹叻沙餐。

五、住宿

旅游团在新加坡入住的是当地四星酒店。自由行在新加坡可以选择酒店或青年旅馆。旅游热门地之一的滨海湾是新加坡最繁华的地区，设计规划非常整洁美丽，夜景尤为绚丽。这里有著名的金沙酒店，从顶层的无边泳池能俯瞰整个新加坡，此外还有半岛怡东酒店、史丹佛瑞士酒店等。在圣淘沙岛及港湾地区，住宿以星级酒店为主，如新加坡圣淘湾大酒店、圣淘沙喜乐度假酒店、新加坡圣淘沙名胜世界节庆酒店等。在华人聚集区的牛车水，可以选择的酒店有皮克林宾乐雅酒店、宝瓷林精品酒店等。

六、交通

（一）机场和航空公司

我国赴新加坡旅游的游客可以从国内很多城市出发直飞到新加坡樟宜国际机场。具体出发城市和航空公司见表2-5-3。

表2-5-3 中国赴新加坡的出发城市和执飞航空公司

到达机场	出发城市	执飞航空公司
新加坡樟宜国际机场	北京	中国国际航空、新加坡航空、中国南方航空
	上海	新加坡航空
	深圳	新加坡酷航、胜安航空
	广州	新加坡酷航、中国南方航空、深圳航空、新加坡航空
	厦门	胜安航空、中国国际航空

除以上城市外，昆明、成都、青岛、杭州、大连、南京、重庆、福州都有直达新加坡的航班。新加坡樟宜机场作为世界上最繁忙的枢纽之一，连接着100多家航空公司。

（二）境内交通

新加坡是世界上人口密度最大的国家之一，堵车情况却很罕见，其成功经验是制定环状加卫星新城的总体规划，通过快速交通系统将乡镇与市中心连接；采取一系列限制小汽车拥有和使用的政策，不断完善公共交通；将更多大数据科技融入公共交通领域，打造智能交通。

1.地铁：开通于1987年，分6条路线连接各地，并且通往数个观光胜地，公众只需要查看站名并记住其颜色及号码即可使用。

2.公共巴士：新加坡巴士系统的路线覆盖范围遍及新加坡大多数地方，是最经济的出行方式。上车下车都需要刷卡，也可以现金支付。SBS Transit是新加坡主要巴士运营商，拥有超过250条巴士路线，遍及整个新加坡。

3.出租车：按里程计价，0：00至6：00打车还要加收50%的费用。商业区、景区周边、酒店门口都可以很方便地打到出租车，或者通过电话预约车辆。

七、游览

（一）主要旅游城市

主要旅游城市介绍见表2-5-4。

表2-5-4　　主要旅游城市介绍

城市	简介	代表景点
新加坡市	●位于新加坡岛南部，面积约98平方千米，人口200多万。 ●世界著名的天然良港和世界重要国际金融中心。 ●市内高楼林立，同时又有整齐宽阔的林荫大道，花坛草坪非常多，卫生环境非常好，因而有“美丽的花园城”和“卫生模范城”的美誉	环球影城；鱼尾狮公园；圣淘沙岛；牛车水；滨海湾花园；克拉码头；摩天轮景观；龙山寺、国家博物馆、范克利夫水族馆

（二）主要旅游资源

主要旅游资源介绍见表2-5-5。

表2-5-5　　主要旅游资源介绍

旅游资源	简介
圣淘沙岛	●位于新加坡本岛以南500米处，占地面积为3.47平方千米，是新加坡本岛以外的第三大岛。 ●岛上70%的土地被次生雨林覆盖，栖息着巨蜥、猴、孔雀和鹦鹉等动物。岛上有珊瑚馆、艺术村、海事博物馆、军械馆、西罗索古堡、受降厅、红树林自然保护区等。 ●时逢大宝森节、新加坡时装节、新加坡美食节等节日，也会开展盛大的文娱演出等活动
牛车水	●新加坡华人聚集最多的地方，也是游客来到新加坡必看的文化景点之一。著名华人建筑，寺庙等历史痕迹随处可见。 ●现代化景观紧紧相随各种购物中心、美食摊、各色商品小贩和百年老店毗邻而居，吃喝玩乐一应俱全。夜市景观更是热闹非凡，极具传统色彩
新加坡和平纪念碑	●位于美芝路纪念公园，高70米，1967年2月15日落成。由4根70米白色石柱组成的一座巨大的锥形石塔象征新加坡的四大文化，也象征新加坡四大种族在第二次世界大战期间共同求存的精神。 ●纪念碑四周环绕着碧水，方形基座的南北两面由石阶分成四个面。整个建筑的中央有一尊半人高的方形石台，四面都有不同文字的铭文
新加坡历史博物馆	●前身是国家博物院，建于1887年，是凝聚了新古典主义风格的建筑经典，主要展现新加坡历史文化。 ●有6个永久性陈列馆，突出展现14世纪以来新加坡的生活及风俗习惯的演变过程，特别是华人早期移民的生活
旧国会大厦艺术之家	●新加坡最古老的政府建筑物，建于1827年，集合了电影、音乐、舞蹈与话剧演出等各种艺术。 ●议会厅的座位上均注明官员姓名，其中最著名的是前总理李光耀。竖立在建筑外的铜像为泰国拉玛五世国王于1871年所赠
新加坡环球影城	●新加坡首座综合娱乐城，耗资65.9亿新加坡元建造而成，堪称世界级的奢华度假旅游目的地。 ●汲取了美国好莱坞、奥兰多以及日本大阪三地环球影城的精华，并将其完美地应用到七大主题区，让游客全程感受“飞跃电影”的畅快体验
亚洲文明博物馆	●创建于1993年，2015年底在两个新建翼楼开设了新的展馆。 ●位于新加坡河畔的一栋古老建筑内，通过永久收藏品向世人展示亚洲文明演变的轨迹，尤其是新加坡的祖先文化。 ●重点展示亚洲不同文化之间，以及亚洲和世界之间的历史联系。博物馆一楼是“贸易和思想交流”展馆，陈列的文物和艺术品讲述了新加坡作为全球贸易中心的悠久历史

八、购物

（一）场所

在新加坡旅游，主要的购物场所有机场免税店、珠宝店、乌节路、牛车水市场和甘榜格南等。

（二）购品

游客在新加坡旅游主要购买的商品有营养素类（鳕鱼油、深海鱼油、儿童维生素软糖、卵磷脂、益生菌）；珠宝类（红宝石、蓝宝石、黄色蓝宝石、绿宝石、钻石）等。

九、娱乐

旅游贴士2-5

新加坡

新加坡是世界文化的融合之地，节庆活动和旅游可以完美地结合，如大宝森节、伊斯兰教开斋节、新加坡时装节、新加坡美食节等传统和现代节日，各地游客也可以参与其中，可谓不枉此行。从热闹的华人农历新年到刺激的一级方程式赛车，新加坡一年到头举行各类娱乐庆祝活动，游客可以大饱眼福。

育德启智2-3 出境游再迎重磅利好！中新两国将互免签证

据新加坡《联合早报》消息，新加坡和中国2023年12月7日在天津召开新中双边合作联合委员会（JCBC）会议，进一步推进两国合作。新加坡副总理兼财政部长黄循财在会上透露，在新中航班不断增加的基础上，双方将通过30天互免签证安排，加强两国人员往来。消息发布后，多家在线旅游平台上，新加坡旅游搜索热度大幅激增。

靠谱旅业CEO张致宁表示，中国与新加坡双边签证政策的优化调整释放出积极信号。“中方优化入境免签政策所带来的蝴蝶效应正在显现，在马来西亚和新加坡的带动下，未来或将有更多东南亚乃至亚太地区的国家与中方携手推动双边签证政策的便利化，为2024年亚太地区国际旅行市场的加速复苏创造了重要机遇。”

多个平台搜索热度大增

相互免签政策将给中新两国旅游业带来积极影响成为共识，这从新加坡搜索热度大幅提升可以看出。

携程数据显示，截至12月7日13时，新加坡搜索量环比公布前1小时增长八成，机票搜索量增长九成，酒店搜索量增长五成。同程旅行数据显示，截至当天14点，新加坡旅游关注度较前日同一时段上涨18%，其中广东、上海、江苏、山东、浙江等省市关注新加坡相关旅游信息的用户最多。

去哪儿指数也显示，12月7日新加坡搜索指数环比上周增长4倍。在去哪儿平台上，12月北京至新加坡直飞机票价格1 200元，上海至新加坡机票950元，杭州至新加坡机票790元，广州至新加坡机票860元，厦门至新加坡机票1 110元。与此同时，去哪儿平台上新加坡环球影城门票的搜索量环比增长四成。

实际上，新加坡是中国出境旅游热门目的地之一，也是入境游重要客源地。数据显示，2023年1月至9月，新加坡入境的中国旅客达100万人次，恢复至2019年同期35%水平，中国也重回新加坡入境游客源地榜单第二位。2023年7月26日，我国宣布恢复对新加坡的单方面免签入境政策，持普通护照来华经商、旅游观光、探亲访友和过境的新加坡公民可免签在华停留15天。

同程研究院首席研究员程超功表示，中新互免签证政策的到来将是出入境旅行市场的又一重要利好。新加坡一直是中国公民重要的商务旅行和旅游度假目的地，互免签证政策将进一步刺激中国游客赴新加坡旅游的热情。新加坡在对中国公民免签政策正式落地后，将与马来西亚、泰国连点成线，形成一条新马泰免签黄金线路，该线路同时也是中国居民出境游传统热门线路，预计2024年中国公民赴新马泰游将进一步升温。

资料来源：佚名．出境游再迎重磅利好！中新两国将互免签证［EB/OL］．［2023-12-07］．https：//baijiahao.baidu.com/s？id=1784632853332889516&wfr=spider&for=pc.

思政元素：共建“一带一路”；讲好中国故事

学有所悟：党的二十大报告指出：“推动共建‘一带一路’高质量发展。”中国与新加坡进一步加强人文交流，符合两国人民的根本利益，共建“一带一路”目的地将吸引更多中国游客关注。

职场模拟演练

1.车上导览——利用既有线路中的一天，查看路线，进行车上沿途风光讲解。

2.购物指导——购物环节有保健品店、化妆品店等，通过查找相关资料，为游客做好购物方面的指导。

3.景区导览——选择一个城市、一个景区或一项世界遗产，融入相关文化要素，介绍给游客。

在线测评 2-5

新加坡

项目六 马来西亚

◎ 学习目标

知识目标：

•熟悉马来西亚的基本国情。

•熟悉马来西亚的政治经济简况。

•掌握马来西亚的节日、民居、饮食、服饰、礼节等民俗文化。

•掌握马来西亚的食、住、行、游、购、娱等旅游业基本情况。

能力目标：

•能够策划马来西亚旅游产品。

•作为领队能够协助当地导游安排落实在马来西亚的旅游行程，并按照行程计划为游客提供讲解、陪同游览等服务。

•作为产品销售能够运用新媒体，策划实施马来西亚旅游产品线下线上营销推广。

素养目标：

•培养学生具备国际的视野，厚植爱国情感、民族自豪感和对我国优秀传统文化的认同感。

•培养学生具有健康的体魄和心理、完善的人格；具备良好的行为习惯、一定的审美和人文素养。

•培养学生乐观向上的工作和生活态度，并具有自我管理能力、集体意识和团队合作精神。

任务1 领队说明会

任务导入

对应岗位：领队

情境描述：马来西亚旅游产品大致可分为团队的西马产品和自由行的东马产品。旅行社出品的马来西亚（西马）旅游产品通常都是和新加坡、泰国捆绑在一起售卖，考虑到路途的经济性，马来西亚基本上都安排在新加坡之后。领队在介绍马来西亚的时候最好和新加坡做下对比和承接，以保持讲解的连续性。

任务清单：

1.熟悉马来西亚的自然地理（位置、地形、气候、自然资源等）。

2.熟悉马来西亚的人文地理（人口、民族、语言等）。

知识要点

马来西亚概况

一、位置

马来西亚位于东南亚旅游区，地处太平洋与印度洋的交汇处，国土被南海分隔成东、西两部分。西马位于马来半岛南部，北与泰国接壤，南与新加坡隔柔佛海峡相望，东临南海，西濒马六甲海峡。东马位于加里曼丹岛北部，与印度尼西亚、菲律宾、文莱相邻。国土面积约33万平方千米。

二、地形与地貌

西马和东马的地形相似，大部分地区为低丘浅谷，只有少数地区因岩石与构造的关系，呈现陡峭崎岖的地貌，沿海地区均有较宽广的冲积平原。高山峻岭多由花岗岩和石灰岩所构成，千姿百态，美不胜收。

三、气候

马来西亚位于赤道附近，属于热带雨林气候和热带季风气候，无明显的四季之分，一年之中的温差变化极小，平均温度26～30℃，全年雨量充沛，3月至6月、10月至次年2月是雨季。内地山区年均气温22～28℃，沿海平原年均气温25～30℃。

四、自然资源

马来西亚自然资源十分丰富，是世界上最大的天然橡胶、棕榈油及锡的出产国，有“锡和橡胶王国”之称；盛产可可、胡椒、椰子等热带经济作物；渔业资源也十分丰富。

五、人口与民族

人口3 300万（2023年）。其中，马来裔占70%，华裔占22.7%，印度裔占6.6%，其他种族占0.7%。

六、语言

马来语为国语，通用英语，华语使用较广泛。

七、国旗与国徽

马来西亚的国旗呈横长方形，长与宽之比为2∶1。主体部分由14道红白相间、宽度相等的横条组成。左上方有一个深蓝色的长方形，上有一弯黄色新月和一颗14个尖角的黄色星。14道红白横条和14角星象征马来西亚的13个州和中央政府。蓝色象征人民的团结及马来西亚与英联邦的关系（英国国旗以蓝色为旗底），黄色象征国家元首，新月象征马来西亚的国教伊斯兰教。

马来西亚国徽中间为盾形徽。顶端的新月与星象征伊斯兰教。盾牌上的五把马来短剑代表前马来属邦。盾面中间部分绘有红、黑、白、黄4条色带，分别代表雪兰莪州、彭亨州、霹雳州和森美兰州。盾面的蓝、白波纹海水和以黄色为底色的3根蓝色鸵鸟羽毛，代表槟城州。盾面右侧的马六甲树代表马六甲州。盾面下端左边图案代表沙巴州，图案中绘有强健的褐色双臂，双手紧握沙巴州州旗。盾面下端右边绘有一只红、黑、蓝3色飞禽，代表沙捞越州。盾面下部中间的图案为马来西亚的国花——木槿，当地人称“班加拉亚”。盾徽两侧各站着一头红舌马来虎，两虎后肢踩着金色饰带，饰带上书写着格言“团结就是力量”。

八、行政区划

全国分为13个州和3个联邦直辖区。13个州分别是西马的柔佛、吉打、吉兰丹、马六甲、森美兰、彭亨、槟城州、霹雳、玻璃市、雪兰莪、登嘉楼以及东马的沙巴、沙捞越。另有首都吉隆坡、布城和纳闽3个联邦直辖区。

九、时差

马来西亚的首都吉隆坡位于东八区，与北京时间没有时差。

职场模拟演练

在领队说明会上，请你从自然地理和人文地理的角度简单介绍一下马来西亚的国情，让游客对马来西亚有一个大致的了解。

任务2　车上讲解/与游客交谈

任务导入

对应岗位：领队

情境描述：马来西亚在历史上为什么会经历长时间不同国家的殖民统治？马来西亚的经济在东南亚处于什么水平？这是游客听完讲解后问得最多的问题。领队应该熟悉当地的历史、政治和经济等相关情况，为游客提供出色的讲解导览服务。

任务清单：

1. 熟悉马来西亚重要历史时期的大事件。
2. 了解马来西亚的国体和政体。
3. 了解马来西亚经济现状。

知识要点

马来西亚简史和政治、经济概况

一、简史

- 公元初，马来半岛有羯荼、狼牙修等古国；
- 15世纪初以马六甲为中心的满剌加王国统一了马来半岛的大部分；
- 16世纪开始先后被葡萄牙、荷兰、英国占领；
- 20世纪初完全沦为英国殖民地；
- 加里曼丹岛沙捞越、沙巴历史上属文莱，1888年两地沦为英国保护地；
- 第二次世界大战中，马来半岛、沙捞越、沙巴被日本占领；
- 第二次世界大战后英国恢复殖民统治；
- 1957年8月31日，马来亚联合邦宣布独立；

●1963年9月16日，马来亚联合邦同新加坡、沙捞越、沙巴合并组成马来西亚（1965年8月9日新加坡退出）。

二、政治

实行君主立宪联邦制，最高元首为国家首脑、伊斯兰教领袖兼武装部队统帅，由统治者会议从马来西亚9个州的世袭苏丹中选举产生，拥有立法、司法和行政的最高权力，及任命总理、拒绝解散国会等权力，任期5年。统治者会议由柔佛等9个州的世袭苏丹和马六甲等4个州的州元首组成。凡有关统治者特权地位的法律，未经该会议同意，不得通过。每次开会时，内阁总理和各州州务大臣、首席部长在旁协助。国会是最高立法机构，由上议院和下议院组成，但实权在内阁手里。

三、经济

马来西亚为亚洲新兴工业国之一。20世纪70年代前，经济以农业为主，依赖初级产品出口。70年代以来不断调整产业结构，大力推行出口导向型经济，电子业、制造业、建筑业和服务业发展迅速。同时实施马来民族和原住民优先的“新经济政策”，旨在实现消除贫困、重组社会的目标。橡胶、棕油、胡椒产量均居世界第一位。锡产量长期位于世界首位，有“锡和橡胶王国”之誉。2019年政府提出“2030年宏愿”，把缩小贫富差距、创建新型发展模式、推动马来西亚成为亚洲经济轴心作为三大主要目标。

马来西亚现行通用货币是林吉特，林吉特与人民币的汇率为：1马来西亚林吉特≈1.5395人民币；1人民币≈0.6496马来西亚林吉特（2024年1月）。

职场模拟演练

从本任务情境描述的话题中任选一个，作为与游客的谈资，帮助游客更好地了解马来西亚和马来西亚社会。

任务3　线路产品设计/沿途导览/景区讲解

任务导入

对应岗位：计调/领队

情境描述：马来西亚自古至今，一直是一个受到多元文化交织影响的国家，体现在民族、宗教、节日、饮食、民居等方面。各个族群汇聚形成了丰富的风土民情，彼此相互融合形成极富特色的马来西亚文化。领队可以引导游客多多关注并沉浸体验异域文化，做几天地道的当地人。

任务清单：

1.了解马来西亚的重要节日。

2.熟悉马来西亚民居的典型特点。

3.熟悉马来西亚的饮食文化。

4.了解马来西亚的传统服饰特点。

5.熟悉马来西亚人的礼节。

知识要点

马来西亚民俗文化

一、重要节日

全国各地大小节日约有上百个，政府规定的全国性节日有10个，即：国庆（又称独立日，8月31日）、元旦、开斋节、春节、哈芝节、屠妖节、五一节、圣诞节、卫塞节、现任最高元首诞辰。除少数节日日期固定外，其余节日的具体日期由政府在前一年统一公布。

二、民居

马来西亚民居，主要是指马来民族（也包括沙巴和沙捞越原住民）的传统民居。早期马来西亚人的住房与海、河密切相关。为了捕鱼、喝水、运输的方便，就在海边河畔搭屋成家，渔村建在水上，所谓街道就是一些连接起来的小桥。马来西亚民居的最大特点，是建造者十分重视民居的通风性和耐热性。为了防潮以及防范热带蛇虫，房子的全部结构都建在离开地面的支柱上，屋前搭出一个长方形的凉台，一个可随时取下的梯子就是上楼进门的唯一通道。他们喜欢聚居在一起，规制比较简单，空间很开放，喜欢在门前挂国旗。

三、饮食

马来西亚以伊斯兰教为国教，饮食习俗禁酒，喜欢饮用椰子水、红茶、咖啡等。马来西亚的穆斯林忌食猪肉，不食用一切猪制品，通常吃米饭，喜食牛肉，极爱吃咖喱牛肉饭，并且爱吃具有其民族风味的“沙嗲”烤肉串。马来菜以辛辣驰名，椰子是主要配料。特色菜沙嗲经过烧烤烹调后搭配好吃的辣酱，风味十足。马来人一般十分好客，他们认为客人在主人家里若不吃不喝等于不尊敬主人。平常用餐时只用右手抓食食物，左手被视为“不洁之手”，禁用其取食食物或饮料。只有在十分正规的宴请中，马来西亚人才用刀叉进餐。

四、服饰

蜡染花布做的长袖上衣是马来西亚的国服。男子一般上身穿无领长袖衬衫，下着纱笼，公共场合男子不能露胳膊和腿。女子习惯穿长袖连衣裙。马来人无论男女头上都戴着各种各样的头饰。穆斯林男性戴圆锥形天鹅绒帽子。到麦加朝圣过并获得“哈吉”称号的人都戴一种叫作“可达雅”的白色帽子。

五、礼节

马来西亚不同民族采用不同的见面礼节。马来人的常规做法是向对方轻轻点头，以示尊重。马来人传统的见面礼节，是所谓的“摸手礼”。具体做法为：与他人相见时，一方将双手首先伸向对方，另一方则伸出自己的双手，轻抚对方双手，再将自己的双手收回胸前，同时身体前弯呈鞠躬状。

职场模拟演练

从东南亚娘惹文化、中华文化、欧洲文化融合的角度向游客介绍马来西亚饮食的特点。

任务4　线路产品设计/产品特色推广/沿途导览/景区讲解

任务导入

对应岗位：计调/销售/领队

情境描述：旅行社的马来西亚、新加坡和泰国组合的旅游产品在设计上的同质化现象越来越严重，这说明旅行社对当地的旅游文化资源了解不够。在消费者越来越追求个人体验的当下，旅行社计调应该顺应当地打造的医疗旅游、教育旅游和生态旅游等特色旅游政策和当地世界文化大熔炉的文旅特色，创新旅游产品，吸引更多客源。

任务清单：

1. 了解马来西亚旅游市场现状。
2. 从文化角度了解马来西亚的世界遗产。
3. 熟悉马来西亚的食、住、行、游、购、娱等旅游业基本情况。

知识要点

马来西亚旅游业

一、旅游业概况

马来西亚实行以政府为主导的旅游业发展模式，旅游业已经成为马来西亚国民经济的重要支柱性产业。旅游业收入不仅占到国内生产总值的15.2%，而且提供了23.5%的就业岗位。新加坡、印度尼西亚、中国、泰国是马来西亚主要的旅游客源地。政府通过发展医疗旅游、教育旅游和生态旅游等特色旅游，借助旅游业继续调整产业结构，实现经济转型，解决国内的社会发展不平衡问题。

二、世界遗产

自1988年12月7日签署成为《保护世界文化和自然遗产公约》的缔约国行列以来，截至2019年，马来西亚共有4项世界遗产被核准列入《世界遗产名录》，马来西亚的世界遗产数量明细见表2-6-1。

表2-6-1　马来西亚的世界遗产数量明细

遗产数量	文化遗产	文化景观遗产	自然遗产	混合遗产	其中	跨国遗产	濒危遗产	除名遗产
4	2	0	2	0		0	0	0

遇见世遗2-6

马来西亚

三、旅游线路示例

旅游线路示例见表2-6-2。

表2-6-2 旅游线路示例

线路一（跟团游）	新加坡马来西亚8日游
D1 沈阳—新加坡	新加坡鱼尾狮公园—滨海艺术中心—市区观光
D2 新加坡	环球影城—摩天轮—河川生态园—老巴刹（用餐）
D3 新加坡—新山（马来西亚）	克拉码头—滨海湾花园—百货店—珠宝店—圣淘沙名胜世界—马来西亚
D4 新山—波德申	乐高乐园
D5 波德申—吉隆坡	黑风洞—云顶高原—吉隆坡
D6 吉隆坡—瓜拉雪兰莪—吉隆坡	土产店—国家英雄纪念碑—独立广场—高等法院—国家清真寺—双塔广场—巧克力馆—苏丹皇宫—瓜拉雪兰莪萤火虫/喂老鹰—海鲜大餐—皇家山银叶
D7 吉隆坡—马六甲—新加坡	太子城—首相署—粉红清真寺—马六甲—古城门—三宝庙、汉丽宝井—荷兰红屋—葡萄牙广场—圣保罗教堂
D8 新加坡—沈阳	
线路二（自由行）	吉隆坡全境3日游
D1 吉隆坡	茨厂街—马里安曼印度庙—关帝庙—吉隆坡石油双塔—阿罗街
D2 吉隆坡	国家清真寺—吉隆坡城市画廊—独立广场—苏丹阿都沙末大厦—占美清真寺
D3 吉隆坡	黑风洞
线路三（自由行）	沙巴仙本那6日游
D1 沙巴	神山公园—神山ATV
D2 沙巴	Kawa红树林
D3 亚庇—斗湖—仙本那	小镇观光—Giant大型超市
D4 仙本那	珍珠岛—曼达布安岛
D5 仙本那	邦邦岛—马达京岛
D6 仙本那	马布岛（3小时）—卡帕莱岛（3小时）

四、餐食

1.早餐：酒店西式自助。

2.正餐：中式团餐桌餐、椰浆饭、肉骨茶、鸡饭粒、沙嗲肉串、虾面、叻沙面、西刀鱼丸、娘惹菜、咖椰酱烤包。

五、住宿

团队旅游在马来西亚入住的是相当于国际四星级或五星级的酒店。马来西亚消费水平不高，具有现代都市和殖民地历史两种属性杂糅的风格。以吉隆坡为例，酒店的规模大，舒适度高，比如作为地标的FACE酒店，拥有无与伦比的无边泳池，游客可以欣赏曼妙的高空夜景。套房有开放式厨房，内有冰箱、电磁炉、微波炉等厨具和餐具，便于家庭出游和自制美食。在吉隆坡类似这样的酒店很多，大都位于繁华的商圈和地标建筑附近，位置便利，规制很高，无论是在硬件设备上还是在服务周到程度上，都很让人满意。

六、交通

（一）机场和航空公司

马来西亚拥有两家航空公司，即马来西亚航空公司和亚洲航空公司。马来西亚有吉隆坡、槟城、浮罗交怡、哥打基那巴卢和古晋等国际机场。每天往返中国和马来西亚的航班有100多班次，国泰航空、港龙航空、海南航空以及新加坡航空和大韩航空都有经停中国香港或新加坡到达吉隆坡的航班。中国东方航空、中国南方航空也有北京出发经停上海或广州到达吉隆坡的航班。中国赴马来西亚部分直飞航班的出发城市和执飞航空公司见表2-6-3。

表2-6-3　中国赴马来西亚的出发城市和执飞航空公司

降落机场	出发城市	执飞航空公司
吉隆坡国际机场	广州	马来西亚航空、中国南方航空
	上海	中国东方航空、上海航空
	厦门	厦门航空

（二）境内交通

1. 内陆段飞机：马来西亚的国内航线十分便利，除了马航之外，还有成功航空、亚洲航空公司、金鹏航空、Mofaz Air。这5家航空公司均提供定时的航班，来往于马来西亚的各个城市之间。由于东、西马来西亚之间是一片海洋，因此乘坐飞机很便捷，1小时左右就能到达。

2. 火车：西马来西亚主要有2条铁路主干道，分为西海岸线和东海岸线。东马来西亚也有铁路。连接哥打基纳巴卢—帕帕尔—泰依的沙巴。每天有两班车，用内燃机车牵引，速度较慢，让人充分体会火车旅行的情调。

3. 长途大巴：来往于马来西亚各大旅游城市间，非常方便。如从吉隆坡到马六甲坐大巴大概需要2小时，吉隆坡到槟城大概需要5小时。马来西亚境内有很多运营城市间巴士的公司，巴士座位都很舒适，收费合理。

4. 渡轮和水翼船：定时来往于马来半岛与凌家卫岛、槟城、邦喀岛以及刁曼岛这几个著名的岛屿之间。此外从新加坡的樟宜码头至柔佛州迪沙鲁也有渡轮。

5. 出租车：分为市内短途和郊区长途两种。出租车站一般在市中心，紧靠公共汽车站。车顶上安着一块牌子，写明“TEKSI”（市内短途车）或“KERETA SEWA”（长途车）。

七、游览

（一）主要旅游城市

主要旅游地介绍见表2-6-4。

表2-6-4　主要旅游地介绍

旅游地	简　介	代表景点
吉隆坡	●位于马来半岛的中西部，是马来西亚的首都，全国政治、经济、文化和交通中心，马来西亚最大的城市，面积243平方千米，人口约180万。充满多元文化的气息。 ●西、北、东三面由丘陵和山脉环抱，巴生河穿城而过，从西南流入马六甲海峡。以巴生河为界，西半部是政府机关、公园、银行所在地，东半部是商业和住宅区	苏丹阿都沙末大厦；独立广场；国家清真寺；茨厂街；马来西亚旧国家皇宫；阿罗街；吉隆坡石油双塔等
槟城州	●以槟榔树而得名，并有“印度洋绿宝石”之称。 ●有美丽的海滩、众多的名胜古迹，也是“美食天堂”。还有马来西亚最大的海港城市乔治市和东南亚第一长、世界第三长的跨海大桥等	槟城—乔治市街头艺术；升旗山；张弼士故居；极乐寺等
沙巴州	●位于马来西亚东部婆罗洲的北端，西岸临中国南海，东濒苏禄海和苏拉威西海，面积74 500平方千米，海岸线长1 440千米，是马来西亚面积第二大的州。 ●沙巴州地处热带，常年温度在23～32℃，5～9月降雨量小，为旱季，旱季更适合旅游	亚庇市立清真寺；丹绒亚路海滩；美人鱼岛；加雅街；沙比岛；马布岛；Kawa红树林；环滩岛等
马六甲市	●位于马六甲海峡北岸，马六甲河穿城而过，距吉隆坡约148千米，是马来西亚最古老的一座城市，面积303平方千米，人口约40万。 ●扼守马六甲海峡的咽喉，控制太平洋和印度洋之间的通道，历来商业兴盛，东西方移民聚居于此。 ●曾是马六甲王国的都城，现在是重要海港和农林产品集散中心。自然条件优越，历史遗迹众多	基督堂；马六甲河；红场荷兰广场；圣保罗山教堂；圣地亚哥城堡；马六甲海峡清真寺；海事博物馆等

（二）主要旅游资源

主要旅游资源介绍见表2-6-5。

表2-6-5　主要旅游资源介绍

旅游资源	简　介
黑风洞	●位于吉隆坡北郊11千米处，印度教的朝拜圣地；著名的科学、宗教及旅游胜地；亚洲洞穴生态系统发育最全面的一处。 ●于100多年前被发现，石灰岩面积255公顷，洞穴20多处，以光洞和黑洞最为有名。光洞高50～60米，宽70～80米，阳光从洞顶孔中射入洞内。黑洞长366米，洞内小径陡峭弯曲，栖息着数以万计的蝙蝠和蛇，一般人无法涉足洞底
云顶高原	●位于吉隆坡东北约50千米处，海拔约2 000米，面积约49平方千米，有“南方蒙地卡罗”的美誉，是东南亚最大的高原避暑胜地。 ●这里山峦重叠，林木苍翠，花草繁茂，空气清新怡人。东面有森巴山，西面是朋布阿山，登山公路曲折迂回，建筑群位于海拔1 772米的乌鲁卡里山
三宝山	●位于马六甲市东南部，又名“中国山”，高300多米，山上共有12 500多座坟墓，是中国以外的最大华人坟山，是华人数百年来落地生根的见证，也是中马两国人民和睦相处、亲善友好的象征。 ●因明代三宝太监郑和1406年访问马六甲时驻扎于此并经常在山上散步而得名，山下有三宝庙。三宝山被政府确认为国家文化遗产
吉隆坡石油双塔	●位于吉隆坡市西北角，建于1993年。占地面积40公顷，高452米，共88层，是世界最高的双塔楼。 ●登上双塔大楼，整个吉隆坡市秀丽风光尽收眼底，夜色降临，灯光璀璨，景色尤为壮美
马六甲博物馆	●位于马六甲市区东部、马六甲河畔，建于1641—1660年。因为其墙、木门均为红色，所以当地人称它为“红屋”。 ●马六甲博物馆是东南亚古老的荷兰式建筑物之一。馆内收藏有马来西亚、葡萄牙、荷兰和英国的历史文物

续表

旅游资源	简介
国家清真寺	●位于首都市中心，1965年建成，占地5.5公顷，是东南亚地区最大的清真寺，也是马来西亚举行国家宗教仪式的重要场所。 ●屋顶由49个大小圆拱组成，最大圆拱直径45米，呈18条放射星芒。主要建筑有祈祷大厅、大尖塔、陵墓和教堂办公大楼，其造型和装饰与麦加的三大清真寺相仿，气势恢宏，是伊斯兰建筑艺术的杰出代表
国家皇宫	●位于吉隆坡，原是一位中国商人的私人住宅，后成为雪兰莪苏丹的王宫，现在为国王的办公与休息之所。 ●皇宫墙为白色，是一幢金黄色圆顶的阿拉伯式建筑，有美丽的庭院。皇家的花园会、授职仪式、招待会等都在这里举行。在举办重要的国家庆典时，皇宫张灯结彩，熠熠生辉

八、购物

（一）场所

在马来西亚旅游主要的购物场所有珠宝店、免税店、土特产百货店、巧克力馆等。

（二）购品

游客在马来西亚旅游主要购买的商品有黄金饰品；蝴蝶标本艺术品；“兰”系列香水；食品类（燕窝、白咖啡、巧克力、榴莲制品）；药品类（东革阿里、千里追风油、豆蔻膏等）；锡制品等。

九、娱乐

（一）体验乐高乐园

乐高乐园是位于马来西亚柔佛州新山的主题乐园，由乐高集团和马来西亚联合开发，于2012年9月正式开放，是乐高集团在亚洲的第一个室外乐园。乐高乐园占地76 000平方米，分为7个主题区域，每个主题区域都有独特的游乐设施、表演和互动体验，适合不同年龄段的游客。乐园的主要亮点有两个：一个是水上乐园，拥有多个水上滑道和游泳池；另一个是乐高城市，游客扮演不同的角色在模拟的城市环境中体验职业生活。

（二）感受槟城桂林夜市

桂林夜市是槟城最受欢迎的夜市之一，位于乔治市的中心地带。这里有各种各样的美食、小吃、手工艺品和纪念品，是一个非常适合逛街购物和品尝当地美食的地方。游客可以品尝到各种美食，如炸鸡、烧烤、海鲜、卤肉饭、炒粿条等，口味地道浓郁。还有各种手工艺品和纪念品，如手工制作的饰品、木制品、布艺品等，都非常精美。

旅游贴士2-6

马来西亚

职场模拟演练

1.车上导览——利用既有线路中的一天，查看路线，进行车上沿途风光讲解。

2.购物指导——购物环节有保健品店、化妆品店等，通过查找相关资料，为游客做好购物方面的指导。

3.景区导览——选择一个城市、一个景区或一项世界遗产，融入相关文化要素，介绍给游客。

在线测评2-6

马来西亚

项目七 越南

◎ **学习目标**

知识目标：

•熟悉越南的基本国情。

•熟悉越南的政治经济简况。

•掌握越南的节日、民居、饮食、服饰、礼节等民俗文化。

•掌握越南的食、住、行、游、购、娱等旅游业基本情况。

能力目标：

•能够策划越南旅游产品。

•作为领队能够协助当地导游安排落实在越南的旅游行程，并按照行程计划为游客提供讲解、陪同游览等服务。

•作为产品销售能够运用新媒体，策划实施越南旅游产品线下线上营销推广。

素养目标：

•培养学生具备国际的视野，厚植爱国情感、民族自豪感和对我国优秀传统文化的认同感。

•培养学生具有健康的体魄和心理、完善的人格；具备良好的行为习惯、一定的审美和人文素养。

•培养学生乐观向上的工作和生活态度，并具有自我管理能力、集体意识和团队合作精神。

任务1 领队说明会

任务导入

对应岗位：领队

情境描述：越南和中国历史文化同源，发展模式也几乎相同，不过越南也有着与我国不同的地理环境、饮食、文学和艺术形式等。在即将赴越的行程开始前，领队应凭借自己知识储备，条理清楚地把越南的基本国情介绍给游客，让游客对越南有大致的了解。

任务清单：

1.熟悉越南的自然地理（位置、地形、气候、自然资源等）。

2.熟悉越南的人文地理（人口、民族、语言等）。

知识要点

越南概况

一、位置

越南位于东南亚中南半岛东部，北与中国接壤，西与老挝、柬埔寨交界，东面和南面临南海。国土形状狭长，弯曲纵长像一条扁担挑两个竹筐，总面积329 556平方千米，海岸线长3 260多千米。南北长1 600千米，东西最窄处为50千米。

二、地形与地貌

越南地形狭长，地势西高东低，境内3/4为山地和高原。北部和西北部为高山和高原。黄连山主峰番西邦峰海拔3 143米，为越南最高峰；西部为长山山脉，长1 000多千米，纵贯南北，西坡较缓，在嘉莱-昆嵩、多乐等省形成西原高原。东部沿海为平原，地势低平，河网密布，海拔3米左右。越南境内主要河流有北部的红河、南部的湄公河。

三、气候

越南地处北回归线以南，属热带季风气候，高温多雨。年平均气温24℃。年平均降雨量1 500～2 000毫米。北方分春、夏、秋、冬四季。南方雨旱两季分明，大部分地区5月至10月为雨季，11月至次年4月为旱季。

四、自然资源

越南矿产资源丰富，种类多样，主要有煤、铁、钛、锰、铬、铝、锡、磷等，其中煤、铁、铝储量较大。越南有6 845种海洋生物，其中鱼类2 000种，蟹类300种，贝类300种，虾类75种。森林面积约1 000万公顷。

五、人口与民族

越南人口1.03亿（2023年），有54个民族，京族占总人口86%，岱依族、傣族、芒族、华人、侬族人口均超过50万。

六、语言

越南语是官方语言、通用语言以及主要民族语言。

七、国旗与国徽

越南国旗为长方形，红底中间有五角金星，即通常说的金星红旗。国旗自1955年11月30日开始采用，长宽比例为3∶2。红色象征革命和胜利，五角金星象征越南共产党对国家的领导，五星的五个角分别代表工人、农民、士兵、知识分子和青年。

越南国徽呈圆形，红色的圆面上方镶嵌着一颗金黄色的五角星，象征着国旗、越南人民的革命历史和国家的繁荣；下端有一个金黄色的齿轮，象征工业；圆面周围对称环绕着两捆由红色饰带束扎的金黄色稻穗，象征农业。齿轮下方的红色束带上用越南文写着“越南社会主义共和国”。

八、行政区划

全国划分为58个省和5个直辖市。5个直辖市分别是河内、胡志明市、芹苴、岘港、海防。

九、时差

越南的首都河内位于东七区，比北京时间晚1个小时。

职场模拟演练

在领队说明会上，请你从自然地理和人文地理角度简单介绍越南的国情，让游客对越南有大致的了解。

任务2 车上讲解/与游客交谈

任务导入

对应岗位：领队

情境描述：在旅游巴士车上，游客一边听领队讲解，一边开始了话题。越南在经济上与我国合作紧密，我国也在越南大力投资，帮助越南发展制造业。越南借鉴我国早期的发展模式，为韩国、日本、新加坡做配套和代工。领队应从历史、政治和经济的角度客观回答游客的问题，赢得游客的信任与尊重。

任务清单：

1. 熟悉越南重要历史时期的大事件。
2. 了解越南的国体和政体。
3. 了解越南经济现状。

知识要点

越南简史和政治、经济概况

一、简史

● 中国秦汉时期至五代十国，越南中北部属于中国疆域。

● 968年成为独立的封建国家。

● 1884年沦为法国保护国。

● 1945年9月2日宣布独立，成立越南民主共和国。同年9月法国再次入侵越南，越南进行了艰苦的抗法战争。

● 1954年7月，越南北方获得解放，南方仍由法国（后成立由美国扶植的南越政权）统治。

● 1961年起越南开始进行抗美救国战争，1973年1月越美在巴黎签订《关于在越南结束战争、恢复和平的协定》，美军开始从南方撤走。

● 1975年5月南方全部解放。

● 1976年4月选出统一的国会，7月宣布全国统一，定国名为越南社会主义共和国。

二、政治

国会是国家最高权力机关，任期5年，通常每年举行两次例会。政府是国家最高行政机关，国家主席是国家元首和武装力量统帅，总理和副主席由国家主席提名，经国会选举产生。越南共产党1930年2月3日成立，同年10月改名为印度支那共产党，1951年更名为越南劳动党，1976年改用现名，越南共产党是越南唯一政党。

三、经济

越南属发展中国家，也是个传统的农业国家，经济发展以农业为主。越南盛产稻米等热带经济作物和热带瓜果，1986年开始实行革新开放。2001年越共九大确定建立社会主义定向的市场经济体制，并确定了三大经济战略重点，即以工业化和现代化为中心，发展多种经济成分，发挥国有经济主导地位，建立市场经济的配套管理体制。2016年越共十二大通过了《2016—2020年经济社会发展战略》，提出2016—2020年经济年均增速达到6.5%～7%，至2020年，人均GDP增至3 200～3 500美元。

越南现行通用货币是越南盾，与人民币的汇率为：1人民币≈3 399.26越南盾；1越南盾≈0.0003人民币（2024年1月）。

职场模拟演练

从本任务情境描述的话题中任选一个，作为与游客的谈资，帮助游客更好地了解越南和越南社会。

任务3　线路产品设计/沿途导览/景区讲解

任务导入

对应岗位：计调/领队

情境描述：作为中国的近邻，越南与中国历史文化同源，大街小巷寺庙祠堂处处写着汉字，满族人的旗袍在中国演变成时尚的海派旗袍，在越南则演变成姑娘们身上婀娜多姿的奥黛。越南很好地保存了中华文化，但又不乏自己民族的特色。领队在行程中要配合地陪，把越南文化生动形象地讲给游客，让游客的旅游体验更有深度。

任务清单：

1. 了解越南的重要节日。
2. 熟悉越南民居的典型特点。
3. 熟悉越南的饮食文化。
4. 了解越南的传统服饰特点。
5. 熟悉越南人的礼节。

知识要点

越南民俗文化

一、重要节日

- 越南共产党成立日：2月3日（1930年）
- 越南国庆日：9月2日（1945年）

●越南南方解放日：4月30日（1975年）

●胡志明诞辰日：5月19日（1890年）

二、民居

越南房屋受到法式建筑的影响，尖顶的房屋非常普遍，其设计与装饰极具法国特色，看上去别有风格。每栋民房都比较狭窄，门面一般为3～5米，多为2～3层。海防、下龙、河内等城市与农村的民居布局相差不多。

三、饮食

人们日常的主食是粳米，山区杂有玉米和薯类。副食品有各种蔬菜和肉禽蛋鱼等。调味品主要有盐、豆酱和鱼露。最普通的饭菜是米饭和白水焯过的蕹菜，即我们日常所称的空心菜，再伴以鱼露。

四、服饰

越南人穿着朴素，农村男女常穿褐色或白色的窄袖无领对襟上衣，下穿黑、褐色宽腿长裤。平时在家里多赤脚或穿木屐、塑料凉鞋，外出时多穿塑料凉鞋或胶鞋。农村妇女大多头戴葵叶或竹篾编织的圆锥帽，男子多戴帆布硬壳安南军人帽。奥黛是越南的传统服装，也叫“长衫”。类似中国旗袍，胸袖剪裁非常合身，突显女性玲珑有致的曲线，越南女子习惯在正式场合穿着国服“长衫”。

五、礼节

越南人很讲究礼节，客人进主人家要先向主人一家打招呼问好，点头致意或行握手礼均可。一些少数民族见面也有行抱拳作揖礼的。主客之间见面说话时，要先称呼对方，尤其是对长辈更应如此，否则便被认为是没有礼貌的。村寨路口悬挂绿色树枝是禁入的标志，外人不得进入。

职场模拟演练

越南受中华文化的影响极其深刻。查阅相关历史，向游客讲述中国和越南的历史渊源。

任务4　线路产品设计/产品特色推广/沿途导览/景区讲解

任务导入

对应岗位：计调/销售/领队

情境描述：地陪导游看到团里有很多文艺青年，于是游览的第一天在车上讲解时就提到了这片土地神秘、热情、文艺，又处处充满暖暖的阳光，这个切入点一下子就聚焦了游客的注意力，让游客感到生活在这片土地上的人们安逸幸福，感到越南是世界上幸福感最高的国家之一，也是性价比超高的度假胜地。便宜又丰富的海鲜和热带水果，充满趣味的玩乐项目，让来到越南的各个年龄段的游客，都能找到属于自己的旅行方式。

任务清单：

1. 了解越南旅游市场现状。
2. 从文化角度了解越南的世界遗产。
3. 熟悉越南的食、住、行、游、购、娱等旅游业基本情况。

知识要点

越南旅游业

一、旅游业概况

越南文化遗产局统计，越南有4 200余处遗址。顺化皇城、会安古镇、美山圣地、升龙皇城、胡朝城堡等建筑遗迹被列入《世界遗产名录》。越南旅游资源丰富，涵盖了地文景观、水域景观、生物景观、天象与气候景观、建筑与设施、历史遗迹、旅游购品、人文活动等在内的8个主类型旅游资源。大体上可以规划出4条旅游路线，即北部路线（河内、下龙湾、宁平、沙巴），中部路线（顺化、岘港、会安、美山），南部路线（芽庄、大叻、美奈、胡志明市）和海岛路线（昆岛、富国岛）等。

二、世界遗产

遇见世遗 2-7

越南

自越南1987年10月19日加入《保护世界文化与自然遗产公约》的缔约国行列以来，截至2019年，经联合国教科文组织审核被批准列入《世界遗产名录》的越南世界遗产共有8项。越南的世界遗产数量明细见表2-7-1。

表2-7-1 越南的世界遗产数量明细

遗产数量	文化遗产	文化景观遗产	自然遗产	双重遗产	其中	跨国遗产	濒危遗产	除名遗产
8	5	0	2	1		0	0	0

三、旅游线路示例

旅游线路示例见表2-7-2。

表2-7-2 旅游线路示例

线路一（自由行）	芽庄精华6日游
D1 芽庄	芽庄珍珠岛游乐园
D2 芽庄	芽庄大教堂—龙山寺—婆那加占婆塔—钟屿石岬角
D3 芽庄	木岛—汉潭岛
D4 美奈	仙女溪—美奈渔村—红沙丘—白沙丘
D5 芽庄	天堂湾
D6 大叻—芽庄	大叻旧火车站—大叻玛丽修道院—疯狂屋—大叻天主教堂—保大3号避暑行宫—达坦拉瀑布—春香湖
线路二（自由行）	岘港经典4日游
D1 岘港	灵应寺—岘港观音像—海云关—岘港大教堂—占婆博物馆—韩农贸市场
D2 岘港	巴拿山—金桥
D3 会安	占婆岛
D4 会安	美山遗址—会安古城

四、餐食

1.早餐：酒店越式或西式自助餐。

2.正餐：越南特色三宝餐、越式海鲜BBQ、海鲜小火锅、越式餐食、中式餐食。

五、住宿

跟团游入住的通常是当地四星或五星的酒店，酒店会偏离市区。在旅游设施比较完善的河内、芽庄、胡志明市等越南旅游城市，酒店数量很多，从国际品牌酒店到民宿均可以满足不同住店游客群体的需求。典型的酒店如河内金湖酒店，被称为“黄金酒店”，十分奢豪。整个酒店的外墙被镀上了一层黄金，整个墙壁使用了5 000平方米的24k镀金瓷砖打造。酒店共有342间房间，共计耗费大约1吨黄金。酒店客房浴室内的花洒、洗手盆、马桶和浴缸是镀金的，甚至连酒店内的餐具也是金色的。

六、交通

（一）机场和航空公司

我国游客赴越南旅游可以从国内很多城市出发直飞到越南的国际机场。具体出发城市和执飞航空公司见表2-7-3。

（二）境内交通

1.摩托车：作为主要交通工具，它已经成为越南的交通特色和交通文化。摩托车司机驾驶技术都很纯熟，可以轻而易举地穿梭于狭窄胡同之中。

2.开放行程公共汽车（OPENTOUR BUS）：是专门为外国游客提供的，车票22美元，凭车票可以从胡志明市一路旅行到河内。可以在沿途的各个城市上下车，时间却没有限制，只需要在前一天确认座位即可。

表2-7-3　中国赴越南的出发城市和执飞航空公司

到达机场	出发城市	执飞航空公司
河内内排国际机场	北京	中国国际航空
岘港国际机场	北京	越南航空
胡志明国际机场	上海	中国东方航空、春秋航空
芹苴国际机场	上海	中国东方航空
河内内排国际机场	广州	深圳航空、中国国际航空、中国南方航空、春秋航空
岘港国际机场	广州	中国南方航空
芹苴国际机场	广州	越捷航空

3.出租车：正规的出租车是严格按表收费的，而且不会绕路。优先选择乘坐带有383838或272727标识的出租车，其收费最正规。

4.人力三轮车（Cyclo）：这是极具越南风格的游览三轮车，由于游客坐在前面，车夫在后面蹬车，因此游客可以无障碍欣赏周边的景色。不愿意走路或骑车的人可以选择人力三轮车。

七、游览

（一）主要旅游城市

主要旅游城市介绍见表2-7-4。

表 2-7-4　　主要旅游城市介绍

城市	简　介	代表景点
河内	●越南首都、历史名城，直辖市，面积3 340平方千米，人口805万，位于红河三角洲西北部，坐落在红河右岸。 ●拥有北方最大的河港，是北方铁路公路的总枢纽，有内排国际机场和嘉林机场。 ●地处亚热带，气候宜人，四季如春，降雨丰富，素有“百花春城”之称	还剑湖；三十六街；圣若瑟主教座堂；独柱寺；胡志明主席陵；巴亭广场；文庙与国立大学；河内西湖等
胡志明市	●旧称西贡，越南的5个直辖市之一，越南的经济中心。面积2 094平方千米，人口1 200万。越南南方的重要交通枢纽，有越南最大的内河港口和国际航空港。 ●位于湄公河三角洲的东北侧，居西贡河右岸，南临中国南海，西、北两面分别同隆安省、西宁省接界	西贡中心邮局；范五老街；统一宫；胡志明市政厅；胡志明市大剧院；战争纪念博物馆；耶稣圣心堂等
海防	●越南北部最大港口城市，直辖市，河内的输出港。原为小渔村，1874年建为海港，海防由此得名。 ●位于红河三角洲东北端、京泰河下游，临北部湾。面积约1 527平方千米。人口194.6万	海防斗鸡石；吉婆岛；人头石；基托夫岛；高台寺；多宋海滩；迷宫洞；海防大剧院等
岘港	●越南的5个直辖市之一。面积1 285.4平方千米，人口约145万。 ●位于越南中部，濒临南海，是全国重要的工业城市和海港。港阔水深，形势险要	美溪海滩；巴拿山；岘港大教堂；海云关；山茶半岛；占婆博物馆；龙桥；灵应寺等
大叻	●越南南部城市，林同省首府，跨甘里河两岸。地处林同高原，海拔1 500米。四周为面积近100平方千米的山间盆地。 ●热门旅游目的地，以湖泊、瀑布、松林众多闻名。空气清新，四季如春，如诗如画	春香湖；情人谷；千鲤瀑布；疯狂屋；大叻旧火车站；大叻天主教堂；中央市场；大叻花园；达坦拉瀑布等

（二）主要旅游资源

主要旅游资源介绍见表2-7-5。

表 2-7-5　　主要旅游资源介绍

旅游资源	简　介
巴亭广场	●位于首都河内市中心，是举行集会和节日活动的重要场所。 ●广场长320米，宽100米，共有210块草坪，中间是1.4米宽的人行道。数条辐射状的林荫大道与河内市区其他部分相连。 ●广场西侧高耸着胡志明陵墓。墓西北是胡志明在河内的旧居，西南面有胡志明博物馆。博物馆前为独柱寺
下龙湾	●位于北部湾西部，分东西海域，西部是下龙湾，东部是拜子龙湾，这两个海湾共包括数以千计的大小岛屿，总称为下龙湾。 ●湾内被划为严格保护的面积有434平方千米，岛屿788座。1994年，联合国教科文组织将其作为自然遗产列入《世界遗产名录》
河内升龙皇城	●位于越南首都河内市，建于11世纪越南李朝时期，是“大越”独立的标志，直至13世纪，这里一直是区域政治权力中心。 ●分为内城（市区）和外城（郊区）两部分。内城又分禁城、皇城和京城三部分。国王、后妃及其子孙、侍从居住的地方称禁城；环绕禁城的是皇城，是朝臣的办事机构所在地；皇城之外的街坊、集市、居民区是京城
会安古镇	●15—19世纪东南亚保存完好的传统贸易港，文化色彩浓郁的著名国际商业港。 ●在会安城中，中国式的建筑物到处可见，保存完整。有完整的华人聚居的街道。建筑一般都是由参差不齐的山墙、彩色鸳鸯的瓦盖顶、硬木的柱椽、门扇建成的深宅大院。 ●还有一些法式古典建筑和庭院式建筑群，外形美观、线条优美，外墙装饰着欧洲文艺复兴时期的人物塑像，颇具艺术价值
圣母大教堂	●位于胡志明市，共花费6年的时间建造，是当年法国殖民者留下的。 ●教堂由两座40米高的钟楼组成，远望仿佛是巴黎圣母院的钟楼。教堂是典型的哥特式建筑，与周围的环境相呼应，有浓重的法国建筑的味道。在教堂前的广场内矗立着一座4吨的圣母玛利亚雕像，为罗马教会所赠
还剑湖	●河内第一风景区，位于越南首都河内。 ●湖中有玉山寺、龟塔。传说越南黎朝太祖捡到宝剑后起义成功，来到此地后有仙人将其宝剑收回，故名“还剑湖”。 ●湖旁有河内最古老的老街区36街，11世纪师傅们依职业而居，由于有36个职业，故名36街

八、购物

（一）场所

在越南旅游主要的购物场所有免税店、土特产百货店、丝绸专卖店（奥黛丝绸）、乳胶制品专卖店、玉石专卖店（翡翠博览馆、远东珍宝馆）等。

（二）购品

游客在越南旅游主要购买的商品有食品类（腰果、水果干、咖啡、椰子糖、鱼露），百货类（牛角梳、白虎膏、拖鞋），香料类（香水、沉香），手工艺品类（木雕工艺品、磨漆画、煤雕工艺品、陶瓷制品、丝绸制品）等。

九、娱乐

（一）水上木偶戏

市立水上木偶戏剧院位于河内还剑湖北岸，是越南最著名的水上木偶戏剧院之一。水上木偶戏源自越南李朝时期湖泊、池塘遍布的红河三角洲一带，节目一般取材于越南人民打鱼、插秧等日常生活片段。舞台搭在水面上，表演者站在水中操纵，演出非常精彩，深受观众喜欢，因而这里永远都是门庭若市，并且观众几乎都是外国人。水上木偶戏已经被评为世界非物质文化遗产。

（二）芽庄泥浆浴

旅游贴士 2-7

越南

芽庄的泥浆浴早已闻名遐迩，矿泥采自越南最好的采石场，成分主要是二氧化硅和一些人体所需的微量元素，矿物质含量丰富，对人体健康有益，有助睡眠；对清洁皮肤也有显著功效。矿泥浴还有助消化，刺激食欲；使人体最大程度吸收营养物质，减轻疲劳和酸痛。

职场模拟演练

在线测评 2-7

越南

1. 车上导览——利用既有线路中的一天，查看路线，进行车上沿途风光讲解。

2. 购物指导——购物环节有保健品店、化妆品店等，通过查找相关资料，为游客做好购物方面的指导。

3. 景区导览——选择一个城市、一个景区或一项世界遗产，融入相关文化要素，介绍给游客。

项目八　印度

◎ 学习目标

知识目标：

•熟悉印度的基本国情。

•熟悉印度的政治经济简况。

•掌握印度的节日、民居、饮食、服饰、礼节等民俗文化。

•掌握印度的食、住、行、游、购、娱等旅游业基本情况。

能力目标：

•能够策划印度旅游产品。

•作为领队能够协助当地导游安排落实在印度的旅游行程，并按照行程计划为游客提供讲解、陪同游览等服务。

•作为产品销售能够运用新媒体，策划实施印度旅游产品线下线上营销推广。

素养目标：

•培养学生具备国际的视野，厚植爱国情感、民族自豪感和对我国优秀传统文化的认同感。

•培养学生具有健康的体魄和心理、完善的人格；具备良好的行为习惯、一定的审美和人文素养。

•培养学生乐观向上的工作和生活态度，并具有自我管理能力、集体意识和团队合作精神。

任务1　领队说明会

任务导入

对应岗位：领队

情境描述：“关于印度，我想亲自去看看。”每当问到游客为什么选择印度去旅游时，这是听到最多的回答。印度同中国一样，文明灿烂，令人神往。面对第一次赴印度的游客，领队在说明会上应该如何向游客简要介绍印度呢？

任务清单：

1. 熟悉印度的自然地理（位置、地形、气候、自然资源等）。

2. 熟悉印度的人文地理（人口、民族、语言等）。

知识要点

印度概况

一、位置

印度位于亚洲南部的南亚次大陆上，与巴基斯坦、中国、尼泊尔、不丹、缅甸和孟加拉国为邻，南与斯里兰卡、马尔代夫隔海相望，东临孟加拉湾，西濒阿拉伯海。

二、地形与地貌

印度的国土从喜马拉雅山向南，一直伸入印度洋，北部是山岳地区，中部是恒河平原，南部是德干高原及其东西两侧的海岸平原。平原约占总面积的2/5，山地只占1/4，高原占1/3，但这些山地、高原大部分海拔不超过1 000米。

三、气候

印度全境天气炎热，大部分属于热带季风气候，西部的塔尔沙漠则是热带沙漠气候。夏季有较明显的季风，冬季则无较明显的季风。季节分为雨季（6月至10月）与旱季（3月至5月）以及凉季（11月至次年2月），冬季由于有喜马拉雅山脉作为屏障，无寒流或冷高压南下影响印度。

四、自然资源

印度有世界上第四大蕴藏量的煤炭。其他主要自然资源有铁矿、锰、云母、铁矾土、钛矿、铬铁矿、天然气、石油、钻石、石灰石和可耕地等。印度经济以传统耕种、现代农业、手工业、现代工业以及其支撑产业为主。

五、人口与民族

印度的人口为14.2亿人（2022年）。印度斯坦族人口最多，占全部人口的46.3%。其他较大的民族包括马拉提族、孟加拉族、比哈尔族、泰卢固族、泰米尔族等。

六、语言

印地语和英语都是印度的官方语言。

七、国旗与国徽

印度国旗中的橙色象征了勇气、献身与无私，也是印度教士法衣的颜色。白色代表了真理与和平。绿色则代表繁荣、信心与人类的生产力。法轮是印度孔雀王朝阿育王时代佛教圣地石柱柱头的狮首图案之一。神圣的“阿育王法轮”象征着真理与道德，也代表了印度古老的文明。法轮的24根轴条则可代表一天的24小时，象征国家时时都向前进。

印度国徽图案来源于孔雀王朝阿育王石柱顶端的石刻。圆形台基上站立着三只金色的狮子，象征信心、勇气和力量。台基四周有四个守卫四方的守兽：东方是象、南方是马、西方是牛，北方是狮。雄狮下面中心处是具有古老印度教色彩的法轮；两边的守兽象征具有悠久历史的农业以及坚定不移的决心和毅力；图案下面是用梵文书写的、出自古代印度圣书的格言——“唯有真理得胜”。

八、行政区划

印度联邦行政区划中的一级行政区域包括28个邦、6个联邦属地及1个国家首都辖区。每一个邦都有各自的民选政府，而联邦属地及国家首都辖区则由联合政府指派政务官管理。

九、时差

印度的首都新德里位于东五区，比北京时间晚2.5个小时。

职场模拟演练

在领队说明会上，请你从自然地理和人文地理角度简单介绍印度的国情，让游客对印度有一个大致的了解。

任务2　车上讲解/与游客交谈

任务导入

对应岗位：领队

情境描述：旅游巴士车上，游客们在对比着中印两国的历史和经济：印度历史上有着耀眼的孔雀王朝、文明高度发达的莫卧儿王朝，印度领土面积几乎覆盖了整个南亚次大陆。在经济上，印度目前是全球第五大经济体，印度经济增长对全球增长的贡献率仅次于中美两国，并且日益成为世界上吸引外商投资最多的国家之一……领队应该熟悉当地的历史、政治和经济等相关情况，为游客提供客观的讲解导览服务。

任务清单：

1. 熟悉印度重要历史时期的大事件；
2. 了解印度的国体和政体；
3. 了解印度经济现状。

知识要点

印度简史和政治、经济概况

一、简史

- 公元前2500年至1500年之间创造了印度河文明。
- 公元前1500年左右，原居住在中亚的雅利安人中的一支进入南亚次大陆，创立了婆罗门教。
- 公元前4世纪崛起的孔雀王朝统一印度。
- 公元前3世纪阿育王统治时期达到鼎盛，把佛教定为国教。
- 公元4世纪笈多王朝建立，形成中央集权大国，统治200多年。
- 中世纪小国林立，印度教兴起。
- 1398年，突厥化的蒙古族人由中亚侵入印度。
- 1526年建立莫卧儿帝国，成为当时世界强国之一。
- 1600年英国入侵印度。
- 1757年印度沦为英国殖民地，1849年全境被英国占领。

●1947年6月，英国通过《蒙巴顿方案》，将印度分为印度和巴基斯坦两个自治领。同年8月15日，印度独立。

●1950年1月26日，印度宪法正式生效，印度成立共和国，同时仍为英联邦成员。

二、政治

印度是一个西方资本主义联邦制共和国，是英联邦国家。总统是国家元首，但其职责是象征性的，实权由总理掌握。印度总理即印度共和国政府首脑，是印度议会下院即人民院多数党领袖，由印度总统任免，2019年5月，莫迪总理成功连任。

三、经济

印度经济产业多元化，涵盖农业、手工艺、纺织以至服务业。2016年印度经济首次超过英国，目前印度已经成为世界第五大经济体。印度虽然2/3人口仍然直接或间接依靠农业为生，但近年来服务业增长迅速并日益重要。印度凭借信息技术及拥有大量受过教育并通晓英语的青年的优势，发展成为全球企业将客户服务和技术支持等“后勤工序”外包的中心。印度成为软件及金融技术人员的“输出国”，其他行业如制造业、制药、生物科技、电信、造船、航空和旅游的发展潜力也很大。

印度现行通用货币是卢比，印度卢比与人民币的汇率为：1人民币≈11.5934印度卢比；1印度卢比≈0.0863人民币（2024年1月）。

职场模拟演练

从本任务情境描述的话题中任选一个，作为与游客的谈资，帮助游客更好地了解印度和印度社会。

任务3　线路产品设计/沿途导览/景区讲解

任务导入

对应岗位：计调/领队

情境描述：由于历史上外族入侵和近现代和平方式的文化交流，在印度文化体系中不难看出其他文化成分，如希腊文化、伊斯兰文化、波斯文化和中国文化等。印度文化就是在不断吸收异族文化的过程中丰富和发展起来的，呈现出举世罕见的多样性。国内旅行社的线上和线下有关印度旅游的产品不是很多，从研发设计角度来说，计调应该深入了解游客赴印度的旅游动机，设计出更多符合游客需求的产品。

任务清单：

1. 了解印度的节日和重要节庆文化。
2. 熟悉印度民居的典型特点。
3. 熟悉印度的饮食文化。
4. 了解印度的传统服饰特点。
5. 熟悉印度人的礼节。

知识要点

印度民俗文化

一、重要节日

●共和国日：1月26日

●独立日：8月15日

●洒红节：每年公历3月、4月间，印度教四大节日之一。该节日正处于印度春季收获季节的作物即将开镰收割，冬去春来之际，因此也被称为春节

●灯节：在公历10月、11月间，是印度教徒最大的节日，全国庆祝3天。

二、民居

为适应典型的热带季风气候，在印度农村，民居往往被建得高出地面很多。旱季时，风从陆路吹向海洋，气候干旱，大水退去，房屋成了空中楼阁；雨季时，西南风从印度洋吹来，带来丰沛降水。印度的一些超级大城市中也聚集着庞大的贫民群体。他们基本来自农村，很难在城市里找到稳定的工作。他们一般住在城乡周边的贫民窟，住在用木棍、铁丝与废旧铁皮、布片、塑料或纸板搭建成的窝棚之内，旁边垃圾成堆。印度的众多中等收入群体住的是瓦房，其中有平房也有高楼。众多的砖瓦房户构成了农村的村镇和城市里的社区，那里的公共服务设施比较完备。此外，还有一小众富裕阶层，在风水宝地处自建房或购房，房屋结构新颖别致，室内宽敞明亮，生活设施一应俱全，过着衣食无忧的生活。

三、饮食

印度人饮食口味较重，往北部口味渐淡。印度人的主食有大米及面食，烹调方式有炒、煮、烩三种，同时加入各种香料，尤其是辛辣类香料咖喱粉。印度素食者特别多，而且社会地位越高的人越忌荤食。印度教教徒和锡克教教徒忌食牛肉，伊斯兰教教徒忌食猪肉，耆那教教徒则既忌杀生，又忌肉食。印度人进餐时一般是一只盘子、一杯凉水，把米饭和饼放在盘内，菜和汤浇在上面，习惯右手抓食。

四、服饰

印度妇女的服装比较艳丽，主要有裙子、紧身上衣和纱丽等。裙子各式各样，五颜六色。紧身上衣短而瘦小，紧贴双肩，大臂、小臂和腰部裸露在外。出门时外边还要再披件纱丽。传统的纱丽长6米左右，一般从肩膀开始缠绕全身，随着季节的变化而变换不同颜色。妇女额头一般点有吉祥痣，表示喜庆、吉祥之意。现在男子大多穿长衫和“陶迪”（围裤）、戴包头巾。长衫一般不过膝，围裤垂至脚面以上，头巾长达几米，包法也各种各样，多达十几种；头巾的颜色不一，有白色、红色等。

五、礼节

印度交际应酬礼节繁多，流行的有合十礼、拥抱礼、贴面礼、摸脚礼、举手礼等，也流行握手礼。印度人迎接嘉宾往往要向对方敬献用鲜花编织成的花环。

职场模拟演练

查阅资料，向游客讲述印度服饰的特点。

任务4 线路产品设计/产品特色推广/沿途导览/景区讲解

任务导入

对应岗位：计调/销售/领队

情境描述：关于赴印度旅游，游客最担心的还是安全问题。如果是跟团游，一般来讲旅行社设计的产品的旅游环境还是非常安全的，而且当地人都很友善，有当地导游、司机等工作人员全程陪同，大部分用餐在酒店，食品卫生问题不必过多担心。但是领队仍应该提醒游客的是印度的交通问题，印度很多城市机动车、三轮摩托车和牛车等在街上混行，过马路或等车时务必要小心。

任务清单：

1. 了解印度旅游市场现状。
2. 从文化角度了解印度的世界遗产。
3. 熟悉印度的食、住、行、游、购、娱等旅游业基本情况。

知识要点

印度旅游业

一、旅游业概况

近年来，印度越来越重视旅游业在国民经济中的作用，印度旅游资源丰富，政府通过“不可思议的印度”旅游市场营销战略，成功地把印度旅游推销给全世界，并获得巨大的经济收益。印度政府抓住联合国提出的“旅游护照：通向和平之路”的理念，通过大力打造印度文化旅游吸引物，“让人们知道过去文明的丰富文化遗产知识，使人们更好欣赏不同文化的价值，以加强世界的和平”。这就是印度旅游文化软实力参与全球经济竞争的一个重要方面。

二、世界遗产

自印度1977年11月14日加入《保护世界文化与自然遗产公约》的缔约国行列以来，截至2019年，经联合国教科文组织审核被批准列入《世界遗产名录》的印度世界遗产共有38项。印度的世界遗产数量明细见表2-8-1。

遇见世遗2-8

印度

表2-8-1 印度的世界遗产数量明细

遗产数量	文化遗产	文化景观遗产	自然遗产	双重遗产	其中	跨国遗产	濒危遗产	除名遗产
38	30	0	7	1		1	0	0

三、旅游线路示例例

旅游线路示例见表2-8-2。

表2-8-2　　旅游线路示例

线路一（跟团游）	印度奢华5日游
D1青岛—昆明—新德里	甘地纪念馆—总统府—国会大楼—中央政府大道—印度门
D2新德里—阿格拉	泰姬陵—阿格拉古堡—格拉克里蒂
D3阿格拉—斋普尔	天文台—城市宫殿博物馆—风之宫殿—印度比拉神庙
D4斋普尔—新德里	琥珀堡—水宫殿
D5新德里—昆明—青岛	总统府—国会大楼—德里印度门—特色纪念品店
线路二（自由行）	印度10日游
D1北京—香港—德里	交通
D2德里—阿格拉	印度门—顾特卜塔—阿格拉森阶梯井—班戈拉·撒西比锡克教谒师所
D3阿格拉	泰姬陵—法塔赫布尔西格里城
D4阿格拉—克久拉霍	阿格拉古堡
D5克久拉霍	西庙群—东庙群—南庙群
D6克久拉霍—瓦拉纳西	小镇—达萨斯瓦梅朵河坛夜祭
D7瓦拉纳西	恒河（看晨浴和日出）—鹿野苑—考古博物馆
D8瓦拉纳西—德里	瓦拉纳西—贝纳勒斯大学（新金庙）—德里
D9德里—香港	胡马雍陵—莲花寺—阿克萨达姆印度教神庙
D10香港—北京	交通

四、餐食

1.早餐：酒店西式自助餐。

2.正餐：传统印度餐食（咖喱/玛莎拉口味）、印度特色美食、西式餐食、中高档中餐厅餐食。

五、住宿

印度旅游的住宿设施较为完善，各种档次和价位的住宿酒店应有尽有。顶级豪华的酒店有皇宫类酒店，如斋浦尔皇宫酒店、拉兹皇宫酒店、泰姬湖畔皇宫酒店等，它们历史悠久，宏伟奢华，室内的小展览馆中还陈列着2 000年历史的皇室陶器，还有维多利亚时代皇室家族的个人收藏品。酒店提供皇室下午茶服务，晚上有民族舞蹈和木偶剧演出。还有很多豪华酒店集团，如万豪、费尔蒙、丽兹·卡尔顿、凯悦、安曼等。也有常规的酒店，如艾美、拉利特等。旅游团队入住的酒店都是相当于国际三星级或四星级酒店，自由行的话可以根据个人要求和预算有更多的选择。

六、交通

（一）机场和航空公司

新德里机场和孟买机场是外国游客最主要的入境口岸，也有不少的航空公司从加尔各答和金奈机场进出。目前，印度有5个国际机场，航线通达五大洲主要城市；92个国内机场，广泛连接印度各城市。我国游客赴印度旅游，可以选择的热门航空公司有：中国东方航空、新加坡航空、靛蓝航空、上海航空、阿联酋航空、斯里兰卡航空、印度航空、中国南方航空、香港航空、国泰航空等，但是有些航线是需要中转的。

（二）境内交通

如果是跟团游，旅行社会安排两年内的新车，因为印度的旅游城市间的距离较远，如新德里到阿格拉需要3个小时，阿格拉到斋普尔需要5小时，所以要考虑到游客乘车的舒适度。若是自由行，租车是最省时的方式。四个人以上结伴同行，或是喜欢沿途摄影的人，最适合租车。在印度租车，最好雇用当地司机，因为印度各地交通都很混乱，标识又不清楚，大部分只写印度文，而且靠左边行驶。

七、游览

（一）主要旅游城市

主要旅游城市介绍见表2-8-3。

表2-8-3 主要旅游城市介绍

城市	简　介	代表景点
新德里	●位于印度的西北部，亚穆纳河从城东缓缓流过，河对岸是恒河平原。印度首都，全国政治和文化中心。在古老的德里城基础上扩建而成，始建于1911年，1931年完工。1947年印度独立后成为首都。 ●主要产业为IT、电信、餐饮住宿服务、金融、媒体和旅游业。 ●全国交通的中心，有5条国家级公路、6条铁路与全国各地相通，还建有2座机场	德里印度门；德里红堡；贾玛清真寺；顾特卜塔；胡马雍陵；国会大厦；总统府；古天文台；甘地陵墓等
孟买	●印度西部滨海城市，亚洲重要的贸易中心，印度第一大港口，棉纺织业中心。 ●拥有重要的金融机构，如印度储备银行、孟买证券交易所、印度国家证券交易所和许多印度公司的总部。印度最富裕的城市。 ●印度的商业和娱乐业之都，印度印地语影视业（称为宝莱坞）的大本营	印度门；滨海大道及焦伯蒂海滩；孟买大学；达拉维贫民窟；甘地故居博物馆等
斋浦尔	●位于新德里西南190多千米处，是拉贾斯坦邦首府，也是印度教和耆那教的中心。为印度北方重镇，也是珠宝贸易中心。 ●全城建筑物普遍呈粉红色，故有“粉红城”之称	风之宫殿；城市皇宫；水之宫殿；猴庙；阿尔伯特大厅博物馆等
阿姆利则	●位于西北边境，是旁遮普邦的最大城市，著名的锡克教圣地。 ●建于1577年，因城内有阿姆利则·萨拉斯圣湖而得名。湖泊中心的小岛上有规模巨大的金庙	金庙；印巴边境降旗仪式；白银神庙；罗姆沙寺；夏利玛公园；拉姆瑟尔斯；科尔萨大学等

（二）主要旅游资源

主要旅游资源介绍见表2-8-4。

表2-8-4 主要旅游资源介绍

旅游资源	简介
红堡	●位于德里城，建于1638—1648年。 ●是莫卧儿王朝沙·贾汗大帝仿照阿格拉古堡兴建的皇宫。 ●用红色砂岩砌成，外形像城堡，故称红堡
阿旃陀	●位于马哈拉施特拉邦的文达雅山悬崖上，是世界闻名的石窟。 ●开凿于公元前2世纪前后。中国僧人玄奘曾来到此地，并有过记述。 ●在山腰部位共有29座石窟，内有壁画和石雕，艺术价值极高
泰姬陵	●位于北方邦西南部阿格拉市郊的一座古代陵墓，是世界七大建筑奇迹之一。是莫卧儿王朝沙·贾汗大帝为其爱妻建造的，始建于公元1631年，历时22年竣工。 ●陵墓全用大理石砌成，正方形的基座中部为寝宫，其四角各有一座40米高的圆塔。整座建筑风格独特，造型优美，被誉为建筑艺术史上一颗灿烂的明珠
那兰陀	●位于比哈尔邦首府巴特那附近，是规模巨大的佛教圣地遗址。 ●早在公元5世纪，就有10余座佛寺，有当时世界最大的佛教学院。12世纪末13世纪初，被入侵者烧毁，之后湮没无闻。至19世纪，科学工作者根据玄奘的记载才使遗址重见天日。 ●中国僧人玄奘曾到过此地，并在《大唐西域记》中有所记载
阿格拉古堡	●阿巴克大帝时期动工，其孙子沙·贾汗时期增建了一些殿宇，使阿格拉古堡成为一座无比壮丽的皇家都城。 ●古堡有500多座建筑，集印度教和伊斯兰教建筑艺术之大成，庄严而华丽。古堡之内有威严的觐见宫、恬静的观鱼院、精巧的珍珠清真寺等。最为华丽的是枢密宫，白色的大理石宫墙光彩照人，镀金的宫顶熠熠生辉，镶嵌宝石的柱子耀眼夺目。 ●古堡有两层城墙、两条地沟及大大小小16座城堡，在蜿蜒伸展的城墙之间矗立着许多宏伟的城门

八、购物

（一）场所

主要购物场所有免税店、特色纪念品店、百年老街——月光集市等。

（二）购品

游客在印度旅游主要购买的商品有日用品类（精油、天然染发剂、牙膏）；食品类（大吉岭红茶、各种香料、咖喱）；手工艺品类（首饰、羊毛围巾）等。

九、娱乐

（一）格拉克里蒂歌舞

华丽的印度传统舞蹈，配合音响、灯光设备，以舞蹈呈现史书中泰姬陵修筑的情节及背后的爱情故事，也反映出印度的传统文化。

（二）传统瑜伽课程

瑜伽发源于印度北部的喜马拉雅山麓地带，古印度瑜伽修行者观察、模仿动物的姿势并亲身体验，创立出一系列有益身心的锻炼系统，也就是体位法。这些姿势历经了5 000多年的锤炼，成为了治愈疗法，让世世代代的人从中获益。游客可以在专业瑜伽老师带领下，伸展肢体，缓慢进入冥想状态，让身体得到放松，唤醒内在沉睡能量，让心灵得到净化。

（三）阿育吠陀精油按摩

阿育吠陀（Ayurveda）疗法起源于5 000年前的印度，是一种传统的治疗方法，同时又是一种哲学观念：建造生命的和谐与平衡。Ayur意为生命，veda意为知识。Ayurveda认为宇宙万物都由天、风、火、水、土五种基本元素组成，这些元素互相结合形成了一个独一无二的个人。用融合了五行元素的按摩油按摩全身，可达到缓解肌肉疲劳、消除紧张感、促进血液循环、滋润内部系统的作用。专业按摩师帮助客人感受身、心、神的和谐恢复，客人会感受到压力和焦虑从肌肉和头脑中消失，享受按摩治疗带来的彻底放松。

旅游贴士2-8

印度

职场模拟演练

1. 车上导览——利用既有线路中的一天，查看路线，进行车上沿途风光讲解。

2. 购物指导——购物环节有保健品店、化妆品店等，通过查找相关资料，为游客做好购物方面的指导。

3. 景区导览——选择一个城市、一个景区或一项世界遗产，融入相关文化要素，介绍给游客。

在线测评2-8

印度

项目九 尼泊尔

◎ 学习目标

知识目标：

•熟悉尼泊尔的基本国情。

•熟悉尼泊尔的政治经济简况。

•掌握尼泊尔的节日、民居、饮食、服饰、礼节等民俗文化。

•掌握尼泊尔的食、住、行、游、购、娱等旅游业基本情况。

能力目标：

•能够策划尼泊尔旅游产品。

•作为领队能够协助当地导游安排落实在尼泊尔的旅游行程，并按照行程计划为游客提供讲解、陪同游览等服务。

•作为产品销售能够运用新媒体，策划实施尼泊尔旅游产品线下线上营销推广。

素养目标：

•培养学生具备国际的视野，厚植爱国情感、民族自豪感和对我国优秀传统文化的认同感。

•培养学生具有健康的体魄和心理、完善的人格；具备良好的行为习惯、一定的审美和人文素养。

•培养学生乐观向上的工作和生活态度，并具有自我管理能力、集体意识和团队合作精神。

任务1 领队说明会

任务导入

对应岗位：领队

情境描述：登山爱好者常常会想珠穆朗玛峰的另一边是什么样子呢？那里集结了世界十大高峰中的八座；那里虽然是佛教的发源地，却尊崇印度教为国教。那里有着各种各样的奇闻轶事，吸引着世界各地的旅游者。一位旅行家曾说过：“只要珠穆朗玛峰还在，就值得你飞去尼泊尔看它。”领队该用怎样的语言从领队说明会开始带领游客渐渐揭开尼泊尔神秘的面纱呢？

任务清单：

1.熟悉尼泊尔的自然地理（位置、地形、气候、自然资源等）。

2.熟悉尼泊尔的人文地理（人口、民族、语言等）。

知识要点

尼泊尔概况

一、位置

南亚内陆山国，位于喜马拉雅山南麓，北邻中国，其余三面与印度接壤。面积约14.7万平方千米。

二、地形与地貌

尼泊尔境内山峦重叠，冰峰闪烁，7 600米以上的高峰有50多座，世界第一高峰珠穆朗玛峰位于中国和尼泊尔边境。

三、气候

全国分北部高山、中部温带和南部亚热带3个气候区。北部冬季最低气温为-41℃，南部夏季最高气温为45℃。

四、自然资源

自然资源有铜、铁、铝、锌、磷、钴、石英、硫磺、褐煤、云母、大理石、石灰石、菱镁矿、木材等，均只得到少量开采。水力资源丰富，水电蕴藏量为8 300万千瓦，约占世界水电蕴藏量的2.3%。

五、人口与民族

尼泊尔人口约3 059万（2023年）。尼泊尔是一个多民族、多宗教、多种姓、多语言的国家。

六、语言

尼泊尔语为国语，上层社会通用英语。

七、国旗与国徽

尼泊尔国旗是世界上唯一的非矩形国旗，由上小下大、上下相叠的两个三角形组成，旗面为红色，旗边为蓝色。红色是国花红杜鹃的颜色，蓝色代表和平。上面的三角形旗中是白色弯月、星图案，代表皇室；下面的三角形旗中的白色太阳图案来自拉纳家族的标志。太阳和月亮图案也代表尼泊尔人民祈盼国家像日月一样长存的美好愿望。两个旗角表示喜马拉雅山脉的两座山峰。

尼泊尔国徽大致呈圆形。国徽中部底图是世界第一高的珠穆朗玛峰，峰顶飘着尼泊尔国旗，峰底依次是丘陵和平原。浮在地貌底图之上的是白色尼泊尔地图和女性与男性握手图样。在整个图案的外围，左右两边环绕着尼泊尔国花杜鹃，花束下方有稻穗图案。底部基座是弧形的红绶带，上面用梵语写着“母亲与祖国重于上天”。

八、行政区划

新宪法规定全国分7个联邦省。

九、时差

尼泊尔的首都加德满都位于东五区，比北京时间晚2.5个小时。

职场模拟演练

在领队说明会上，请你从自然地理和人文地理的角度简单介绍尼泊尔的国情概况，让游客对尼泊尔有一个大致的了解。

任务2　车上讲解/与游客交谈

任务导入

对应岗位：领队

情境描述：在旅游巴士车上，游客们一直在谈论为什么尼泊尔经济一直发展不好、人民生活很贫穷等话题。领队应该熟悉当地的历史、政治和经济等相关情况，为游客提供客观的讲解导览服务。

任务清单：

1. 熟悉尼泊尔重要历史时期的大事件。
2. 了解尼泊尔的国体和政体。
3. 了解尼泊尔经济现状。

知识要点

尼泊尔简史和政治、经济概况

一、简史

●13世纪初，马拉王朝兴起，大力推行印度教。

●1768年，沙阿王朝崛起并统一全国。

●1846年，拉纳家族依靠英国支持夺取军政大权，并获世袭首相地位，使国王成为傀儡。

●1950年，尼泊尔人民掀起声势浩大的反对拉纳家族专政的群众运动和武装斗争。特里布文国王恢复王权，结束拉纳家族统治，实行君主立宪制。

●1960年，马亨德拉国王取缔政党，实行无党派评议会制。

●1990年，恢复君主立宪。

●1996年，尼共（毛主义）宣布退出议会，开展人民战争。

●2007年，议会颁布临时宪法，组建包含尼共（毛）的临时议会，成立包含尼共（毛）的临时政府。

●2008年，尼泊尔举行制宪会议选举，选后产生的制宪会议宣布成立尼泊尔联邦民主共和国。

二、政治

总理内阁制，议会成为全国最高权力决策机构。新宪法确定尼泊尔为联邦民主共和国；总统为礼仪性国家元首和军队统帅，总理由议会多数党领袖担任；联邦议会实行两院制，由联邦院和众议院组成。

三、经济

尼泊尔是传统农业国家，农业人口占总人口约70%。经济落后，是世界上最不发达国家之一。20世纪90年代初，开始实行以市场为导向的自由经济政策，但由于政局多变和基础设施薄弱，收效不彰。严重依赖外援，预算支出的1/4来自外国捐赠和贷款。工业基础薄弱，规模较小，机械化水平低，发展缓慢，以轻工业和半成品加工为主，主要有制糖、纺织、皮革制鞋、食品加工、香烟和火柴、黄麻加工、砖瓦生产和塑料制品等。尼泊尔地区间发展也不平衡，谷地和平原地区相对发达，山区极度贫困，贫富分化严重。

尼泊尔现行通用货币是卢比，尼泊尔卢比和人民币之间的汇率为：1尼泊尔卢比≈0.0539人民币；1人民币≈18.54尼泊尔卢比（2024年1月）。

职场模拟演练

从本任务情境描述的话题中任选一个，作为与游客的谈资，帮助游客更好地了解尼泊尔和尼泊尔社会。

任务3　线路产品设计/沿途导览/景区讲解

任务导入

对应岗位：计调/领队

情境描述：“导游，这里庙宇太多了，只要有人聚集的地方就可以看到庙宇。”游客在尼泊尔的街头边走边看。“是的，作为佛教的发源地，尼泊尔的寺庙不但历史悠久，而且很有特点。佛教从古印度传到中国以后，用汉语传教的佛教被定义为汉传佛教，在中国西藏、内蒙古等地区流行的佛教则是藏传佛教。不同区域的佛教在传承的过程中，结合了当地的文化，展现出来的佛教寺庙也就各不相同。

任务清单：

1. 了解尼泊尔的重要节日。
2. 熟悉尼泊尔民居的典型特点。
3. 熟悉尼泊尔的饮食文化。
4. 了解尼泊尔的传统服饰特点。
5. 熟悉尼泊尔人的礼节。

知识要点

尼泊尔民俗文化

一、重要节日

- 共和日：5月28日

●国庆日：9月20日

●德赛节：又称大德赛节、十胜节，是民间最大节日，在10月，共15天，全国放假7天。

二、民居

尼泊尔的民居根据气候带的差异呈现出明显的特征。冷温带气候区的村庄布局较为紧密，为了抵御寒风和大雪的侵袭，建筑之间往往相互紧靠以减少各自的表面积，墙体厚度可达1米，因此具有较高的热容量。暖温带气候的民居建筑，屋檐悬挑至少50厘米，设有窗檐，在雨季可防止雨水冲刷墙体，在夏季又能避免阳光穿透。亚热带气候的传统民居，墙体较为轻质，山墙上部用竹条松散地编织成开放的格栅，提供白天照明和永久通风，茅草坡屋顶的两端三角形开口和低窗保证了空气从屋檐下的阴影处流入，这使得室内温度通常要比室外低。

城市的楼房都不高，大多数不过是两层到五层的民居。民居之间，没有大的间隙，一栋挨一栋。这些楼房大部分是黄色、暗红色的外墙，有的则是裸露的红砖。加德满都就是无数个村子发展起来后，连起来的一座大城市，村民们在各自的地基上建房，很少有规划和管理。

三、饮食

尼泊尔人每日一般习惯两餐，早晨通常是奶茶和饼干。晚餐为正餐，一般较为重视。惯以米饭或面食配上菜肴。他们习惯吃西餐，对中餐也极为乐于品尝。他们用餐时习惯用手抓食。尼泊尔人在饮食上，一般不爱吃海鲜，不爱吃姜。

四、服饰

尼泊尔很少有人穿袜子，大多数人喜欢赤脚穿凉鞋或者拖鞋。穿民族服装的姑娘尤其如此，她们往往喜欢在脚指甲上涂抹鲜艳的红色或者紫色，戴上金灿灿的脚镯，再穿上凉鞋或拖鞋。尼泊尔廓尔喀族人不论男女都喜欢戴鲜花，通常男子把鲜花戴在帽子或身上，女子则戴在头上。每逢节日，人们也把鲜花作为礼品送给客人，以表示相互间的祝福。

五、礼节

尼泊尔居民80%以上信奉印度教。这里是佛祖释迦牟尼的诞生地，宫殿、寺庙是这个国家的象征，宗教生活几乎是这个国家精神生活的全部，每个尼泊尔人的一天都是从朝拜开始的，额头眉间醒目的红色蒂卡，印着他们的民族信仰。尼泊尔人见面时一般不握手，而是双手合十，口中道声“纳马斯得”。在山区，主宾相见时主人伸出舌头表示欢迎。交谈中常用摇头表示赞同，点头表示不赞同。临别时，主人一般送客人三件礼物：尼泊尔帽、廓尔喀弯刀和布鞋。尼泊尔族属于喜马拉雅山地民族，具有谦和温顺的民族性格，其风俗和礼仪与我国藏族相近，主要礼仪有献哈达、磕头、馈赠、鞠躬及敬酒敬茶。

职场模拟演练

查阅资料，向游客讲述尼泊尔的“万物皆神”“果实婚礼”等独特民俗文化。

任务4 线路产品设计/产品特色推广/沿途导览/景区讲解

任务导入

对应岗位：计调/销售/领队

情境描述：2015年的地震对尼泊尔的旅游业产生了重创，影响至今。震中所处的加德满都谷地的12座世界文化遗产建筑古迹损毁，且大部分受损情况为完全坍塌。联合国教科文组织的专家曼哈特介绍说：“昌古·纳拉扬神庙的一座副庙似乎遭遇摧毁，我们坚信许多遗迹都是可以修复和重建的，让后人继续感受这里独特的历史和文化遗产。”旅游从业人员对目的地国家的旅游业信息也要多方位了解，结合自己岗位做好对客服务工作。

任务清单：

1. 了解尼泊尔旅游市场现状。
2. 从文化角度了解尼泊尔的世界遗产。
3. 熟悉尼泊尔的食、住、行、游、购、娱等旅游业基本情况。

知识要点

尼泊尔旅游业

一、旅游业概况

尼泊尔地处喜马拉雅山南麓，自然风光旖旎，气候宜人，徒步旅游和登山业比较发达。近年来，尼泊尔政府积极鼓励向旅游业的投资，使得旅游业不断发展，成为仅次于地毯业和成衣业的第三大外汇来源。赴尼泊尔旅游的主要为亚洲游客，其中以印度、中国游客居多，其次为西欧和北美游客。

二、世界遗产

自尼泊尔1978年加入《保护世界文化与自然遗产公约》的缔约国行列以来，截至2019年，经联合国教科文组织审核被批准列入《世界遗产名录》的尼泊尔世界遗产共有4项。尼泊尔的世界遗产数量明细见表2-9-1。

遇见世遗 2-9

尼泊尔

表2-9-1 尼泊尔的世界遗产数量明细

遗产数量	文化遗产	文化景观遗产	自然遗产	混合遗产	其中	跨国遗产	濒危遗产	除名遗产
4	2	0	2	0		0	0	0

三、旅游线路示例

旅游线路示例见表2-9-2。

表 2-9-2　旅游线路示例

线路（跟团游/自由行）	尼泊尔8日游
D1 成都—加德满都—纳加阔特	博达哈大佛塔—帕坦杜巴广场—纳加阔特
D2 纳加阔特—加德满都	巴德冈杜巴广场—斯旺那布庙—泰美尔街—尼泊尔民族歌舞宴
D3 加德满都—奇特旺	奇特旺国家森林公园—大象村—娜普娣河—塔鲁民族歌舞
D4 奇特旺	娜普娣河划船—骑大象—原始塔鲁村
D5 奇特旺—博卡拉	大卫瀑布—世界和平塔—湖边区
D6 博卡拉	萨朗科/费娃湖泛舟—夏克蒂女神庙/嬉皮士街
D7 博卡拉—加德满都	交通旅游巴士7.5小时
D8 加德满都—成都	航班

四、餐食

1.早餐：酒店西式自助餐。

2.正餐：尼泊尔特色餐食、西式餐食、中式餐食。

五、住宿

旅游团队在加德满都和博卡拉入住的是五星级酒店；在奇特旺入住的是特色村落式酒店，仿佛住进了豪华的丛林里，隐匿在密林绿植中，偶尔还能看见犀牛漫步，还可以体验丛林徒步、吉普穿越、独木舟观鸟找鳄鱼、参观塔鲁族村落、观赏塔鲁族文化表演、品尝河边日落下午茶等；在纳加阔特入住的是观山酒店，有种置身于“喜马拉雅山的观景台”的感觉。总之，尼泊尔住宿是将高档舒适的星级酒店与地方特色住宿充分融合的成功典范。

六、交通

（一）机场和航空公司

尼泊尔主要机场有3个，即加德满都机场、卢卡拉机场和博卡拉机场。加德满都机场是尼泊尔唯一的国际机场。卢卡拉机场是尼泊尔东部卢卡拉镇上的一座小型机场，海拔2 860米。由于大多数徒步珠穆朗玛峰环线的人都是以卢卡拉镇为起点，因此这座机场也颇有名气。博卡拉机场只有尼泊尔本土航线。我国游客赴尼泊尔旅游可以选择的航空公司有：中国国际航空、中国南方航空、四川航空、中国东方航空、尼泊尔航空、国泰港龙航空、孟加拉航空和大韩航空等，但有些航线需要中转。

（二）境内交通

对游客来说，在尼泊尔可以选择的交通工具很多。

1.公共汽车：尼泊尔的主要交通工具，线路多，价格低，随处可以上车下车，但极不舒服。此外，在尼泊尔乘坐公共汽车旅行要冒坠入峡谷的风险。

2.旅游巴士：加德满都—博卡拉、加德满都、苏诺里、加德满都—纳加阔特等线路上有许多专门针对游客的旅游巴士，这些车辆档次更高，票价也更贵。

3.租车：可以租配有驾驶员的汽车，游客通常租车往返于加德满都和博卡拉，以及加德满都和皇家奇特旺国家公园之间。

4.出租车：在加德满都和博卡拉，乘坐出租车游览是一个很好的方式。带计价器的出租车有黑色的执照牌，私人出租车多用于长途旅行，有红色的执照牌。

5.人力车：在加德满都老城区非常普遍，这种便捷的短途交通工具可以自由地穿行于拥挤、狭窄的街道之间。

七、游览

（一）主要旅游城市

主要旅游城市介绍见表2-9-3。

表2-9-3　主要旅游城市介绍

城市	简　介	代表景点
加德满都	●位于加德满都谷地，巴格马提河和比兴马提河的汇口处。尼泊尔首都和最大城市。 ●四周环山，建城于723年，是一座拥有1 300多年历史的古老城市。城内寺庙特别多，又被称为“寺庙之城”	哈努曼多卡宫（故宫）；纳拉扬希蒂宫（新宫）；中央政府大厦（狮宫）；加斯达满达尔寺等
帕坦	●尼泊尔第二大城市，著名的古城，建于公元299年，11—18世纪时是帕坦王国的都城，同时也是古代大乘金刚佛教中心。城内故宫广场附近有许多庙宇、殿堂、佛塔、神像	克利希纳庙；黛姑塔莱珠庙；孔贝斯瓦尔寺；红观音庙等
巴德冈	●又名巴克塔普尔，是尼泊尔古城之一，现为尼泊尔东部地区的商业中心。 ●13世纪初，马拉王朝定都巴德冈后，陆续修建的王宫、寺庙等建筑，让这里不仅有了城市的风貌，还一度成为尼泊尔政治、宗教和文化的中心。 ●市中心有两大著名的古迹，一是巴德冈故宫，有“中世纪尼泊尔艺术的精华和宝库”之誉；二是尖顶尼亚塔波拉塔	巴德冈杜巴广场；纳加阔特；尼亚塔波拉庙；55窗宫；孔雀窗；昌古·纳拉扬神庙；希提拉克希米神庙等
蓝毗尼	●位于该国南部蓝毗尼专区的鲁潘德希县 ●佛教创始人释迦牟尼的诞生地，佛教圣地	蓝毗尼园；纳拉亚尼河；阿育王石柱；蓝毗尼世界和平塔；蓝毗尼博物馆等

（二）主要旅游资源

主要旅游资源介绍见表2-9-4。

表2-9-4　主要旅游资源介绍

旅游资源	简　介
杜巴广场	●位于加德满都，最著名的是哈努曼多卡宫，尼泊尔王世一直在这里居住到19世纪。 ●周围是尼瓦尔族艺术家和工匠在几个世纪里完成的杰作，包括塔莱珠庙和毗湿奴庙以及古老的集市
斯瓦扬布纳特佛塔寺庙	●建于公元3世纪，是尼泊尔同类佛塔中最古老的一座，于1979年被列入联合国教科文组织《世界遗产名录》。 ●耸立在山顶的大佛塔造型奇特，建筑风格大致与浮图纳特塔相似，圆基直径20米，塔高10米。塔座四周各绘一双大眼，塔座以上的塔锥亦为13层阶梯，顶部为一尖形塔冠。塔锥表面皆由铜片镶嵌或金箔镶镀，壮观而美丽
博达哈大佛塔	●位于加德满都，是世界上最古老的佛塔，也是世界最大的圆佛塔之一。 ●塔基外缘刻有108尊阿弥陀佛的小浮雕，小佛像沾染着红色涂料，戴着黄花，经幡随风飘扬
昌古·纳拉扬神庙	●位于巴德冈镇北部，庙宇坐落在一座小山的山顶，四周被森林环绕，是加德满都谷地最古老的印度教庙宇。 ●遗址内包括大量的浮雕和石刻以及标记大量铭文的石柱，最早的铭文可追溯到公元464年
帕坦王宫广场	●尼瓦尔建筑的重要代表作，是加德满都谷地三个王宫广场之一，广场地面铺红砖。在广场及周边有许多寺庙和偶像，其中一些主要寺庙（克里希那神庙等）正对王宫的西面
帕斯帕提那寺	●始建于公元5世纪，世界文化遗产之一，印度教圣地之一，供奉破坏之神湿婆（Shiva），尼泊尔最大的印度教神庙。 ●也称“烧尸庙”，因为帕斯帕提那神庙外的巴格马蒂（Bagmati）河畔有六座石造的火葬台，是尼泊尔印度教教徒举行露天火葬的场所
博卡拉	●素有“小瑞士”之称，地处尼泊尔北部，海拔近千米。 ●这里市容洁净，有一个长而明净的湖泊，可以轻易地见到喜马拉雅山脉的鱼尾峰雪山

八、购物

（一）场所

在尼泊尔旅游主要的购物场所有泰美尔街和因陀罗广场等。

（二）购品

游客在尼泊尔旅游主要购买的商品有工艺品（唐卡、巴德冈木雕、铜质工艺品、陶制品）；宝石（深红色水晶、黄玉、海蓝宵石、青金石）；香料；纱丽（披肩）；尼泊尔红茶；廓尔喀弯刀等。

九、娱乐

（一）骑大象丛林游玩

进行丰富多彩的探险活动，在丛林中穿越，观看悠然自在见人不惊的梅花鹿、麋鹿、可爱的小猴；也许还会看见孟加拉虎在丛林中信步，看到贪食的熊、敏捷的花豹以及众多的野生动物在丛林之中悠然地生活。这里还生活着亚洲独有的独角犀牛，骑着大象去寻找，是比较容易见到的。

（二）卡卡尼山脉骑行

旅游贴士2-9

尼泊尔

在卡卡尼山脉骑行，尽享喜马拉雅山脉全貌。上坡骑车，总是需要憋足一口气和双腿发力猛蹬，这就会因为太用力而忽略了身边的美景。然而下山骑行就轻松多了，稍稍松紧刹车按钮，就能轻松调节前行速度，吹着惬意的风，挥手作别云彩，一段自在的旅程就这样扑面而来了。穿过西瓦普利纳嘉俊国家公园的分水岭、山谷和森林，途经神秘的尼尔卡纳塔神庙，赏味沉睡的毗湿奴雕塑……

育德启智2-4　　加强团结协作，共谋亚洲发展

2023年8月16日，中共中央政治局委员、中央外办主任王毅在昆明出席第七届中国-南亚博览会开幕式并致辞。斯里兰卡总理古纳瓦德纳、老挝国家副主席巴妮、尼泊尔副总统亚达夫、越南副总理陈流光等出席并致辞。

王毅表示，2023年是南博会举行10周年，也是习近平主席提出“一带一路”倡议和亲诚惠容周边外交理念10周年。10年来，我们巩固团结合作，共同维护地区安全和发展环境。我们持续共建“一带一路”，互联互通、基础设施、贸易投资取得可喜进展。我们深入开展友好交流，坚持开放包容理念，构建多层次民间交流平台，为千年文明互动赋予新的生机，为两大区域合作奠定坚实民意基础，谱写了中国南亚友好的时代新篇。

王毅强调，中方欢迎南亚国家继续搭乘中国发展快车，分享中国发展红利。中方愿同南亚各国一道，加强团结协作，不断培育发展新动能，构建发展共同体，为地区的长治久安、稳定繁荣贡献力量。王毅就深化双方四方面合作提出建议：一是深化战略互信；二是深化互联互通；三是深化经贸合作；四是深化人文交流。

各方表示，南亚国家积极推进同中国高质量共建“一带一路”，取得丰硕成果。本次博览会主题顺应时代潮流，符合各国发展需要，感谢中方打造高效合作平台，助力南亚国家搭乘中国发展快车，期待同中方加强团结协作，为区域开放包容、和平稳定和共同发展作出贡献。

资料来源：赵珮然．王毅出席中国-南亚博览会开幕式并致辞［EB/OL］［2023-08-16］．http：//www.xinhuanet.com/politics/2023-08/16/c_1129806371.htm.

思政元素：人类命运共同体；合作共赢

学有所悟：中国和南亚国家山海相连、命运相系，在文明复兴进程中相互欣赏，在全球化潮流中携手同行。党的二十大报告指出："构建人类命运共同体是世界各国人民前途所在。万物并育而不相害，道并行而不相悖。只有各国行天下之大道，和睦相处、合作共赢，繁荣才能持久，安全才有保障。"中国同南亚国家日后定能发掘更多合作机遇，形成更多合作成果，共同推动亚洲发展振兴，携手创造更加美好未来。

职场模拟演练

1. 车上导览——利用既有线路中的一天，查看路线，进行车上沿途风光讲解。

2. 购物指导——购物环节有工艺品店、香料店等，通过查找相关资料，为游客做好购物方面的指导。

3. 景区导览——选择一个城市、一个景区或一项世界遗产，融入相关文化要素，作为对地陪讲解的补充。

在线测评 2-9

尼泊尔

项目十　澳大利亚

◎ 学习目标

知识目标：

•熟悉澳大利亚的基本国情。

•熟悉澳大利亚的政治经济简况。

•掌握澳大利亚的节日、民居、饮食、服饰、礼节等民俗文化。

•掌握澳大利亚的食、住、行、游、购、娱等旅游业基本情况。

能力目标：

•能够策划澳大利亚旅游产品。

•作为领队能够协助当地导游安排落实在澳大利亚的旅游行程，并按照行程计划为游客提供讲解、陪同游览等服务。

•作为产品销售能够运用新媒体，策划实施澳大利亚旅游产品线下线上营销推广。

素养目标：

•培养学生具备国际的视野，厚植爱国情感、民族自豪感和对我国优秀传统文化的认同感。

•培养学生具有健康的体魄和心理、完善的人格；具备良好的行为习惯、一定的审美和人文素养。

•培养学生乐观向上的工作和生活态度，并具有自我管理能力、集体意识和团队合作精神。

任务1　领队说明会

任务导入

对应岗位：领队

情境描述：游客们赴澳大利亚的理由很简单，开往海岛尽头的公路、壁纸一样精美的风景、无垠的荒漠、闪着光芒的无边海滩、永不缺席的阳光……总之满满的度假心情，轻松惬意。那么，领队应如何在说明会上介绍澳大利亚呢？

任务清单：

1. 熟悉澳大利亚的自然地理（位置、地形、气候、自然资源等）。

2. 熟悉澳大利亚的人文地理（人口、民族、语言等）。

知识要点

澳大利亚概况

一、位置

澳大利亚位于南太平洋和印度洋之间，由澳大利亚大陆、塔斯马尼亚岛等岛屿和海外领土组成。东濒太平洋的珊瑚海和塔斯曼海，北、西、南三面临印度洋及其边缘海。海岸线长36 735千米。面积769.2万平方千米，居世界第六位。澳大利亚是地球上唯一占据一个大陆的国家。

二、地形与地貌

澳大利亚沙漠和半沙漠占全国面积的35%。全国分为东部山地、中部平原和西部高原3个地区。全国最高峰科修斯科山海拔2 230米，中部的埃尔湖是澳大利亚的最低点，湖面低于海平面12米。

三、气候

澳大利亚北部属于热带气候，每年4月至11月是雨季，11月至次年4月是旱季，由于靠近赤道，1月至2月是台风期。南部属于温带气候，四季分明。内陆是荒无人烟的沙漠，干旱少雨，气温高，温差大；沿海地区雨量充沛，气候湿润，呈明显的海洋性气候。澳大利亚的旅游季节一般来讲是每年的11月至次年3月。如果去澳大利亚北部旅行最好在少雨的旱季，内陆旅游的季节以冬天为最佳，南部一年四季都适于观光旅行。

四、自然资源

澳大利亚矿产资源丰富，是世界重要的矿产资源生产国和出口国，被称为“坐在矿车上的国家”。已探明的矿产资源达70余种，其中铅、镍、银、铀、锌、钽的储量居世界首位，是世界上最大的锂、锆生产国，最大的烟煤、铝矾土、钻石、锌精矿出口国。

五、人口与民族

澳大利亚人口为2 639万（2023年7月）。全国平均人口密度不到3人/平方千米，远低于世界平均数。人口分布很不均匀，82%的人口分布在距海岸线50千米以内的地区，而内陆的人口较少。74%为英国及爱尔兰裔，亚裔占5%，土著人占2.7%，其他民族占18.3%。

六、语言

官方语言为英语，汉语为第二大使用语言。土著语言非常多，但大多面临失传的风险。在欧洲人到来之前大约有250种方言，但现在仅存100多种，真正在使用的只有20多种。

七、国旗与国徽

澳大利亚国旗呈长方形，长与宽之比为2∶1。旗底为深蓝色，左上方是红、白“米”字，“米”字下面为一颗较大的白色七角星。旗的右边为五颗白色的星，其中一颗小星为五角，其余均为七角。国旗的左上角为英国国旗图案。一颗最大的七角星象征组成澳大利亚联邦的六个州和联邦区。五颗小星代表南十字星座，为“南方大陆”

之意，表明该国处于南半球。

澳大利亚国徽左边是袋鼠，右边是鸸鹋，均为澳大利亚所特有，是国家的标志；中间是一个盾，盾面上的六组图案象征国家的六个州。红色的圣乔治十字形（十字上有一只狮子、四颗星），象征新南威尔士州；王冠下的南十字星座代表维多利亚州；蓝色的马耳他十字形代表昆士兰州；伯劳鸟代表南澳大利亚州；黑天鹅象征西澳大利亚州；红色狮子象征塔斯马尼亚州。盾形上方为一枚象征英联邦国家的七角星。周围饰以澳国花金合欢，底部的绶带上用英文写着“澳大利亚”。

八、行政区划

全国分为6个州和2个地区，各州都有自己的州督、州议会、州政府和州长。

九、时差

澳大利亚境内有3个时区：东部标准时间；中部标准时间；西部标准时间。首都堪培拉位于东十区，比北京时间早2个小时。

职场模拟演练

在领队说明会上，请你从自然地理和人文地理角度简单介绍澳大利亚的国情，让游客对澳大利亚有一个大致的了解。

任务2　车上讲解/与游客交谈

任务导入

对应岗位：领队

情境描述：澳大利亚的导游从岗位上看分两种：一种是纯粹导游；另一种是司机兼导游。从国别上看，有精通汉语的澳大利亚人，也有中国留学生和澳籍华侨等。领队也肩负着当地导游讲解的重任，特别是车上讲解，因此在赴澳大利亚之前，一定要做好相关知识的积累，以便做好全程陪同游览工作。

任务清单：

1. 熟悉澳大利亚重要历史时期的大事件。
2. 了解澳大利亚的国体和政体。
3. 了解澳大利亚经济现状。

知识要点

澳大利亚简史和政治、经济概况

一、简史

- 澳大利亚最早的居民为土著人。
- 1770年，英国航海家詹姆斯·库克抵澳东海岸，宣布英国占有这片土地。

●1788年1月26日，英开始在澳大利亚建立殖民地，后来这一天被定为澳大利亚国庆日。

●1900年7月，英议会通过《澳大利亚联邦宪法》和《不列颠自治领条例》。

●1901年1月1日，澳各殖民区改为州，成立澳大利亚联邦。

●1931年成为英联邦内的独立国家。

●1986年，英议会通过《与澳大利亚关系法》，澳获得完全立法权和司法终审权。

二、政治

澳大利亚为英联邦成员国，英国国王为澳大利亚的国家元首，由英国国王任命的总督为法定最高行政长官。总督由总理提名，由英国国王任命，在联邦行政会议的咨询下执掌联邦政府的行政权，为法定的最高行政长官。联邦议会是澳的最高立法机构，由英国国王（由总督代表）和参、众两院组成。

三、经济

澳大利亚农牧业发达，素有“骑在羊背上的国家”之称，是世界最大的羊毛和牛肉出口国。渔业资源十分丰富，是世界第三大捕鱼区，最主要的水产品有对虾、龙虾、鲍鱼、金枪鱼、扇贝、牡蛎等。澳大利亚自然资源丰富，盛产羊、牛、小麦和蔗糖，同时也是世界重要的矿产品生产和出口国。农牧业、采矿业为澳传统产业，制造业和高科技产业发展迅速，服务业已成为国民经济主导产业。澳大利亚也是一个工业化国家，20世纪70年代以来，进行了一系列经济改革，经济保持较快增长，1991—2019年，连续28年保持经济正增长，在西方国家中独树一帜。

澳大利亚现行通用货币是澳元，与人民币的汇率为：1澳元≈4.8081人民币；1人民币≈0.208澳元（2024年1月）。

职场模拟演练

从本任务情境描述的话题中任选一个，作为与游客的谈资，帮助游客更好地了解澳大利亚和澳大利亚社会。

任务3　线路产品设计/沿途导览/景区讲解

任务导入

对应岗位：计调/领队

情境描述：当地导游正在提醒游客一些澳大利亚风俗的事宜，比如“排队”，在澳大利亚人看来是基本礼仪，在饭店、商场、超市、酒吧等，只要是需要排队的地方，他们都会排队，并且不会出现插队的情况。澳大利亚人对排队的执念，简直刻在了骨子里，插队的人，在澳大利亚会遭到他人的不满和强烈的抗议。领队要熟悉当地的风俗文化，还要及时提醒游客，以避免麻烦。

任务清单：

1.了解澳大利亚的重要节日。

2.熟悉澳大利亚民居的典型特点。

3.熟悉澳大利亚的饮食文化。

4.了解澳大利亚的传统服饰特点。

5.熟悉澳大利亚人的礼节。

知识要点

澳大利亚民俗文化

一、重要节日

● 澳大利亚日（澳国庆日）：1月26日

二、民居

澳大利亚民居有如下特色：一是独栋。房屋之间一般不共墙，普通居民每栋占地面积一般为400~600平方米。二是宽敞。房屋建筑面积因人而异，一般为200~400平方米，户型从4室2厅2卫到6室2厅3卫不等，房屋有前后花园或两侧花园。当地居民认为房屋最好的地址是前面靠马路，后面靠河流湖泊，屋后有个小码头，可停泊帆船或游艇。澳大利亚孩子大学毕业参加工作后习惯自己贷款买车买房，通常不和父母住在一起。三是房屋不高。依据当地的政策，民居通常是两层或三层。城市中心区的高层或小高层，一般是大酒店、酒店式公寓或写字楼，多为钢筋混凝土框架，地基很深。四是房屋木结构。不用钢筋混凝土，不打桩，工厂按设计图纸预制好，到现场装配。

三、饮食

澳大利亚盛产海鲜，乳类食品质量上乘，出产的葡萄酒享誉全球。澳大利亚人在饮食上以吃英式西菜为主，一般喜欢吃牛肉、羊肉、鸡、鸭、蛋、野味等。菜很清淡，讲究花样，不吃辣，对中国菜颇感兴趣，爱吃各种煎蛋、炒蛋、冷盘、火腿、虾、鱼、西红柿等。喜欢吃的西餐有奶油烤鱼、炸大虾、什锦拼盘、烤西红柿等。他们爱喝牛奶和啤酒，对咖啡很感兴趣。

四、服饰

澳大利亚人的服饰与西欧人一样，均为西装革履。达尔文服是流行于达尔文市的一种简便服装。妇女一年中大部分时间都穿裙子，在社交场合则穿西装上衣。无论男女都喜欢穿牛仔裤，他们认为穿牛仔裤方便、自如。澳大利亚土著居民以狩猎为生，独特的狩猎武器为“回旋标”，盛行图腾崇拜。土著居民往往赤身，或在腰间扎一条围巾，或将围巾披在身上。有的佩戴臂环、项圈、前额箍和骨制鼻针，装饰品丰富多彩。节日时，他们还会在身上涂上各种颜色。

五、礼节

澳大利亚人很讲究礼貌，在公共场合不大声喧哗，秩序井然，待人接物都很随和。握手是一种相互打招呼的方式，拥抱亲吻的情况不多。澳大利亚社会同英国一样有“妇女优先”的习惯；注重公共场所的仪表，男子大多数不留胡须，出席正式场合时西装革履，女士穿西装上衣加西装裙。澳大利亚人的时间观念很强，约会必须事先联系并准时赴约，另外最好携带礼物，一般给女主人带一束鲜花，也可给男主人送一瓶葡萄酒。

职场模拟演练

“未经其父母准许，擅自给14岁以下儿童拍照属于违法行为。所以如果想街拍可爱的宝宝，一定要征得其父母同意。”领队应了解并整理当地的民俗和相关法律规定并告知游客，避免产生麻烦。

任务4 线路产品设计/产品特色推广/沿途导览/景区讲解

任务导入

对应岗位：计调/销售/领队

情境描述：澳大利亚自然旅游资源丰厚，旅游宣传也做得风生水起。直到今天，曾经的大堡礁看护员招聘还被人们津津乐道。2009年，澳大利亚昆士兰旅游局面向全球招聘大堡礁看护员。经过最后的面试，这份被称为“世界上最好的工作”由英国义工本·绍索尔获得。据估计，这项活动投入170万美元，已给旅游局带来超过1.1亿美元的公关价值。这场招聘也被称为史上最成功的营销。可见，创新营销手段对旅游业的发展也是至关重要的。

任务清单：

1. 了解澳大利亚旅游市场现状。
2. 从文化角度了解澳大利亚的世界遗产。
3. 熟悉澳大利亚的食、住、行、游、购、娱等旅游业基本情况。

知识要点

澳大利亚旅游业

一、旅游业概况

澳大利亚的旅游资源极为丰富，奇异的自然风貌、独特的生态环境、对比强烈的多元文化，使其国际入境旅游发展极为迅速。旅游外汇收入一跃成为全国发展最快、创汇最多的产业，国际客源遍布世界各大洲。旅游业是澳经济重要部门。主要游客来源国为新西兰、中国、英国。

二、世界遗产

自澳大利亚1974年8月22日加入《保护世界文化与自然遗产公约》的缔约国行列以来，截至2019年，经联合国教科文组织审核被批准列入《世界遗产名录》的澳大利亚世界遗产共有20项。澳大利亚世界遗产数量明细见表2-10-1。

遇见世遗2-10

澳大利亚

表2-10-1　澳大利亚世界遗产数量明细

遗产数量	文化遗产	文化景观遗产	自然遗产	混合遗产	其中	跨国遗产	濒危遗产	除名遗产
20	3	1	12	4		0	0	0

三、旅游线路示例

旅游线路示例见表2-10-2。

表2-10-2　旅游线路示例

线路一（跟团游）	澳大利亚11日游
D1上海—墨尔本	航班
D2墨尔本	维多利亚海港—35路观光电车—温莎酒店—国会大厦—圣帕特里克教堂—弗林德斯街车站—联邦广场—圣保罗大教堂—墨尔本女子高中学校
D3墨尔本—布里斯班	亚拉河—王子桥—墨尔本皇家植物园—音乐学院—库克船长小屋—玻璃花房—菲茨罗伊花园—市政厅—澳大利亚电视台（ABC）— 布里斯班河—澳大利亚布里斯班摩天轮—布里斯班社区—故事桥—袋鼠角—南岸公园—克莱姆琼斯步行道
D4布里斯班—黄金海岸	游艇俱乐部—冲浪者天堂—华纳兄弟电影世界主题公园—可伦宾野生动物保护区—喂袋鼠—天堂牧场—骑马表演—剪羊毛表演
D5黄金海岸—布里斯班	冲浪者天堂—南斯特德布鲁克岛度假村—开拓者纪念碑—UGG工厂直销店
D6布里斯班—奥克兰	奥克兰天空塔—奥克兰动物园
D7奥克兰—悉尼	彭南特山路街区—契宾诺顿湖区—菲利斯大道的拐角处的街区—麦考利夫人座椅—悉尼皇家植物园—考珀码头—唐人街—悉尼塔—圣安德烈座堂
D8悉尼	圣玛丽大教堂—海德公园—旧造币厂—圣詹姆士教堂—悉尼城市图书馆—悉尼议会大厦—情人港—国立海洋博物馆—海港大桥—游艇环游情人港—邦迪海滩—玫瑰湾—悉尼街道
D9悉尼—蓝山	澳大利亚悉尼蓝山国家森林公园—杰米逊谷—蓝山拱门—空中栈道—怪石林
D10悉尼	悉尼歌剧院—悉尼港—Macquarie青铜雕像—总督官邸—澳大利亚博物馆—悉尼市博物馆—基石园—悉尼鱼市场—维多利亚女王大厦—悉尼市政厅—中央火车站
D11悉尼—上海	航班
线路二（自由行）	澳大利亚10日游
D1悉尼	悉尼港大桥—达令港
D2悉尼	岩石区—悉尼歌剧院—悉尼皇家植物园—塔龙加动物园
D3悉尼—凯恩斯	悉尼鱼市场—海德公园—圣玛丽大教堂—悉尼维多利亚女王大厦
D4凯恩斯	大堡礁—阿金考特外堡礁
D5凯恩斯—库兰达—凯恩斯	库兰达热带雨林自然公园—凯恩斯前滩散步道
D6凯恩斯—墨尔本	维多利亚州立图书馆—涂鸦街（霍西尔巷）—圣保罗大教堂
D7墨尔本—大洋路—坎贝尔港	洛恩小镇—吉布森石阶—十二使徒岩—石拱门
D8坎贝尔港—大洋路—墨尔本	奥特韦国家公园—奥特韦海角灯塔—弗林德斯街车站—圣帕特里克教堂—联邦广场—尤利卡88层观景台
D9墨尔本	菲利普岛—考拉保育中心—丘吉尔岛
D10墨尔本	维多利亚市场—皇家拱廊—墨尔本中央购物中心

四、餐食

1. 早餐：酒店西式自助餐、便携式早餐盒。

2. 正餐：中式桌餐、海鲜自助餐、游船美食餐、特色毛利餐。

五、住宿

从全球知名的豪华住宿，到充满特色的高级树林营地和私人野生动物保护区，澳大利亚有很多非常注重环境保护的豪华住宿，而且大多坐落于国家公园旁、藏身在沙漠沙丘之间、位于世界遗产珊瑚礁旁的小岛上，以及隐身在茂密的雨林之中。这些住宿一次只能接待少数游客，可以让游客尽情体验独特的澳大利亚地形美景、近距离接触野生动物、品尝独特的美食和美酒、享受豪华的住宿条件，每处酒店都有自己的特色。

六、交通

（一）机场和航空公司

国外游客从澳大利亚入境的机场通常有布里斯班机场、黄金海岸机场、悉尼机场、阿瓦隆机场、墨尔本机场和霍巴特机场等。悉尼机场是澳大利亚的门户机场，从我国直飞到悉尼的航空公司有8家。因为中国游客是悉尼机场最大的游客群体，因此机场内中文的标识也非常完善清晰。

自由行游客如果搭乘的是澳大利亚捷星航空公司或者是老虎航空公司的航班，那么在有行李的情况下，一定记得要提前购买行李托运额度。自由行游客还可以购买澳洲航空公司或者维珍澳洲航空公司的机票，这两家航空公司的机票价格内都包含了免费托运23千克行李的服务。澳大利亚主要航空公司的经营线路和价格见表2-10-3。

表2-10-3　　澳大利亚主要航空公司的经营线路和价格

航空公司	经营线路	价格
澳洲航空	澳大利亚全国+国际航线	价格高
维珍澳洲航空	澳大利亚全国+少量国际	价格较高
捷星航空	澳大利亚主要城市+东南亚	廉价航空
老虎航空	澳大利亚旅游城市+东南亚	廉价航空
澳洲天西航空	澳大利亚西部城市	廉价航空
区域快线航空	澳大利亚东岸	廉价航空

（二）境内交通

1. 内陆段飞机：澳大利亚国土面积辽阔、地广人稀，热门旅游城市间的距离也很远，所以要往返于澳大利亚境内的各大城市，飞机是最方便的交通方式。

2. 火车：车票价格贵、旅程时间长，所以火车并非澳大利亚旅游的主流交通方式。但对于火车旅行的爱好者或者时间充足的游客来说，乘坐火车可以体验澳大利亚不同区域的景观变化。澳大利亚拥有3条最著名的火车线路，分别是大陆纵贯线甘号、印度太平洋号和穿越大陆号。

3. 城际巴士：贯穿主要城市间的越州巴士，服务水平高且班次频繁。澳大利亚的城际巴士线路非常清楚、明确，巴士内还有空调、视听设备和洗手间，很舒适。

4.租车自驾：澳大利亚地广人稀，各主要城市之间的道路网络四通八达，自然风景形态多样且极具观赏性和游玩性，只要持有中国的驾照并且驾照翻译件是澳大利亚道路局认可的，就可在澳大利亚开车。

七、游览

（一）主要旅游城市

主要旅游城市介绍见表2-10-4。

表2-10-4 主要旅游城市介绍

城市	简介	代表景点
堪培拉	●澳大利亚首都，全国政治、文化中心和旅游胜地。 ●四周森林环绕、绿意盎然，且邻近自然秀丽的乡村，令堪培拉成为优雅的现代化都市，更享有“天然首都”的美誉。整个城市绿地面积占60%以上，是世界著名的花园城市	伯利·格里芬湖；堪培拉小人国；皇家铸币厂；库克船长纪念喷泉；国立水族馆；国会大厦；旧国会大厦等
悉尼	●位于澳大利亚东南海岸，是新南威尔士州首府，澳大利亚最大的城市和港口。 ●现已成为澳大利亚最繁华的现代化、国际化城市，有“南半球纽约”之称。 ●气候宜人、环境优美、风光旖旎、景色秀丽，2000年奥运会在此举办	悉尼歌剧院；达令港；悉尼港大桥；岩石区；邦迪海滩；悉尼大学；悉尼皇家植物园；海德公园等
墨尔本	●位于澳大利亚东南部，澳大利亚第二大城市，是“花园之州”维多利亚州的首府，也是澳大利亚的工业重镇。具备深厚的文化底蕴，被称为“澳大利亚的文化首都”。也是一个体育盛事之都，曾在1956年举办过夏季奥运会。 ●属于亚热带与温带交叉型气候，气候比较干燥，昼夜温差较大	墨尔本皇家植物园；联邦广场；墨尔本唐人街；圣保罗大教堂；涂鸦街；弗林德斯街车站；菲利普岛等
达尔文	●位于帝汶海达尔文港东北入口处的北部顶端，是澳大利亚北部地区的首府和主要港口，有“北方门户”之称。1959年设市，因1839年英国著名生物学家达尔文曾到此考察而得名。 ●达尔文街道两旁棕榈树、橘红色蝴蝶花树和白色素馨花树蔽日成荫，景色秀丽。19世纪70年代经济迅速发展，8%的达尔文居民从事旅游业	达尔文植物园；北领地博物馆及艺廊；达尔文鳄鱼公园；李治菲特国家公园；军事博物馆；达尔文港等
布里斯班	●位于澳大利亚本土的东北部，昆士兰州首府。北缘阳光海岸，南邻国际观光胜地黄金海岸。是仅次于悉尼与墨尔本的第三大城市。 ●南面是著名的黄金海岸，度假村、野生动物园、主题公园、运动设施、黄金沙滩一应俱全	南岸公园；龙柏考拉动物园；南岸公园；布里斯班河；故事桥；布里斯班市政厅；摩顿岛；昆士兰大学等

（二）主要旅游资源

主要旅游资源介绍见表2-10-5。

表 2-10-5　　主要旅游资源介绍

旅游资源	简　介
黄金海岸	●位于澳大利亚东部海岸中段、布里斯班以南42千米处，是由数十个美丽沙滩组成的度假胜地。有各种各样的主题乐园，如冲浪者天堂、海洋世界、昆拉德赌场、华纳电影世界等。 ●黄金海岸属亚热带海洋气候，终年阳光普照，空气湿润，一年四季都适宜旅游
大堡礁	●位于澳大利亚东北部昆士兰州对岸，是世界最大、最长的珊瑚礁群，世界七大自然景观之一，又被称为“透明清澈的海中野生王国”。 ●纵贯于澳大利亚的东北沿海，全长2 011千米，最宽处161千米。 ●大堡礁有2 900个大小不等的珊瑚礁岛，自然景观非常特殊，在落潮时，部分珊瑚礁露出水面形成珊瑚岛，这里大概有400种不同类型的珊瑚礁
卡卡杜国家公园	●距达尔文约320千米，面积19 810平方千米，是澳大利亚最大的自然公园。蕴藏着极其丰富的动植物原始生态，拥有5万年历史的澳大利亚原住民的历史遗迹。 ●公园内有着优美的自然风光和较完整的多变的自然生态原始环境，有1 700个植物种群和著名的吉姆吉姆瀑布
艾尔斯巨石	●位于澳大利亚大陆的正中央，周长约9千米，距地面的高度为348米，长3 000米，是世界最大的整体岩石。成分为砾石，含铁量高，其表面因被氧化而发红，整体呈红色，因此又被称为红石。 ●艾尔斯巨石附近旅游度假地的建筑颜色与周围的沙漠融为一体，1987年艾尔斯巨石及其周围的公园被评为世界遗产保护区
十二使徒岩	●位于墨尔本西南部约220千米外，是澳大利亚大洋路的著名地标。 ●位于澳大利亚维多利亚州大洋路边的坎贝尔港国家公园之中，屹立在海岸旁已有2 000万年历史了。由几亿块小石头聚积而渐渐形成，继而埋藏在海底，直至后来，强烈的海潮和风力终令这些岩石露出水面。因为它们的形态恰巧酷似耶稣的十二使徒，人们就以圣经故事里的十二使徒为之命名
悉尼歌剧院	●位于澳大利亚新南威尔士州的首府悉尼市贝尼朗岬角，1973年正式落成，长183米，宽118米，高67米，是澳大利亚的象征性标志。 ●悉尼歌剧院的外观为三组巨大的壳片，耸立在南北长186米、东西最宽处为97米的现浇钢筋混凝土结构的基座上。 ●内部分为3个部分：歌剧厅、音乐厅和贝尼朗餐厅。其外形犹如即将乘风出海的白色风帆，与周围景色融为一体。2007年6月28日被联合国教科文组织评为世界文化遗产
悉尼港湾大桥	●位于澳大利亚悉尼的杰克逊海港，1857年设计，1932年竣工。桥身长度（包括引桥）1 149米，从海面到桥面高58.5米，从海面到桥顶高达134米，是早期悉尼的代表建筑，与举世闻名的悉尼歌剧院隔海相望，成为悉尼的象征。 ●攀爬悉尼港湾大桥已成为悉尼最受欢迎的旅游项目，悉尼港湾大桥是世界上唯一允许游客爬到拱桥顶端的大桥
国会大厦	●位于堪培拉的山顶，长宽均为300米，建筑面积25万多平方米，1988年正式建成启用。 ●大厦周围绿树成荫，两翼是多姿多彩的庭院和喷泉，是建筑与环境、人与自然、政治与社会的美妙结合。 ●东西两侧分别为众议院和参议院，两院以一条长廊相连。国会大厦反映着澳大利亚的历史、迥然不同的多元文化，体现了澳大利亚联邦的形象和精神
圣玛丽大教堂	●位于海德公园的对面，是悉尼大主教的所在地，被称为澳大利亚天主教堂之母。 ●采用当地的砂岩建筑而成，尖顶拱门的哥特式建筑，深具欧洲中世纪大教堂的建筑遗风。 ●教堂地下墓穴的马洛哥神父地板图案，以创世纪为主题，由彩色的碎石镶嵌而成，手工十分精巧，举世闻名

八、购物

（一）场所

在澳大利亚旅游主要的购物场所有免税店、土特产百货店、皮特街购物中心、梅尔百货、帕丁顿市集、皇家拱廊（Royal Arcade）等。

（二）购品

游客在澳大利亚旅游主要购买的商品有食品类（夏威夷果、Tim Tam巧克力饼干、牛轧糖）；饮品类（品牌红酒、奶粉）；化妆品类（茱莉蔻、伊索、LUCAS木瓜霜）；保健品类（奥斯特林保健品、绵羊油、鸸鹋油）；日用品类（钥匙挂件、水杯、文化衫、帽子、羊毛被）；手工艺品类（毛绒玩具、树皮画、木吹乐器、回旋镖、艺术陶瓷）等。

九、娱乐

澳大利亚的休闲和探险体验项目见表2-10-6。

表2-10-6　澳大利亚的休闲和探险体验项目

娱乐项目名称	简　介
游艇（黄金海岸）	乘坐价值450万澳元的私家豪华游艇畅游纳瑞海湾1小时，在游艇上享用海鲜大餐并畅饮香槟
蓝光虫洞（黄金海岸）	在专业向导和讲解员带领下，深入国家公园，探访南半球特有的蓝光虫栖息地（蓝光虫洞），夜观南十字星座
夜游（墨尔本）	前往墨尔本市区观看喷火表演、歌舞秀，参观墨尔本著名的意大利街并享用比萨，登上尤里卡大厦观景台欣赏美丽的墨尔本夜景
海底漫步（凯恩斯）	戴防水头盔，下潜至水深6米左右处，由教练指导沿着下潜梯缓慢进入水中，到达海底后即可观赏绚丽的热带鱼群，并用特殊饵料吸引大批鱼群，场面甚为壮观
直升机（凯恩斯）	乘坐直升机巡航大堡礁30分钟，俯瞰大堡礁全貌，感受凯恩斯独特的魅力
小飞机（凯恩斯）	从凯恩斯机场出发，飞行30分钟。欣赏空中美景，俯瞰绿岛、阿灵顿礁、乌波卢礁，同时领略大堡礁全景

旅游贴士2-10
澳大利亚

职场模拟演练

在线测评2-10
澳大利亚

1.车上导览——利用既有线路中的一天，查看路线，进行车上沿途风光讲解。

2.购物指导——购物环节有保健品店、化妆品店等，通过查找相关资料，为游客做好购物方面的指导。

3.景区导览——选择一个城市、一个景区或一项世界遗产，融入相关文化要素，介绍给游客。

项目十一　新西兰

◎ 学习目标

知识目标：

•熟悉新西兰的基本国情。

•熟悉新西兰的政治经济简况。

•掌握新西兰的节日、民居、饮食、服饰、礼节等民俗文化。

•掌握新西兰的食、住、行、游、购、娱等旅游业基本情况。

能力目标：

•能够策划新西兰旅游产品。

•作为领队能够协助当地导游安排落实在新西兰的旅游行程，并按照行程计划为游客提供讲解、陪同游览等服务。

•作为产品销售能够运用新媒体，策划实施新西兰旅游产品线下线上营销推广。

素养目标：

•培养学生具备国际的视野，厚植爱国情感、民族自豪感和对我国优秀传统文化的认同感。

•培养学生具有健康的体魄和心理、完善的人格；具备良好的行为习惯、一定的审美和人文素养。

•培养学生乐观向上的工作和生活态度，并具有自我管理能力、集体意识和团队合作精神。

任务1　领队说明会

任务导入

对应岗位：领队

情境描述：新西兰在很多游客心目中仿佛就是“诗与远方”中的“远方”，雪峰湖泊、星辰大海、高山草甸、田园牧场、炫彩极光……我们能想到的美景组合在这里都能找得到。这片在上古时期与我们分裂，直至16世纪才为文明世界所知的大陆，以多样化的地形地貌、壮丽的自然风光以及丰富的户外运动闻名于世。领队还是从出国前的说明会开始做好旅游服务吧。

任务清单：

1.熟悉新西兰的自然地理（位置、地形、气候、自然资源等）。

2.熟悉新西兰的人文地理（人口、民族、语言等）。

知识要点

新西兰概况

一、位置

新西兰位于太平洋南部、澳大利亚东南方约1 600千米处，介于南极洲和赤道之间，西隔塔斯曼海与澳大利亚相望。由北岛、南岛、斯图尔特岛及其附近一些小岛组成，面积约27万平方千米，海岸线长约6 900千米。

二、地形与地貌

新西兰境内多山，山地和丘陵占其总面积75%以上。新西兰的地表景观富于变化。其中，北岛的鲁阿佩胡火山和周围14座火山的独特地貌形成了世界罕见的火山地热异常带。这里分布着1 000多处高温地热喷泉 。

三、气候

新西兰属温带海洋性气候，北部为亚热带气候，南部为温带气候。夏季平均气温25℃，冬季10℃左右，全年温差一般不超过15℃。各地年平均降雨量为400 ~ 1 200毫米。北岛较南岛温暖。除高山区域外，每年冬季北岛很少下雪，而南岛一般都会下雪。

四、自然资源

矿藏主要有煤、金、铁矿、天然气，还有银、锰、钨、磷酸盐、石油等，但储量不大。石油储量3 000万吨，天然气储量为1 700亿立方米。森林资源丰富，森林面积8.1万平方千米，占全国土地面积的30%，主要产品有原木、木浆、纸等。新西兰渔产丰富，是世界第四大专属经济区，200海里专属经济区内捕鱼潜力每年约50万吨。水力资源丰富，全国80%的电力为水力发电。

五、人口与民族

人口522.3万（2023年6月）。其中，欧洲移民后裔占70%，毛利人占17%。

六、语言

新西兰官方语言为英语和毛利语。

七、国旗与国徽

新西兰国旗呈横长方形，长与宽之比为2∶1。旗底为深蓝色，左上方为英国国旗红、白色的“米”字图案，右边有四颗镶白边的红色五角星，四颗星排列均不对称。四颗星表示南十字星座，表明该国位于南半球，同时还象征独立和希望。

新西兰国徽是一面盾徽。左上角蓝地，绘有四颗红色五角星，即南十字星座。左下角红地，绘有一束小麦，代表农业。中间白地，绘有三艘帆船，象征海上贸易的重要性。右上角红地，绘有羊毛，象征畜牧业。右下角蓝地，绘有锤子，代表矿业。盾上方饰有一顶圣爱德华王冠，两侧各由一名手持国旗的欧洲裔妇女和手持武器的毛利人守护着。盾徽下有银蕨。饰带上书有国名。

八、行政区划

全国设有11个大区，5个单一辖区，67个地区行政机构（其中包括13个市政厅、53个区议会和查塔姆群岛议会）。主要城市有惠灵顿、奥克兰、克赖斯特彻奇（基督城）、哈密尔顿、达尼丁等。

九、时差

新西兰的首都惠灵顿位于东十二时区，比北京时间早4个小时。

职场模拟演练

在领队说明会上，请你从自然地理和人文地理角度简单介绍新西兰的国情，让游客对新西兰有一个大致的了解。

任务2　车上讲解/与游客交谈

任务导入

对应岗位：领队

情境描述：1350年，来自波利尼西亚的毛利人成为这片土地的第一批定居者，后来大批的欧洲人迁移到这里，淘金热潮使不少华人也来到这片土地。他们保留了各自的民族特色，又不断地融合创新，使新西兰成为一个多元化和包容度很高的国度。车上导览时，导游主要介绍的是当地土著毛利人的生活和农牧林业产品的出口。

任务清单：

1. 熟悉新西兰重要历史时期的大事件。
2. 了解新西兰的国体和政体。
3. 了解新西兰经济现状。

知识要点

新西兰简史和政治、经济概况

一、简史

- 1350年，毛利人在新西兰定居。
- 1642年，荷兰航海者在新西兰登陆。
- 1769—1777年，英国库克船长先后5次到新西兰。此后，英国向新西兰大批移民并宣布占领。
- 1840年2月6日，英国迫使毛利人族长签订《威坦哲条约》，新西兰成为英国殖民地。
- 1907年独立，成为英国自治领，政治、经济、外交受英国控制。
- 1947年成为主权国家，同时为英联邦成员。

二、政治

新西兰是英联邦一个独立的议会制国家，英国国王是国家元首，由总督作为英国国王代表行使职权。总督由英国国王任命，由新西兰人担任，任期5年。新西兰实行多党内阁制。总督和内阁组成的行政会议是法定的最高行政机构。行政会议由总督主持，内阁掌握实权。内阁由议会多数党组成。主要政党有工党、国家党、绿党、毛利党、行动党、新西兰优先党等。

三、经济

新西兰经济以农牧业为主，农牧产品出口约占出口总量的50%。羊肉和奶制品出口量居世界第一位，羊毛出口量居世界第三位。工业以农林牧产品加工为主，主要有奶制品、毛毯、食品、皮革、烟草、造纸和木材加工等轻工业，产品主要供出口。近年来，新西兰陆续建立了一些重工业，如炼钢、炼油、炼铝和制造农用飞机等。林业主要出口产品有原木、木浆、纸及木板等，主要出口市场为澳大利亚、日本、中国、韩国、美国、印度尼西亚等。新西兰渔产丰富，拥有世界第四大专属经济区。

新西兰现行通用货币是新西兰元，与人民币的汇率为：1新西兰元≈4.4757人民币；1人民币≈0.2234新西兰元（2024年1月）。

职场模拟演练

从本任务情境描述的话题中任选一个，作为与游客的谈资，引发游客思考，同时也帮助游客更好地了解新西兰和新西兰社会。

任务3　线路产品设计/沿途导览/景区讲解

任务导入

对应岗位：计调/领队

情境描述：细心的游客在商场里看到了很多光着脚的新西兰人，这是毛利文化的体现。在毛利文化里，光脚代表亲近自然。比如，在和毛利人聚会的比较正式的房子里，如果穿着鞋进去是一种亵渎行为，这与很多地方的文化是不同的。毛利文化对新西兰人的影响还是很大的，或者说新西兰本土文化就是毛利文化。领队应对目的地国家的旅游文化做深入了解，为游客做好讲解及陪同游览服务。

任务清单：

1. 了解新西兰的重要节日。
2. 熟悉新西兰民居的典型特点。
3. 熟悉新西兰的饮食文化。
4. 了解新西兰的传统服饰特点。
5. 熟悉新西兰人的礼节。

知识要点

新西兰民俗文化

一、重要节日

- 国庆日：2月6日

二、民居

新西兰的民居十分注重房屋结构的轻型化，很少用钢筋水泥建造，大多用木质材料，首先考虑的是防震抗震；其次是耐用，经年累月还依然完好如初；最后还可以起到隔热防电、天然空调的作用。房屋外观造型多种多样，有的犹如一件艺术珍品。在新西兰，除了公寓之外，基本上是带花园的独立房屋，新西兰人十分重视室内采光，住房的窗户较大，使室内外融为一体，给人清新、自然的感受。

三、饮食

新西兰的基本饮食为牛奶、奶酪、面包及牛羊肉。新西兰菜肴的特点是油少而清淡，注重色、香、味。新西兰人喜欢吃牛羊肉、鸡、蛋。甜食有酥皮卷加鲜果和奶油，称为巴窝瓦。新西兰毛利人经常利用地热蒸制牛肉、羊肉、马铃薯等食品，这些食品通称为夯吉。制作“烧石烤板”的原料有芋头、南瓜、白薯、猪肉、牛排、鸡、鱼等，在铁丝筐内分层一次烧制成，然后撒上盐、胡椒粉等食用。新西兰对酒类限制很严，一般的经特许售酒的餐馆只能出售葡萄酒；在可售烈性酒的餐馆，客人必须买一份正餐，才被允许喝一杯。但啤酒销售量相当大，人均消耗量名列世界前茅。

四、服饰

新西兰人是欧洲移民的后裔，在日常生活中通常以穿着欧式服装为主。他们注重服饰质量，讲究庄重，偏爱舒适，强调因场合而异。正式盛大的集会大都穿深色西服或礼服，但在一般场合人们的穿着趋于简便。

新西兰毛利人的传统服饰鲜艳而简洁，富有民族特色，有披肩、围胸、围腰和短裙。最常见的是“比乌比武”短裙，用亚麻类植物织成。此裙不分男女，现在多用作演出时的道具。毛利人最讲究的服饰是羽毛大氅，过去是酋长才能披戴的，现在遇有盛大庆祝活动时被穿上迎接贵宾，以示庄重威严。如今在职场的毛利人平时的穿戴也是西装革履。

五、礼节

新西兰人见面和告别均行握手礼，男士应等候妇女先伸出手来。鞠躬也是他们的通用礼节。初次见面，身份相同的人互相称呼姓氏，并加上“先生”“小姐”等。在新西兰，毛利人仍保留着传统习俗。每遇重大活动，他们便照例要到河里去做祈祷，而且相互泼水，以此表示宗教仪式上的纯洁。当遇到尊贵的客人时，他们要行“碰鼻礼”，即双方要鼻尖碰鼻尖两三次，然后分手离去。毛利人的舞蹈别具一格，鲜艳的民族服装、美丽的花环、颈上挂着的绿佩玉及腰上系着的蒲草裙，充分展现了毛利人独特的民族风情，其迎宾舞蹈则成为新西兰官方迎接贵宾的最高礼仪。

职场模拟演练

查阅资料，整理新西兰毛利人的相关习俗，并模拟参观工艺品店的场景和观看新西兰传统舞蹈的场景，向游客做简单介绍。

任务4　线路产品设计/产品特色推广/沿途导览/景区讲解

任务导入

对应岗位：计调/销售/领队

情境描述：在新西兰这片为很多人所向往的“世界净土”，有的游客偏爱那些绝美的自然风光，也有的游客对“世外桃源”中人们的日常生活感到好奇。春生夏长，秋收冬藏，每个人都会衡量自己内心所向，通过旅行来实现自己心中所往。领队要充分熟悉旅游目的地国家的旅游资源，并做好服务。

任务清单：

1. 了解新西兰旅游市场现状。
2. 从文化角度了解新西兰的世界遗产。
3. 熟悉新西兰的食、住、行、游、购、娱等旅游业基本情况。

知识要点

新西兰旅游业

一、旅游业概况

新西兰不仅旅游资源丰富，而且旅游业历史悠久，很早就设立了旅游疗养机构来管理和促进旅游业。赴新西兰的游客主要来源地为澳大利亚、中国、美国和英国等。

旅游业是新西兰支柱产业之一。新西兰政府试图通过向旅游企业注资、建议缩短周工作时间等方式刺激旅游经济。目前，政府已拨款给旅游业经营者和30多个地区性旅游组织，资助凯库拉的观鲸项目、怀托摩的洞穴项目、哈克特蹦极项目等，以进一步打造旅游产品、挖掘旅游资源。

二、世界遗产

自新西兰加入《保护世界文化与自然遗产公约》的缔约国行列以来，截至2019年，经联合国教科文组织审核被批准列入《世界遗产名录》的新西兰世界遗产共有3项。新西兰的世界遗产数量明细见表2-11-1。

遇见世遗2-11

新西兰

表2-11-1　新西兰的世界遗产数量明细

遗产数量	文化遗产	文化景观遗产	自然遗产	混合遗产	其中	跨国遗产	濒危遗产	除名遗产
3	0	0	2	1		0	0	0

三、旅游线路示例

旅游线路示例见表2-11-2。

表 2-11-2　　旅游线路示例

线路一（跟团游）	新西兰北岛6日游
D1 上海—奥克兰	航班
D2 奥克兰—罗托鲁阿	海湾大桥—美国帆船杯比赛村—战争湾—工党纪念碑公园—怀托摩钟乳石萤火虫洞
D3 罗托鲁阿	土著毛利文化村—温泉地热公园足浴—地热保护区及火山喷泉区—爱哥顿牧场游—红树林—政府花园—罗托鲁阿湖
D4 罗托鲁阿—哈密尔顿	陶波湖—胡卡瀑布—怀卡托河—哈密尔顿花园
D5 哈密尔顿—上海	黑沙滩—鸟岛—岩石山 航班，夜宿飞机
D6 上海	航班
线路二（自由行）	新西兰南岛12日经典线路
D1 基督城—普纳凯基—格雷茅斯	林登湖—城堡山—皮尔森湖—薄饼岩
D2 格雷茅斯—福克斯冰川	福克斯冰川
D3 福克斯冰川—瓦纳卡—皇后镇	马瑟森湖—布鲁斯贝海滩—帕灵加湖—莫埃拉基湖—骑士角瞭望点—蓝池步道—瓦纳卡公园
D4 皇后镇	皇后镇观光—皇后镇跳伞—天堂牧场—大汉堡
D5 皇后镇	瓦尔特峰高原农场—皇后镇商店街
D6 皇后镇—达尼丁	达尼丁火车站—第一教堂—奥塔哥大学—鲍德温大街
D7 达尼丁—怀塔基—奥玛鲁	吉百利巧克力工厂—摩拉基大圆石—奥玛鲁—奥玛鲁蓝眼企鹅栖息地
D8 奥玛鲁—蒂卡普	蒂卡普湖—好牧羊人教堂
D9 蒂卡普—库克山	普卡基湖—胡克谷步道
D10 蒂卡普—基督城	基督城植物园—坎特伯雷博物馆—雅芳河
D11 基督城—凯库拉	凯库拉半岛步道徒步—凯库拉毛皮海狮聚集区
D12 凯库拉—基督城	国际南极中心

四、餐食

1. 早餐：酒店西式自助餐、便携早餐盒。

2. 正餐：怀托摩烤肉餐、新西兰海鲜火锅餐（黑边鲍鱼、生蚝、绿贝、三文鱼……）、西冷牛排、新西兰特色羊扒、新西兰鹿肉、中式团餐桌餐。

五、住宿

旅游团队赴新西兰入住的是当地四星或五星级酒店。自由行游客有很多种选择，如奢华酒店、公寓、农场住宿、民宿、汽车旅馆、度假屋、背包客旅馆、露营地等。

新西兰的酒店，其造型、规模与个性风格可谓各具千秋。从经济型住宿到豪华式体验，全国有数百家酒店可供游客任意挑选。农场住宿作为一项独特的住宿选择，能让游客领略到质朴而真实的新西兰农场生活。汽车旅馆遍布每一条主要行车路线，要找到一家非常容易。新西兰假日公园和露营地是亲近自然的最佳选择。如果是团体出行或希望拥有自己的空间和自助餐饮设施，也可以选择度假屋。

六、交通

（一）机场和航空公司

我国游客赴新西兰旅游可以选择的航空公司有新西兰航空、中国南方航空、中国东方航空、中国国际航空、国泰航空、香港航空、海南航空等。具体出发城市和执飞航空公司见表2-11-3。

表2-11-3　　中国赴新西兰的出发城市和执飞航空公司

	出发城市	执飞航空公司
奥克兰国际机场	上海	新西兰航空、中国东方航空
	广州	中国南方航空
	北京	中国国际航空
	深圳	海南航空
	成都	四川航空
	香港	国泰航空、新西兰航空
基督城国际机场	广州	中国南方航空

（二）境内交通

1. 火车：新西兰铁轨路线穿越了遥远的国家公园、宏伟的火山奇观和纵横交错的河谷与高山隘口，游客沿着崎岖的海岸线可以欣赏到一侧是高山另一侧是大海的非凡景象。比较著名的火车观光线路主要有从基督城到格雷茅斯的“高山观景火车之旅”；从奥克兰至惠灵顿的“陆地之行号”火车之旅，沿途可见原始森林、高山峡谷等景观；从皮克顿至基督城的“太平洋海岸号”火车之旅。

2. 租车自驾：新西兰公路信息标记得非常清楚，主要道路都是封闭式道路，只要跟着道路标示和导航仪就能到达你想去的地方。时间充裕的游客可以选择租车自驾环岛游，根据车型不同，平均一天是22新西兰元。

3. 城际大巴：车上有导游讲解沿途景点。新西兰在南北岛都有巴士服务，同时可以使用按小时或路线计费的巴士套票，以便游客节省旅游费用。个别巴士公司还提供长达几天的旅游业务。

七、游览

（一）主要旅游城市

主要旅游城市介绍见表2-11-4。

表 2-11-4 主要旅游城市介绍

城市	简 介	代表景点
惠灵顿	●位于北岛最南端，是新西兰的首都，全国政治、文化中心，第二大城市，南北两岛的交通枢纽。 ●夏季温度 13～20℃，冬季温度 6～11℃，年均降雨量 1 270 毫米。其三面依山，一面临海，怀抱着尼科尔逊天然良港，气候温和湿润，景色绮丽，是南太平洋地区著名的旅游胜地	林姆塔卡森林公园；皇后码头；卡皮蒂岛自然保护区；惠灵顿植物园；维多利亚山；古巴街；旧圣保罗大教堂；惠灵顿国会大厦等
奥克兰	●位于新西兰北岛的奥克兰区，别称“风帆之都”“皇后之城”，是新西兰第一大城市，全国工业、商业和经济贸易中心。 ●整个城市分为南北两部分，由奥克兰海港大桥连成一体。 ●奥克兰气候温和多雨，四季分明，全年气温 6～28℃，夏季是最好的旅游时间	大堡礁岛；伊甸山；天空塔；皇后街；树山；奥克兰博物馆；使命湾；奥克兰大学；蒂里蒂里马唐基岛等
基督城	●位于新西兰南岛东岸，又名“花园之城”，是新西兰第三大城市，南岛最大的城市。 ●基督城处处洋溢着浓厚的英国气息，是英国以外最具英国色彩的城市。建筑物各具特色，艺术文化气息浓厚，设施完备	坎特伯雷博物馆；基督城植物园；雅芳河；阿卡罗阿；大教堂广场；国际南极中心；库克山国家公园等
达尼丁	●新西兰奥塔哥区的首府，南岛第二大城市、交通及商业中心。 ●整个城市建筑为典型的苏格兰风格，达尼丁被称为“苏格兰以外最像苏格兰”的外国城市。 ●充满文化气息，有众多历史性建筑、博物馆和鸟类保护区。旅游业发达，火车站、市政厅、大学及许多教堂都是热门的旅游目的地	达尼丁火车站；鲍德温大街；第一教堂；奥塔哥大学；拉纳克城堡；八角广场；隧道海滩；圣保罗教堂等
皇后镇	●位于瓦卡蒂普湖的北岸，坐落在沉静悠远的、绽放着蓝绿色耀眼光芒的瓦卡蒂普湖畔。 ●壮丽的自然风光、挥之不去的百年古镇风情以及享誉全球的极限运动，使它成为深受欢迎的新西兰度假胜地之一，是骑马、徒步旅行、漂流、骑山地自行车、登山、滑雪等运动的佳选	瓦尔特峰高原农场；皇后镇商店街；皇后镇花园；卡卓那滑雪场；皇冠峰；欧森温泉；几维鸟和鸟类公园等

（二）主要旅游资源

主要旅游资源介绍见表 2-11-5。

表 2-11-5 主要旅游资源介绍

旅游资源	简介
陶波湖	●位于新西兰北岛中部山区，是新西兰最大的湖泊，世界上最大的火山湖。湖长 40 千米，宽 27 千米，最大深度 159 米。火山活动造就了沸腾的火山口、泥浆池、喷气孔和喷气口等地貌景观。 ●地热特征与毛利神话交织在一起，能体验原始的天然雨林和探索传统的毛利文化
峡湾国家公园	●位于新西兰南岛西南端，濒临塔斯曼海，建于 1952 年，是新西兰最大的国家公园。园内的米佛尔峡湾号称“世界八大奇景”之一。 ●公园内多峡湾，海岸呈锯齿形，是地震多发地区。1904 年峡湾国家公园被列为保护区，1952 年被辟为公园，1990 年成为联合国世界遗产保护地区
怀托摩萤火虫洞	●位于新西兰怀卡托的怀托摩溶洞地区，因其地下溶洞现象而闻名，又称萤火虫洞、怀托摩洞。 ●1887 年，一位毛利族族长和一位英国测量师首次发现萤火虫洞，1888 年向游人开放。 ●萤火虫洞入口处是座尖顶小木屋，旁边立着刻有毛利图腾的木雕红柱。洞穴上下均有通口，有许多昆虫入内繁殖

续表

旅游资源	简介
新西兰国家博物馆	●位于首都惠灵顿皇后湾附近，创建于1933年，是新西兰唯一由政府管理的博物馆。博物馆建筑风格独特，馆藏丰富，设备现代化程度很高。 ●主要展厅有海洋地质和地貌展厅、生物展厅、毛利建筑、习俗和传统艺术展厅。主要藏品有毛利人使用的器具、工具、工艺品及其他表现其风土民情的物品
奥克兰海港大桥	●位于奥克兰区奥克兰市怀提玛塔海港，全长1 020米，距离海面43米，建于1959年。连接奥克兰最繁忙的怀提玛塔海港南北两岸。 ●由于当初该地经济和人口的快速增长，大桥承载量已无法满足需求，1969年又聘请专家对其进行改造和扩建。现在该大桥高峰时期一天可通过车辆115 000辆以上。 ●海港大桥与停泊在奥克兰艇俱乐部的万柱桅杆组成了一幅壮观美丽的图画，是奥克兰极富代表性的一处景致
国际南极中心	●位于新西兰的基督城国际机场附近，1990年9月28日正式开放，其建筑式样的设计受到南极冰山、冰河和冰架的启发，设有南极信息和研究中心、图书馆、机场和仓库等。 ●中心内有南极海洋鱼类馆、南极风暴仿真馆，游客还可感受到仿真南极风雪逼人的寒气

八、购物

（一）场所

在新西兰旅游主要的购物场所有免税店、曼彻斯特街、哥伦布街、皇后镇纪念品商店等。

（二）购品

游客在新西兰旅游主要购买的商品有百货类（羊毛/驼羊毛制品、驼羊皮、驼羊被）；化妆品类（绵羊油、新西兰精油、羊胎素）；保健品类（鹿制品）；食品类（麦卢卡蜂蜜、新西兰葡萄酒、奶粉、曲奇饼干）；手工艺品类（绿玉、毛利木刻）等。

九、娱乐

（一）皇后镇Nzone跳伞

游客在到达皇后镇Nzone中心后，可以按照以下流程体验跳伞：在视听室接受简单的跳伞前理论课程讲授；选择跳伞拍摄付费套餐；免费巴士将游客送到伞降区；工作人员会协助游客佩戴好装备，教练会继续做指导；游客按次序排队坐进小飞机，跳15 000英尺的先进，跳12 000英尺的后进；教练把游客和自己扣在一起，并反复检查；飞机到达指定的高度后继续上升，教练安排游客吸氧；摄影师到机舱外，游客和教练一起跳出机舱；待打开缓冲小伞之后张开双臂拥抱蓝天，控制方向，和摄影师会合；经历最长达到60秒（4 500米）的自由下落之后将会降落在伞降区；免费巴士把游客送回到皇后镇Nzone中心，整个行程结束。

（二）黑水河漂流

体验者需要身穿紧身潜水服，在镶嵌着萤火虫的鲁阿库利洞中探洞徒步、观赏萤火虫并乘坐轮胎漂流。最精彩的部分是从小瀑布直流而下，穿越一条布满萤火虫的水道。此时如果关闭头盔上的电筒往上看，头顶布满了像满天星一样的萤火虫，美妙极了。新西兰的萤火虫是一种黏附在岩石上的虫子，用发出的闪烁的光来吸附飞行在暗处的小飞虫作为自己的食物，这里的萤火虫是呈静止状态的，不会飞，看上去就像近距离观赏星空。

（三）“哈卡舞”

毛利人是天生的艺术家，尤其对音乐和舞蹈的理解有独到之处。他们从传教士那里学习赞美歌的旋律与和声，再经过巧妙运用，发展成毛利人明朗愉快的音乐和类似夏威夷草裙舞的毛利歌舞。毛利族男女都能歌善舞。男士舞蹈较为震撼，他们跳的“哈卡舞”表现的是骁勇善战的男士们参加战斗的场景。游客在新西兰的罗托鲁阿可以体验到传统的毛利文化，这里很多地方都有毛利族的文化表演，包括毛利战舞、毛利族盛宴，还有传统歌舞、传说和部落故事等。

（四）鉴赏毛利木雕

毛利人手工制作的雕像享誉全球，在木雕、贝雕、玉雕与石雕中，最能展现毛利人智慧与技艺的当属木雕。毛利木雕的传统表现形式通常有两种：人形木雕和柱形木雕。人形木雕中的男性常代表毛利神话中神造的第一个男人，其头部也夸张地占据了整个雕像的一半以上。木雕的面部表情都很怪异，用鲍鱼壳制作的双眼瞪得溜圆，有的手执木棒，身上布满文身；有的拿着利刃，一副战场斗士的打扮。柱形木雕图案极具变化，从自然的形态如风景、集体狩猎、捕鱼、耕种、生育活动等图案，到复杂的抽象图案，大多呈阶梯式的螺旋状，少数呈扇形的散射状。

旅游贴士2-11
新西兰

职场模拟演练

1. 车上导览——利用既有线路中的一天，查看路线，进行车上沿途风光讲解。

2. 购物指导——购物环节有保健品店、化妆品店等，通过查找相关资料，为游客做好购物方面的指导。

3. 景区导览——选择一个城市、一个景区或一项世界遗产，融入相关文化要素，作为对地陪讲解的补充，介绍给游客。

在线测评2-11
新西兰

模块小结

亚太旅游区地跨南北半球，自然旅游资源丰富，历史文化悠久，东亚各国深受汉文化和佛教文化的影响，东南亚和南亚地区深受佛教、伊斯兰教文化影响，而大洋洲的原始部落文化比较特殊，同时又受到基督教文化影响。各个民族、各种习俗相互交织，形成独特的风景。亚太地区各国政府高度重视旅游业在促进交流合作、推动经济发展等方面的作用，旅游业成为该地区增长最快的产业，亚太地区也成为世界旅游发展最快的区域。

我的习得与思考

模块三
欧洲旅游区

项目一 英国

◎ 学习目标

知识目标：

•熟悉英国的基本国情。

•熟悉英国的政治经济简况。

•掌握英国的节日、民居、饮食、服饰、礼节等民俗文化。

•掌握英国的食、住、行、游、购、娱等旅游业基本情况。

能力目标：

•能够策划英国旅游产品。

•作为领队能够协助当地导游安排落实在英国的旅游行程，并按照行程计划为游客提供讲解、陪同游览等服务。

•作为产品销售能够运用新媒体技术，策划实施英国旅游产品线下线上营销推广。

素养目标：

•培养学生具备国际的视野，厚植爱国情感、民族自豪感和对我国优秀传统文化的认同感。

•培养学生具有健康的体魄和心理、完善的人格；具备良好的行为习惯、一定的审美和人文素养。

•培养学生乐观向上的工作和生活态度，并具有自我管理能力、集体意识和团队合作精神。

任务1 领队说明会

任务导入

对应岗位：领队

情境描述：旅行社的欧洲产品都是按区域分类，如西欧、中欧、南欧、北欧、东欧等，英国在地理位置上属于西欧，西欧线路还有德国、法国、比利时、荷兰和卢森堡等。这些国家或开创了工业革命，经济上获得了巨大发展；或极具匠人精神，精工制造出最优质的产品。领队应对西欧的相关知识做好积累，开好行前说明会。

任务清单：

1.熟悉英国的自然地理（位置、地形、气候、自然资源等）。

2.熟悉英国的人文地理（人口、民族、语言等）。

知识要点

英国概况

一、位置

英国本土位于欧洲大陆西北面的不列颠群岛，由大不列颠岛（包括英格兰、苏格兰、威尔士）、爱尔兰岛东北部和一些小岛组成，面积24.41万平方千米（包括内陆水域），海岸线全长11 450千米。东、南隔北海、多佛海峡、英吉利海峡与欧洲大陆相望；西南陆界与爱尔兰接壤。

二、地形与地貌

英国是一个岛国，全境分为英格兰东南部平原区、中西部山区、苏格兰山区、北爱尔兰高原和平原区。北爱尔兰的内伊湖是英国最大的湖泊。位于苏格兰的本尼维斯山海拔1 344米，是英国最高峰。英国的河流主要有塞文河和泰晤士河等。塞文河全长354千米，是英国第一长河。泰晤士河全长346千米，终年不冻。

三、气候

英国处于典型的温带海洋气候带，属海洋性温带阔叶林气候。气候终年温和湿润，通常最高气温不超过32℃，最低气温不低于-10℃。多雨雾，秋冬尤甚。年平均降水量约1 000毫米，10月至次年1月最湿润。

四、自然资源

英国是欧盟中能源最丰富的国家，中部煤铁森林资源丰富，北海有大量的石油。英国沿海渔产丰富，东北部有北海渔场，是世界四大渔场之一。另外，英国因为地势比较低平，所以水能资源不多。

五、人口与民族

英国人口约6 702.6万（2021年）。其中，1/3居住在英格兰东南部（首都伦敦就有883万）。按地区来分，英格兰人占83.6%，苏格兰人占8.6%，威尔士人占4.9%，北爱尔兰人占2.9%。外来移民是英国人口变化中的重要因素。

六、语言

官方语言为英语，威尔士北部还使用威尔士语，苏格兰西北高地及北爱尔兰部分地区仍使用盖尔语。英语是世界上被广泛使用的语言，是欧盟和许多国际组织与英联邦国家的官方语言之一，也是联合国的工作语言之一。

七、国旗与国徽

英国国旗呈横长方形，长与宽之比为2：1，被称为“米字旗”，由深蓝底色和红、白色“米”字组成。旗中带白边的红色正十字代表英格兰守护神圣乔治，白色交叉十字代表苏格兰守护神圣安德鲁，红色交叉十字代表爱尔兰守护神圣帕特里克。

英国国徽，即英王徽。中心图案为一枚盾徽，盾面上左上角和右下角为红底上3只金狮，象征英格兰；右上角为黄底上半站立的红狮，象征苏格兰；左下角为蓝底上金黄色竖琴，象征北爱尔兰。盾徽两侧各由一只头戴王冠、分别代表英格兰的狮子和苏格兰的独角兽守护。

八、行政区划

英国分为英格兰、威尔士、苏格兰和北爱尔兰四部分。英格兰划分为9个地区，下辖伦敦、56个单一管理区政府、201个非都市区和36个都市区政府。苏格兰下设32个区，威尔士下设22个区，北爱尔兰下设11个地方市郡。

九、时差

英国的首都伦敦位于零时区，执行夏令时的时候，比北京时间晚7个小时；执行冬令时的时候，比北京时间晚8个小时。

职场模拟演练

在领队说明会上，请你从自然地理和人文地理的角度简单介绍一下英国的国情，让游客对英国有一个大致的了解。

任务2 车上讲解/与游客交谈

任务导入

对应岗位：领队

情境描述：英国面积不大，但交通车程时间较长，因此导游在服务过程中要关注游客的旅游交通服务的心理需求，做好领队陪同服务。王室文化通常是游客津津乐道的，让前往英伦的境外游客心驰神往，也是英国旅游业一大亮点与热点。英国国王的办公重地白金汉宫，在国王外出度假的8—9月份也对游人开放。在王室文化旅游中，游客欣赏到皇家历代收藏的精美艺术品，惊叹于王宫的奢华。2012年威廉王子和凯特王妃的大婚对英国旅游业也起到了有效的推广作用。

任务清单：

1. 熟悉英国重要历史时期的大事件。
2. 了解英国的国体和政体。
3. 了解英国经济现状。

知识要点

英国简史和政治、经济概况

一、简史

- 英国领土上很早就有人类活动，公元1世纪至5世纪曾沦为罗马帝国属地。
- 7世纪形成封建制度。
- 1066年，法国诺曼底公爵渡海征服英格兰，建立诺曼底王朝。
- 1337年至1453年，英法进行“百年战争”，英国先胜后败。
- 1588年，击败西班牙“无敌舰队”，树立了海上霸权。

●1640年，英国在全球第一个爆发资产阶级革命，确立了君主立宪制。

●1707年，英格兰与苏格兰合并，1801年又与爱尔兰合并。

●1982年9月，英国首相撒切尔夫人作为英国第一位在职首相访华。

●1984年12月，撒切尔夫人再访中国，两国共同签署了《中华人民共和国政府和大不列颠及北爱尔兰联合王国政府关于香港问题的联合声明》。

●1986年10月，英国女王伊丽莎白二世对中国进行国事访问。这是历史上英国国家元首第一次访华。

●1997年7月1日，中英顺利完成香港回归的政权交接。

二、政治

英国政体为君主立宪制。国王是国家元首、最高司法长官、武装部队总司令和英国圣公会的“最高领袖”，形式上有权任免首相、各部大臣、高级法官、军官、各属地的总督、外交官、主教及英国圣公会高级神职人员等，并有召集、停止和解散议会，批准法律，宣战媾和等权力，但实权在内阁。议会是最高立法机构，由国王、上院和下院组成。现任国王查尔斯三世，2022年9月即位。现任首相里希·苏纳克，2022年10月任职。

三、经济

英国是世界第六大经济体，欧洲第二大经济体。私有企业是英国经济的主体，占国内生产总值的90%以上，服务业占国内生产总值的3/4以上，制造业占1/10左右。2022年7月，英国通货膨胀率达10.1%，创40年最高。英国能源资源较丰富，主要有煤、石油、天然气、核能和水利等，能源产业在英国经济中占有重要地位。英国的药物、电子和光学设备、人造纤维和化工产品等制造业实力雄厚，生物医药、航空和国防等领域是英国工业研发的重点，也是最具创新力和竞争力的行业。农业在国内生产总值中所占比重不到1%，从业人数约45万，不到总就业人数的2%，低于其他主要工业国家。英国经济的支柱产业是服务业，包括金融保险、零售、旅游和商业服务等。

英国现行通用货币是英镑，英镑与人民币的汇率为：1英镑≈9.1529人民币；1人民币≈0.1093英镑（2024年1月）。

职场模拟演练

从本任务情境描述的话题中任选一个，作为与游客的谈资，帮助游客更好地了解英国和英国社会。

任务3　线路产品设计/沿途导览/景区讲解

任务导入

对应岗位：计调/领队

情境描述：在英国有这样一句话："太阳一出现，每一块草地上就会长满英国人。"在英国的任何城市，游客都会感受到这种浓厚的草地文化：坐在绿荫之下，听着歌发呆，啃完三明治或吃完炸鱼薯条，在独处的宁静中治愈心灵，然后继续启程去往下一个目的地。或者在周末的下午，好友家人们相聚一起，提着藤编的篮子，带着小毯子，拿出零食与水果边吃边聊，再做做游戏，这便是英国人的一种休闲文化。计调应熟悉目的地国家的民俗文化，研发更有流量、更符合消费者审美的旅游线路产品。

任务清单：

1.了解英国的重要节日。

2.熟悉英国民居的典型特点。

3.熟悉英国的饮食文化。

4.了解英国的传统服饰特点。

5.熟悉英国人的礼节。

知识要点

英国民俗文化

一、重要节日

- 元旦：1月1日
- 情人节：2月14日
- 圣帕特里克节：3月17日
- 万圣节：11月1日
- 圣诞节：12月25日

二、民居

英国民居既有木结构，也有砖结构。木结构的房屋一般将烟囱设在中央，砖结构的房屋一般将烟囱设在两侧，烟囱都明显而精致。英国的民居建筑低矮，一般是二层独立屋。楼下是客厅和厨房，楼上是卧室，前后都有花园。只有在市中心才能见到少数高层公寓，但很少有超过六层的高楼大厦。几乎所有民居都散布在城郊，样式颜色基本一致，从高处向下看就是一座座被绿树草丛环抱的小房子，像玩具积木一样整整齐齐。房屋的屋顶多为侧三角形，比较陡峭，屋檐上极少装饰。英国是一个以"老"为美、以"旧"为荣的国家。不仅街道保持了原来的名字，就连建筑也是老式的居多，有些老房子虽然整修，但其临街的外墙仍保持原样。因为政府有规定，凡是百年以上的老房子在进行整修时都不能随便改变外观，就连窗框重刷油漆都要经过批准。

三、饮食

英国虽然历史悠久，但由于农业不发达，也不像法国人那样崇尚美食，因此英国菜相对来说比较简单，英国人也常自嘲不擅烹调。英式菜选料的局限性比较大，英国虽是岛国，但海鲜价格昂贵，所以英国人不讲究吃海鲜，反倒比较偏爱牛肉、羊肉、禽类、蔬菜等。最常见的食物一般是薯条，食物多为烤、炸、煎等。烤牛肉加约克郡布丁被称为国菜，其主料是牛腰部位的肉，先把鸡蛋打入牛奶和面中，再将面与牛肉、土豆一起放在烤箱中烤制而成。英国人普遍爱茶，女性更是嗜茶成癖。喝"下午茶”几乎成为英国人一种必不可少的生活习惯。英国人喝茶时要在杯里倒上冷牛奶或鲜柠檬汁，加糖，再倒茶制成奶茶或柠檬茶。英国人还喜欢喝威士忌、葡萄酒和香槟酒，有时还喝啤酒和烈性酒，但是彼此间不劝酒。

四、服饰

英国人十分注重穿着，在重要场合中男士着燕尾服，女士穿晚礼服。苏格兰裙是苏格兰男人独有的一种传统符号，它的历史可以追溯到16世纪。一套正式的苏格兰裙及配饰包括：长度及膝的方格呢裙、色调与之相配的背心和花呢夹克、长筒针织厚袜、皮带、帽子、毛皮带、匕首；有时肩上还斜披一条花格呢毯，用别针在左肩处固定。只有纯羊毛、纯手工、在苏格兰制作的格子裙，才能被称为“苏格兰格子裙”。英国人平时穿着休闲，但在特殊场合十分重视传统服饰。例如，法官的黑袍、假发，牧师的长袍，女王的礼服，王宫卫士的服饰等都很有特色。

五、礼节

英国人待人彬彬有礼，讲话十分客气，“谢谢”“请”字不离口。对英国人讲话也要客气，无论对方是何种身份，都要以礼相待。在英国，“女士优先”的社会风气很浓。如走路时，要让女士先走；乘电梯时，要让女士先进；乘公共汽车时，要让女士先上；斟酒时，要给女宾或女主人先斟。丈夫通常要偕妻子参加各种社交活动，而且总是习惯先将妻子介绍给贵宾认识。英国人的时间观念很强，拜访或洽谈生意必须先预约，准时很重要。英国人有排队的习惯，上公共汽车、上火车或买东西都要排队，插队是一种令人不齿的行为。

职场模拟演练

团队游客在荷里路德宫品尝下午茶，领队向游客介绍英国的下午茶文化、与中国茶文化的差异以及英国的饮食文化。

任务4　线路产品设计/产品特色推广/沿途导览/景区讲解

任务导入

对应岗位：计调/领队

情境描述：在皇家新月楼前，游客举着单反相机问导游哪里可以拍到这栋月牙形建筑的全貌……皇家新月楼是巴斯气势最为恢弘的大型古建筑群，由连为一体的30幢楼组成，采用意大利式装饰，共有114根圆柱。巴斯是一座精致而美丽的城市，还是英国唯一列入世界文化遗产的城市，拥有英国最具贵族风情的街道……领队不仅要熟悉城市、建筑、景点的文化，也要了解拍照取景的方位等游览常识，做好游客的玩伴，让游客在当地不留遗憾。

任务清单：

1.了解英国旅游市场现状。

2.从文化角度了解英国的世界遗产。

3.熟悉英国的食、住、行、游、购、娱等旅游业基本情况。

知识要点

英国旅游业

一、旅游业概况

英国旅游业收入居世界第五，从业人员约330万，占就业人口的10%。2019年，各国赴英国游客达4 086万人次。昔日的英国曾通过殖民的方式将英伦文化传播到全球许多国家和地区，同时也把世界各地的文明成果掠回英国，这使得英国有着丰富的国际元素及本土特色的历史文化资源，成为世界级旅游目的地。在文化旅游业快速发展的同时，英国又不断提升着国家形象，在促销民族品牌的同时，又增强了国民的文化自信心和自豪感。

二、世界遗产

自英国1984年5月29日加入《保护世界文化与自然遗产公约》的缔约国行列以来，截至2019年，经联合国教科文组织审核被批准列入《世界遗产名录》的英国世界遗产共有32项。英国的世界遗产数量明细见表3-1-1。

遇见世遗3-1

英国

表3-1-1 英国的世界遗产数量明细

遗产数量	文化遗产	文化景观	自然遗产	混合遗产	其中	跨国遗产	濒危遗产	除名遗产
32	25	2	4	1		1	1	0

三、旅游线路示例

旅游线路示例见表3-1-2。

表3-1-2 旅游线路示例

线路1（跟团游）	英国10日8晚跟团游
D1上海—伦敦	航班
D2伦敦—利兹	温莎小镇—温莎古堡—玛丽皇后玩偶屋—剑桥大学—国王学院（外观）—三一学院（外观）—圣约翰学院（外观）
D3利兹—约克—爱丁堡	约克名品奥特莱斯—约克大教堂—约克城墙（外观）—约克肉铺街
D4爱丁堡—英国小镇	皇家一英里—荷里路德宫（外观）—王子街—卡尔顿山—爱丁堡城堡—司各特纪念塔—英式下午茶
D5英国小镇—曼彻斯特	温德米尔湖区—老特拉福德球场（外观）—曼彻斯特市政厅（外观）
D6曼彻斯特—水上伯顿	达西庄园—斯特拉特福—莎翁故居（外观）—亨利街
D7水上伯顿—伦敦	科兹沃尔德地区—水上伯顿—牛津大学—牛津基督教会学院—博德利图书馆—比斯特购物村
D8伦敦	伦敦眼（外观）—英国国会大厦（外观）—大本钟（外观）—白金汉宫（外观）—威斯敏斯特教堂（西敏寺）（外观）—大英博物馆—牛津街—摄政街

续表

线路1（跟团游）	英国10日8晚跟团游
D9伦敦—上海	航班
D10上海	抵达上海
线路2（自由行）	伦敦温莎巴斯爱丁堡亲子8日游
D1伦敦	白金汉宫—圣詹姆斯公园—威斯敏斯特教堂—大本钟—伦敦塔—泰晤士河—伦敦眼
D2剑桥—伦敦	剑桥大学植物园—菲茨威廉博物馆—剑河（剑桥大学）—皇后学院—剑桥大学国王学院
D3温莎—伦敦	温莎城堡—伊顿公学
D4巴斯—伦敦	巨石阵—巴斯教堂—简·奥斯汀中心—圆形广场—罗马浴场
D5比斯特—伦敦	比斯特购物村—诺丁山
D6伦敦—爱丁堡	大英博物馆
D7爱丁堡	荷里路德公园—亚瑟王宝座—荷里路德宫—爱丁堡城堡—圣吉尔斯大教堂
D8爱丁堡	爱丁堡大学—苏格兰国家博物馆—大象咖啡馆—王子街—司各特纪念塔—苏格兰国家肖像画廊

四、餐食

1.早餐：酒店英式自助餐。

2.加餐：英式下午茶。

3.正餐：英国国菜鱼排薯条、西式自助餐、英式烤牛排、英式烧烤、中式团餐桌餐。

五、住宿

跟团游入住的通常是当地三星或四星的酒店，会远离市区。

英国许多旅馆虽仍称inn，且保留了建筑外观的原貌，但为了抢占市场，纷纷进行豪华的内部装修。inn虽价格偏高，却很适于游客充分体味英国特有的氛围。伦敦是英国首都，区域划分复杂，因此住宿的话首先要找准住在哪个区。伦敦按地铁规划分为1～9区。大多数游客会选择住在1～2区，这里景点多，交通便利，还有维多利亚区、南岸、西区等酒店聚集地；3～9区虽然住宿价格便宜，却远离市中心，交通不便，景点也少。

六、交通

（一）机场和航空公司

国外游客赴英国旅行，利用率最高的是以下机场：

1.伦敦希思罗机场：英国航空和维珍大西洋航空的枢纽机场，也是全英国乃至全世界最繁忙的机场之一，为全球90家航空公司所用，可连接全球170余个机场。

2.伦敦盖特威克机场：以乘客流量计算，盖特威克机场是英国第二大机场（仅次于伦敦希思罗机场），也是全球最繁忙的单跑道机场。

3.曼彻斯特机场：英国第三大机场，20世纪30年代就已经投入使用，但直到80年代才开通国际航班，目前拥有2条跑道、3个航站楼。

4.利兹机场：位于英格兰利兹市的西约克郡。作为利兹市和布拉德福德市之间的枢纽，利兹机场同时服务更广泛的约克郡地区，是约克郡最大的机场，也是英国海拔最高的机场。

我国游客去英国旅游，可选择6个航空公司的直飞航班，其中包括中国国际航空、中国东方航空、中国南方航空、中国首都航空、英国航空和维珍航空。

（二）境内交通

欧洲火车通票是给在欧洲多次乘火车的游客设计的一种车票，游客可以在限定的国家和时间内，任意乘坐欧洲各国国营铁路公司的火车。游客若是能提前规划好线路和车次，火车通票将是一种畅游欧洲的票证利器。根据不同的国家组合以及使用的天数，欧洲火车通票大概分300多种。在伦敦，地铁、公共汽车和出租车都是很方便的交通工具，其中，地铁是公共交通网的核心，建于1863年，是世界上最古老和最大的地下交通系统。红色双层巴士则是地面上畅游伦敦的好工具。

七、游览

（一）主要旅游城市

主要旅游城市介绍见表3-1-3。

表3-1-3 主要旅游城市介绍

城市	简 介	代表景点
伦敦	●英国首都，也是英国的政治、经济中心。伦敦市区常常充满着潮湿的雾气，因此又被称为“雾都”。 ●“伦敦”从广义来说，指的是“大伦敦”地区，包括32个伦敦地方行政区及伦敦金融城。从狭义来说，指的是伦敦市中心地区，也就是伦敦金融城和威斯敏斯特自治市两部分。 ●西伦敦是全市最繁荣的商业区、文化区，是政府机关白厅、议会大厦、白金汉宫及首相官邸唐宁街所在地。东伦敦和南区则是工商业区和住宅区。 ●伦敦的艺术、娱乐形式极为丰富。有1 000个以上剧场，大多上演莎士比亚、萧伯纳的作品。每年7月至9月，伦敦都要举行“古典音乐夏季盛会”，还有各种歌剧、音乐剧、古典音乐、摇滚、爵士乐、皇家芭蕾、踢踏舞演出	白金汉宫；唐宁街10号；议会大厦；格林尼治天文台；圣保罗大教堂；威斯敏斯特教堂；伦敦塔；伦敦塔桥；大英博物馆；海德公园；皇家植物园；大本钟等
爱丁堡	●位于苏格兰的东海岸入海口，是南部低地的中心，也是苏格兰的首府，英国第七大城市。 ●整个城市雄踞于绵延的火山灰和岩石峭壁上。市中心以王子街为界分为两部分。街南是旧城，被世界著名的城堡占据，周围环绕着优美的鹅卵石甬道，保持着鲜明的中世纪风貌：街北是新城，基本是18世纪以后的建筑，多为优雅的乔治亚风格。 ●爱丁堡是苏格兰的政治中心和文化中心。著名的爱丁堡国际艺术节常吸引来自世界各地的一流文艺团体在此举行精彩的演出	爱丁堡城堡；卡尔顿山；皇家一英里；司各特纪念塔；荷里路德宫；圣吉尔斯大教堂；王子街花园；苏格兰国立美术馆等
巴斯	●位于英格兰埃文郡东部的科兹沃，是一个人口约10万的小城，也是英国唯一列入世界文化遗产的城市，距离伦敦约160千米。 ●历史悠久，公元1世纪，罗马人在这里修建浴场，将其打造为温泉圣地。因此巴斯至今还保留了许多古罗马建筑。 ●巴斯被誉为英国最漂亮典雅的城市之一。这里还有英国人最钟情的乡间风光	皇家新月楼；罗马浴池博物馆；巴斯教堂；巴斯街；罗马浴场；普尔特尼桥；维多利亚艺术馆等
利物浦	●英格兰西北部的著名港口城市，英国著名商业中心；英国第二大商港；英国重要的船舶修造中心；英国国家旅游局认定的英国最佳旅游城市。 ●利物浦腹地宽广，对外贸易占全国1/4，输出量居英国首位。利物浦与中国的贸易可上溯至清朝年间，市内建有欧洲最古老的中国城，与上海非常相似。 ●利物浦是一个富于创新的城市，孕育了许多世界闻名的艺术家、表演者、喜剧演员、发明家和政界要人。 ●利物浦也是体育运动之城，利物浦足球俱乐部和埃弗顿足球俱乐部享誉世界足坛	甲壳虫博物馆；阿尔伯特码头；利物浦大教堂；中国城；基督君王都会教堂；利物浦摩天轮；洞穴酒吧；利物浦泰特美术馆等

（二）主要旅游资源

主要旅游资源介绍见表3-1-4。

表3-1-4　主要旅游资源介绍

旅游资源	简　介
大英博物馆（33号展厅中国展厅）	●大英博物馆始建于1753年，是世界上历史最悠久、规模最宏伟的综合性博物馆之一。 ●大英博物馆是收藏中国流失文物最多的一个博物馆，其收藏中国文物的历史可追溯到1753年建馆时期，目前收藏的中国文物多达2.3万件，长期陈列的约有2 000件。33号展厅是专门陈列中国文物的永久性展厅，与古埃及、古希腊、古罗马和印度展厅一样是该博物馆仅有的几个国别展厅之一。 ●大英博物馆讲述的中国历史是从收藏的石器时代的器物开始的。在中国文物标引栏中是这样介绍的："中国人创造了世界上最博大和悠久的文明……"这里展示的器物跨越了7 000年的历史，涵盖了中国整个艺术类别及各个阶段的古董和艺术品。远古时期的石器，如半坡村红陶碗及尖足罐；新石器时代的玉琮、玉斧；商周时期的青铜尊、鼎；秦汉时期的铜镜、陶器、漆器、铁剑；六朝的金铜佛；隋代的白色大理石佛像；唐代的三彩瓷器；宋、元、明、清各代的瓷器和各种金玉制品、甲骨文、竹简、刻本古书和地图、铜币、丝绸、刺绣、书画、珐琅雕塑、景泰蓝、漆器、竹编等，让人目不暇接，都是世界文化史上的绝世珍宝
剑桥大学	●共有31个学院，几乎和剑桥市区融为一体。如果说牛津是"大学中有城市"，剑桥则是"城市中有大学"。 ●剑桥大学创立于1209年，有88位诺贝尔奖得主出自该校（实际来此校工作或执教过的人数超过百名），因此剑桥又被称为"自然科学的摇篮"。 ●各学院虽然建于不同时期，建筑风格也各不相同，但大多保留着中世纪以来的风貌，校舍的门廊、墙壁上仍然装饰着古朴庄严的塑像和印章。 ●剑桥大学的美还体现在剑河上，搭乘平底舟游剑河，从数学桥、叹息桥等7座优雅的桥梁下方穿过，观赏国王学院、三一学院、皇后学院等6座学院后花园的风光，品味传统和浪漫
约克大教堂	●英国较大的哥特式教堂。13世纪初开始动工，250年后才修建完成。 ●教堂内拥有世界面积较大的中世纪彩绘玻璃和世界较古老的侧廊。 ●参观教堂可以选择约克大教堂举办晚祷的时间，在唱诗班优美歌声和管风琴声中，领略约克大教堂恢宏的气势。步行275级楼梯便可到达高71米的中央塔顶端，一览约克的美丽景色
爱丁堡城堡	●爱丁堡的象征，位于市中心海拔130多米的死火山花岗岩顶上，这里是爱丁堡城区内的制高点，从城堡中可以俯瞰爱丁堡全景。 ●其历史可以追溯到6世纪，曾作为皇家居所、军事要塞和监狱，是苏格兰历史的见证。 ●1093年玛格丽特女王逝于此地，爱丁堡城堡自此成为重要的皇家住所和国家行政中心，直至16世纪
荷里路德宫	●位于爱丁堡皇家一英里大道的尽头，用于国家仪式和官方娱乐。这座宫殿作为皇家住宅已有500多年的历史，与苏格兰历史密切相关。 ●在皇宫的州御用国宾府中，游客可以看到宏伟的大画廊，今天的国家公寓反映了历届君主不断变化的品位，以其精美的石膏天花板和无与伦比的布鲁塞尔挂毯收藏而闻名。拥有大量皇家收藏的艺术品，其中许多与荷里路德宫和苏格兰有着长期的联系。 ●荷里路德修道院遗址和宫殿独特的花园都是以亚瑟王的座位为背景的
阿尔伯特船坞	●阿尔伯特船坞是利物浦的重要景点，是"工业建筑的杰作"，是英国法令保护的文物建筑。 ●1846年阿尔伯特亲王在船坞的揭幕典礼上对船坞的建设赞美有加，这是世界上第一个包围式的耐火船坞，曾被认为是世上技术先进的码头之一，它的存在对于利物浦成为国际港口有莫大的贡献

八、购物

（一）场所

英国主要的购物场所有免税店、约克名品奥特莱斯、比斯特购物村、摄政街、牛津街、波特贝罗集市、塞尔福里奇百货和哈罗德百货等。

（二）购品

游客在英国旅游主要购买的商品有英国传统品牌奢侈品（如博柏利、保罗史密斯、其乐、迈宝瑞等）；化妆品及香氛类（如LUSH、Simple、祖·马龙等）；饮品类（如苏格兰威士忌、英国红茶）；工艺品类（如泰迪熊、皮革制品、银器、韦奇伍德陶瓷器）等。

九、娱乐

（一）体验英式下午茶

英伦特色的餐饮对多数游客来说，具有强大的吸引力。体验英式西餐、英式下午茶也因此成为英国文化旅游重要的一部分。众多游客之所以选择传统的英伦餐饮体验，更多的是想感受一下英伦文化的氛围和礼仪。英国本土餐饮文化相对单一刻板，是英国旅游文化稍薄弱的一环，但仍然不失让人一探究竟的吸引力，英伦的瓷具、英式下午茶都颇能吸引境外游客。

（二）体验英国酒吧文化

传统的英国酒吧对旅游者有着绝对的诱惑力。酒吧文化已经成为英国文化旅游的重要品牌。酒吧最早起源于美国，但在英国也有200多年的历史了。英国的酒吧分为3种：Pub、Bar和Club。Pub是最大众，也是英国历史最悠久的酒吧类型。遍布英国城镇和乡村的Pub已成为其独具特色的风景之一。Bar与中国的酒吧最为相似，偏向于喝酒聊天，更受年轻人的喜欢与追捧。Club类似于中国的夜店，闭店时间较晚，气氛也更为热闹。

旅游贴士 3-1

英国

（三）欣赏音乐剧和现代剧

到英国看音乐剧、现代剧，也是对境外游客，特别是女性游客具有绝对吸引力、代表性的文化旅游项目之一。因此，著名的音乐剧常常一票难求。

职场模拟演练

在线测评 3-1

英国

1.车上导览——利用既有线路中的一天，查看路线，进行车上沿途风光讲解。

2.购物指导——购物环节有保健品店、化妆品店等，通过查找相关资料，为游客做好购物方面的指导。

3.景区导览——选择一个城市、一个景区或一项世界遗产，融入相关文化要素，介绍给游客。

项目二　法国

◎ 学习目标

知识目标：

•熟悉法国的基本国情。

•熟悉法国的政治经济简况。

•掌握法国的节日、民居、饮食、服饰、礼节等民俗文化。

•掌握法国的食、住、行、游、购、娱等旅游业基本情况。

能力目标：

•能够策划法国旅游产品。

•作为领队能够协助当地导游安排落实在法国的旅游行程，并按照行程计划为游客提供讲解、陪同游览等服务。

•作为产品销售能够运用新媒体技术，策划实施法国旅游产品线下线上营销推广。

素养目标：

•培养学生具备国际的视野，厚植爱国情感、民族自豪感和对我国优秀传统文化的认同感。

•培养学生具有健康的体魄和心理、完善的人格，具备良好的行为习惯、一定的审美意识和人文素养。

•培养学生乐观向上的工作和生活态度，并具有自我管理能力、集体意识和团队合作精神。

任务1　领队说明会

任务导入

对应岗位：领队

情境描述：每位游客印象中的法国都是不同的，它在艺术家心中典雅又璀璨，有高贵的文学气质和不朽的艺术瑰宝；它在食客嘴里回味无穷，有玉盘珍馐的法式餐饮和包容融合的异国佳肴；它在行者眼里风情万种，从普罗旺斯的田园山居到花都巴黎的冷艳高贵……临行前的说明会上怎样恰到好处地满足游客对法国的期盼，是考验领队的一个难题。

任务清单：

1.熟悉法国的自然地理（位置、地形、气候、自然资源等）。

2.熟悉法国的人文地理（人口、民族、语言等）。

知识要点

法国概况

一、位置

法国位于欧洲大陆西部，国土面积约55万平方千米（不含海外领地），是欧盟面积最大的国家。法国南到赤道、北至北极的距离相等。本土呈六边形，三面临水，三面靠陆，西北一面隔英吉利海峡和多佛海峡与英国相望；西部紧靠大西洋比斯开湾，港口连接西非及南北美洲各国；南部临地中海，与北非及南欧的水上交通非常便利。法国陆界的三面自东北至西南共与8个国家接壤，分别是比利时、卢森堡、德国、瑞士、意大利、摩纳哥、西班牙和安道尔。

二、地形与地貌

法国地势东南高西北低，平原占总面积的2/3。主要山脉有阿尔卑斯山脉、比利牛斯山脉、汝拉山脉等。法意边境的勃朗峰海拔4 810米，为欧洲第二高峰；主要河流有卢瓦尔河（1 010千米）、隆河（812千米）、塞纳河（776千米）。

三、气候

西部属温带海洋性气候，南部属亚热带地中海气候，中部和东部属大陆性气候。1月平均气温北部1~7℃，南部6~8℃；7月平均气温北部16~18℃，南部21~24℃。

四、自然资源

法国铁矿蕴藏量约10亿吨，但品位低、开采成本高，煤储量几近枯竭，所有铁矿、煤矿均已关闭，所需矿石完全依赖进口。有色金属储量很少，几乎全部依赖进口。能源主要依靠核能，约63%的法国本土电力靠核能提供（2022年）。此外，水力和地热资源的开发利用也比较充分。法国国家林业局统计：森林面积本土约1 700万公顷，覆盖率为31%，五个海外省森林面积870万公顷。

五、人口与民族

人口6 804万（2023年1月）。除本土人口外还包括400多万外国侨民，其中200万人来自欧盟各国。民族以法兰西人为主，还有布列塔尼、巴斯克、科西嘉、弗拉芒、加泰隆等少数民族。

六、语言

法国的官方语言为法语。

七、国旗与国徽

法国国旗呈长方形，长与宽之比为3：2。旗面由三个平行的竖长方形构成，从左至右分别为蓝、白、红三色。三色旗曾是法国大革命的象征，分别代表自由、平等、博爱。

法国没有正式国徽，但传统上采用大革命时期的纹章作为国家的标志。纹章为椭圆形，上面绘有大革命时期流行标志之一的束棒。束棒两侧饰有橄榄枝和橡树枝叶，其间缠绕的饰带上用法文写着“自由、平等、博爱”。整个图案由带有古罗马军团勋章的绶带环饰。

八、行政区划

法国分为大区、省和市镇。本土划为13个大区、96个省，还有5个海外单省大区、5个海外行政区和1个地位特殊的海外属地。全国共有34 945个市镇（2023年1月）。

九、时差

法国的首都巴黎位于东一区，执行夏令时的时候（3月至9月），比北京时间晚6个小时；执行冬令时的时候（10月至次年2月），比北京时间晚7个小时。

职场模拟演练

在领队说明会上，请你从自然地理和人文地理的角度简单介绍一下法国的国情，让游客对法国有一个大致的了解。

任务2 车上讲解/与游客交谈

任务导入

对应岗位：领队

情境描述：游客参观完埃菲尔铁塔，回到旅游大巴上继续和领队讨论。举世闻名的埃菲尔铁塔是近代工业革命的产物，每年的游客在350万人次左右，门票价格远远高于罗浮宫等古文化遗迹。另外，以工业文化为主题的旅游资源，如巴黎蓬皮杜现代艺术中心，主要展出现代派和后现代派的各类艺术作品，其现代性和艺术活动吸引了很多游客前来参观……领队需要了解法国的工业革命、近现代工业发展以及旅游市场上发展较成熟的工业旅游产品，这样在游客鉴赏工业旅游资源时就可以做充分讲解。

任务清单：

1. 熟悉法国重要历史时期的大事件。
2. 了解法国的国体和政体。
3. 了解法国经济现状。

知识要点

法国简史和政治、经济概况

一、简史

- 公元前1000年，凯尔特人在法国定居。
- 公元前1世纪，罗马高卢人总督恺撒占领了全部高卢。
- 公元5世纪，法兰克人征服高卢，建立法兰克王国。
- 1337年，英王觊觎法国王位，爆发“百年战争”。
- 15世纪末到16世纪初形成中央集权国家。17世纪中叶，君主专制制度达到顶峰。
- 1789年，法国爆发大革命，废除君主制，1792年9月22日建立第一共和国。

●1799年11月9日，拿破仑·波拿巴夺取政权，1804年称帝，建立第一帝国。

●1848年2月爆发革命，建立第二共和国。

●1851年路易·波拿巴总统发动政变，翌年12月建立第二帝国。

●1870年成立第三共和国，直到1940年6月法国贝当政府投降德国，至此第三共和国覆灭。

●1871年3月18日，巴黎人民举行武装起义，成立巴黎公社。

●1944年6月宣布成立临时政府，戴高乐担任首脑，1946年通过宪法，成立第四共和国。

●1958年9月通过新宪法，第五共和国成立，同年12月戴高乐当选总统。

●此后，蓬皮杜、德斯坦、密特朗、希拉克、萨科齐、奥朗德、马克龙先后出任法国总统。

二、政治

法国实行半总统半议会制。总统为国家元首和武装部队统帅，任期5年，由选民直接选举产生。总统任免总理并批准总理提名的部长；主持内阁会议、最高国防会议和国防委员会；有权解散议会，但一年内不得解散两次；可不经过议会而将某些重要法案直接提交公民投票表决；在非常时期，总统拥有“根据形势需要采取必要措施”的权力。

三、经济

法国是最发达的工业国家之一，在核电、航空、航天和铁路方面居世界领先地位。根据法国国家统计和经济研究所数据，2023年法国经济增长率为0.8%。2022年法国工业产值2 740亿欧元，约占国内生产总值的13.5%。主要工业部门有汽车制造、造船、机械、纺织、化学、电子、日常消费品、食品加工和建筑业等，钢铁、汽车和建筑业为三大工业支柱。核能、石油化工、海洋开发、航空和宇航等新兴工业部门近年来发展较快。服务业在法国国民经济和社会生活中占有举足轻重的地位，自20世纪70年代以来发展较快，连锁式经营相当发达，已扩展至零售、运输、房地产、旅馆、娱乐业等多种行业。

法国是首批加入欧元区的国家，自2002年1月1日起正式启用欧元纸钞及硬币作为通用货币。欧元与人民币的汇率为：1欧元≈7.8598人民币；1人民币≈0.1272欧元（2024年1月）。

职场模拟演练

从本任务情境描述的话题中任选一个，作为与游客的谈资，帮助游客更好地了解法国和法国社会。

任务3　线路产品设计/沿途导览/景区讲解

任务导入

对应岗位：**计调/领队**

情境描述：游客在和领队确认行程中是否真的有法式餐时，谈论到饮食上的法国悖论：全世界都知道法国人喜欢烹饪美食，而且很多食物还是高脂肪、高热量的食物，但大部分法国人都很瘦且很健康……领队要做好对客用餐服务，讲解异域的饮食文化和用餐提示。

任务清单：

1. 了解法国的重要节日。
2. 熟悉法国民居的典型特点。
3. 熟悉法国的饮食文化。
4. 了解法国的传统服饰特点。
5. 熟悉法国人的礼节。

知识要点

法国民俗文化

一、重要节日

- 国庆节：7月14日
- 万圣节：11月1日

二、民居

法式风格建筑屋顶多采用孟莎式，坡度有转折；屋顶上多有精致的老虎窗，或圆或尖，造型各异；外墙多用石材或仿古石材装饰；细节处理上多运用法式廊柱、雕花、线条，呈现出浪漫典雅风格。整个建筑多采用对称造型，气势恢宏。

三、饮食

法国是世界三大烹饪王国之一，法国人十分讲究饮食，品种繁多，用料讲究，颇具特色，其烹调技术在西餐中首屈一指。法国菜的口味特点是香浓味醇、鲜嫩味美，注重色、形和营养。法国人烹调时喜欢用酒，肉类菜通常不会烧得太熟，爱吃牛肉、猪肉、鸡肉、鱼子酱、鹅肝，不吃肥肉、肝脏之外的动物内脏、无鳞鱼和带刺骨的鱼。法国人爱吃面包，面包的种类很多；大都爱吃奶酪，奶酪消费量居全球之首，因此法国有“奶酪王国”之称。法国人的饮食方式从总体上看比较均衡，比纯吃素、零脂肪一类的要健康。法国人离不开酒，但饮酒不过量。习惯于餐前饮用开胃酒，饭后喝干邑白兰地之类的烈性酒，佐餐时，吃肉类配红葡萄酒，吃鱼虾等海味时配白葡萄酒；玫瑰红葡萄酒系通用型，既可用于吃鱼，也可用于吃肉。除酒水外，法国人平时还爱喝咖啡。

四、服饰

法国时装在世界上享有盛誉，选料丰富，设计大胆，制作技术高超，一直引导世界时装潮流。巴黎约有2 000家时装店，老板们的口号是：时装不卖第二件。所谓“巴黎式样”，与“时尚、流行”含意相同。在出席庆典仪式时，法国人一般要穿礼服，男士所穿的多为配以蝴蝶结的燕尾服或是黑色西服套装，女士所穿的多为连衣裙式的单色大礼服或小礼服，颜色多为蓝色、灰色或黑色。对于穿着打扮，法国人认为重在搭配是否得法，在选择发型、手袋、帽子、鞋子、手表、眼镜时，都十分强调要使之与自己的着装相协调、相一致。

五、礼节

法国人在社交场合与客人见面时，一般以握手为礼，少女和妇女也常施屈膝礼。男女之间或女士之间见面时，还常以亲面颊或贴面礼来代替握手。法国人在餐桌上敬酒时先敬女宾后敬男宾，即使女宾的社会地位比男宾低也是如此。走路、入室、入座，都要让女宾先行。拜访告别时也是先向女主人致意和道谢；介绍两人相见时，职务相等时一般先介绍女士。到法国人家里做客时最好带上鲜花。

职场模拟演练

在团队体验法式餐时，领队向游客介绍法国人的饮食方式和习惯，解释法式餐动辄两三个小时的原因。

任务4 线路产品设计/产品特色推广/沿途讲解/景区讲解

任务导入

对应岗位：计调/销售/领队

情境描述：游客从普罗旺斯小镇尽兴归来，玩得不亦乐乎，他们亲手采摘农作物、种植花草展示园艺、烹饪特色美食、品尝葡萄酒、观赏农庄建筑、参观薰衣草花田、拍美照、体验薰衣草精油产品等；还参加了皮划艇、游船、浮潜、漂流等水上项目，骑行、徒步等陆地运动以及热气球、滑翔机、降落伞等高空极限运动的体育活动，回到车上还在回味法国的乡村旅游……从产品设计的角度出发，考虑一下法国的乡村旅游能为我国的乡村旅游产品提供哪些借鉴。

任务清单：

1. 了解法国旅游市场现状。
2. 从文化角度了解法国的世界遗产。
3. 熟悉法国的食、住、行、游、购、娱等旅游业基本情况。

知识要点

法国旅游业

一、旅游业概况

法国是世界第一大旅游接待国，也是世界第一大滑雪旅游目的地。2019年，全年接待游客约9 000万人次。截至2021年1月，全国有17 405家酒店、8 239家野外宿营地、3 669家各类小旅店、青年之家等。2023年1月至4月，巴黎乃至整个巴黎大区接待游客约1 160万人次，其中，53.3%的游客是法国人。近年来，法国旅游部门和相关行业注重旅游市场的开发，增强了市场竞争力并将旅游产品拉开了档次。为吸引国内外游客，法国推出的特色旅游产品类型有：历史文化遗迹特色旅游、近现代文化特色旅游、文学特色旅游、时尚特色旅游和酒庄特色旅游等。

二、世界遗产

自法国1975年6月27日加入《保护世界文化与自然遗产公约》的缔约国行列以来，截至2019年，经联合国教科文组织审核被批准列入《世界遗产名录》的法国世界遗产共有49项。法国的世界遗产数量明细见表3-2-1。

遇见世遗3-2

法国

表3-2-1　法国的世界遗产数量明细

遗产数量	文化遗产	文化景观	自然遗产	混合遗产	其中	跨国遗产	濒危遗产	除名遗产
49	40	2	6	1		6	0	0

三、旅游线路示例

旅游线路示例见表3-2-2。

表3-2-2　旅游线路示例

线路1（跟团游）	法国深度10日游
D1重庆	航班
D2重庆—巴黎—卢瓦尔	香波堡—卢瓦尔河谷区漫步—塞纳古堡—古堡品酒
D3卢瓦尔—波尔多	波尔多酒庄品酒（含午餐）—波尔多交易所广场—圣安德烈大教堂
D4波尔多—图卢兹—蒙彼利埃	空客组装厂博物馆—图卢兹市政厅广场—图卢兹加农河
D5蒙彼利埃—尼姆—鲁西永—南法小镇	蒙彼利埃老城—尼姆竞技场—加尔桥—红土城小镇
D6南法小镇—尼斯—摩纳哥—戛纳	天使湾海滩—摩纳哥—戛纳影节宫
D7尼斯—巴黎	埃菲尔铁塔—战神广场—凯旋门—香榭丽舍大道—协和广场—方尖碑
D8巴黎	卢浮宫—卢浮宫金字塔—花宫娜香水博物馆—奥斯曼大道—巴黎歌剧院—巴黎老佛爷百货
D9巴黎—重庆	航班
D10重庆	抵达重庆
线路2（自由行）	自驾浪漫南法10日游
D1图卢兹	奥古斯丁博物馆—市政宫广场—日本花园
D2阿尔勒	阿尔勒竞技场—梵高中心
D3圣雷米—阿维尼翁	莱博镇—教皇宫—阿维尼翁断桥
D4阿维尼翁	阿维尼翁圣母大教堂—市政厅—钟楼广场—共和大道—阿维尼翁戏剧节
D5丰泰纳德沃克吕瑟—戈尔德	丰泰纳德沃克吕瑟—石头城—塞南克修道院
D6鲁西永—姆斯捷—圣玛丽	红土城—欧舒丹工厂店—圣朗索勒—陶瓷小镇
D7德拉吉尼昂	圣十字湖水
D8格拉斯—戛纳	国际香水博物馆
D9戛纳—圣保罗德旺斯	戛纳影节宫—克鲁瓦塞特滨海大道
D10尼斯	尼斯老城—亚林荫大道—天使湾

四、餐食

1.早餐：酒店西式自助餐。

2.正餐：经典法餐、红酒鹅肝、法式焗蜗牛大餐、中式团餐桌餐等。

五、住宿

作为全球接待游客数量最多的超级旅游大国，法国形形色色的酒店不胜枚举。在法国，门口挂有一块带着H字样和星级注明的深蓝牌子的酒店都是经过旅游局审批的酒店。由各地政府根据舒适程度和硬件设施排列等级：一星为简易酒店，二星为舒适酒店，三星和四星的舒适度更高，顶级的五星级酒店从2009年才开始出现。根据原有传统，法国的豪华酒店会以四星+LUXE（豪华四星级）来表示，近年来为了和国际接轨才改为通用的五星级。在法国，只有巴黎、波尔多、尼斯等大城市才有五星级酒店。和亚洲酒店相比，法国的酒店大都是由老房子改建而成的，房间较小，15平方米的房间已经算是宽敞的了，这点和我们习惯的中国酒店的大房间不同。

跟团游通常入住的是当地四星、五星级酒店或法式乡村民宿。自由行游客根据自己的行程、习惯偏好和预算可以选择乡间城堡、庄园民宿、城中老店等入住。

六、交通

（一）机场和航空公司

巴黎近郊有2个国际机场：北郊的戴高乐机场和南郊的奥里机场。国际航班一般在戴高乐机场，国内及近距离航班一般在奥里机场。

我国游客赴法国旅游，可以选择的航空公司有很多。如果直航，可以选择中国国际航空、中国南方航空、海南航空、中国东方航空、法国航空等；如果需要转机，可以选择瑞士国际航空、阿联酋航空、德国汉莎航空、芬兰航空等。

（二）境内交通

在法国需遵守右侧行驶的交通规则，法国车辆是左舵。巴黎共拥有14条地铁线路，是世界上地铁最发达的城市之一。在工作日，地铁会运行到凌晨1点，周五和周六则延迟到凌晨2点。长途巴士已经覆盖了法国和欧洲的许多地区，而且价格都非常有吸引力。如今大巴的舒适度也在逐年提高，除了配备最基础的躺椅外，车内还有无线网络和插座。

七、游览

（一）主要旅游城市

主要旅游城市介绍见表3-2-3。

表3-2-3　主要旅游城市介绍

城市	简　介	代表景点
巴黎	●法国最大城市，也是法国的政治、文化中心，有“花都”“世界时装之都”“世界会议之城”等称呼。 ●全国最大的工业城市、航空港、河港和陆上交通枢纽，世界重要金融、商业和时装中心。 ●巴黎处于法国北部，狭义的巴黎市只包括原巴黎城墙内的20个区，面积为105平方千米	卢浮宫；埃菲尔铁塔；巴黎圣母院；凯旋门；香榭丽舍大街；法国圣心大教堂；协和广场；奥赛博物馆；蒙马特高地；巴黎歌剧院等

续表

城市	简 介	代表景点
马赛	●位于地中海北岸，是法国第二大城市，第三大都会区，地中海最大的商业港口。面积240.62平方千米，是一座有着2 500年历史的古城。 ●马赛港分旧港和新港，旧港在城市里，是马赛真正的中心区。港内的两边分别是圣约翰城堡和圣尼古拉城堡，它们都是在路易十四时代建造的。如今旧港成了游艇的码头，新港在城市西面，是欧洲仅次于荷兰鹿特丹港的现代化港口	马赛旧港；圣母加德大教堂；伊夫堡；隆尚宫；马赛主座教堂；卡朗格峡湾地区；弗里乌岛；蒙马特尔凯旋门等
里昂	●法国东南部大城市，位于罗纳河和索恩河汇流处，是沟通北欧和南欧的交通要道，也是法国水、陆、空交通枢纽。 ●里昂是一座历史悠久的古老城市，建于公元前43年，长期为法国的政治中心	富维耶圣母院；白苹果广场；里昂旧城；古罗马大剧场；里昂主教座堂；金头公园；里昂市政厅等
蒙彼利埃	●位于法国南部，是一个非常有影响力的工商业城市，优越的自然环境和丰富的资源使得城市经济迅速发展。 ●多元化的交通和多样化的经济体系如今让蒙彼利埃已经成为了法国国内经济排名靠前的城市	蒙彼利埃戏剧广场；塞特港；圣皮埃尔大教堂；法布尔博物馆等
图卢兹	●法国西南部最大的城市，在整个建筑和文化旅游产业的发展上是领先的，其每年接待游客的数量都在7 500万人次左右。 ●市内鲜花遍地，最著名的圣塞尔南教堂可称为非常具有代表性的罗曼艺术之作	圣塞尔南教堂；市政宫广场；图卢兹太空城；皮埃尔桥；图卢兹日本花园等
尼斯	●法国人心中的度假天堂，全年温和宜人的气候是它最大的优势。 ●整个城市内各具特色的街道和商店能满足不同游客的需求，尼斯的经济发展速度处于法国前列	天使湾；埃兹小镇；亚林荫大道；尼斯老城；城堡山；马塞纳广场；山顶植物园等

（二）主要旅游资源

主要旅游资源介绍见表3-2-4。

表3-2-4 主要旅游资源介绍

旅游资源	简 介
比利牛斯山	●位于法国南部，是法国与西班牙的天然国界，山脉东起于地中海，西止于大西洋，分隔欧洲大陆与伊比利亚半岛，山中有小国安道尔。 ●其中有1967年成立的比利牛斯山国家公园
波尔托湾	●位于法国科西嘉岛的中西部海岸，是科西嘉地区自然公园的一部分，1983年该地被列入《世界遗产名录》。 ●自然保护区包括钦托山和方戈山谷，地质结构比较复杂，已经历了两次明显的火山活动周期，地表有大量的斑岩块、玄武岩柱，经过海潮的严重侵蚀，一些年代久远的岩石开始变质、变形。 ●海岸线也以约900米高的红色悬崖、沙滩、岬角而闻名

续表

旅游资源	简　介
卢浮宫	●位于巴黎塞纳河北岸，是法国最大的宫殿建筑群之一。 ●始建于1204年，历经800多年扩建重修达到现在的规模，它的整体建筑呈U形，占地面积为24公顷，建筑物占地面积为4.8公顷，全长680米。 ●分为新老两部分，老的建于路易十四时期，新的建于拿破仑时代。卢浮宫是法国历史最悠久的王宫之一，其历史和法国历史交织在一起，这里曾经居住过50多位国王和王后。 ●1793年8月10日，卢浮宫艺术馆正式对外开放，成为一个博物馆
凡尔赛宫	●位于法国巴黎西南郊外伊夫林省省府凡尔赛镇。 ●1661年由法国国王路易十四开始建造，直到1689年才完全竣工，1682年至1789年是法国的王宫。 ●欧洲最豪华宏大的皇宫，全宫占地111万平方米，由宫殿建筑和园林组成。 ●凡尔赛宫及其园林堪称法国古建筑的杰出代表，1833年被辟为国家历史博物馆，1979年被列入《世界遗产名录》，如今这里是法国领导人会见外国元首和使节的地方
巴黎圣母院大教堂	●位于法国巴黎市中心，地处塞纳河中央西堤岛上，始建于1163年，1345年竣工。 ●巴黎圣母院大教堂是欧洲早期哥特式建筑和雕刻艺术的代表，它是巴黎第一座哥特式建筑，集宗教、文化、建筑艺术于一身。 ●2019年4月15日，一场大火席卷了巴黎圣母院，持续长达14小时。火焰吞噬了标志性的塔尖，严重摧毁了这座巴黎地标建筑。 ●如今，巴黎圣母院在重建时选用了与中世纪和19世纪完全相同的材料，如密度相同的石头和符合标准的橡树。用柔和的现代艺术氛围和暖色光效取代从前的哥特式氛围，还将使用多语言投影。 ●法国总统马克龙一再重申，将在2024年如期完成巴黎圣母院的重建并重新开放。据估计，完全修复巴黎圣母院需要10多年的时间，耗资也将超过10亿美元
香榭丽舍大道	●位于巴黎市中心，东起巴黎的协和广场，西至戴高乐广场，地势西高东低，全长1 800米，最宽处约120米，被看作巴黎最美丽的街道。 ●街道两旁布满了法国和世界各地的大公司、大银行、航空公司、电影院、奢侈品商店和高档饭店，这里也是世界名牌最密集的地方之一
埃菲尔铁塔	●得名于设计它的桥梁工程师居斯塔夫·埃菲尔。 ●它位于巴黎市区塞纳河畔的战神广场上，是为了世界博览会而建造的，于1887年1月动工，1889年3月落成。 ●时间证明了铁塔是世界建筑史上的技术杰作，也是法国的标志之一，曾经保持世界最高建筑纪录45年，直到纽约帝国大厦的出现

八、购物

据《欧洲时报》报道，每年法国的旅游贸易零售业销售额占全球的10%左右，其中机场销售占其旅游总销售额的56%。从路易十四时代起，法国就开始积极发展其时尚产品，到今日时尚产业早已成为法国经济中的战略性产业，各种时尚箱包、男女时装、化妆品，每年产值约350亿欧元，超过法国航空航天工业总产值。法国的经销商也十分重视中国游客这个巨大的消费群体，在法国机场配有专门的中国导购员，促使中国游客尽量多地购买法国时尚消费品。

（一）场所

在法国旅游主要的购物场所有免税店、土特产百货店、老佛爷百货、春天百货、乐蓬马歇百货和莎玛丽丹百货公司等。

（二）购品

游客在法国旅游主要购买的商品有服饰类（如巴黎时装、贝雷帽等）；食品类（如巧克力、薰衣草蜂蜜等）；香氛类（如格拉斯香水、普罗旺斯精油、马塞香皂等）；酒品类（如波尔多的红葡萄酒、干邑白兰地、香槟等）；手工艺品（如陶器、玻璃精工、花边编织等）。

九、娱乐

（一）体验滑雪

法国的滑雪场很多，美丽贝尔（Meribel）滑雪场位于著名滑雪胜地三峡谷滑雪区的中心地带，海拔1 450米，是阿尔卑斯山脉西部最驰名的新生代滑雪场之一，拥有150千米长的滑雪道，地理位置十分优越。滑雪者及冲浪者从这里可以很方便地到达其他风格、积雪厚度及日照情况各不相同的滑雪站。往西走，越过Dent de Burgin（2 739米）的神秘之巅就来到了著名的高雪维尔滑雪场；向东走则会经过广阔的圣马丁·德·贝尔维尔地区。登上高达3 198米的卡隆峰顶，可以欣赏到最美丽的阿尔卑斯风光。

旅游贴士 3-2

法国

（二）古堡品酒

酒庄提供基础款、特色款、精品款等各类葡萄酒，均系法国葡萄酒比赛中得到金奖的金牌葡萄酒；品酒同时配奶酪、饼、面包等；特邀请专业酿酒大师在客人品酒过程中，讲解葡萄酒文化及葡萄酒与美食的搭配之道。

育德启智3-1　　**“你好，中国”中国旅游推介会在巴黎“圈粉”**

由巴黎中国文化中心、中国驻巴黎旅游办事处和中国旅游企业共同举办的“你好，中国”中国旅游推介会于2023年4月5日晚在法国巴黎举行。2024年是中法文化旅游年，也是中法建交60周年。对于中国旅游业来说，法国是欧盟国家中最重要的旅游客源国之一，而中国也是法国在亚洲最大的旅游客源国。近年来，中国不断完善旅游公共服务体系，不仅提升外国人来华旅游满意度，也证明中国有能力为各国游客提供更加安全、温馨、便利的旅游体验……中国旅游企业工作人员生动讲解北京、上海、成都、河南等地闻名中外的景点，“圈粉”不少与会嘉宾。

其实此前，中法两国文化上也有无数次交流，比如《当卢浮宫遇见紫禁城》就是一部中法媒体合作拍摄的纪录片。这是卢浮宫第一次面对华人媒体全面开放拍摄，该片以艺术史为线索，根据卢浮宫的馆藏分类，分别演绎了古代中亚、埃及、希腊、罗马以及中世纪文艺复兴等不同时空背景下的东西方艺术演进历史，穿插各领域专家学者的最新评析，同时也呈现了卢浮宫和故宫依托宫殿建筑设立博物馆的精妙构思与创意，以中国人的眼光、现代的立场来叙述艺术与历史。从文物看文化，从文化思考文明，力图呈现一座媒体的世界艺术馆，建造一条民族之间增进了解，各文明之间互相理解、互相尊重的道路。

资料来源：陈毓珊．“你好，中国”中国旅游推介会在巴黎“圈粉”［EB/OL］．［2023-04-08］．https：//hct.henan.gov.cn/2023/04-08/2721453.html.

思政元素：文化交流；文化传播

学有所悟：党的二十大报告指出："深化文明交流互鉴，推动中华文化更好走向世界。"中法都是历史悠久的文明古国，是东西方文明的重要代表。自建交以来，两国人文交流与合作不断深化，推动着中法两大灿烂文明的交流互鉴，拉近了两国民众心与心的距离。法国是第一个同中国互设文化中心的国家，也是第一个同中国互办文化年的国家。两国也都应该面向东方与西方，包容差异，展现文化交流与碰撞。

职场模拟演练

在线测评 3-2

法国

1. 车上导览——利用既有线路中的一天，查看路线，进行车上沿途风光讲解。

2. 购物指导——购物环节有保健品店、化妆品店等，通过查找相关资料，为游客做好购物方面的指导。

3. 景区导览——选择一个城市、一个景区或一项世界遗产，融入相关文化要素，介绍给游客。

项目三　德国

◎ 学习目标

知识目标：

•熟悉德国的基本国情。

•熟悉德国的政治经济简况。

•掌握德国的节日、民居、饮食、服饰、礼节等民俗文化。

•掌握德国的食、住、行、游、购、娱等旅游业基本情况。

能力目标：

•能够策划德国旅游产品。

•作为领队能够协助当地导游安排落实在德国的旅游行程，并按照行程计划为游客提供讲解、陪同游览等服务。

•作为产品销售能够运用新媒体技术，策划实施德国旅游产品线下线上营销推广。

素养目标：

•培养学生具备国际的视野，厚植爱国情感、民族自豪感和对我国优秀传统文化的认同感。

•培养学生具有健康的体魄和心理、完善的人格，具有良好的行为习惯、一定的审美意识和人文素养。

•培养学生乐观向上的工作和生活态度，并具有自我管理能力、集体意识和团队合作精神。

任务1　领队说明会

任务导入

对应岗位：领队

情境描述：有人说德国是一个让人情不自禁地醉倒在它典雅别致的城市景观、源远流长的人文风情、严谨冷静的哲思、悠扬高雅的古典音乐里的国度。在领队说明会上，领队应该怎样向游客介绍德国，使游客对德国充满期待呢？

任务清单：

1. 熟悉德国的自然地理（位置、地形、气候、自然资源等）。

2. 熟悉德国的人文地理（人口、民族、语言等）。

知识要点

德国概况

一、位置

德意志联邦共和国简称德国，位于欧洲的心脏地带，东邻波兰、捷克，南接奥地利、瑞士，西邻荷兰、比利时、卢森堡、法国，北接丹麦，濒临北海和波罗的海，是欧洲邻国最多的国家，德国居于欧洲的中心位置，汇聚欧洲水、陆、空条条道路，故被称为“欧洲走廊”。面积35.8万平方千米。

二、地形与地貌

地势北低南高，北部有星罗棋布的湖泊和绵延起伏的丘陵；西南部是莱茵断裂谷地区，两旁是山地，谷壁陡峭；南部有美丽独特的巴伐利亚高原和风景如画的阿尔卑斯山。

三、气候

德国位于北纬47～55度之间的北温带，西北部海洋性气候较明显，往东、南部逐渐向大陆性气候过渡。1月的平均气温为-5～1℃，7月为14～19℃。

四、自然资源

德国自然资源较为贫乏，除硬煤、褐煤和盐的储量丰富外，在原料供应和能源方面很大程度上依赖进口，2/3的初级能源需进口。德国森林覆盖面积为1 110万公顷，占全国面积约1/3，水域约占2%。

五、人口与民族

德国人口约8 440万（2023年10月），是欧洲第二人口大国。德国是个多民族国家，主要有德意志人（日耳曼人），占90%以上，还有少数丹麦人、索布族人、弗里斯兰人和吉卜赛人。

六、语言

通用语言和官方语言都是德语。

七、国旗与国徽

国旗呈横长方形，长与宽之比为5：3，自上而下由黑、红、金三个平行相等的横长方形相连而成。黑、红、金三种色彩长久以来就象征泛日耳曼民族争取统一、独立、主权的雄心。黑色象征严谨肃穆；红色象征燃烧的火焰，激发人民憧憬自由的热情；金色象征真理的光辉，决不会被历史的泥沙掩埋。

国徽是金黄色的盾徽。盾面上是一头红爪红嘴、双翼展开的黑鹰，黑鹰象征着力量和勇气。

八、行政区划

德国行政区划分为联邦、州、市镇三级，共有16个州，12 846个市镇。其中柏林、不来梅和汉堡为市州。

九、时差

德国的首都柏林位于东一区，执行夏令时的时候（3月至9月），比北京时间晚6个小时；执行冬令时的时候（10月至次年2月），比北京时间晚7个小时。

职场模拟演练

在领队说明会上，请你从自然地理和人文地理的角度简单介绍一下德国的国情，让游客对德国有一个大致的了解。

任务2 车上讲解/与游客交谈

任务导入

对应岗位：领队

情境描述：领队在简单介绍完德国的历史后，还介绍了一些著名的影片，如《窃听风暴》《帝国的毁灭》等。游客也不禁感叹，生在一个和平的年代、长在一个和平的国度，是一件多么幸福、多么需要珍惜的事情。

任务清单：

1. 熟悉德国重要历史时期的大事件。
2. 了解德国的国体和政体。
3. 了解德国经济现状。

知识要点

德国简史和政治、经济概况

一、简史

- 公元962年建立德意志民族神圣罗马帝国。
- 1871年建立统一的德意志帝国。
- 1914年挑起第一次世界大战。
- 1919年建立魏玛共和国。
- 1939年发动第二次世界大战，战后被美、英、法、苏四国占领。
- 1949年5月23日西部颁布《基本法》，建立德意志联邦共和国。同年10月7日东部成立德意志民主共和国。
- 1990年10月3日，德国实现统一。

二、政治

国家政体为议会共和制。联邦总统为国家元首，总统只是国家权力的象征性代表，其职权是礼节性的。联邦政府，即内阁为国家最高行政机构，联邦总理为政府首脑并握有实权。议会由联邦议院和联邦参议院组成。联邦议院行使立法权，监督法律的执行，选举联邦总理，参与选举联邦总统和监督联邦政府的工作等。联邦议院选举通常每四年举行一次，在选举中获胜的政党或政党联盟将拥有组阁权。德国实行两票制选举制度。

三、经济

德国是高度发达的工业国。经济总量位居欧洲首位。工业以重工业为主，汽车和机械制造、化工、电气等部门是支柱产业，其他制造行业如食品、纺织与服装、钢铁加工、采矿、精密仪器、光学以及航空航天业也很发达。主要工业部门的产品一半以上销往国外。中小企业是中流砥柱，工业垄断程度高。农业发达，机械化程度很高。服务业包括商业、交通运输、电信、银行、保险、房屋出租、旅游、教育、文化、医疗卫生等部门。2021年，服务业就业人数为3 366万，占总就业人口的74.9%。

德国是欧元区的国家，自2002年1月1日起正式启用欧元纸钞及硬币作为通用货币。欧元与人民币的汇率为：1欧元≈7.8598人民币；1人民币≈0.1272欧元（2024年1月）。

职场模拟演练

从本任务情境描述的话题中任选一个，作为与游客的谈资，帮助游客更好地了解德国和德国社会。

任务3 线路产品设计/沿途导览/景区讲解

任务导入

对应岗位：计调/领队

情境描述：游客和领队讨论德国人的特点，极其严谨，甚至刻板无趣；但德国却盛产让人血脉偾张的啤酒，这种矛盾的特性，一直让人想去了解这个民族到底是什么样的性格。

任务清单：

1. 了解德国的重要节日。
2. 熟悉德国民居的典型特点。
3. 熟悉德国的饮食文化。
4. 了解德国的传统服饰特点。
5. 熟悉德国人的礼节。

知识要点

德国民俗文化

一、重要节日

- 新年：1月1日
- 复活节：每年春分月圆之后第一个周日（3月21日至4月25日之间）
- 五一国际劳动节：5月1日

●德国统一日（国庆节）：10月3日

●圣诞节：12月25日

二、民居

常见的德国民居有以下几种：

1.半木框架房子：又称桁架屋，具有鲜明的德国民族特色，从中世纪开始建造发展延存至今，在德国南部地区更多一些。它是一种传统半木结构的房屋，以许多粗粗细细的木条，纵、横、斜交错组成房屋骨架结构，常常漆成黑色或咖啡色。骨架中间用草泥、砖块、石灰镶嵌并做平，涂成白色。整幢建筑线条优美，造型简明朴实，古典庄重。

2.石头房子：房子的外墙面上可以看到一块一块砌起来的石头，凹凸不平，粗糙别致，有一种别样的美感。在古老小镇的小巷里经常可以看到，房子都很有年头，德国人一向很恋古念旧，很多人都喜欢住石头房子并千方百计维修，甚至也有人特意建造石头房子，并且仿古做旧，仿佛穿越时空，回到中世纪一样。

3.砖瓦房子：随着时代的发展，德国近几十年来造的民居大都是砖瓦房子，多为独幢小别墅，外形简练而明朗，色彩稳重而时尚，风格历久弥新，充满活力。砖瓦房子是德国最多的房子。

4.现代派民居：在西方建筑界逐渐占主导地位的现代派民居，摆脱了以往尖顶、红瓦、白墙的传统模式，使用塑料树脂、金属合金、复合板材等，满足了保温节能、隔音防水等方面的更高要求，甚至还有工厂预制房屋板块部件，提供直接拼装房子的服务。

三、饮食

德国人的饮食具有自己的特色。每人每年的猪肉消费量居世界首位，人均面包消费量也高居世界榜首。德国是当今世界上著名的啤酒王国，人均啤酒消费量居世界首位。德国的早餐比较丰盛。午餐和晚餐一般是猪排、牛排、烤肉、香肠、生鱼、土豆和汤类等。德国人招待客人讲究节约、简单，饭菜仅够主客吃饱，营养足够即可。

四、服饰

德国人不喜欢服装的花哨，但都很注重衣冠的整洁，穿西装一定要系领带。在赴宴或到剧院看文艺演出时，男士经常穿深色礼服，女士则穿长裙，并略施粉黛。在东部地区，已婚者都戴有金质戒指。

五、礼节

德国人比较注重礼节形式。在社交场合与客人见面时，一般行握手礼。与朋友或亲人相见时，一般行拥抱礼。德国人在与客人打交道时，总乐于对方称呼他们的头衔，但并不喜欢听恭维话。在德国，对刚相识者不宜直呼其名。德国人对工作一丝不苟，在社交场合举止庄重，讲究风度。与德国人相处时，几乎见不到他们有皱眉头等漫不经心的动作，因为他们把这些动作视为对客人的不尊重。德国人非常注重规则和纪律，时间观念比较强。重视商业信誉，一般不轻易更换合作伙伴。在谈判时态度明朗，谈生意时一般使用商业名片。德国人有严格遵守交通规则的习惯，不随便停车，更不会闯红灯。在列车上，大多有禁烟或可抽烟的标志。

职场模拟演练

德国是世界著名的啤酒生产国之一，其啤酒文化历史悠久、种类繁多，每个地区都有自己独特的啤酒风格和传统，如浓郁的黑啤酒、清爽的白啤酒、酸味的果味啤酒……通过资料了解其具体信息并在用餐时向游客做简单介绍。

任务4　线路产品设计/产品特色推广/沿途讲解/景区讲解

任务导入

对应岗位：计调/销售/领队

情境描述：喜欢西方古典建筑的游客在慕尼黑算是大饱眼福，城里见不到高楼，罗马式、哥特式、巴洛克式和洛可可式的建筑群看得人眼花缭乱，特立独行又有皇家气派。游客对慕尼黑这座依山傍水的山城很有好感，说它就是个大公园，到处都覆盖着浓密的森林和如茵的绿草。穿城而过的伊萨尔河使整座城市碧流纵横，喷泉遍布，湖泊、池塘比比皆是。门德尔松曾这样写道："慕尼黑人对音乐有着异乎寻常的敏感，并且通过诸多的方式磨炼着他们倾向天籁的触角。"领队要熟悉目的地国家旅游资源的特色，为游客做好讲解和陪同游览服务。

任务清单：

1. 了解德国旅游市场现状。
2. 从文化角度了解德国的世界遗产。
3. 熟悉德国的食、住、行、游、购、娱等旅游业基本情况。

知识要点

德国旅游业

一、旅游业概况

中国是德国重要的海外市场，已超过日本成为德国在亚洲的最大客源国。德国旅游业发达，著名景点有科隆大教堂、柏林国会大厦、波恩文化艺术展览馆、海德堡古城堡、巴伐利亚新天鹅石宫和德累斯顿画廊等。

二、世界遗产

自德国1976年8月23日加入《保护世界文化和自然遗产公约》的缔约国行列以来，截至2019年，经联合国教科文组织审核被批准列入《世界遗产名录》的德国世界遗产共有51项。德国的世界遗产数量明细见表3-3-1。

遇见世遗3-3

德国

表3-3-1　德国的世界遗产数量明细

遗产数量	文化遗产	文化景观遗产	自然遗产	混合遗产	其中	跨国遗产	濒危遗产	除名遗产
51	48	0	3	0		7	0	1

三、旅游线路示例

旅游线路示例见表3-3-2。

表3-3-2　　旅游线路示例

线路1（跟团游）	德国深度13日精品出行
D1 重庆	航班
D2 重庆—多哈—慕尼黑	玛利亚广场—奥林匹克公园—玛丽恩教堂—宁芬堡
D3 慕尼黑—纽伦堡—班贝格	因戈尔施塔特奥特莱斯购物村—纽伦堡圣母教堂—皇帝堡（外观）—美泉
D4 班贝格—小瑞士国家公园—德累斯顿	班贝格—小瑞士国家公园—德累斯顿
D5德累斯顿—波兹坦—柏林	圣母教堂—德累斯顿王宫（外观）—森帕歌剧院（外观）—普丰德乳制品厂—大众汽车透明工厂—波兹坦—无忧宫
D6柏林	亚历山大广场—菩提树大街—勃兰登堡门—柏林大教堂（外观）—柏林墙—东侧画廊—国会大厦（外观）—博物馆岛
D7柏林—什未林—汉堡	什未林宫—什未林老城区漫步—市政厅（外观）—阿尔斯特湖—圣米歇尔教堂—汉堡港—仓库城
D8汉堡—汉诺威—卡塞尔	新市政厅（不登顶）—旧市政厅—汉诺威老城区—玛狮湖—海恩豪森皇家花园
D9卡塞尔—科隆	卡塞尔—格林兄弟博物馆（外观）—威廉郡城堡公园（外观）—科隆双顶大教堂—科隆市政厅（外观）—大圣玛尔定教堂（大圣马丁教堂）（外观）
D10科隆—埃尔茨城堡—特里尔	埃尔茨城堡—特里尔
D11特里尔—法兰克福	歌德故居（外观）—罗马贝格广场—市政厅（外观）—法兰克福大教堂—美因河铁桥
D12法兰克福—多哈	航班（夜宿飞机）
D13多哈—重庆	航班
线路2（跟团游）	（经典西欧）德法瑞意4国10天
D1 重庆	航班
D2重庆—巴黎	协和广场—方尖碑—香榭丽舍大道—凯旋门—埃菲尔铁塔（远观）—卢浮宫—巴黎歌剧院自由活动—花宫娜香水博物馆
D3 巴黎—欧洲小镇	巴黎战神广场—埃菲尔铁塔（远观）
D4 欧洲小镇—科尔马—琉森	科尔马—琉森—狮子纪念碑—卡贝尔桥—天鹅广场
D5琉森—富森	琉森—新天鹅堡
D6富森—威尼斯	叹息桥—圣马可大教堂—圣马可广场—德国商馆
D7威尼斯—佛罗伦萨	圣母百花大教堂—托塔钟楼—但丁故居—圣十字广场
D8佛罗伦萨—罗马	君士坦丁凯旋门—古罗马市集废墟—斗兽场
D9罗马—重庆	航班
D10重庆	抵达重庆

四、餐食

1. 早餐：酒店西式早餐自助、便携式早餐盒。

2. 正餐：德国猪手餐、鸡蛋布丁小蛋糕、德国香肠餐+豌豆汤、中式团餐桌餐。

五、住宿

旅游团队入住的通常是相当于国内三星或四星级别的酒店，配有欧洲标准双人间。如果是自由行游客，还可以有如下选择：

1.酒店（Hotel）：德国酒店的档次和价格类型非常多，酒店根据统一的标准划分等级，同时被冠以不同的星级。这类酒店集团有：雅高酒店集团、凯宾斯基酒店集团等。

2.旅馆和客栈（Guesthouses and Inns）：数量大概300多家，经济实惠，也能享受到家的感觉。

3.度假村（Vacation Villages and Houses）：适合短期游或全家出行的住宿，优势在于风景优美、独特宜人、性价比高等。

4.民宿（Home Stay）：住在当地主人家里，主人热情好客，为游客提供早餐，在欢愉的气氛中体验当地的生活气息，房主还会主动向游客提供一些本地的风土人情以及旅游的信息。

5.度假农庄（Vacation on a farm）：为游客提供安静祥和、无忧无虑的生活氛围，游客在温馨之中受到真诚的款待，还有很多为孩子特别准备的度假区、牧场和葡萄园。

6.露营（Camping）：营地一般装备有现代设施、清洁的淋浴室和盥洗室。露营地风景迷人，以其地方特色和全套的娱乐设施，充分满足旅游者的需求。近年还不断举办“德国最佳露营地”的评比活动，评选内容包括营地设施、管理、服务等。这些都使德国成为了一个理想的露营和旅行的目的地。

六、交通

（一）机场和航空公司

我国游客赴德国旅游通常到达的德国机场是法兰克福国际机场和慕尼黑国际机场。法兰克福国际机场位于德国黑森州美茵河畔法兰克福市，距市中心12千米，是4F级大型国际枢纽机场，法兰克福也是星空联盟的总部所在地。2019年该机场在国际大型枢纽机场中排名第二。机场每年接待的游客数量大约8 500万人次。慕尼黑国际机场位于德国慕尼黑东北28千米的埃尔丁沼泽。于1992年5月投入使用，是欧洲最大的航空枢纽之一，约100家航空运营商在此提供航班，飞往全球69个国家的242个航点。

我国游客赴德国旅游可以在北京、上海和香港3个城市选择直飞航班，可供选择的航空公司有德国汉莎航空、中国国际航空、中国东方航空。

（二）境内交通

1.内陆段航空：德国境内有柏林航空、欧洲之翼航空、德国之翼航空、日耳曼尼亚航空、途易飞航空、神鹰航空等航空公司。游客无论是飞国内城市，还是飞欧洲各大城市，都可以获得优惠的价格。

2.铁路：德国的铁路十分发达，不仅连接国内的各大城市，也与其他国家的城市相连接。得益于强大的铁路网络，乘火车旅行成为非常受欢迎的旅行方式。德国铁路的速度在欧洲首屈一指，火车也很准时，基本不存在晚点的情况。舒适度也很高，还提供无线网络与充电插头。乘火车旅行在德国是一件惬意的事情。

3.巴士：出于对德国铁路的保护，2013年之前德国法律都不允许长途巴士运营。但如今长途巴士也成为了德国境内主要的交通工具，舒适，快速，提供免费的无线网络与饮料，价格比火车便宜，因此乘坐长途巴士在德国境内旅行也是一种不错的选择。

七、游览

（一）主要旅游城市

主要旅游城市介绍见表3-3-3。

表3-3-3　主要旅游城市介绍

城市	简　介	代表景点
柏林	●位于德国东北部，是德国的首都及最大的城市，四面被勃兰登堡州环绕。在17世纪时发展成地方性的政治、经济、文化中心，19世纪时成为国家首都，市内分布着多个古老的教堂、古迹建筑，与现代化高楼相互辉映。 ●施普雷河、哈维尔河和大量湖泊、运河为柏林提供了丰富的地下水，同时也使该地区森林茂盛，因此柏林被誉为“森林与湖泊之都”。 ●国际交通枢纽之一，有3个商用机场和3座国际火车站，公路长5 170千米，公共交通网2 300多千米。 ●德国的工业重地和文化名城，市区内有很多博物馆，全年几乎都有各式艺术节	亚历山大广场；勃兰登堡门；柏林墙纪念馆；博物馆岛；柏林德国国家歌剧院；柏林大教堂；无忧宫；欧洲被害犹太人纪念碑等
慕尼黑	●德国著名历史古城，拥有1 000多年历史，是德国南部政治、经济、文化和交通中心，也是德国瑰丽的宫廷文化中心。 ●德国经济中心城市之一，其制造业十分发达，拥有宝马、西门子等数十家跨国公司和30多万家中小企业。 ●慕尼黑有“四多”：博物馆多、公园喷泉多、雕塑多和啤酒多。享有“欧洲建筑博物馆”的美誉。城市内遍布着16世纪的哥特式、古罗马式、巴洛克式古建筑及各式现代化的建筑。全市大约有50个公共博物馆和收藏馆。城市内有2 000多个喷泉，很多有百年以上的历史，如维特巴赫喷泉、勒歇尔/安娜喷泉等	阿尔特·皮纳科特绘画陈列馆；圣母教堂；新市政厅；宝马博物馆；新天鹅堡；慕尼黑皇宫区；圣彼得（老彼得）教堂；宁芬堡宫等
科隆	●位于德国西部莱茵河畔，是德国的第四大城市，也是历史文化名城和重工业城市。 ●以罗马式教堂和哥特式教堂闻名于世。屹立在莱茵河边的科隆大教堂是世界上目前最高的双塔教堂。每年5月至9月，科隆市民会在教堂前的广场上举行各种庆祝活动，场面热闹。 ●著名的展览会名城，具有代表性的有国际食品博览会、国际图像博览会、国际家具博览会等	科隆大教堂；霍恩佐伦大桥；大圣马丁教堂；科隆香水博物馆；路德维希博物馆；科隆三角大楼等
法兰克福	●位于中部莱茵河的支流美因河下游两岸，面积约248平方千米，是德国最大的航空站、铁路枢纽。 ●德国重要的金融中心，德意志联邦银行、发行欧元的欧洲央行及其他大银行总行皆设于此。 ●德国的文化重镇，14—18世纪为神圣罗马帝国皇帝选举及加冕处，由此也奠定了其欧洲重要文化中心的地位。大文豪歌德生于此，歌德的故居位于市中心。还有17个博物馆和诸多美术馆，包括德国电影博物馆、古代雕塑品博物馆、施特德尔美术馆、现代艺术美术馆等	法兰克福罗马广场；法兰克福市政厅；法兰克福大教堂；欧洲央行；铁桥；歌德故居和博物馆；美茵塔；圣保罗教堂等
海德堡	●位于德国西南部的巴登-符腾堡州，坐落于内卡河畔，是德国历史悠久的古城，也是仅有的几个第二次世界大战期间未被炸毁的德国城市之一。 ●海德堡是一个传统文化和现代科技交相辉映的城市。海德堡城堡是中世纪时期的建筑，位于内卡河岸边海拔200米高的山上。拥有欧洲古老的教育学府海德堡大学，曾有诸多名人在海德堡大学学习和工作过，如思想家黑格尔、哲学家伽达默尔、社会学家哈贝马斯及浪漫主义诗人艾兴多夫等。19世纪这里还是德国浪漫主义的象征地和精神圣地。现在的海德堡有着“欧洲硅谷”之称	海德堡城堡；海德堡古桥；海德堡老城；海德堡大学；内卡河；集市广场；哲学家小路等

（二）主要旅游资源

主要旅游资源介绍见表3-3-4。

表3-3-4 主要旅游资源介绍

旅游资源	简　介
莱茵河谷	●位于莱茵河中上游的宾根和波恩之间，2002年被列入《世界遗产名录》。 ●这里有欧洲最大的瀑布沙夫豪森瀑布、浪漫静怡的绿色之都弗莱堡、被称为“黑森林中最美丽的一滴眼泪”的蒂蒂湖、“欧洲之都”斯特拉斯堡、博物馆之城米卢斯、艺术之城巴塞尔等旅游资源。 ●上莱茵河河谷以高山、亚高山、中低山地貌为主，谷中遍布大量的湖泊，是冬季滑雪、夏季避暑的旅游胜地。中莱茵河河谷绵延65千米，以低山峡谷地貌为主。 ●中世纪的古堡景观、沿河古镇及峡谷自然景观，几个世纪以来，为无数作家、画家和音乐家提供了灵感，是历史文化遗产旅游胜地
黑森林	●位于德国西南部的巴登-符腾堡州，莱茵河谷的东北方向，是德国最大的森林山脉。总面积约6 000平方千米，南北长160千米，东西长60千米。山脉连绵起伏，被松树和杉木覆盖。 ●多瑙河与内卡河的发源地。其间的深山湖泊、幽谷、水坝、原始森林景观、高架桥都是吸引游客的旅游资源。 ●在黑森林中还有玻璃吹制、管风琴制造、打铁和制革业等行业，尤其是钟表业，至今仍可称得上是真正的传统手工业艺术，手工制造的布谷鸟钟十分有名。还有黑森林蛋糕、黑森林火腿、蜂蜜和猪肘等传统美食，也是《白雪公主》《灰姑娘》等著名童话的发生地
博登湖	●位于德国西南部，在德国和瑞士、奥地利的交界处，由三国共同管理。 ●湖面海拔396米，面积536平方千米，最深处254米，是德语区最大的淡水湖、天然储水库。水呈蓝绿色，清澈，冬季少冻结，为当地450万名居民提供饮用水。 ●为莱茵河河道的一部分，地处古老的冰川盆地，是一个冰蚀湖，沿岸平坦，多小山，东南高峻陡峭。由上湖、下湖和于伯林格湖三部分组成。于伯林格湖中有美丽的“花岛”——美因瑙岛；下湖中有世界文化遗产赖兴瑙岛以及三处极其珍贵的罗马教堂古迹
楚格峰	●位于德国巴伐利亚州和奥地利边境附近，是楚格山脉的主峰，海拔2 962米，属于阿尔卑斯山脉，是德国的最高山峰。 ●山脉中有两条在德国罕见的冰川，坐落在楚格峰顶之下350米，河谷上的平坦高原，是德国最高的滑雪场，也是唯一的冰川滑雪场。 ●楚格峰坐落于楚格峰山腰下的迦米斯城，迦米斯城是德国海拔最高的城镇，因衔接慕尼黑的火车路线而快速发展起来。1935年，与隔壁的帕藤克圣合并而成为双子城，成为楚格峰下的旅游城镇。 ●楚格峰不仅是一处游览胜地，而且还是个科研基地。慕尼黑气象台在这里设有气象观察站，开展大气和宇宙射线的研究工作
新天鹅城堡	●位于慕尼黑以南的小城富森，建在阿尔卑斯山麓上。建于1869年。是巴伐利亚国王路德维希二世的行宫之一，城堡及其周围的森林如童话一般优雅美丽，是迪士尼城堡的原型。 ●新天鹅城堡的堡内到处装饰有天鹅图案的日常用品、帷帐、壁画，就连盥洗室的自来水水龙头，也是一只镀银的天鹅。 ●堡内的生活用水来自200米高的山谷中的蓄水池，它储存石缝中流出的清水，利用自然的水压，提供包括顶层在内的全城堡用水。 ●堡内著名的景观有红色回廊、国王起居室、小暖房、国王的宫殿馆、歌手厅等

续表

旅游资源	简　介
勃兰登堡门	●位于距柏林市中心菩提树大街和6月17日大街的交会处，是德国统一的象征。1753年普鲁士国王弗里德利希·威廉一世定都柏林后下令修筑，于1791年竣工。以雅典古希腊柱廊式城门为蓝本，城门高20米，宽65米，进深11米，门内有5条通道，中间的通道最宽。 ●门顶端装饰着一套青铜装饰雕像：四匹飞驰的骏马拉着一辆双轮战车，战车上站着一位背插双翅一手执杖一手提甾的和平女神。 ●在各通道内侧的石壁上镶嵌着20幅描绘古希腊神话中大力神海格拉英雄事迹的大理石浮雕。城门正面的石门楣上则有30幅反映古希腊神话"和平征战"的大理石浮雕。 ●第二次世界大战期间，该门周围的建筑物被毁，在战后德国分裂的时期内，该门紧挨柏林墙，成为德国分裂的象征。1989年12月勃兰登堡门重新对外开放，再次成为统一的象征
科隆大教堂	●位于德国科隆市中心的莱茵河畔，欧洲北部最大的教堂，德国第二、世界第三高的教堂，占地8 000平方米，建筑面积6 000多平方米。 ●德国第一座完全按照法国哥特式风格建造的教堂，始建于1248年，1880年完工，至今仍不断修缮，被誉为哥特式教堂建筑中的典范。 ●主建筑全部由黑色磨光石块砌成，四周有数座小尖塔，东西长145米，南北宽86米，厅高43米，顶柱高109米，中央是两座与门墙连砌在一起的高157米的双尖塔。经由509级阶梯登上教堂的钟塔，可以看到全世界最大的教堂吊钟，俯瞰科隆市区及莱茵河。 ●欧洲基督教权威的象征。科隆市政府规定"城内所有建筑不得高过教堂"。1996年，科隆大教堂被列入《世界遗产名录》
菩提树大街	●欧洲著名的林荫大道，始建于1647年。腓特烈大帝在位时，它已成为柏林的一条交通要道。1945年，德国法西斯灭亡前的最后血战就发生于此，大街成为废墟，现在的街道多是第二次世界大战后按原样重建的。 ●大街全长1 390米，宽60米，西起勃兰登堡门，向东延伸1.5千米经过宫殿桥和柏林博物馆岛，直到柏林电视塔。 ●沿街著名的景观有：王子宫、太公主馆、普鲁士国家图书馆、国家歌剧院、腓特烈大帝骑马雕像、圣黑德维希主教座堂等
无忧宫	●位于德国东部勃兰登堡州首府波茨坦市北郊，是普鲁士国王腓特烈二世仿照法国凡尔赛宫的建筑式样建造的，宫名取自法文"无忧"，是18世纪德意志的王宫。 ●最华丽的厅室是首相厅，天花板装潢极富想象力，四壁镶金，辉煌璀璨。无忧宫东侧画廊里珍藏了124幅文艺复兴时期意大利、荷兰画家的名作。无忧宫内有1 000多座以希腊神话人物为题材的石刻雕像。 ●无忧宫的花园内有一座仿中国样式的六角凉亭，被称为中国茶亭，这是腓特烈二世出于对中国文化的喜爱和憧憬而建造的，亭前有一只中国式香鼎。 ●周围的园林共占地290公顷，全部建筑工程延续了约50年，是德国宫殿建筑的代表。1990年被评为世界文化遗产

八、购物

（一）场所

在德国旅游主要的购物场所有免税店、因戈尔施塔特奥特莱斯购物村、威特海姆购物村、梅德勒拱廊、新城市场大厅、亚历山大广场、选帝侯大街、弗里德里希大街购物区和谷物市场等。

（二）购品

游客在德国旅游主要购买的商品有厨具炊具类（如德国双立人刀具、菲仕乐锅具、KRUPS咖啡机）；运动品牌类（如阿迪达斯、彪马）；化妆品（如科隆香水、德国世家化妆品）；小电器类（如森海塞尔耳机、博朗电动剃须刀、戴森电器）；手工艺品（如施泰福泰迪熊毛绒玩具、各种材质啤酒杯、黑森林咕咕钟、小提琴、皮制品）；食品类（如百乐顺饼干、哈瑞宝软糖、库尔希啤酒、香肠、花果茶、婴儿奶粉）；日默瓦旅行箱等。

九、娱乐

（一）聆听古典音乐

作为曾培养出巴赫、贝多芬、莫扎特的国度，德国在音乐史上的地位几乎没有任何国家可以企及。德国人对于古典音乐的喜爱也成为一种传统延续至今，德国的歌剧有着自己的独特韵味，也是歌剧发展史上浓墨重彩的一笔。以柏林爱乐为代表的德国的交响乐团仍然保持着世界最高水平。来到德国旅行，一定不能错过的体验是在各大城市的音乐厅欣赏一场高水平的交响乐或者歌剧表演。

（二）观看足球赛

足球是德国人十分喜欢的运动之一，德国队是世界杯的冠军球队。全德国有9万多个足球俱乐部，德甲联赛是欧洲五大联赛之一，也是世界上最好的足球联赛之一。德甲联赛中的拜仁慕尼黑、多特蒙德、勒沃库森、柏林赫塔、沙尔克04等队在全世界范围内拥有大量球迷。

（三）参加慕尼黑啤酒节

慕尼黑啤酒节在每年九月末到十月初举行，持续2周，是巴伐利亚地区最热闹的节日之一。节日期间，慕尼黑的八大啤酒厂在广场上搭起巨大豪华的啤酒大篷，提供各家的啤酒和巴伐利亚美食，每个棚内座无虚席，人们在这里释放着欢乐和激情。在啤酒节现场还有旋转木马、大转轮、马戏、魔术表演等众多娱乐项目。各具特色的小店也把整个游乐场装点得生动活泼，游客可在这里买到巴伐利亚特色姜饼、各色小吃和纪念品。夜色降临时，五光十色的彩灯又把慕尼黑变成了一座流光溢彩的不夜城。

旅游贴士3-3
德国

（四）体验夜生活文化

德国有很多国际化的大都市，如慕尼黑、柏林、法兰克福、汉堡等，与英美不同，德国政府并没有规定酒吧的最晚关门时间，因此一个派对爱好者，无论喜爱摇滚、嘻哈还是电子音乐，在德国的大城市总能找到适合自己的酒吧。

职场模拟演练

在线测评3-3
德国

1.车上导览——利用既有线路中的一天，查看路线，进行车上沿途风光讲解。

2.购物指导——购物环节有保健品店、化妆品店等，通过查找相关资料，为游客做好购物方面的指导。

3.景区导览——选择一个城市、一个景区或一项世界遗产，融入相关文化要素，介绍给游客。

项目四　瑞士

◎　学习目标

知识目标：

•熟悉瑞士的基本国情。

•熟悉瑞士的政治经济简况。

•掌握瑞士的节日、民居、饮食、服饰、礼节等民俗文化。

•掌握瑞士的食、住、行、游、购、娱等旅游业基本情况。

能力目标：

•能够策划瑞士旅游产品。

•作为领队能够协助当地导游安排落实在瑞士的旅游行程，并按照行程计划为游客提供讲解、陪同游览等服务。

•作为产品销售能够运用新媒体技术，策划实施瑞士旅游产品线下线上营销推广。

素养目标：

•培养学生具备国际的视野，厚植爱国情感、民族自豪感和对我国优秀传统文化的认同感。

•培养学生具有健康的体魄和心理、完善的人格，具有良好的行为习惯、一定的审美意识和人文素养。

•培养学生乐观向上的工作和生活态度，并具有自我管理能力、集体意识和团队合作精神。

任务1　领队说明会

任务导入

对应岗位：领队

情境描述：瑞士在我们的印象中是湖光山色，令人神往的水之国度、山之故乡。此外，这里还诞生了诸多享誉世界的名表，也是名副其实的世界金融中心。瑞士的行程往往是和法国、德国、意大利等目的地国家线路捆绑的，因此，在临行前说明会上要尽量讲出与其他欧洲国家不同的看点，增加游客的期待感。

任务清单：

1.熟悉瑞士的自然地理（位置、地形、气候、自然资源等）。

2.熟悉瑞士的人文地理（人口、民族、语言等）。

知识要点

瑞士概况

一、位置

瑞士全称为“瑞士联邦”，面积41 284平方千米。瑞士是位于欧洲中部的多山内陆国。东与奥地利、列支敦士登接壤，南邻意大利，西接法国，北连德国。国境几乎都在阿尔卑斯山脉之中，多是高山及湖泊。

二、地形与地貌

瑞士境内多山，大约58%的面积属于阿尔卑斯山区，分为西北部的汝拉山、南部的阿尔卑斯山和中部瑞士高原三个自然地形区，平均海拔约1 350米。瑞士是欧洲大陆三大河流发源地，有“欧洲水塔”之称。主要河流有：莱茵河（在瑞士境内375千米，是瑞士最长的河流）；阿尔河（在瑞士境内295千米，是瑞士最长的内陆河）；罗纳河（在瑞士境内264千米，是瑞士第二长内陆河）。湖泊一共有1 484个，其中最大的是日内瓦湖。

三、气候

瑞士地处北温带，各地气候差异很大，阿尔卑斯山由东向西伸展，形成了瑞士气候的分界线。阿尔卑斯山以北受温和潮湿的西欧海洋性气候和冬寒夏热的东欧大陆性气候的交替影响，变化较大，山间谷地气候温和，高山较寒冷；阿尔卑斯山以南则属地中海气候，全年气候宜人。

四、自然资源

瑞士矿产资源匮乏，仅有少量盐矿、煤矿、铁矿和锰矿。生产生活所需能源、工业原料主要依赖进口。水力资源丰富。森林面积131.3万公顷，森林覆盖率为31.8%。

五、人口与民族

人口873.8万人（2023年10月），其中外籍人约占26.5%。居民成分复杂，有日耳曼族、意大利族、法兰西族等。

六、语言

德语、法语、意大利语及拉丁罗曼语4种语言均为官方语言。

七、国旗与国徽

瑞士国旗呈正方形。旗底为红色，正中一个白色十字。白色象征和平、公正和光明，红色象征奋斗和爱国热情，国旗的整组图案象征国家的统一。1889年瑞士把原来的红底白十字横长方形改为正方形，象征国家在外交上采取的公正和中立的政策。瑞士国旗来源于罗马帝国皇帝腓特烈二世赏赐给施维茨州人作为自由标记的旗帜。

瑞士国徽是一枚绘有红底白十字国旗图案的盾徽，其意义与国旗一致。

八、行政区划

瑞士的行政区划分为三级，即联邦、州、市镇。全国由26个州组成，其中6个州为半州。

九、时差

瑞士的首都伯尔尼位于东一区，执行夏令时的时候比北京时间晚6个小时；执行冬令时的时候比北京时间晚7个小时。

职场模拟演练

在领队说明会上，请你从自然地理和人文地理的角度简单介绍一下瑞士的国情，让游客对瑞士有一个大致的了解。

任务2 车上讲解/与游客交谈

任务导入

对应岗位：领队

情境描述：地陪导游在旅游巴士车上做沿途讲解，游客发现在瑞士逛街是非常惬意的，可以在长长的拱廊里悠闲地边走边看，导游解释说瑞士伯尔尼的拱廊世界闻名，是中世纪建筑。导游继续讲述瑞士在16世纪中叶文艺复兴时期的街头设施，如街心喷泉……领队也要深入了解瑞士重要时期的建筑遗存和样式，为游客做好旅游资源的讲解服务。

任务清单：

1. 熟悉瑞士重要历史时期的大事件。
2. 了解瑞士的国体和政体。
3. 了解瑞士经济现状。

知识要点

瑞士简史和政治、经济概况

一、简史

●3世纪，阿勒曼尼人（日耳曼民族）迁入瑞士东部和北部，勃艮第人迁入西部并建立了第一个勃艮第王朝。

●11世纪受神圣罗马帝国的统治。

●1648年瑞士摆脱神圣罗马帝国统治，宣布独立并执行中立政策。

●1798年拿破仑一世侵吞瑞士，将其改为“海尔维第共和国”。

●1803年，拿破仑做出让步，放弃统一集权国家的设想，决定成立邦联，瑞士又恢复联邦制。

●1815年，维也纳会议承认瑞士永久中立。

●1848年，瑞士联邦公布第三部宪法，设立最高执行机构——联邦委员会，定都伯尔尼，从此瑞士成为统一的联邦制国家。在两次世界大战中瑞士均保持中立。瑞士自1948年起一直是联合国的观察员国。

●在2002年举行的全民公决中，54.6%的瑞士选民和瑞士23个州中的12个州赞成瑞士加入联合国。

●2002年9月10日，第57届联合国大会一致通过决议，正式接纳瑞士联邦为联合国新的会员国。

二、政治

瑞士是联邦制国家，各州为主权州，有自己的宪法。联邦议会由具有同等权限的国民院和联邦院组成，是联邦的立法机构。只有两院取得一致，法律或决议才能生效。联邦委员会是国家最高行政机构，联邦委员会主席为瑞士联邦主席，是国家元首兼政府首脑。任期一年，不得连任。根据宪法规定，瑞士实行"公民表决"和"公民倡议"形式的直接民主。凡修改宪法条款、签订期限为15年以上的国际条约或加入重要国际组织，必须经过公民表决并由各州通过后方能生效。

三、经济

瑞士是高度发达的工业国，实行自由经济政策，政府尽量减少干预，对外主张自由贸易，反对贸易保护主义。机械制造、化工、医药、高档钟表、食品加工是瑞士的主要支柱产业。除ABB、雀巢、诺华、苏尔寿等著名大公司外，绝大多数为中小企业。主要农作物有小麦、燕麦、马铃薯和甜菜。肉类基本自给，奶制品自给有余。金融业非常发达，在国民经济中居重要地位，共有600余家银行，分支机构5 070家，银行总资本达5 000多亿美元，纳税额占国家税收的20%。

瑞士现行通用货币是瑞士法郎，瑞士法郎与人民币的汇率为：1瑞士法郎≈8.4089人民币；1人民币≈0.1189瑞士法郎（2024年1月）。

职场模拟演练

从本任务情境描述的话题中任选一个，作为与游客的谈资，帮助游客更好地了解瑞士和瑞士社会。

任务3　线路产品设计/沿途导览/景区讲解

任务导入

对应岗位：计调/领队

情境描述：游客在瑞士逗留期间恰好赶上瑞士传统的葡萄节，还看到了花车游行等表演，游客感觉很特别。瑞士的节日多，节庆活动也多，旅游节庆活动如果开发适当，其费用低廉，比其他观光形态更具有可持续发展的可能性。旅游节庆活动的本质是文化交流，是人与人之间的交流，是替代大众旅游的一种方式。

任务清单：

1.了解瑞士的重要节日。

2.熟悉瑞士民居的典型特点。

3.熟悉瑞士的饮食文化。

4.了解瑞士的传统服饰特点。

5.熟悉瑞士人的礼节。

知识要点

瑞士民俗文化

一、重要节日

●新年：1月1日

●复活节：春分月圆后第一个星期日

●国庆节：8月1日

●圣诞节：12月25日

二、民居

瑞士房屋建筑艺术美感十足，设计者们善用大自然美景，让房屋与自然相得益彰。有的房屋建在流水潺潺的河边，有的房屋建在幽静的山谷中。瑞士房屋风格绝不千篇一律，有的建成中世纪古堡样式，有的很现代，有的则如童话一般。房屋墙壁或蓝色，或粉色，或黄色，不一而足。瑞士人对公寓楼偏爱迷你风格，高楼大厦几乎绝迹，各种公寓楼通常只盖到三四层。瑞士人对生活精雕细琢，即使住公寓楼，也会把自己的家用心经营得如花园一样精致优雅，阳台窗台上点缀有各种鲜花，人们坐在阳台悠闲地看书品茶，内心充满了惬意。

三、饮食

瑞士人讲究菜肴的色、香、味、形，注重菜肴的精烹细作，口味喜清淡。瑞士人最爱奶酪火锅，制作奶酪火锅时先以蒜涂抹于锅底，再将不同口味的硬奶酪弄成碎末放入锅中加热成糊状，再加淀粉、白葡萄酒、大蒜、奶油等，继续煮并慢慢搅拌至完全融化并呈浓浓的炼乳状，最后放一些黑胡椒即可。上桌后，人们用长柄叉子叉着切成四五厘米见方的“法式长棍面包”蘸着奶酪吃，还喜欢配上风干牛肉、腌酸黄瓜、小洋葱，再喝点葡萄酒以帮助消化。瑞士的葡萄酒、奶酪、巧克力等在世界上享有极大的声誉。

四、服饰

瑞士人在正式社交场合一般是穿西服，在日常生活中则穿各式各样朴素大方的服装。在瑞士人看来，青春本身就是美的。民族服装在瑞士人心目中占有特殊的地位，瑞士专门设有“瑞士服装协会”和“民族服装节”。在瑞士人的发祥地施维茨，男性一般穿过膝的长裤、袖子宽大的衬衫和短夹克，女性穿着丝质上衣、长裙和天鹅绒背心。

五、礼节

瑞士人酷爱清洁，不但个人居室住所干净整齐，也十分注意保持公共场所的卫生，无论城市乡间，很少有乱扔垃圾的现象。他们十分重视环境保护，因此在保护环境卫生、防治污染方面有许多严格而具体的规定。

职场模拟演练

旅游团队在街头正好看到当地春季的“六鸣节”的节日庆典和市民活动，结合瑞士繁多的民俗节日和花样百出的节庆活动，向游客做交流介绍。

任务4　线路产品设计/产品特色推广/沿途导览/景区讲解

任务导入

对应岗位：计调/销售/领队

情境描述：旅游团虽然乘坐旅游巴士穿梭于瑞士的街区，导游却说在瑞士旅行，必搭的交通工具不是环城的巴士，而是铁路交通网密布的火车。遇山凿洞、遇水搭桥，瑞士修筑起世界上便捷的铁路交通系统。不论是阿尔卑斯山，还是峡谷、隧道、湖泊，火车总会载着你准时、便捷地到达目的地。

任务清单：

1. 了解瑞士旅游市场现状。
2. 从文化角度了解瑞士的世界遗产。
3. 熟悉瑞士的食、住、行、游、购、娱等旅游业基本情况。

知识要点

瑞士旅游业

一、旅游业概况

瑞士有“世界公园”的美誉，旅游业和国际贸易是其资金积累的重要来源。旅游业十分发达，是仅次于机械制造和化工医药的第三大创汇行业。全国有60%的土地用于旅游业，从事旅游业的人口占劳动力的14%，旅游业收入占国民收入的8%。瑞士有400多条专为登山服务的地面索道和电动缆车线路，有1 200多架滑雪缆车。

二、世界遗产

自瑞士1975年9月17日加入《保护世界文化与自然遗产公约》的缔约国行列以来，截至2020年，经联合国教科文组织审核被批准列入《世界遗产名录》的瑞士世界遗产共有12项。瑞士的世界遗产数量明细见表3-4-1。

遇见世遗 3-4

瑞士

表3-4-1　　瑞士的世界遗产数量明细

遗产数量	文化遗产	文化景观遗产	自然遗产	混合遗产	其中	跨国遗产	濒危遗产	除名遗产
12	9	0	3	0		2	0	0

三、旅游线路示例

旅游线路示例见表3-4-2。

四、餐食

1. 早餐：酒店西式自助。

2. 正餐：酒店自助、猪排饭、奶酪火锅、煎三文鱼、牛排面条、煎饼马铃薯、烤香肠、奶酪土豆、苏黎世小牛肉、烤土豆丝饼、风干牛肉。

表 3-4-2　旅游线路示例

线路 1（当地参团）	瑞士 4 日游
D1 苏黎世	苏黎世—圣母大教堂—苏黎世湖—班霍夫大街—苏黎世大教堂
D2 伯尔尼—洛桑	伯尔尼—洛桑—蒙特勒—西庸城堡—伯尔尼老城区
D3 弗里堡—因特拉肯—卢塞恩	少女峰
D4 卢塞恩—沙夫豪森	莱茵河瀑布—狮子纪念碑
线路 2（自由行）	童话恋歌瑞士 11 日经典线路
D1 卢塞恩	卡佩尔廊桥—卡佩尔广场—霍夫教堂—狮子纪念碑（1 小时）
D2 卢塞恩	瑞吉山—卢塞恩湖
D3 因特拉肯—劳特布伦嫩	因特拉肯城堡—劳特布伦嫩
D4 劳特布伦嫩	少女峰
D5 施皮茨	施皮茨城堡
D6 蒙特勒	西庸城堡—日内瓦湖
D7 采尔马特	马特洪峰博物馆
D8 采尔马特	马特洪峰
D9 采尔马特	采尔马特滑雪场
D10 库尔	库尔老城
D11 苏黎世	苏黎世大教堂—苏黎世老城区

五、住宿

瑞士的各种旅馆有 6 000 多家，主要有以下几种住宿类型：档次最高的是豪华度假村，18 世纪时很多英国贵族来瑞士度假，因此催生了很多豪华度假村。其次是田园农舍旅店，位于山区，这里浪漫简朴，收费合理，游客可以好好感受一下当地的传统农村生活。还有青年旅社，有的在古堡中，有的在安静的湖边，住青年旅社有年龄在 26 岁以下的要求。另外，游客还可以选择租用房车来露营。2021 年瑞士共有约 8 万辆房车登记在册，共有 396 个露营地，其中 307 个可以停靠房车，大多数位于瓦莱州和伯尔尼旅游区。无论爬山徒步、滑雪溜冰，还是帆船跳伞……一年四季的户外活动总是离不开阿尔卑斯的山山水水。作为瑞士最受欢迎的营地，少女峰假日公园吸引了全世界的游客到这里体验雪山下的木屋生活。营地还为所有游客免费提供去往滑雪场的班车服务，营地中也设有专门的滑雪用具商店。

六、交通

（一）机场和航空公司

我国游客赴瑞士旅游，可以从北京、上海、深圳、香港等地出发，选择瑞士国际航空、海南航空等，到达苏黎世国际机场或日内瓦国际机场，具体出发城市和执飞航空公司见表 3-4-3。

表 3-4-3 中国赴瑞士的出发城市和执飞航空公司

到达机场	出发城市	执飞航空公司
苏黎世国际机场	北京	中国国际航空
苏黎世国际机场	上海	瑞士国际航空
日内瓦国际机场	上海（法兰克福转机）	汉莎航空
苏黎世国际机场	深圳	海南航空
苏黎世国际机场	香港	瑞士国际航空

（二）境内交通

1.火车：瑞士的火车因快捷准时、舒适整洁而受到游客的欢迎。在苏黎世和日内瓦的入境机场都有主要火车站。瑞士的铁路系统总长达5 000千米，可以说是世界上最密集的铁路交通网。瑞士各大城市都会保证每小时有一班车。境内有4条著名的观光铁路，最实惠的做法是购一张瑞士通行证，这样就可搭乘所有的公共交通工具，包括渡轮、火车。

2.汽车：瑞士的公路运输四通八达。“邮政公共汽车”能让旅客舒适方便地到达瑞士的各个旅游景点。在瑞士乘车穿越高山关隘可以体验到别样的旅行感受。

3.出租车：在瑞士搭出租车相当贵，车资计算方式各地均有所不同。若有额外服务（搬运行李等），则根据张贴在计程车内的固定加价表收费。通常全额车资已包括小费在内。

4.飞机租赁：在瑞士除了可以租汽车外，还能租赁飞机。当然，游客不能成为驾驶员。被租赁的直升机可以更便捷地帮助游客到达目的地。

5.自行车租赁：在瑞士租自行车郊游非常受欢迎，瑞士全国共有200个火车站，大约有4 000多辆最新款的自行车可供租用，一天的租金为25～31瑞士法郎。

七、游览

（一）主要旅游城市

主要旅游城市介绍见表3-4-4。

表 3-4-4 主要旅游城市介绍

城市	简　介	代表景点
苏黎世	●苏黎世州首府，瑞士最大的城市，也是全欧洲最富裕的城市。 ●坐落在苏黎世湖畔北岸，已有两千年的历史，是全国的工业、金融、文化中心；重要的国际黄金市场之一，享有“欧洲百万富翁都市”的称号	苏黎世大教堂；苏黎世老城区；瑞士国家博物馆；圣彼得大教堂；林登霍夫公园；国际足联总部等
日内瓦	●瑞士第二大城市；瑞士第二大金融市场，拥有120多家银行。 ●坐落在风景宜人的日内瓦湖畔。北、西、南三面与法国交界，依山傍水，景色秀丽，夏无酷暑，冬无严寒。 ●尤以国际组织所在地和国际会议城市著称于世，是联合国机构和国际组织第二多的城市，仅次于纽约	万国宫；圣·皮埃尔大教堂；日内瓦英国公园；国际红十字会博物馆；百达翡丽博物馆；日内瓦大学；日内瓦湖等
巴塞尔	●位于瑞士、法国和德国的三国交界处，是瑞士第三大城市；瑞士的铁路枢纽，也是瑞士唯一通向海洋的河运港口。 ●世界著名的诺华、罗氏等化工集团都设在巴塞尔，在这两家集团就业的员工几乎占全市就业人口的一半。 ●瑞士重要的金融市场之一，是国际清算银行所在地	巴塞尔大学；巴塞尔大教堂；丁格利喷泉；巴塞尔市政厅；巴塞尔艺术博物馆；美因茨老城；斯巴伦门等
洛桑	●位于日内瓦湖畔，是瑞士第五大城市。国际奥林匹克委员会总部的所在地，并建有奥林匹克博物馆。 ●瑞士法语区最重要的交通枢纽，也是沃州工业的集中地。 ●洛桑气候温和，依山傍水，风景宜人，旅游业是该地收入的重要来源	奥林匹克博物馆；乌希码头；洛桑大教堂；国际奥委会总部；帕吕广场；蒙伯农草坪公园；圣梅耶城堡；乌契城堡等

（二）旅游资源

主要旅游资源介绍见表3-4-5。

表3-4-5　主要旅游资源介绍

旅游资源	简　介
少女峰	●屹立在伯尔尼的东南方，被称为“欧洲之巅”。阿尔卑斯山脉的最高峰之一，海拔4 158米，横亘18千米，宛如一位少女，披着长发，银装素裹，恬静地躺卧在白云之间。 ●山顶常年被冰雪覆盖，而山下却绿草茵茵、风景秀丽，是欧洲著名的旅游和户外运动的胜地
日内瓦湖	●阿尔卑斯湖群中最大的一个；是世界第一大高山堰塞湖。湖面面积约为224平方英里，在瑞士境内占140平方英里，法国境内占84平方英里。日内瓦湖是罗纳冰川形成的。 ●湖身为弓形，湖的凹处朝南。罗纳冰川消融后，形成罗纳河，它是吐纳日内瓦湖水的主要河流。 ●日内瓦湖海拔1 230英尺，长46英里。湖面最宽处为8.5英里。湖水最深处1 017英尺
卢塞恩湖	●又称琉森湖、四森林州湖，是瑞士的第四大湖，也是完全位于瑞士境内的第一大湖。 ●东南沿岸的吕特利草地是瑞士联邦1287年的结盟之地。在纪念瑞士建国700周年时，政府在卢塞恩湖畔设立了纪念性的徒步旅行路线。从被称作瑞士发源地的吕特利草地到对岸的劳特布伦嫩，总长达30千米
万国宫	●曾经是第二次世界大战前国联大厦（1920—1946年）旧址。现为联合国驻日内瓦办事处，又称联合国欧洲总部。位于日内瓦东北郊的日内瓦湖畔，与巍峨的阿尔卑斯山遥遥相望，湖光山色，环境幽美。 ●由4座宏伟的建筑群组成，即中央大会厅、图书馆和新楼、理事会厅、阿里安纳花园，面积达2.5平方千米。理事会厅就是1954年周恩来总理参加的日内瓦会议和1955年美、苏、法、英四国首脑会议的会址。 ●万国宫共有50个门，大会厅共6层，有1 800多个座位。一幅浮雕壁画横贯整个天花板，画面上宇宙中5个巨人的5只巨手紧紧握在一起，象征着世界五大洲人民的团结与合作
苏黎世大教堂	●苏黎世的三座主要教堂之一，另外两座分别是苏黎世圣母大教堂和圣彼得教堂。 ●位于利马特河岸，建于1100年前后，其建筑风格以罗曼式的双塔闻名，并因此成为苏黎世公认的地标。这座教堂与圣母大教堂隔河相望，二者在16世纪瑞士宗教改革中，都起到了举足轻重的作用。 ●教堂内设有宗教改革博物馆。苏黎世大学神学院也设立于此
卡佩尔廊桥	●卢塞恩的标志，始建于1333年，是欧洲最古老的有顶木桥。 ●桥的横眉上绘有120幅宗教历史油画。 ●横跨罗伊斯河，桥身近中央的地方有一个八角形的水塔，曾经是作战时安放战利品及珠宝之处，有一段时间也用作监狱及行刑室。 ●卡佩尔桥在1993年8月17日为一场大火所毁，只剩下水塔未被破坏，现在已经重新修补完整，但新旧痕迹仍可清晰辨认
狮子纪念碑	●卢塞恩数一数二的雕刻作品，一支箭深插进濒临死亡的雄狮背里，狮子面露痛苦神情，前爪有盾牌和长矛，盾牌上有瑞士国徽。 ●这是为了纪念1792年法国大革命中民众攻击法国杜乐丽宫时，为保护法王路易十六及玛丽王后而死的786名瑞士军官和警卫所建的纪念碑，意在祈求世界和平，碑的下方有文字描述了此事件的经过

八、购物

（一）场所

在瑞士旅游主要的购物场所有免税店、钟表珠宝行、体育用品店和酒行等。

（二）购品

游客在瑞士旅游主要购买的商品有手表（如宝齐莱、古宝琳、百达翡丽、江诗丹顿、欧米茄、万国、积家、沛纳海、真力时等），瑞士钻石（人造钻石——顶级氧化锆晶石），奶酪，瑞士军刀，巧克力，葡萄酒等。

九、娱乐

（一）体验采尔马特滑雪场

采尔马特被认为是瑞士最好的，甚至是世界最好的滑雪场。险峻的马特洪峰和其他28座山峰将雪场环抱其中。优越的海拔位置使得采尔马特成为一个全年可以滑雪的乐园。雪场共100多条雪道，54条缆车，落差可达2 263米。它拥有欧洲最长的下坡滑雪道25千米，可从马特洪峰冰川天堂直滑到采尔马特。除了滑雪，沿途优美壮丽的风景也会吸引游客的视线。

（二）骑行

旅游贴士3-4

瑞士

瑞士政府在一些野外道路上设计了若干条越野登山单车专用线，游客绕着环山公路骑行，可以360度欣赏雪山，或者选择平缓的森林、湖畔路线，沿途呼吸杉木林清新的味道，欣赏明信片般的湖光山色。游客如果累了或难以完成爬坡的路途，就随时可以换上其他交通工具，比如带着自行车搭乘一段火车，在瑞士也可以尝试长达数天的长距离骑行活动。

职场模拟演练

在线测评3-4

瑞士

1. 车上导览——利用既有线路中的一天，查看路线，进行车上沿途风光讲解。

2. 购物指导——购物环节有保健品店、化妆品店等，通过查找相关资料，为游客做好购物方面的指导。

3. 景区导览——选择一个城市、一个景区或一项世界遗产，融入相关文化要素，介绍给游客。

项目五　意大利

◎ 学习目标

知识目标：

•熟悉意大利的基本国情。

•熟悉意大利的政治经济简况。

•掌握意大利的节日、民居、饮食、服饰、礼节等民俗文化。

•掌握意大利的食、住、行、游、购、娱等旅游业基本情况。

能力目标：

•能够策划意大利旅游产品。

•作为领队能够协助当地导游安排落实在意大利的旅游行程，并按照行程计划为游客提供讲解、陪同游览等服务。

•作为产品销售能够运用新媒体技术，策划实施意大利旅游产品线下线上营销推广。

素养目标：

•培养学生具备国际的视野，厚植爱国情感、民族自豪感和对我国优秀传统文化的认同感。

•培养学生具有健康的体魄和心理、完善的人格，具有良好的行为习惯、一定的审美意识和人文素养。

•培养学生乐观向上的工作和生活态度，并具有自我管理能力、集体意识和团队合作精神。

任务1　领队说明会

任务导入

对应岗位：领队

情境描述：领队在临行前的说明会上说“在意大利旅游可以把‘低头族’的颈椎病彻底治愈了。因为要一直抬头仰望一座座教堂的穹顶尖塔、一幅幅精彩绝伦的天顶壁画、一片片眼花缭乱的马赛克……”的确，意大利的每座城市都有着悠久而迷人的文明，从古罗马到中世纪，从文艺复兴到近现代，历史的痕迹清晰可见，几乎是整个欧洲文明的缩影。假如你是领队，在行前说明会上该如何介绍意大利才能让游客印象深刻呢？

任务清单：

1. 熟悉意大利的自然地理（位置、地形、气候、自然资源等）。

2. 熟悉意大利的人文地理（人口、民族、语言等）。

知识要点

意大利概况

一、位置

意大利全称“意大利共和国”，位于欧洲南部，北以阿尔卑斯山为屏障与法国、瑞士、奥地利和斯洛文尼亚接壤；东、南、西三面分别临地中海的属海亚得里亚海、爱奥尼亚海和第勒尼安海。境内还有两个主权袖珍国——梵蒂冈城国和圣马力诺共和国。意大利是地中海区域东、西之间的海路要道以及从北欧、中欧前往非洲的天然陆桥，扼守欧洲的南大门。意大利领土由北部大陆部分、中部亚平宁半岛、南部地中海中的西西里岛和撒丁岛等岛屿三部分组成，面积约30.13万平方千米。亚平宁半岛像一只硕大的长筒靴伸入地中海，海岸线长约7 200千米。

二、地形与地貌

意大利全境4/5为山地，地震频繁，火山活跃，且有许多冰川作用形成的湖泊，风景秀丽。阿尔卑斯山脉自西向东蜿蜒于法、瑞、奥、意等国交界处，意、法边境的勃朗峰海拔4 810米，为欧洲第二高峰。亚平宁山脉由西北向东南斜贯亚平宁半岛，构成半岛的中脊，半岛上还有著名的维苏威火山和欧洲最大的活火山——埃特纳火山。波河是全国最大的河流，波河平原介于阿尔卑斯山脉和亚平宁山脉之间，面积约为意大利总面积的1/6，土壤肥沃，是意大利最发达的工农业区。较大的湖泊有加尔达湖、马焦雷湖等。

三、气候

意大利大部分地区属于亚热带地中海气候，全年气温变化不大，冬季温暖多雨，夏季炎热干燥，年平均降水量500～1 000毫米。北部地区属于温带大陆性气候，阿尔卑斯山区的气候呈垂直变化。

四、自然资源

意大利矿产资源贫乏，蕴藏天然气、大理石、汞、硫磺等资源，还有少量铅、铝、锌和铝矾土等，水力和地热资源丰富。森林覆盖率为21%。石油和天然气产量只能满足一小部分国内市场需求，75%的能源供给和主要工业原料依赖国外进口。意大利地热发电量居世界第二位，仅次于美国，水力发电居世界第九位，意大利较重视发展太阳能。

五、人口与民族

意大利人口约5 885万（2023年），波河平原是全国人口分布最稠密的地区。总人口的94%为意大利人，还有少数法兰西人、加泰隆人、弗留里人、拉丁人等。

六、语言

意大利的官方语言是意大利语，个别地区讲法语和德语。意大利语同时还是圣马力诺和梵蒂冈的官方语言，也是瑞士的四种正式语言之一。

七、国旗与国徽

意大利国旗呈长方形，长与宽之比为3∶2。旗面由三个平行且相等的竖长方形相连构成，从左至右依次为绿、白、红三色。

意大利国徽呈圆形。中心图案是一个带红边的五角星，象征意大利共和国；五角星背后是一个大齿轮，象征劳动者；齿轮周围由橄榄枝叶和橡树叶环绕，象征和平与强盛。底部的红色绶带上用意大利文写着“意大利共和国”。

八、行政区划

全国划分为20个行政区，101个省，8 001个市镇。20个行政区包括15个普通自治行政区和5个特别自治行政区。

九、时差

意大利的首都罗马位于东一区，执行夏令时的时候比北京时间晚6个小时；执行冬令时的时候比北京时间晚7个小时。

职场模拟演练

在领队说明会上，请你从自然地理和人文地理的角度简单介绍一下意大利的国情，让游客对意大利有一个大致的了解。

任务2　车上讲解/与游客交谈

任务导入

对应岗位：领队

情境描述：来到意大利，就不得不提文艺复兴。首先，意大利是古希腊文明的前沿阵地和古罗马文明的发源地，大量历史文献为其提供了重要的文化基础。其次，诸多城邦国家之间参与竞争，使得商品经济得到进一步发展，大量工商业城市如雨后春笋般在意大利出现……领队需要充分了解文艺复兴的发展成就，以便在导览旅游资源和文化时为游客提供高质量的讲解服务。

任务清单：

1.熟悉意大利重要历史时期的大事件。

2.了解意大利的国体和政体。

3.了解意大利经济现状。

知识要点

意大利简史和政治、经济概况

一、简史

●意大利半岛史前就有人类活动迹象，最早可追溯到旧石器时代早期。

●公元前9世纪，伊特鲁里亚人创造了灿烂的文明。

●公元前754年罗马建城。古罗马先后经历王政（公元前753—公元前509年）、共和（公元前509—公元前27年）、帝国（公元前27—公元476年）3个阶段，存在长达1 200多年。

●962年—11世纪，意大利北部和中部成为“日耳曼民族神圣罗马帝国”的一部分，而南部则为拜占庭领土，直至11世纪诺曼人入侵意南部并建立王国。

●12—13世纪在意大利的神圣罗马帝国统治瓦解，分裂成许多王国、公国、自治城市和小封建领地。

●15世纪，人文主义和文艺复兴运动在意大利应运而生，16世纪在欧洲广泛传播。

●15世纪末，法国和西班牙争夺亚平宁半岛斗争激化，导致了持续数十年的意大利战争。

●16世纪起，大部分领土先后被法、西、奥占领。

●19世纪民族复兴运动兴起。

●1922年10月31日墨索里尼上台执政，实行长达20余年的法西斯统治；意入侵埃塞俄比亚（1930—1936年），在西班牙内战中帮助佛朗哥并与德国结成罗马—柏林轴心（1938年），随后卷入第二次世界大战（1939—1945年）并沦为战败国。

●1946年6月2日全民公投，废除君主立宪，同年7月12日组成共和国第一届政府。

●第二次世界大战后，参加马歇尔计划，签署《北大西洋公约》并积极参加欧洲一体化进程，系欧盟创始国之一。

二、政治

实行议会共和制。总统为国家元首和武装部队统帅，代表国家的统一，由参、众两院联席会议选出。总理行使管理国家职责，由总统任命，对议会负责。

三、经济

意大利是发达工业国，欧盟第三大、世界第八大经济体。意大利中小企业发达，被誉为“中小企业王国”，中小企业数量占企业总数的98%以上。地区经济发展不平衡，北方工商业发达，南方以农业为主，经济较为落后。对外贸易是意大利重要的经济支柱。3/4的能源供给和主要工业原料依赖国外进口，而产品的1/3以上供出口，外贸产值占意大利GDP的40%以上。个人消费品、机器机械设备及资本商品在世界市场占据非常重要的地位。其主要国外市场为欧盟国家。制鞋业是意大利的传统工业，全国每年生产的皮鞋70%用于出口。意大利的农业发达，主要粮食作物有小麦、玉米、水稻等，蔬菜畅销欧洲市场，甜菜和烟草是主要的经济作物，葡萄酒产量占世界总产量的25%以上，出口量居世界各国之首。意大利也是世界三大油橄榄生产国之一。

意大利是首批加入欧元区的国家，自2002年1月1日起正式启用欧元纸钞及硬币作为通用货币。欧元与人民币的汇率为：1欧元≈7.8598人民币；1人民币≈0.1272欧元（2024年1月）。

职场模拟演练

从本任务情境描述的话题中任选一个，作为与游客的谈资，帮助游客更好地了解意大利和意大利社会。

任务3　线路产品设计/沿途导览/景区讲解

任务导入

对应岗位：计调/领队

情境描述：在很多国家，星巴克已成为“白领”“时尚”“高端”的代名词，在街头巷尾火得一塌糊涂，但在意大利，人们很难看到星巴克门店。意大利人认为只有Espresso（意式浓缩）才是真正的咖啡。Espresso就是用蒸汽或开水通过高压冲击咖啡粉末来制作的浓缩咖啡，欧洲的第一颗咖啡豆是由意大利的威尼斯人带来的，第一杯Espresso诞生于公元900年的意大利。对于意大利人来说，咖啡意味着生活，意味着对文化的坚持。在意大利的咖啡店喝咖啡，体会到的是几个世纪的文化沉淀。

任务清单：

1. 了解意大利的重要节日。
2. 熟悉意大利民居的典型特点。
3. 熟悉意大利的饮食文化。
4. 了解意大利的传统服饰特点。
5. 熟悉意大利人的礼节。

知识要点

意大利民俗文化

一、重要节日

- 元旦：1月1日
- 主显节：1月6日
- 复活节：春分后第一次月圆之后的第一个星期日
- 解放日：4月25日
- 国庆节：6月2日
- 圣母升天节：8月15日
- 万圣节：11月1日
- 圣诞节：12月25日

二、民居

作为文明古国的意大利，其灿烂的文化遗产也体现在民居建筑上。在阿尔贝罗贝洛这座世界文化遗产小镇，游客可以看到一幢幢戴斗笠的石头房子，这些便是起源于16世纪的民居。石顶屋外形古朴，它的墙体是用层次分明的方形石灰岩堆砌围成的圆形，当堆砌至一定高度后，再用片状的石灰石一层一层叠涩砌筑而成，逐步收窄封顶成圆锥形。屋舍内无柱无梁，面积大约20多平方米。石板之间没有任何类似水泥的黏合剂，但石板中间的缝隙连刀片也插不进去，而且下雨的时候也滴水不漏。一般越古老的屋舍，顶部的石板码放得越不规整。住过石顶屋的游客说，石顶屋冬暖夏凉，住在里面，不必担心石板之间不用水泥而有塌顶的危险。石顶屋已经历了几百年的时间考验。

三、饮食

意大利菜讲究火候，原汁原味，鲜嫩浓香。烹饪手法以炒、煎、红焖、红烩为主，把葱卷、馄饨、通心粉、炒饭等作为菜食用，而不作为主食食用。意大利人用餐十分讲究，先上冷盘，第一道一般是各种面食、米饭、汤或其他主食等。第二道是各种肉、鱼等，接着是各种蔬菜等。然后是水果和冰激凌等甜品，最后是咖啡。意大利的比萨美味无比，真正的比萨是在烧木材的炉子上烤出来的，再加上莫兹阿勒奶酪。意大利人一般重视晚餐，用餐时往往边喝酒边聊天，一顿饭往往要吃一两个小时甚至更长时间。意大利盛产葡萄酒，酒的名目繁多。意大利人年均饮酒量大约120升，但人们很少酗酒，席间也不劝酒，每个人量力而为。

四、服饰

意大利人的民间传统服饰，保留了许多古老的传统，所用质料有亚麻布、天鹅绒和丝绸。即使是较为贫困的农妇们，也穿着丝绸的女士衬衣、内衣，并且饰以花边和刺绣。连亚麻布制成的围裙上也饰以彩色的窄条装饰。在正式场合，意大利人的穿着会十分讲究。日常衣服以西服为主，意大利人喜欢穿三件式西装，不过休闲类服装现在也慢慢流行。在高级饭店或歌剧院必须正装出席，尤其是男子，但民族服饰不受此约束。

五、礼节

意大利人热情好客，注重公共场所的文明礼貌，与宾客见面一般行握手礼，亲朋好友则会热情拥抱。对长者、有地位和不太熟悉的人，要称呼其姓，加上“先生”“太太”“小姐”等称呼。生活中处处体现女士优先原则。和意大利人聊天时，工作、新闻、足球等是较好的话题。在意大利，互相赠送礼物也是很普遍的。

职场模拟演练

在品尝意大利特色风味餐时，向游客介绍意大利的菜品和咖啡等餐饮文化。

任务4　线路产品设计/产品特色推广/沿途讲解/景区讲解

任务导入

对应岗位：计调/销售/领队

情境描述：游客都在感叹意大利大约30万平方千米的国土上居然有那么多世界遗产，导游解释说这和意大利的自然环境与遗产保护情况有关。意大利世界遗产项目的入选时间集中在20世纪90年代；遗产项目主要集中在中北部平原、中西部沿海和南部岛屿；在时间分布上，主要表现的是古罗马、中世纪和文艺复兴时期的文化；在属性特征上，与城市规划和宗教相关的项目占大多数，主要以历史城镇和乡村、文化景观公园和庭院、历史建筑（群）3种形式存在。

任务清单：

1. 了解意大利旅游市场现状。
2. 从文化角度了解意大利的世界遗产。
3. 熟悉意大利的食、住、行、游、购、娱等旅游业基本情况。

知识要点

意大利旅游业

一、旅游业概况

意大利旅游业历史悠久，已有100多年的历史。意大利旅游资源丰富多样，几十年来，一直是世界旅游大国，国际旅游外汇收入是其重要的外汇来源。旅游业是其国民经济的支柱产业。

二、世界遗产

自意大利1978年6月23日加入《保护世界文化与自然遗产公约》的缔约国行列以来，截至2021年7月，经联合国教科文组织审核被批准列入《世界遗产名录》的意大利世界遗产共有58项。意大利的世界遗产数量明细见表3-5-1。

表3-5-1　意大利的世界遗产数量明细

遗产数量	文化遗产	文化景观遗产	自然遗产	混合遗产	其中	跨国遗产	濒危遗产	除名遗产
58	49	4	5	0		7	0	0

遇见世遗3-5
意大利

三、旅游线路示例

旅游线路示例见表3-5-2。

表3-5-2　旅游线路示例

线路（当地参团）	意大利风情7日游
D1 锡耶纳—维泰博	田野广场—白露里治奥古城—锡耶纳大教堂
D2 佛罗伦萨—比萨	圣母百花大教堂—市政广场—比萨斜塔—奇迹广场
D3 马纳罗拉	五渔村
D4 米兰—西尔米奥奈	埃马努埃莱二世长廊—锡尔苗内—斯福尔扎城堡—米兰大教堂
D5 威尼斯	圣马可广场—叹息桥—贡多拉游船之旅
D6 阿西西—圣马力诺	阿西西—Basilica del Santo
D7 罗马	君士坦丁凯旋门—罗马斗兽场—威尼斯广场—特莱维喷泉—西班牙广场
线路2（自由行）	意大利7日游
D1 罗马	罗马斗兽场—万神殿—特莱维喷泉—西班牙广场
D2 罗马	真理之口—圣天使城堡—纳沃纳广场
D3 罗马—佛罗伦萨	皮蒂宫—维琪奥桥—乌菲兹美术馆
D4 佛罗伦萨	圣母百花大教堂—但丁故居—古驰博物馆
D5 佛罗伦萨—威尼斯	叹息桥—圣马可大教堂—圣马可广场
D6 米兰	米兰大教堂—大教堂广场—圣西罗球场
D7 米兰	斯福尔扎城堡—唐人街—埃马努埃莱二世长廊—蒙特拿破仑大街

四、餐食

1.早餐：酒店西式自助。

2.正餐：中餐六菜一汤、罗马意面、威尼斯墨鱼面、意大利比萨、米兰烩饭、T骨牛排餐、一餐墨鱼面三道式、海鲜瓦罐餐、DIY比萨餐。

五、住宿

团队旅游在意大利入住的是四星级或五星级的酒店。意大利大约有40 000家饭店。每家饭店的费用都是由省级旅游业理事会统一制定的。大部分饭店采用的是一揽子费用，包括税款、服务费、取暖费或空调费。如果一揽子费用中不包括增值税，则需额外加上。

如果是自由行的话还可以有更多的选择，如农业旅店和青年旅店等。如果想度过一段能与大自然和谐相融的假期，可以在农村租用专为度假而出租的农村别墅和农舍。此外，意大利有100家以上青年旅店，任何人只要持有国际青年住宿协会成员卡，就可以入住。青年旅店不仅向在意大利上学的学生提供服务，而且也向到意大利来旅游度假的学生开放。

六、交通

（一）机场与航空公司

目前，国内的北京和上海均有直飞罗马和米兰的航班，飞行时间在11～13个小时，其他城市乘机需要转机。从中国城市直飞意大利的航空公司有：中国东方航空、中国南方航空、中国国际航空、国泰航空、港龙航空等。

（二）境内交通

得益于四通八达的铁路网，乘坐火车是许多人辗转意大利各大城市的首选交通方式。对于那些火车无法直达的城市周边小镇，则先乘火车到达城市，再转乘汽车前往。飞机一般用于往来南部和北部之间。

1.火车：意大利境内的铁路网十分发达，线路遍布全国各地，就连西西里岛和撒丁岛上也被覆盖。这些铁路线将所有主要城市和地区连接在一起。北部以米兰、博洛尼亚为交通中心，往来于各城市间一般只需1～2小时；中部以罗马为交通枢纽，沟通南来北往的列车；那不勒斯则是南部的交通中心。

2.租车自驾：意大利风景优美，很适合自驾游，在意大利自驾并不难，公路网络广阔，道路状况良好，且交通规则内容严谨合理，交通标志清晰，只要熟悉并遵守即可。

3.长途巴士：意大利的巴士公司众多，线路几乎涵盖所有城镇，运行时间与火车差不太多，且价格更加低廉，所以乘坐巴士是许多本地人喜欢采取的交通方式。在意大利比较知名的巴士公司有Sena、Euroline、Baltour等，游客可在长途汽车站直接购票，也可在线订票。

七、游览

（一）主要旅游城市

主要旅游城市介绍见表3-5-3。

表3-5-3　　主要旅游城市介绍

城市	简　介	代表景点
罗马	●意大利首都，古罗马帝国发祥地，现在的国家政治、经济、文化和交通中心，位于意大利半岛中西部，处于地中海地区中央位置，是意大利交通枢纽，也是国际空运的中心之一。 ●罗马与佛罗伦萨同为意大利文艺复兴中心，现今仍保存有相当丰富的文艺复兴与巴洛克风貌。 ●罗马分古城和新城两个城区，古城在北面，约占城区面积40%，在1980年，罗马古城区被列为世界文化遗产。城中之国天主教教廷梵蒂冈位于其中。新城在20世纪20—50年代建成，是现代化城市。 ●世界天主教中心，有700多座教堂与修道院，7所天主教大学	斗兽场；特莱维喷泉；西班牙广场；万神殿；古罗马遗址；威尼斯广场；威尼斯宫；维克多·埃尔纽曼二世纪念堂；君士坦丁凯旋门；真理之口等
威尼斯	●位于意大利东北部，是亚得里亚海威尼斯湾西北岸重要港口；世界著名的历史文化名城；文艺复兴重镇；威尼斯画派的发源地；其建筑、绘画、雕塑、歌剧等在欧洲有着极其重要的地位和影响。 ●威尼斯平均水深1.5米，由118个小岛组成，并与177条水道、401座桥梁连成一体，市内主要交通工具是名为“贡多拉”的小巧尖舟。 ●公元451年就开始修建，城内古建筑众多，有哥特式、文艺复兴式、巴洛克式等，包括200多座教堂和钟楼、64座修道院、40多座宫殿	圣马可广场；叹息桥；布拉诺岛；圣马可大教堂；大运河；里亚托桥；圣马可钟楼；穆拉诺岛等
佛罗伦萨	●又名“翡冷翠”，位于意大利中部的托斯卡纳区，是沟通意大利南北方的交通枢纽。 ●文艺复兴运动的发祥地，也是世界上最丰富的文艺复兴时期艺术品保存地之一。 ●其市区仍保持古罗马时期的格局，市内有诸多中世纪古建筑和文物古迹，还有40多所博物馆和美术馆，60多所宫殿及多个教堂，大学，艺术、文学、科学研究院与图书馆等，因而又有“西方雅典”之称	圣母百花大教堂；米开朗基罗广场；领主广场；维琪奥桥；乌菲兹美术馆；大卫雕像；乔托钟楼；佛罗伦萨美术学院等
米兰	●位于意大利西北方，在意大利人口最密集的波河平原上。北靠阿尔卑斯山，南邻波河，是欧洲重要铁路交通枢纽，中欧重要工商业城市和金融中心。 ●文艺复兴时期的文化重镇，达·芬奇在这里生活工作，留下了《最后的晚餐》等众多手稿。仅次于罗马教廷的世界天主教重镇，曾出过多位教皇，是世界上教堂最多的城市之一。 ●歌剧中心，有歌剧麦加之称的世界著名歌剧院——斯卡拉歌剧院，曾有《图兰朵》《蝴蝶夫人》等400多部著名歌剧在此首演。 ●文物古迹众多，是历史文化名城。建于2000年前，但现有城市格局是500多年前形成的。拥有众多的美术馆、博物馆，收藏着世界著名大师的作品，包括米开朗基罗生前最后一件雕塑，拉斐尔、提香、佩鲁吉诺、毕加索等大师的绘画等	米兰大教堂；圣玛丽亚感恩教堂；梅阿查球场；圣罗伦佐大教堂；和平门；森皮奥内公园；斯卡拉歌剧院；新公爵城堡；米兰皇宫；布宜诺斯艾利斯大街；米兰运河等

（二）主要旅游资源

主要旅游资源介绍见表3-5-4。

表3-5-4　　主要旅游资源介绍

旅游资源	简　介
埃奥利群岛	●位于距意大利西西里岛北岸不到40千米的第勒尼安海中，是由7个大岛和一些小岛组成的火山群岛。陆地总面积88平方千米，岛屿大致呈“Y”字形排列。 ●是海底山脉中露出水面的一些山峰，形成年代在100万年以前。从古代起就以地震和火山活动频繁著称，火山喷发时产生的熔岩不断造就新的火山岛，摧毁原有的火山岛。至今，这里火山活动仍然十分频繁。 ●是欧洲大陆动物分布的最南端界限，有40多种鸟类资源，其中10种是濒危物种。该群岛2000年被列入《世界遗产名录》
加尔达湖	●位于意大利北部、阿尔卑斯山南麓，西距米兰105千米，是意大利最大、最干净的湖泊，南北长56千米，东西宽4～17千米，面积约370平方千米，最深346米。 ●湖泊南面是地势较低的乡村，向北则地势开始抬升，气候多样，有许多植物群和一些反常植被，如橄榄树、无花果树、柑橘属果树、藤本植物和柏树等。 ●从罗马时代就被辟为游览休养地。沿岸布满了沙滩、古老的森林，还有许多宜居的小城镇、酒店、城堡和修道院、博物馆等，是一个美丽的“文化宝库”
米兰大教堂	●位于意大利米兰市中心的大教堂广场上，是世界上最大的哥特式建筑、世界第二大教堂。文艺复兴时期的代表性建筑物，是米兰的象征。 ●著名的《米兰敕令》就从这里颁布，基督教从此合法化，成为罗马帝国国教。拿破仑曾于1805年在这里加冕。 ●教堂于公元1386年开工建造，1965年全部竣工，历时近6个世纪。 ●整个教堂长158米，最宽处93米，塔尖最高处达108.5米，总面积1.17万平方米，可容纳3.5万人。 ●教堂内外墙等各处均装饰有雕像，共有6 000多座。教堂顶耸立着135个尖塔，每个尖塔上都有精致的人物雕刻。另有150个水道，410个大理石支架，上面均装饰有浮雕。中央塔高108米，是教堂的最高点，建于15世纪。其上的圣母玛利亚镀金铜像高4.2米。教堂的顶层纵横交错着33座石桥，连接堂顶各个部分，其上可鸟瞰全市风光。教堂内还有宝物库和米兰大教堂博物馆等，供游人参观
比萨大教堂建筑群	●位于比萨城东北角的比萨广场上，是意大利罗马式教堂建筑的典型代表。该建筑群包括大教堂、洗礼室、钟楼和墓地，始建于1063年，之后3个世纪又经历了陆续的增建、修缮。这些宗教建筑对意大利11—14世纪的教堂建筑艺术产生了极大影响，于1987年12月被列入《世界遗产名录》。 ●比萨教堂附属的钟楼——比萨斜塔，在全世界范围内的名声超过教堂本身，是一座由白色大理石砌成的圆形斜塔，建筑风格也混合了罗马式和哥特式，共8层，高约55米，始建于1173年，由于修到第三层即出现地基倾斜，因此至1372年才完工

八、购物

（一）场所

在意大利旅游，主要的购物场所有免税店、名品购物村、蒙特拿破仑大街（米兰）、埃马努埃莱二世长廊（米兰）、The Mall（佛罗伦萨）、波特塞门广场（罗马）、连锁品牌百货（Coin百货、Upim百货、La Rinascente文艺复兴百货公司、Eately美食百货）等。

（二）购品

游客在意大利旅游主要购买的商品有食品类（冰淇淋、橄榄油、意大利面、通心粉、多莫瑞巧克力、奶酪）；饮品类（如illy咖啡、Lavazza，Kimbo、特色酒格拉帕、柠檬甜酒）；手工艺品类（如皮具、家具、贝壳雕刻、服饰、珠宝等）；化妆品类（如贝佳斯、芬旎，奥乐仕、诗瑞等）；奢侈品类（如迪奥、普拉达、古驰、华伦天奴、阿玛尼等）；保健品类（如Equilibra、ORSOVIT维生素软糖等）等。

九、娱乐

（一）威尼斯贡多拉游船

威尼斯最具代表性的传统船，是长约12米、宽约1.7米的黑色平底船。这种船被称作贡多拉，装饰华美，两头高翘呈现月牙形，由一位船夫站在船尾划动。几世纪以来，贡多拉都是威尼斯市内主要的交通工具，现在已经成为威尼斯旅游业的一大特色，穿行于市内的主要水道和威尼斯的其他小岛。威尼斯的主要景点有贡多拉渡口、火车站、里亚托桥、圣马可广场、美术学院等。

（二）在斯卡拉歌剧院观赏歌剧

斯卡拉歌剧院位于米兰，它既是建筑的典范，也是意大利歌剧的象征，被誉为“歌剧的麦加”。歌剧院于1778年8月3日正式启用，第二次世界大战后花巨资重建，目前是世界上屈指可数的几家豪华剧院之一。整个剧院为3层建筑，砖墙和廊柱是灰色的，木制门窗，显得宏伟大方。剧院内部的富丽堂皇和外部的凝重简练形成强烈对比。剧场池座呈马蹄形，面积405平方米，设有678个座位。池座周围有6层楼座，可容纳3 600多名观众。厅内雕梁画栋，金碧辉煌。西方许多音乐家和歌舞演员视斯卡拉歌剧院为歌剧圣地，以能在此献艺为荣。

旅游贴士3-5
意大利

职场模拟演练

1.车上导览——利用既有线路中的一天，查看路线，进行车上沿途风光讲解。

2.购物指导——购物环节有保健品店、化妆品店等，通过查找相关资料，为游客做好购物方面的指导。

3.景区导览——选择一个城市或一个景区融入相关文化要素，从世界遗产的角度对中国和意大利进行对比，作为对地陪讲解的补充，介绍给游客。

在线测评3-5
意大利

项目六 西班牙

◎ 学习目标

知识目标：

•熟悉西班牙的基本国情。

•熟悉西班牙的政治经济简况。

•掌握西班牙的节日、民居、饮食、服饰、礼节等民俗文化。

•掌握西班牙的食、住、行、游、购、娱等旅游业基本情况。

能力目标：

•能够策划西班牙旅游产品。

•作为领队能够协助当地导游安排落实在西班牙的旅游行程，并按照行程计划为游客提供讲解、陪同游览等服务。

•作为产品销售能够运用新媒体技术，策划实施西班牙旅游产品线下线上营销推广。

素养目标：

•培养学生具备国际的视野，厚植爱国情感、民族自豪感和对我国优秀传统文化的认同感。

•培养学生具有健康的体魄和心理、完善的人格，具有良好的行为习惯、一定的审美意识和人文素养。

•培养学生乐观向上的工作和生活态度，并具有自我管理能力、集体意识和团队合作精神。

任务1 领队说明会

任务导入

对应岗位：领队

情境描述：西班牙是一个典型的多民族融合国家，在临行前说明会上，领队可以从建筑的罗马艺术、伊斯兰风格、巴洛克艺术、哥特式艺术等角度提醒游客在当地发现每处建筑的独特的文化标签和相互融合的文化风格。

任务清单：

1.熟悉西班牙的自然地理（位置、地形、气候、自然资源等）。

2.熟悉西班牙的人文地理（人口、民族、语言等）。

知识要点

西班牙概况

一、位置

西班牙，全称西班牙王国，国土面积约50.6万平方千米，位于欧洲西南部伊比利亚半岛，占该岛面积的4/5。西班牙西邻葡萄牙，东北与法国、安道尔接壤，北濒比斯开湾，南隔直布罗陀海峡与非洲的摩洛哥相望，东临地中海，南北最长约830千米，东西最长约1 000千米，海岸线长约7 800千米。西班牙的领土包括地中海的巴利阿里群岛和非洲西北部大西洋的加那利群岛，相当于欧洲全部面积的1/20。

二、地形与地貌

伊比利亚半岛上多山脉，北部绵亘着比利牛斯山脉和坎塔布里亚山脉；南部有靠边界的东西走向的安达卢西亚山脉。中部梅塞塔高原是一个被山脉环绕的闭塞性高原，约占全国面积的60%。西班牙是欧洲海拔仅次于瑞士的山地国家。安达卢西亚山脉的最高峰穆拉森山，海拔3 478米，为西班牙的最高峰。加那利群岛是由火山喷发形成的，由13个火山岛组成。

三、气候

西班牙三面临海，各地气候不一，全国分成四大气候区。北部沿海地区为温带海洋性气候，冬季温和，夏季凉爽，全年雨量充足；东部和南部为地中海式气候，冬季温和，夏季干热，雨量少，全年大部分时间阳光普照；中部梅塞塔高原为大陆性气候，冬季寒冷，夏季炎热；加那利群岛为亚热带气候。首都马德里1月平均气温4.9℃，8月平均气温22.5℃。

四、自然资源

西班牙的汞储量占世界首位，并有煤、铁、铝土、铜、黄铁矿、石油等；森林总面积15万平方千米，森林覆盖率30%，有欧洲栓皮栎、橡、栗、杉等；盛产沙丁鱼和龙虾等。

五、人口与民族

人口4 820万人（2023年4月），主体是卡斯蒂利亚人（即西班牙人），少数民族有加泰罗尼亚人、加利西亚人和巴斯克人。

六、语言

西班牙语是官方语言和全国通用语言。

七、国旗与国徽

国旗呈长方形，长与宽之比为3∶2。旗面由3个平行的横长方形组成，上下均为红色，各占旗面的1/4；中间为黄色。黄色部分偏左侧绘有西班牙国徽。

西班牙国徽代表着历史上组成西班牙的五个王国：左上角红底金色城堡代表卡斯蒂利亚王国，右上角白底粉色狮子代表莱昂王国，左下角红黄竖条代表阿拉贡王国，右下角红底金色锁链代表纳瓦拉王国，最底下白底绿叶红石榴代表格拉纳达，中间蓝底三朵鸢尾花是波旁家族的标志。两根海格力斯之柱屹立在盾徽两边，仿佛将国家的安全置于其护佑之中。左柱顶上绘有一顶王冠，右柱顶上是帝国冠冕，它们分别代表守护西班牙直布罗陀海峡和莱昂岛的两根石柱。而当中盾牌上的大皇冠代表的是阿斯图里亚斯区——西班牙北部的一个地区。一条红色饰带绕过银柱，上面写着“海外还有大陆”。

八、行政区划

全国划分为17个自治区、50个省、8 100多个市镇，另有休达和梅利利亚两块飞地。

九、时差

西班牙的首都马德里位于东一区，执行夏令时的时候（3月至9月），比北京时间晚6个小时；执行冬令时的时候（10月至次年2月），比北京时间晚7个小时。

职场模拟演练

在领队说明会上，请你从自然地理和人文地理的角度简单介绍一下西班牙的国情，让游客对西班牙有一个大致的了解。

任务2　车上讲解/与游客交谈

任务导入

对应岗位：领队

情境描述：游客在西班牙用餐时发现蔬菜水果的种类比西欧国家多了不少，导游解释，这是因为西班牙靠近地中海，物产丰富，被称为“欧洲菜篮子”。当德国人一年四季只有酸菜和肘子，英国人只能把鱼和薯条玩出花样时，西班牙人享受着物美价廉的火腿、红酒、稻米、海鲜、水果……但以家庭为单位来看，西班牙人浪费的食物非常少，在欧盟国家中，西班牙的节约程度排名第二。西班牙众议院正在审批《防止食物损失和浪费法》，考虑对没有计划防止食物进入垃圾箱的酒吧、餐馆或超市实施制裁……领队也要了解目的地国家的民生民情，做好当地的陪同游览工作。

任务清单：

1. 熟悉西班牙重要历史时期的大事件。
2. 了解西班牙的国体和政体。
3. 了解西班牙经济现状。

知识要点

西班牙简史和政治、经济概况

一、简史

- 早在公元前50万年，伊比利亚半岛就有人居住。
- 公元前9世纪，凯尔特人从中欧迁入。

●公元前8世纪起，伊比利亚半岛遭外族入侵，长期受罗马人、西哥特人和摩尔人的统治。

●1492年“光复运动”胜利后，建立统一的西班牙封建王朝。同年10月12日哥伦布抵达西印度群岛。此后西班牙逐渐成为海上强国，在欧、美、非、亚各洲均有殖民地。

●1588年，“无敌舰队”被英国击溃，开始衰落。

●1873年，建立第一共和国。

●1931年，建立第二共和国。

●1936—1939年，西班牙爆发内战。

●1947年，佛朗哥名义上恢复君主制，但长期摄政独裁，架空王室权力。

●1975年11月，佛朗哥病逝，胡安·卡洛斯一世国王登基。

●1976年7月，胡安·卡洛斯一世国王任命原国民运动秘书长阿道夫·苏亚雷斯为首相，西班牙开始向西方议会民主政治过渡，1978年宣布实行议会君主制。

●2014年6月，胡安·卡洛斯一世国王宣布退位，将王位传给王储，费利佩六世国王登基。

二、政治

西班牙实行议会君主制，王位由胡安·卡洛斯一世的直系后代世袭。国王为国家元首和武装部队最高统帅，代表国家，但没有实权。议会由参议院和众议院组成，行使立法权，审批财政预算，监督政府工作。立法权以众议院为主，参议院为地区代表院。首相是中央政府首脑，由议会推选，国王任命。政府负责治理国家并向议会报告工作。

三、经济

西班牙是发达工业国，2004年以来GDP规模稳定在1万亿美元以上。2021年经济总量居欧盟第4位、世界第14位。农业、工业、建筑业、服务业占GDP比重分别为3.4%、16.3%、6.2%、74.1%。主要工业部门有食品、汽车、冶金、化工、能源、石油化工、电力等行业。纺织、服装和制鞋业是其重要传统产业，与意大利、葡萄牙一起，共享“制鞋王国”的美誉。服务业是国民经济的重要支柱，旅游业和金融业较为发达。西班牙素有“橄榄王国”之称，橄榄油的产量和出口量居世界首位。

西班牙是首批加入欧元区的国家，自2002年1月1日起正式启用欧元纸钞及硬币作为通用货币。欧元与人民币的汇率为：1欧元≈7.8598人民币；1人民币≈0.1272欧元（2024年1月）。

职场模拟演练

从本任务情境描述的话题中任选一个，作为与游客的谈资，帮助游客更好地了解西班牙和西班牙社会。

任务3 线路产品设计/沿途导览/景区讲解

任务导入

对应岗位：计调/领队

情境描述：欧洲的西南部和北部所孕育出的人类不但相貌不同，社交方式也完全不同。北欧人更绅士、内敛和温柔，如果看到相机镜头，会羞涩地躲避，但眼神相遇的时候又会报以温柔的微笑。西班牙人则十分热情，会很自然地亲近陌生人，喜欢攀谈。领队要熟悉目的地国家当地的民俗文化，做好陪同观光游览服务。

任务清单：

1. 了解西班牙的重要节日。
2. 熟悉西班牙民居的典型特点。
3. 熟悉西班牙的饮食文化。
4. 了解西班牙的传统服饰特点。
5. 熟悉西班牙人的礼节。

知识要点

西班牙民俗文化

一、重要节日

- 国庆节：10月12日
- 万圣节：11月1日
- 宪法日：12月6日

二、民居

西班牙的民居忠实地记录了历史的轨迹，哥特式、巴洛克式和阿拉伯式的古典建筑比比皆是。西班牙光复后，阿拉伯工匠们又创制了穆德哈尔式民居。西班牙的民居是各有千秋的低层小楼。色彩明快的白墙、红瓦搭配层次鲜明，起伏优美的屋面，辅以各种样式的铁艺、露台等，活泼随意但不杂乱，热情奔放又诗意浪漫。西班牙的独门独院别墅都拥有花园和庭院，强调自然景观的享受。乡间的民居与城市建筑最大的不同在于，其屋顶不是白色就是黑色，与城市里的红瓦相差甚远。除此之外，还有不少“茅草屋”似的民居，屋顶尖尖，墙壁四周全被茅草遮掩起来，但内部装饰考究，冬暖夏凉。

三、饮食

地中海饮食源自地中海沿岸国家和地区，包括意大利、希腊、西班牙、法国、摩洛哥、土耳其等。地中海饮食文化强调睦邻，分享和沟通，“吃在一起”是整个地中海盆地的文化基础。在西班牙，地中海饮食尤其以使用橄榄油和新鲜的食材为特色。加泰罗尼亚菜就以美味、精致而闻名。沿海地区的饮食以品种丰富的鲜鱼为主，内陆地区的特色菜肴以浓肉汤和烤肉为主。塞哥维亚的烤乳猪、米兰达埃布罗的烤羊肉、巴伦西亚的“巴戈亚饭”、曼卡的奶酪、比斯开湾的海味等，皆是脍炙人口的美食。西班牙人以面食为主食，喜食酸辣味的食品，一般不吃过分油腻和咸味太重的菜，特色菜有马德里肉汤、蔬菜冷汤、香肠煮豆子等。西班牙人早餐习惯喝酸牛奶，午餐和晚餐通常要喝啤酒、葡萄酒或白兰地酒，饭后则喝咖啡、吃水果。肉菜饭是一种巴伦西亚地区乃至整个西班牙的百姓经常食用的食物，它是用米、肉、鱼及豆角等制成的，颇受外国旅游者的欢迎。

四、服饰

西班牙人在正式社交场合通常穿保守式样的西装，内穿白衬衫，打领带。他们喜欢黑色，因此一般穿黑色的皮鞋。西班牙妇女外出有戴耳环的习俗，否则会像没有穿衣服一般被人嘲笑。披风是西班牙女性的传统服饰，至今仍很流行。

五、礼节

西班牙人在正式社交场合与客人相见时，通常行握手礼。与熟人相见时，男性朋友之间常紧紧地拥抱。西班牙人的姓名常有三四节，前一二节为本人姓名，倒数第二节为父姓，最后一节为母姓。西班牙人在口头称呼时通常称父姓。西班牙的节日繁多，如狂欢节、烹调节、复活节等。西班牙人在元旦前夜全家团聚，午夜12点时，以教堂钟声为号，大家争着吃葡萄。每敲一下钟，必须吃下一颗，要连续吃下12颗，预祝来年一帆风顺、大吉大利。

职场模拟演练

西班牙海鲜饭是西餐三大名菜之一，与法国蜗牛、意大利面齐名。领队带游客用西班牙特色餐之前可向游客介绍西班牙饮食文化的特点。

任务4　线路产品设计/产品特色推广/沿途讲解/景区讲解

任务导入

对应岗位：计调/销售/领队

情境描述：欧洲给游客印象最深的是每座城市的艺术氛围，西班牙也是如此。西班牙人对艺术有强烈的追求，并把它带到城市的生活中。比如，地铁站内，用当地文化景点图片和艺术活动海报来替代大部分的商业广告；火车沿途墙上的涂鸦；广场上的乐队演奏等。此外，西班牙各地区也出台了“城市声音环境保护”相关条例，达到维护街头表演秩序的目的，这也为我国旅游产业开发提供了借鉴。

任务清单：

1.了解西班牙旅游市场现状。

2.从文化角度了解西班牙的世界遗产。

3.熟悉西班牙的食、住、行、游、购、娱等旅游业基本情况。

知识要点

西班牙旅游业

一、旅游业概况

西班牙的旅游业发达，是国民经济的重要支柱之一。加泰罗尼亚是吸引外国游客最多的自治区。西班牙的著名旅游胜地有马德里、巴塞罗那、塞维利亚、太阳海岸、美丽海岸等。世界旅游组织总部设在马德里。

二、世界遗产

自西班牙1982年5月4日加入《保护世界文化与自然遗产公约》的缔约国行列以来，截至2021年，经联合国教科文组织审核被批准列入《世界遗产名录》的西班牙世界遗产共有49项。西班牙的世界遗产数量明细见表3-6-1。

遇见世遗3-6

西班牙

表3-6-1　西班牙的世界遗产数量明细

遗产数量	文化遗产	文化景观遗产	自然遗产	混合遗产	其中	跨国遗产	濒危遗产	除名遗产
49	40	3	4	2		4	0	0

三、旅游线路示例

旅游线路示例见表3-6-2。

表3-6-2　旅游线路示例

线路1（目的地参团）	魅力西班牙深度游
D1 出发地—马德里	接机—埃及古庙—西班牙广场—格兰大道
D2 马德里	拉多大道—西贝莱斯广场—海神喷泉—阿尔卡拉门—哥伦布广场—马约尔广场—丽池公园的小湖—玻璃宫—拉斯本塔斯斗牛场—斗牛博物馆
D3 马德里—萨拉戈萨—波夫莱特—蒙特塞拉特—巴塞罗那	皮拉尔圣母教堂—波夫莱特修道院—蒙特塞拉特修道院
D4 巴塞罗那	哥特式风格社区—奥林匹克公园—圣家族大教堂—西班牙村—露天建筑博物馆—兰布拉大街和加泰罗尼亚广场
D5 巴塞罗那—出发地	送机
线路2（自由行）	西班牙南北环线8日自驾游
D1 巴塞罗那	加泰罗尼亚广场—圣家堂—米拉之家—巴特罗之家—兰布拉大道—诺坎普球场
D2 巴塞罗那—瓦伦西亚	瓦伦西亚市政广场
D3 瓦伦西亚—阿里坎特	艺术科学城—瓦伦西亚斗牛场—瓦伦西亚主教堂—圣女广场
D4 阿里坎特—格拉纳达	圣巴尔巴拉城堡—红墙
D5 格拉纳达—塞维利亚	阿尔罕布拉宫—圣尼古拉斯广场
D6 塞维利亚	西班牙广场—塞维利亚王宫—塞维利亚大教堂—皇家骑士俱乐部斗牛场斗牛表演
D7 科尔多瓦—托莱多—马德里	百花巷
D8 马德里	太阳门广场—马德里王宫—普拉多博物馆—圣地亚哥·伯纳乌体育场

四、餐食

1.早餐：酒店西式自助餐、便携式早餐盒。

2.正餐：印度餐、西班牙烩饭（海鲜烩饭、瓦伦西亚烩饭、龙虾烩饭、蔬菜烩饭）、中东餐、中式团餐桌餐。

五、住宿

西班牙旅游业发达，不同档次的旅馆遍及全国各地，可满足不同层次的需要。目前，西班牙有各类旅馆1.67万个（其中，四星和五星旅馆占7%，一、二、三星旅馆占34%，客栈占59%），可提供140多万个床位。国家客栈是西班牙政府属下的一些古老、有历史艺术价值的建筑物（如城堡、宫殿、寺院等）改建而成的旅馆。国家客栈目前有80多个，一般都位于风景美丽的地方。西班牙除拥有大量的旅馆、客栈外，不少家庭还将多余的住宅、公寓和房间出租给游客居住，收费较低。如果游客在西班牙一个地方停留时间较长，可以租住带有厨房的公寓及住宅，或住进西班牙人家中，不失为一种新的生活体验。旅游团队入住的酒店相当于国际三星或四星级的标准。

六、交通

（一）机场和航空公司

我国游客赴西班牙旅游通常使用的是3个机场，即马德里巴拉哈斯机场（位于西班牙中部）、巴塞罗那普拉特机场（位于西班牙东部）、马拉加机场（位于西班牙南部）。

我国游客赴西班牙旅游可以从北京、上海、成都、香港等地出发，大多数航班都在马德里或巴塞罗那着陆。可以选择的航空公司有中国国际航空、国泰航空和西班牙国家航空等，它们都提供从中国境内直飞西班牙的航线，还有很多航空公司的中转航班也可供选择。

（二）境内交通

1.火车：西班牙铁路网与欧洲其他地区铁路网连通，可以乘火车到达伦敦、巴黎、维也纳等各大城市。在国内，铁路网以马德里为中心呈放射状分布，速度慢，而且容易延迟。西班牙高速列车简称AVE，乘坐AVE和西班牙国铁，可以到达国内主要城市（如马德里、塞维利亚、马拉加、巴塞罗那和瓦伦西亚等）。

2.飞机：西班牙主要城市之间都有航线连接。几乎所有航班都短于两个小时（加那利群岛除外），主要机场有马德里、巴塞罗那、帕尔马、马拉加-太阳海岸、大加那利岛等，多数机场距离主要城市中心不到20千米。

3.自驾：西班牙各大机场都配有全球连锁的租车公司，如安飞士、赫兹和Sixt等，在全国各店都可以还车。

4.船：西班牙的邮轮港口主要在巴塞罗那、帕尔马、拉斯帕尔马斯、圣克鲁斯特内里费等地，有多条航线前往周边群岛。每年夏天从西班牙沿海城市（如巴塞罗那、瓦伦西亚、马拉加、帕尔马等）出发的地中海豪华游轮也深受游客的喜爱。

七、游览

（一）主要旅游城市

主要旅游城市介绍见表3-6-3。

表 3-6-3　　主要旅游城市介绍

城市	简　介	代表景点
马德里	●西班牙首都，全国第一大城市，也是全国经济、交通中心。位于西班牙中部、瓜达拉马山脉东南麓的山间高原盆地中，曼萨纳雷斯河贯穿其中，素有“欧洲之门”之称。 ●欧洲文化名城。城市分新、旧城两部分，旧城建于15—18世纪，街道狭窄；新城建于20世纪，街道宽阔整齐。 ●市内有50多家博物馆。街心广场300多个，大多配有雕像、喷泉、花木，而且每个广场都有自身历史和特色。市内还有高尔夫球场、网球场、赛马场、高山滑雪场、汽车赛场等体育设施以及颇具西班牙特色的宾达斯斗牛场	马德里王宫；太阳门广场；普拉多博物馆；丽池公园；马德里主广场；西班牙广场；圣米格尔市场；马约尔广场；阿尔卡拉大街；东方宫；德波神庙等
巴塞罗那	●它位于西班牙东北部，濒临地中海，属于典型的地中海型气候，有“伊比利亚半岛的明珠”之称。全国最大的综合性港口。西班牙经济中心和第二大城市，也是西班牙最重要的贸易、工业和金融基地，工业产值占全国的1/5。 ●加泰罗尼亚文化的发祥地。是国际建筑界公认的将古代文明和现代文明完美结合的城市，它于1999年获得了英国皇家建筑学会的皇家建筑金奖。 ●巴塞罗那分新老两个城区。老城有汇集诸多灰色石头建筑物的哥特区，还有其他许多中世纪教堂和宫殿。新城是城市规划的典范，有绿树成荫的大道及宽广的广场，分布着19世纪中叶至20世纪中叶修建的众多现代主义风格建筑	圣家堂；巴特罗之家；古埃尔公园；米拉之家；哥伦布纪念塔；巴塞罗那大教堂；加泰罗尼亚广场；兰布拉斯大街；光明泉；西乌达德拉公园；毕加索博物馆等
塞维利亚	●位于伊比利亚半岛南部、瓜达尔基维尔河下游谷地，谷地在海拔100米以下，开阔低平，多肥沃冲积土，农牧业较发达，盛产油橄榄、葡萄、谷物、棉花、烟草和羊，为农产品加工和集散中心。 ●西班牙第四大城市，有汽车、机械等工业。是西班牙南部经济、贸易、旅游和文化重镇。曾是西班牙西南部古都，该市保留着几个世纪前摩尔人统治过的痕迹。 ●西班牙唯一有内河港口的城市，瓜达尔基维尔河贯穿其中。曾是重要的港口，古称巴罗斯港，1492年哥伦布即从此处出发，率众西行探险。文学巨著《堂吉诃德》就写于该城，著名的“弗拉明戈舞”和“雪利酒”也发源于此	塞维利亚大教堂；塞维利亚美术馆；西班牙广场；塞维利亚王宫；皇家骑士俱乐部；黄金塔；都市阳伞；弗拉明戈舞博物馆；吉拉尔达塔等

（二）主要旅游资源

主要旅游资源介绍见表3-6-4。

表 3-6-4　　主要旅游资源介绍

旅游资源	简　介
太阳海岸	●位于西班牙南部安达卢西亚地区的地中海沿岸，长250多千米，是西班牙四大旅游区之一，被誉为世界六大完美海滩之一。 ●气候温和，阳光充足，全年日照300多天，故称“太阳海岸”。平坦长直，只有几处区域被岩石峭壁隔断。 ●沿岸城镇各有特色：有现代化的旅游城，有保持传统风貌的老城，有阿拉伯建筑风格的村镇，有拥有各式游艇的游艇港等。当地的旅游业被称为“向全世界出口阳光和海滩”的产业

续表

旅游资源	简　介
加拉霍艾国家公园	●位于加那利群岛的拉戈梅岛的中心，面积大约40平方千米，70%的面积覆盖着月桂。这种颇具历史遗迹研究价值的月桂树林在全球所存无几，1986年加拉霍艾国家公园被列入《世界遗产名录》。 ●公园中有450种形态各异的植物，其中34种植物都是加拉霍艾地区所特有的。无脊椎动物的种类十分丰富，许多属于珍稀物种，50%的无脊椎动物都是本地所特有的。 ●还有一些突出地面的千奇百怪的岩石矿脉，这些地貌是熔岩流过并固化而形成的。公园东南部还有4个火山口，因彼此间靠得很近而引人注目
东方宫	●位于马德里西部、曼萨纳莱斯河左岸一座山岗上，整个建筑呈正方形，每边长约150米。 ●建于1738—1764年，外部是典型的法国风格和新古典主义风格，雄伟壮观，内部装潢富有意大利情调。宫殿四角突出，内侧为正方形长廊庭院，是典型的西班牙传统建筑风格。 ●宫殿的正前方是东方广场，两旁是历代国王的铜像。王宫北侧是精致小巧的萨巴蒂尼花园，后侧是御花园摩尔公园。宫殿内部有数百个华丽的大厅和别致的小阁、居室。1975年，胡安·卡洛斯一世登基后，下令将其对公众开放，而皇室则移居他处。现在，东方宫已经成为国家博物馆和庆典场所
圣家族大教堂	●简称“圣家堂”，位于西班牙加泰罗尼亚地区的巴塞罗那市区中心，始建于1884年，其主体建筑95米长、60米宽，可容纳万名信徒。是西班牙建筑大师安东尼奥·高迪的毕生代表作。 ●圣家族大教堂是一座哥特式风格的天主教教堂，整体外形细长，高塔林立，共计18座。其周围环绕4座130米，代表圣经四福音书的4位作者的大塔楼。 ●教堂东、西、南的“诞生立面”“复活立面”“荣耀立面”都使用大型雕刻群展现基督事迹，目前只完成前二道。高迪的建筑设计图曾毁于火灾，后续建筑困难重重，没有人能预料它还需建造多少年才能完工
阿尔罕布拉宫	●位于安达卢西亚省北部格拉纳达城东的山丘上，是中世纪摩尔人在西班牙建立的格拉纳达王国的王宫，始建于13世纪，1994年被列入《世界遗产名录》。 ●地势险要，四周环以高厚的城垣和数十座城楼。宫中主要建筑由4处宽敞的长方形中庭（桃金娘中庭、狮庭、达拉哈中庭和雷哈中庭）与相邻的厅室所组成。4个中庭中最具有代表性的是桃金娘中庭和狮庭。 ●整个阿尔罕布拉宫中，都是西班牙伊斯兰园林的典型装饰元素，包括铺砌釉面砖的壁脚板、墙身、横饰带、覆有装饰性植物主题图案的系列拱门，以及用弓形、钟乳石等修饰的顶棚等
科尔多瓦古城建筑群	●位于塞哥维亚东北约130千米，瓜达尔基维尔河北岸。曾是罗马人、摩尔人的领地，还是西班牙迦太基帝国的一部分，历史上一直是政治和文化中心。 ●建于蜿蜒的河岸之旁，在8—11世纪初是伊斯兰教主要都市之一。如今保留了中世纪的规划，街道狭窄，广场、大街、漂亮的水池和精巧的花园巧妙地融入城市景观。 ●建筑遗址有罗马帝国遗迹、摩尔人建造的尖塔和阿尔莫多瓦尔大门、犹太教堂、基督教纪念建筑、卡拉霍拉塔楼、慕达尔教堂和哥特式建筑等
加泰罗尼亚音乐宫	●位于巴塞罗那哥特街区，兴建于1905—1908年，设计者是建筑大师蒙塔内尔。 ●现代派风格建筑，包含了传统的西班牙元素和阿拉伯元素在内的色彩艳丽的装饰。整个音乐宫以红、黄、绿、天蓝色等欢快活泼的明亮色彩为主导色调，以浓墨重彩的花饰艺术和马赛克装饰艺术成功地展现了民族特征。外墙部分装饰了众多世界音乐大师的头像雕塑。其音乐厅是世界上唯一白天靠自然光照明的音乐大厅。 ●音乐宫拥有世界一流音质，每年在此举行的音乐会超过300场

八、购物

（一）场所

在西班牙旅游主要的购物场所有格兰大道、太阳门广场、Arenal大街、黄金商圈萨拉曼卡区、拉斯咯扎斯购物村、英格列斯百货和塞拉诺大街等。

（二）购品

游客在西班牙旅游主要购买的商品有工艺品类（如陶瓷工艺品、扇子、古玩、金银摆件、金丝画、羊皮酒囊、吉他等乐器、油画、唱片等）；服饰配饰类（如高档时装、皮鞋、皮手袋、刺绣披肩、珠宝等）；食品类（如葡萄酒、雪利酒、伊比利亚火腿、橄榄油等）；餐具类（如铜盘、木制餐具、金属器皿、玻璃制餐具等）。

九、娱乐

（一）弗拉明戈体验课

15世纪中叶，流浪的吉卜赛人将弗拉明戈舞带进西班牙。起源于安达卢西亚的弗拉明戈舞是西班牙舞蹈甚至西班牙文化的代表。它融合了声乐、舞蹈艺术和音乐伴奏。弗拉明戈音乐有50种，每种都有自己的节奏模式。弗拉明戈舞是一种即兴舞蹈，没有固定的动作，全靠舞者和演唱、伴奏的人以及观众之间的情绪互动。塞维利亚弗拉明戈舞博物馆位于圣克鲁斯区，在弗拉明戈舞蹈家的指点下，参观者可以亲自体验一下弗拉明戈舞课程，感受这种舞蹈的独特魅力。

（二）观看斗牛比赛

西班牙斗牛是久负盛名的活动，在西班牙300多个斗牛场，位于马德里东部的拉斯班塔斯斗牛场是西班牙最著名的斗牛场，这里是西班牙斗牛表演水平最高的场所。它有着穆德哈尔风格的外观，可容纳3.2万名观众，从5月圣伊西德罗节一直到10月都是西班牙的斗牛季，各位顶级的斗牛士都会云集到这里，场内座无虚席。斗牛被认为是西班牙的“国粹”“国技”，西班牙素有“斗牛王国”之称。

（三）游览“艺术金三角”三大博物馆

马德里是绝对的艺术圣地，这座城市内的艺术品多得令人叹为观止，普拉多博物馆、索菲亚王后国家艺术中心和提森-博内米萨博物馆被称作“艺术金三角”，陈展着很多令人耳熟能详的作品。普拉多博物馆收藏了16—19世纪西班牙艺术史上3万多件艺术珍品；索菲亚王后国家艺术中心保存了西班牙最突出的现代艺术作品；在提森-博内米萨博物馆内，游客可以以时间为主线，欣赏13—20世纪西方各个时期大师的绘画名作。

旅游贴士3-6

西班牙

职场模拟演练

在线测评3-6

西班牙

1.车上导览——利用既有线路中的一天，查看路线，进行车上沿途风光讲解。

2.购物指导——购物环节有保健品店、化妆品店等，通过查找相关资料，为游客做好购物方面的指导。

3.景区导览——选择一个城市、一个景区或一项世界遗产，融入相关文化要素，介绍给游客。

项目七　俄罗斯

◎　学习目标

知识目标：

•熟悉俄罗斯的基本国情。

•熟悉俄罗斯的政治经济简况。

•掌握俄罗斯的节日、民居、饮食、服饰、礼节等民俗文化。

•掌握俄罗斯的食、住、行、游、购、娱等旅游业基本情况。

能力目标：

•能够策划俄罗斯旅游产品。

•作为领队能够协助当地导游安排落实在俄罗斯的旅游行程，并按照行程计划为游客提供讲解、陪同游览等服务。

•作为产品销售能够运用新媒体技术，策划实施俄罗斯旅游产品线下线上营销推广。

素养目标：

•培养学生具备国际的视野，厚植爱国情感、民族自豪感和对我国优秀传统文化的认同感。

•培养学生具有健康的体魄和心理、完善的人格，具有良好的行为习惯、一定的审美意识和人文素养。

•培养学生乐观向上的工作和生活态度，并具有自我管理能力、集体意识和团队合作精神。

任务1　领队说明会

任务导入

对应岗位：领队

情境描述：俄罗斯地跨欧亚两大洲，是一个旅游环境非常神奇的地方。它融汇了东西方文化，有着悠久的历史、浓郁的民俗文化、绚丽的自然风光、独特的地域景色和别具一格的建筑风貌。你准备好如何从一场令游客印象深刻的行前说明会开始你的领队工作了吗？

任务清单：

1. 熟悉俄罗斯的自然地理（位置、地形、气候、自然资源等）。

2. 熟悉俄罗斯的人文地理（人口、民族、语言等）。

3. 了解俄罗斯其他方面的国情。

知识要点

俄罗斯概况

一、位置

俄罗斯横跨欧亚大陆，东西最长9 000千米，南北最宽4 000千米。面积1 709.82万平方千米，居世界第一位。邻国西北面有挪威、芬兰，西面有爱沙尼亚、拉脱维亚、立陶宛、波兰、白俄罗斯，西南面是乌克兰，南面有格鲁吉亚、阿塞拜疆、哈萨克斯坦，东南面有中国、蒙古和朝鲜。东面与日本和美国隔海相望。

二、地形与地貌

俄罗斯的平原约占国土总面积的60%。全境以南北走向的叶尼塞河为界分为东、西两部分。乌拉尔山脉是欧、亚两洲的分界线，也是东欧平原和西西伯利亚平原的分界线。大高加索山脉主轴分水岭为东欧和西亚的分界线。最高峰厄尔布鲁士山海拔5 642米，是一座死火山，也是欧洲最高峰。主要河流有伏尔加河、鄂毕河、叶尼塞河、勒拿河等，其中伏尔加河是欧洲最长的河流。另外，还有世界上最深的淡水湖——贝加尔湖。

三、气候

俄罗斯大部分地区处于北温带，以大陆性气候为主，温差普遍较大，1月份气温-40～-5℃，7月份气温11～27℃。年降水量150～1 000毫米。其中奥伊米亚康被称为北半球的寒极，温度曾低到-71℃。

四、自然资源

俄罗斯自然资源十分丰富，种类多，储量大，自给程度高。国土面积居世界第一位。森林覆盖面积占国土面积的65.8%，居世界第一位。木材蓄积量居世界第一位。天然气已探明蕴藏量占世界探明储量的25%，居世界第一位；石油探明储量占世界探明储量的9%；煤蕴藏量居世界第五位；铁、镍、锡蕴藏量居世界第一位；黄金储量居世界第三位；铀蕴藏量居世界第七位。

五、人口与民族

俄罗斯是世界上人口最稀疏的国家之一，人口1.46亿人（2022年），居世界第9位。其人口分布极不均衡，大部分人口集中居住于北至圣彼得堡，南至新罗西斯克，东至伊尔库茨克的三角地带中。西伯利亚占据了俄罗斯大约3/4的国土，却居住了少于1/4的人口。民族194个，其中，俄罗斯族占77.7%，主要少数民族有鞑靼、乌克兰、巴什基尔、楚瓦什、车臣、亚美尼亚、阿塞拜疆、白俄罗斯等族。

六、语言

俄语是官方语言。

七、国旗与国徽

俄罗斯国旗呈横长方形，长与宽之比约为3：2。旗面由3个平行且相等的横长方形相连而成，自上而下分别为白、蓝、红三色。白色代表寒带一年四季白雪茫茫的自然景观；蓝色既代表亚寒带气候区，又象征俄罗斯丰富的地下矿藏和森林、水力等自然资源；红色是温带的标志，也象征俄罗斯历史的悠久和对人类文明的贡献。

国徽为盾徽。1993年11月30日，俄罗斯决定采用十月革命前伊凡雷帝时代的以双头鹰为图案的国徽：红色盾面上有一只金色的双头鹰，鹰头上是彼得大帝的三顶皇冠，鹰爪抓着象征皇权的权杖和金球。鹰胸前是一个小盾形，上面是一名骑士和一匹白马。

八、行政区划

根据俄罗斯宪法，俄罗斯联邦现由85个平等的联邦主体组成，其中包括22个共和国、9个边疆区、46个州、2个联邦直辖市、1个自治州和4个民族自治区。为维护国家统一，强化总统对地方的管理，俄罗斯联邦按地域原则把俄罗斯联邦管区划分为8个联邦区。

九、时差

俄罗斯的首都莫斯科位于东三区，比北京时间晚5个小时。

职场模拟演练

在领队说明会上，请你从自然地理和人文地理的角度简单介绍一下俄罗斯的国情，让游客对俄罗斯有一个大致的了解。

任务2　车上讲解/与游客交谈

任务导入

对应岗位：领队

情境描述：俄罗斯的历史可以追溯到基辅罗斯公国，而后与拜占庭文化相融合。俄罗斯曾被蒙古人占领，至沙皇时期到达极盛，领土甚至远至芬兰，成就了洋葱头建筑、巡回画派、富有苦难与哲理的文学作品等多元文化。因此，领队给游客讲解俄罗斯街头建筑样式时也要结合历史和当时的主流文化。

任务清单：

1. 熟悉俄罗斯重要历史时期的大事件。
2. 了解俄罗斯的国体和政体。
3. 了解俄罗斯经济现状。

知识要点

俄罗斯简史和政治、经济概况

一、简史

- 俄罗斯人的祖先是东斯拉夫人罗斯部族。
- 15世纪末至16世纪初，以莫斯科大公国为中心，逐渐形成多民族的封建国家。
- 1547年，伊凡四世改大公称号为沙皇。
- 1721年，彼得一世改国号为俄罗斯帝国。
- 1861年废除农奴制。19世纪末至20世纪初成为军事封建帝国主义国家。

●1917年2月，资产阶级革命推翻了专制制度。

●1917年11月7日（俄历10月25日）十月社会主义革命，建立了世界上第一个社会主义国家政权——俄罗斯苏维埃联邦社会主义共和国。

●1922年12月30日，俄罗斯联邦、外高加索联邦、乌克兰、白俄罗斯成立苏维埃社会主义共和国联盟（后扩至15个加盟共和国）。

●1990年3月，波罗的海三国（爱沙尼亚、拉脱维亚、立陶宛）先后宣布独立。苏联其他加盟共和国也纷纷发表主权独立宣言。

●1991年8月，苏联发生“8·19”事件。12月26日，苏联最高苏维埃共和国院举行最后一次会议，宣布苏联停止存在。至此，苏联解体，俄罗斯联邦成为完全独立的国家，并成为苏联的唯一继承国。

●1993年12月12日，全民投票通过了俄罗斯独立后的第一部宪法，规定国家名称为俄罗斯联邦。

二、政治

1993年12月12日，全民投票通过了俄罗斯独立后的第一部宪法，同年12月25日正式生效，规定俄罗斯是共和制的民主联邦法制国家，确立了总统制的国家领导体制。2018年3月18日，俄罗斯举行总统选举，普京获胜连任。5月7日，普京宣誓就职，任期6年。

三、经济

俄罗斯是世界经济大国。俄罗斯工业基础雄厚，部门齐全，以机械、钢铁、冶金、石油、天然气、煤炭、森林工业及化工等为主，核工业、航空航天业和国防业在世界上也占有重要地位。但其食品工业和轻工业还较落后，缺乏足够的竞争力，对进口有很大的依赖性。

俄罗斯现行通用货币是卢布，俄罗斯卢布与人民币的汇率为：1人民币≈12.32俄罗斯卢布；1俄罗斯卢布≈0.0812人民币（2024年1月）。

职场模拟演练

从本任务情境描述的话题中任选一个，作为与游客的谈资，帮助游客更好地了解俄罗斯和俄罗斯社会。

任务3 线路产品设计/沿途导览/景区讲解

任务导入

对应岗位：计调/领队

情境描述：游客对俄罗斯圣瓦西里大教堂的外观的印象特别深刻，在旅游巴士上导游又帮助游客回忆了它的形态，其圆顶一般都是多层次、大小不一的蘑菇群状，其形状类似半圆形，或者洋葱头、椰壳状，尖尖的塔尖与十字架相互交织，便有了比罗马式和拜占庭式教堂更为奢华堂皇的美感，这种样式叫“斯拉夫式”……领队要熟悉目的地国家的建筑等方面的旅游文化，做好陪同游览的全面工作。

任务清单：

1.了解俄罗斯的重要节日。

2.熟悉俄罗斯民居的典型特点。

3.熟悉俄罗斯的饮食文化。

4.了解俄罗斯的传统服饰特点。

5.熟悉俄罗斯人的礼节。

知识要点

俄罗斯民俗文化

一、重要节日

- 公历新年：1月1日
- 祖国保卫者日：2月23日
- 国际妇女节：3月8日
- 春天与劳动节：5月1日
- 伟大卫国战争胜利日：5月9日
- 国庆日（国家主权宣言通过日）：6月12日
- 民族团结日：11月4日

二、民居

俄罗斯族传统住宅多为砖木结构、高大宽敞的平房，也有单一木材结构的房屋。铁皮屋顶大多涂上彩色油漆，向四周延伸形成廊檐。屋顶上开有天窗，可调节室内温度和空气流通。屋内多砌有取暖的火墙，室内铺有地毯。农村的俄罗斯族民居，房屋四周砌有院墙，庭院内栽植各种花木，后院建有畜圈、地窖和库房。村居自然环境优美，弯弯的小河从村中流过，一幢幢房屋和庭院被树林遮蔽，显出一派宜人的田园风光。还有俄罗斯传统的“木刻楞”房屋，既保留了俄式的建筑风格，又附加了新的设计。

三、饮食

在饮食习惯上，俄罗斯人讲究量大味厚，喜欢酸辣咸，偏爱炸、煎、烤、炒的食物，以面包为主食，很爱吃用黑麦烤制的黑面包，喜爱牛、羊肉。俄罗斯人早餐比较简单，但午餐和晚餐很讲究，一定要喝汤，并且要求汤汁浓，特别爱喝鱼片汤、肉丸汤、鸡汁汤，爱吃肉饼、牛排、红烧牛肉、烤羊肉串、烤山鸡、鱼肉丸子、炸马铃薯、红烩的鸡和鱼等。在凉菜小吃中，俄罗斯人喜吃生西红柿、生洋葱、酸黄瓜、酸白菜、酸奶渣和酸奶油拌沙拉等。俄罗斯人喝酒佐餐，酒量很大，喜欢烈性的伏特加酒。喝红茶时有加柠檬和糖的习惯，通常不喝绿茶。酸奶和果汁则是妇女儿童喜爱的饮料。

四、服饰

俄罗斯人大都讲究仪表，注重服饰。男士多穿西服、戴呢帽，冬天则穿长外衣、戴皮帽。女士穿连衣裙、西服上衣或西服裙，秋冬两季戴呢帽或皮帽、穿长大衣。在民间，已婚妇女必须戴头巾，并以白色的为主；未婚姑娘则不戴头巾，但常戴帽子。前去拜访俄罗斯人时，进门之后务必立即自觉地脱下外套、摘下手套、帽子和墨镜等。

五、礼节

俄罗斯人性格豪放开朗，喜欢谈笑，组织纪律性强，习惯统一行动。亲人和好友间见面和告别时，习惯于接吻和拥抱。在迎接贵宾时，俄罗斯人通常会向对方献上面包和盐，这是给予对方的一种极高的礼遇，来宾必须对其欣然接受。俄罗斯人相约讲究准时。尊重女性，在社交场合，男性还为女性开门、脱大衣、在餐桌上分菜等。俄罗斯人重视文化教育，喜欢艺术品和艺术欣赏，酷爱鲜花，无论生日、节日还是平常做客，都离不开鲜花。

职场模拟演练

在俄罗斯街头可以看到很多教堂的建筑都是“斯拉夫式”，向游客介绍俄罗斯“斯拉夫式”建筑的特点并和欧洲其他建筑样式做比较。

任务4 线路产品设计/产品特色推广/沿途讲解/景区讲解

任务导入

对应岗位：计调/销售/领队

情境描述：游客正在和地陪导游确认晚上看芭蕾舞演出的事宜，接着议论，“俄罗斯幅员辽阔，气候寒冷，俄罗斯民族看上去也很粗犷，不过在这片土地上，却发展起来了柔美的芭蕾，真不可思议……”导游继续解释，芭蕾并非起源于俄罗斯，也非成长于俄罗斯，但它却发展于俄罗斯，成就于俄罗斯，成为俄罗斯艺术中的一朵奇葩，三大芭蕾舞剧《天鹅湖》《胡桃夹子》《睡美人》至今长演不衰。

任务清单：

1.了解俄罗斯旅游市场现状。

2.从文化角度了解俄罗斯的世界遗产。

3.熟悉俄罗斯的食、住、行、游、购、娱等旅游业基本情况。

知识要点

俄罗斯旅游业

一、旅游业概况

俄罗斯地跨欧亚两大洲，辽阔的东欧平原和西西伯利亚平原是俄罗斯田园风光旅游佳地。东欧平原优美的自然风光与现代城市建筑引人入胜，南部的土兰平原则是极具神秘色彩的沙漠旅游区，风景秀丽、气候宜人的高加索山脉是世界著名的休闲旅游和避暑消夏的胜地，乌拉尔山以东的西伯利亚地区则以气候寒冷、森林茂密、雪海浩瀚和民族风情迥异吸引着越来越多的旅游者。

二、世界遗产

自俄罗斯1988年10月12日加入《保护世界文化与自然遗产公约》的缔约国行列以来，截至2019年，经联合国教科文组织审核被批准列入《世界遗产名录》的俄罗斯世界遗产共有29项。俄罗斯的世界遗产明细见表3-7-1。

遇见世遗3-7
俄罗斯

表3-7-1　俄罗斯的世界遗产明细

遗产数量	文化遗产	文化景观遗产	自然遗产	混合遗产	其中	跨国遗产	濒危遗产	除名遗产
29	18	0	11	0		4	0	0

三、旅游线路示例

旅游线路示例见表3-7-2。

表3-7-2　旅游线路示例

线路1（跟团游）	俄罗斯海参崴4日游
D1 绥芬河—格城—乌苏里—海参崴	交通
D2 海参崴	列宁纪念碑—海参崴陆港火车站—海参崴火车站—9288纪念碑—托卡内夫灯塔—海参崴博物馆
D3 海参崴	潜水艇C-56博物馆（外观）—俄罗斯凯旋门—鹰巢山
D4 海参崴—乌苏里—格城—绥芬河	交通
线路2（自由行）	流金岁月俄罗斯经典8日游
D1 圣彼得堡	冬宫广场—俄罗斯冬宫博物馆—冬宫—涅瓦大街—救世主滴血大教堂
D2 圣彼得堡	夏宫—叶卡捷琳娜宫
D3 莫斯科	列宁墓—红场—圣瓦西里大教堂
D4 莫斯科	卡洛明斯克庄园—新圣女修道院—高尔基公园—阿尔巴特大街/白兔子餐厅
D5 莫斯科	克里姆林宫—基督救世主大教堂—特列季亚科夫画廊—莫斯科国立大马戏团
D6 谢尔盖耶夫—弗拉基米尔	谢尔盖耶夫圣三一修道院—谢尔盖耶夫镇圣母升天大教堂—弗拉基米尔金门
D7 苏兹达尔—莫斯科	尤希米乌救世主修道院—商业长廊—苏兹达尔克里姆林
D8 莫斯科	一只蚂蚁市场—古姆国立百货商店

四、餐食

1. 早餐：酒店西式自助餐。

2. 正餐：中式团餐桌餐、西式自助餐、特色俄式餐、莫斯科烤鱼餐、基辅式黄油鸡肉卷、海鲜餐、俄式甜点、新俄式简餐。

五、住宿

团队旅游在俄罗斯入住的是当地三星级酒店。俄罗斯政府规定，旅客入境前，须订妥酒店，才可获得签证。俄罗斯亚洲部分的服务业很不发达，宾馆数量少。一般大城市的中等旅社才可以专门接待国内商务、旅行人士，收费10～20美元/天，条件中等。通过网上查找也可以预订到俄罗斯居民家中借住，但语言不通会很麻烦。莫斯科有许多不错的青年旅舍，但是比其他欧洲国家要贵很多。宾馆的起价一般是35～50欧元，大多还是苏联国际旅行社遗留下来的旧房子。

六、交通

（一）机场和航空公司

国内有十几个主要城市开通了直飞俄罗斯的航班，飞往俄罗斯的8个城市（莫斯科、圣彼得堡、叶卡捷琳堡、新西伯利亚、伊尔库茨克、乌兰乌德、海参崴、哈巴罗夫斯克等）。我国游客赴俄罗斯旅游可以从国内很多城市出发直飞到俄罗斯国际机场。具体出发城市和执飞航空公司见表3-7-3。

表3-7-3 中国赴俄罗斯的出发城市和执飞航空公司

俄罗斯到达机场	出发城市	执飞航空公司
莫斯科谢列梅捷沃国际机场	乌鲁木齐	中国南方航空
	青岛	首都航空
	广州	俄罗斯国际航空
	成都	四川航空
	北京	俄罗斯国际航空
	重庆	天津航空
	上海	俄罗斯国际航空
	深圳	中国南方航空
	三亚	UTair航空
	武汉	中国南方航空
	西安	中国东方航空
	天津	天津航空
圣彼得堡普尔科沃国际机场	上海	洲际航空
	北京	俄罗斯普尔科沃航空、海南航空

（二）境内交通

1.内陆段飞机：俄罗斯的大多数城市都有自己的机场，乘坐飞机方便、速度快，但价格也较高。主要机场有莫斯科谢列梅捷沃国际机场、圣彼得堡普尔科沃国际机场、新西伯利亚机场、叶卡捷琳堡机场等。主要的航空公司有俄罗斯国际航空、西伯利亚航空等。

2.火车：俄罗斯拥有完善且发达的铁路网络，以莫斯科为中心呈放射状铺开，闻名世界的西伯利亚大铁路横跨亚欧大陆。俄罗斯火车票价格较低，很多游客都把火车作为俄罗斯境内的主要交通工具。俄罗斯的火车类型分为特快列车、快速列车、旅客列车。

3.长途汽车：在俄罗斯很多城市都有长途汽车站，长途汽车设施与火车二等车厢差不多，车票可在车站和长途汽车上购买。

4.地铁：在莫斯科、圣彼得堡等城市，地铁是最方便的交通工具。地铁一般2～3分钟一班，可到达市内的绝大多数地方。游客若乘火车到莫斯科，一出莫斯科车站便可看到共青团地铁站。

5.出租车：俄罗斯的出租车为黄色，标志为圆圈内有一个“T”字，顶灯亮着代表车内无人，正规出租车内都有计价器，但价格较高。也有些私人出租车，价格较便宜，但在乘坐时需注意安全。

七、游览

（一）主要旅游城市

主要旅游城市介绍见表3-7-4。

表3-7-4　主要旅游城市介绍

城市	简　介	代表景点
莫斯科	●俄罗斯首都，俄罗斯最大的城市，面积约2 560平方千米，常住人口约1 230万，位于东欧平原，跨莫斯科河及其支流亚乌扎河两岸。俄罗斯的经济、文化、金融、交通中心。 ●市内有11个自然森林区、98个公园、800多处街心花园，绿化面积高，有“森林中的首都”美誉。全市有65座博物馆、4 291座图书馆、28座歌剧院和23座话剧院。 ●莫斯科的城市规划呈辐射环形状，红场、克里姆林宫一带是老市区，城市的中心；市中心的园林路环以内主要为政府机构和商业区；城市外围则是工厂、火车站和货场	俄罗斯冬宫博物馆；圣瓦西里大教堂；古姆国立百货商店；红场；克里姆林宫；莫斯科罗蒙诺索夫国立大学；无名烈士墓；麻雀山；列宁墓；国立莫斯科大学等
圣彼得堡	●1703年由彼得大帝下令建造。俄罗斯第二大城市，位于俄罗斯西北部、波罗的海芬兰湾东端的涅瓦河三角洲。俄罗斯西北地区的政治、经济、文化中心，又称“北方首都”。 ●科学技术和工业高度发展的国际化城市，有众多高等院校、科学研究机构，是俄罗斯通往欧洲的“窗口”，也是俄罗斯重要的水陆交通枢纽。圣彼得堡是一座文化及古迹名城，有很多18—19世纪的博物馆和名人故居。 ●市内纵横交错着自叶卡捷琳娜二世时期以来开凿的运河，拥有与威尼斯齐名的水城和桥梁博物馆。5月至8月城市几乎没有黑天，还能观测到北极光，犹如梦幻	俄罗斯冬宫博物馆；冬宫广场；夏园；圣以撒大教堂；叶卡捷琳娜宫；夏宫；救世主滴血大教堂；喀山大教堂；伊萨克基辅大教堂等
海参崴	●俄罗斯滨海边疆区首府，太平洋沿岸著名港口。城市总面积为700平方千米，城市海岸线达100多千米。位于俄罗斯、中国和朝鲜三国交界之处。 ●海参崴作为天然不冻港，是海员城、渔业城、商业城，其工业以船舶维修、造船、探矿机器制造、鱼类加工及木材业为主；市内有多类企业及工厂，以海洋渔业公司、船舶制造厂、工具厂、食品加工厂为主。 ●有良好的海滨浴场，每逢夏季，来自俄罗斯国内及欧洲其他国家的游客、疗养者成千上万。地方土产以鹿茸及人参最为著名	潜水艇C-56博物馆；海参崴火车站；列宁纪念碑；远东苏维埃政权战士纪念碑；东正教堂；海参崴市中心街道；海参崴凯旋门；托卡内夫灯塔等
索契	●位于俄罗斯的克拉斯诺达尔边疆区，是俄罗斯最狭长的城市。俄罗斯的夏日之都。 ●俄罗斯最大的疗养地。主要疗养资源是接近40℃的硫化氢温泉。森林覆盖率达82%，生长着3 000多种植物。 ●大高加索山也为爱好山地旅行和山地滑雪的旅游者提供了一个好去处。索契成功举办了2014年冬季奥运会。 ●有发达的文化、艺术、体育设施。市内有两座博物馆：克拉耶维切斯基博物馆和作家尼古拉·奥斯特洛夫斯基博物馆。还有多个大剧院、150个俱乐部和文化站，国内外著名的艺术家经常到此巡回演出，每年定期举办歌曲节、“金秋”艺术节、“库班音乐之春”艺术节和其他各类展览活动	索契植物园；玫瑰庄园高山滑雪中心；索契奥林匹克公园；斯大林别墅；奥斯特洛夫斯基博物馆等

（二）主要旅游资源

主要旅游资源介绍见表3-7-5。

表3-7-5 主要旅游资源介绍

旅游资源	简介
贝加尔湖	●世界上最深、容量最大的淡水湖。长636千米，平均宽48千米，面积3.15万平方千米，平均深度744米，最深点1 637米，湖面海拔456米，总蓄水量23.6万亿立方米。有336条河流注入湖中，最大的是色楞格河，从湖中流出的则仅有安加拉河。1996年贝加尔湖被联合国教科文组织列入《世界遗产名录》。 ●贝加尔湖湖水清澈纯净，且稳定透明，透明度达40.8米，为世界第二。湖区有矿泉300多处，是俄罗斯东部地区最大的疗养中心和旅游胜地
堪察加火山群	●位于俄罗斯的堪察加州，分布在该州的5个自然公园和保护区内，面积3.3万平方千米。在太平洋火山带上，活火山和死火山总数超过300座，是世界上活火山最集中的地方。 ●这里的火山群熔岩形成了曲折的洞穴、间歇泉、温泉、喷泉等自然景观，并生长着800多种植物和驼鹿、北极狐和棕熊等珍稀动物，1996年被联合国教科文组织列入《世界遗产名录》。 ●旅游业发展迅速，主要形式有狩猎、捕鱼、高山滑雪度假、水上观光、火山攀登观光、探险性旅行等
克里姆林宫与红场	●克里姆林宫是历代帝王的宫殿，初建于12世纪中期，自16世纪中叶起成为沙皇的宫堡。位于俄罗斯首都莫斯科市中心。1990年入选《世界遗产名录》。 ●宫殿外围南临莫斯科河，西北接亚历山大罗夫斯基花园，东南与红场相连，宫墙呈三角形，周长2 000多米，周边分布着20多座塔楼。宫墙上有5座城门塔楼和箭楼。宫墙内是宫殿建筑群，另有政府大厦和各种博物馆。宫殿西侧为冬季花园，有600多个各具特色的房间。 ●红场长695米，宽130米，总面积约9万平方米，南北长、东西窄。红场是莫斯科最古老的广场。红场西侧是克里姆林宫及列宁墓，北面为19世纪时用红砖建成的国立历史博物馆，东侧是240家商店组成的百货大楼，南端是大小9座塔楼组成、极富特色的红场标志性建筑——圣瓦西里大教堂
艾尔米塔什博物馆	●位于圣彼得堡涅瓦河畔，又名冬宫，是世界四大博物馆之一。原本是冬宫的一部分，由俄国女皇叶卡捷琳娜二世于1764年创建，作为其私人博物馆，女皇从柏林购进伦勃朗、鲁本斯等人的250幅绘画存放在冬宫的艾尔米塔什，该馆由此而得名。十月革命以后，整个冬宫归于艾尔米塔什博物馆。 ●艾尔米塔什博物馆占地面积9万平方米，藏品多达270万件，尤为突出的是绘画，共收藏15 800余幅。其中意大利达·芬奇的两幅《圣母像》、拉斐尔的《圣母圣子图》和《圣家族》、荷兰伦勃朗的《浪子回头》，以及提香、鲁本斯、委拉士贵支、雷诺阿等人的名画都极其珍贵
夏宫	●又名彼德宫，坐落在芬兰湾南岸的森林中。由沙皇彼得大帝于1714年下令兴建，占地近千公顷。夏宫外部简朴庄重，内部装饰华贵，被誉为“俄罗斯的凡尔赛宫”。彼得大帝生前每年必来此度夏，并在此举办各种大型舞会和宫廷庆典。1934年后夏宫被辟为民俗史博物馆。 ●夏宫分为宫殿和夏花园。宫殿建造中的代表性建筑是当年彼得大帝及其妻子居住的双层宫殿和被称作“大瀑布”的喷泉群。夏花园修建于1704年，也是圣彼得堡的第一座花园。较为珍贵的古迹是意大利大师创作的大理石雕像
普希金城	●原本是俄国沙皇的离宫，位于圣彼得堡市南部约25千米处。1937年为纪念普希金在此度过童年而改为现名“普希金城”。 ●大量豪华的宫殿群错落分布在繁茂的树林中。叶卡捷琳娜宫是建筑风格最为突出的宫殿，融合了巴洛克风格和古典主义风格。宫殿长306米，超过了俄罗斯巴洛克时期的所有建筑。窗框和廊柱上的造型丰富的雕塑和凹凸有致的结构，使如此之长的建筑丝毫不显单调呆板。 ●皇宫北部的礼拜堂上方是5个金色洋葱头式尖顶，耀眼夺目，几乎从园内任何地方都能望见

八、购物

（一）场所

在俄罗斯旅游主要的购物场所有首都机场免税店、一只蚂蚁市场（莫斯科）、古姆国立百货商店（莫斯科）、欧洲商城（莫斯科）、红场地下商场（莫斯科）、叶利谢耶夫食品店（圣彼得堡）、涅瓦大街（圣彼得堡）等。

（二）购品

游客在俄罗斯旅游主要购买的商品有化妆品类（大牌化妆品、香水）；手工艺品类（如油画、套娃、漆盒、琥珀、绿松石、锡器、彩绘木碗）；食品类（如伏特加、黑鱼子酱、格瓦斯）；服饰类（围巾、披肩、紫金首饰）等。

九、娱乐

（一）观赏芭蕾舞剧

18世纪，法国与意大利的舞者来到圣彼得堡，为俄罗斯芭蕾舞艺术奠定了根基。此外，在俄罗斯民间，芭蕾舞也成为一种余兴的表演节目。到了19世纪，芭蕾舞在俄罗斯已经逐步达到辉煌，而这项艺术在西欧却渐渐没落，后来西欧的芭蕾舞艺术反而是靠俄罗斯芭蕾舞为其注入活力而得以复苏。圣彼得堡遍布着很多大大小小的剧院，无论是男女老少，都愿意在剧院中度过一个轻松愉快的文化周末。前来观看表演的观众，必须衣着整齐。圣彼得堡一流的舞蹈家夏天大都不在国内，通常都在国外交流学习，冬天才回国集训和表演，因此冬季才有顶尖表演供欣赏。

（二）体验“北方威尼斯”游船

圣彼得堡最好的景点如美丽的古典宫殿、教堂、学院均分布在涅瓦河两岸，而观赏角度最好的地点是在涅瓦河上。那些横跨涅瓦河和海峡的桥梁共有几百座，千姿百态，各不相同，成为这座城市一道亮丽的风景。彼得大帝青铜骑士像、彼得保罗要塞、彼得夏宫更犹如颗颗珍珠镶嵌在涅瓦河岸上。若是遇到开桥，大桥中央的两段桥跨会吊在空中，巨大的钢铁大桥宛如奔马般扬起前蹄，让滞留的船舶顺利驶向芬兰湾，那壮观的场景，能给人留下难以磨灭的印象。

（三）观赏莫斯科大马戏团表演

莫斯科国家大马戏院，是世界上规模最大的马戏剧院之一，马戏院建筑高36米，面积达3 000平方米。内部的演出厅以舞台为中心，呈圆形，每场演出可供3 400名观众观赏。莫斯科国家大马戏院拥有自己的马戏团，成立于1880年。演员们活跃在世界马戏的舞台上，在世界杂技和马戏大赛中获得众多大奖。马戏院里有5个交替的表演场，即驯马场、魔术场、冰场、水场和灯光秀场。在这里，观众欣赏到的不仅仅是单一的驯兽与杂技表演，更是一场盛大的情景剧：让人血脉偾张的高空表演，令人啧啧称奇的动物杂耍，配上精彩紧凑的剧情。观众全神贯注，连眼睛都不敢眨一下，生怕错过最精彩的部分。

旅游贴士3-7

俄罗斯

职场模拟演练

1.车上导览——利用既有线路中的一天，查看路线，进行车上沿途风光讲解。

2.购物指导——购物环节有保健品店、化妆品店等，通过查找相关资料，为游客做好购物方面的指导。

3.景区导览——选择一个城市、一个景区或一项世界遗产，融入相关文化要素介绍给游客。

在线测评3-7

俄罗斯

项目八 瑞典

◎ 学习目标

知识目标：

•熟悉瑞典的基本国情。

•熟悉瑞典的政治经济简况。

•掌握瑞典的节日、民居、饮食、服饰、礼节等民俗文化。

•掌握瑞典的食、住、行、游、购、娱等旅游业基本情况。

能力目标：

•能够策划瑞典旅游产品。

•作为领队能够协助当地导游安排落实在瑞典的旅游行程，并按照行程计划为游客提供讲解、陪同游览等服务。

•作为产品销售能够运用新媒体技术，策划实施瑞典旅游产品线下线上营销推广。

素养目标：

•培养学生具备国际的视野，厚植爱国情感、中华民族的自豪感和对我国优秀传统文化的认同感。

•培养学生具有健康的体魄和心理、完善的人格，以及良好的行为习惯、审美意识和人文素养。

•培养学生乐观向上的工作和生活态度，并具有自我管理能力、集体意识和团队合作精神。

任务1 领队说明会

任务导入

对应岗位：领队

情境描述：领队在机场见到旅游团游客时，能够感受到游客的脸上写满兴奋，本次出行的目的地是北欧四国，这些国家或充满了童话和玩具，让人童心四溢；或拥有峡湾和白夜这样的独特自然景观；或建立了世界上最好的社会福利制度；或以冬天寒冷的天气和众多的湖泊著称……游客已经迫不及待要去北欧领略自然的壮美和宁静了，领队也要从行前说明会正式开始工作了。

任务清单：

1. 熟悉瑞典的自然地理（位置、地形、气候、自然资源等）。

2. 熟悉瑞典的人文地理（人口、民族、语言等）。

知识要点

瑞典概况

一、位置

瑞典位于北欧斯堪的纳维亚半岛东半部。西邻挪威，边境长1 619千米；东北接芬兰，边境长586千米；东临波罗的海，西南濒北海，同丹麦隔海相望，海岸线长3 218千米。面积45万平方千米。

二、地形与地貌

地形狭长，地势自西北向东南倾斜。北部为诺尔兰高原，南部及沿海多为平原或丘陵。湖泊约10万个，可通航河流较少。

三、气候

大部分地区属温带针叶林气候，最南部属温带阔叶林气候。受北大西洋暖流影响，平均气温1月北部-15℃，南部1~2℃；7月北部8℃，南部18℃。

四、自然资源

铁矿、森林和水力是瑞典三大资源。瑞典系欧洲最大的铁矿石出口国，2022年铁矿石产量约8 700万吨，采矿业总营业额约690亿瑞典克朗。森林覆盖率为58%，蓄材35.5亿立方米。水力在瑞典清洁能源中占比最大，每年水力发电约68亿千瓦时，占全国总发电量45%。此外，北部和中部地区有硫、铜、铅、锌、砷等矿，储量不大。

五、人口与民族

人口1 056万（2023年10月）。绝大多数为瑞典人，移民多来自中东、东南欧、非洲等地区。北部萨米族是唯一的少数民族，约2万人。

六、语言

官方语言为瑞典语，通用英语。

七、国旗与国徽

瑞典王国国旗呈长方形，长与宽之比为8∶5。旗面由蓝、黄两色构成。旗帜底色为蓝色，黄色宽条十字把旗底分成4块蓝色长方形。靠旗杆一边的和靠右侧的上下长方形面积都相等。瑞典王国国旗是蓝底，黄色的纳维亚十字延伸到边缘，交叉口位于中间稍左区域，左侧是悬挂的地方，蓝色象征着真理、警惕、毅力、忠诚和正义，而黄色代表着慷慨。

瑞典大国徽为斗篷式，饰有王冠的蓝盾被黄十字一分为四：左上和右下部绘有3顶王冠；右上和左下部绘有戴王冠的金狮。大盾中有一小盾，左面由蓝、银白、红三色斜纹和一个金瓶组成；右面绘有一个城堡式的钟楼和一只金鹰。蓝盾两旁是金狮，下端为勋章。小国徽为一个戴王冠的蓝盾，盾面上3顶金冠是瑞典王国的象征，也象征着当年组成卡尔马联盟的丹麦、瑞典和挪威。

八、行政区划

全国划分为21个省和290个市。省长由政府任命，市级领导机构由选举产生，省、市均有较大自主权。

九、时差

瑞典的首都斯德哥尔摩位于东一区，执行夏令时的时候（3月至9月），比北京时间晚6个小时；执行冬令时的时候（10月至次年2月），比北京时间晚7个小时。

职场模拟演练

在领队说明会上，请你从自然地理和人文地理的角度简单介绍一下瑞典的国情，让游客对瑞典有一个大致的了解。

任务2　车上讲解/与游客交谈

任务导入

对应岗位：领队

情境描述：游客在旅游车上与领队讨论瑞典经济发达的原因是“瑞典模式”，也就是“高收入、高税收、高福利”在保障国家经济发展、抵御危机影响方面发挥了积极作用。领队也要多多关注目的地国家的社会与民生问题，为游客提供优质的陪同游览服务。

任务清单：

1. 熟悉瑞典重要历史时期的大事件。
2. 了解瑞典的国体和政体。
3. 了解瑞典经济现状。

知识要点

瑞典简史和政治、经济概况

一、简史

●公元11世纪初开始形成国家。

●1157年兼并芬兰。

●1397年，与丹麦、挪威组成卡尔马联盟，受丹麦统治。

●1523年脱离联盟独立。

●1654—1719年为强盛时期，领土包括现芬兰、爱沙尼亚、拉脱维亚、立陶宛以及俄罗斯、波兰和德国三国的波罗的海沿岸地区。

●1718年对俄国、丹麦和波兰作战失败后逐步走向衰落。

●1805年参加拿破仑战争，1809年败于俄国后被迫割让芬兰。

●1814年从丹麦取得挪威，结成瑞挪联盟，1905年挪威独立。

●1995年加入欧盟。

二、政治

瑞典实行君主立宪制。国王是国家元首，作为国家象征仅履行代表性或礼仪性职责，不能干预议会和政府工作。议会是立法机构，由普选产生。政府是国家最高行政机构，对议会负责。国王的长子女是法定王位继承人。

三、经济

瑞典工业发达，主要有矿业、机械制造业、森林及造纸工业、电力设备、汽车、化工、电信、食品加工等。全国耕地面积共265万公顷，约占国土面积的7%。粮食、肉类、蛋和奶制品自给有余，蔬菜、水果主要靠进口，农产品自给率达80%以上。服务业发达，从业者主要分布在医疗护理、商业、运输通信、金融、教育、科研、公共行政、文化服务及家庭服务等领域。瑞典著名的品牌有爱立信、沃尔沃汽车、伊莱克斯电器、宜家家居等。

瑞典现行通用货币是瑞典克朗，瑞典克朗与人民币的汇率为：1瑞典克朗≈0.6985人民币；1人民币≈1.4316瑞典克朗（2024年1月）。

职场模拟演练

从本任务情境描述的话题中任选一个，作为与游客的谈资，帮助游客更好地了解瑞典和瑞典社会。

任务3　线路产品设计/沿途导览/景区讲解

任务导入

对应岗位：计调/领队

情境描述：穿梭在瑞典街道，游客们发现了很多木结构建筑，极为简约、形状各异、各有千秋，的确和在国内宜家商场中看到的商品如出一辙。建筑体多为不对称，形成了自由灵活且让人亲近的建筑氛围。建筑中运用了很多曲线、曲面等自由形态的造型，这也是北欧木建筑的特色，体现出北欧人对自然形态的推崇。商业街中艺术家的私人创意店铺几乎随处可见，很多工艺品成本低廉却有极好设计感和美学效果，售价高昂却大有市场。

任务清单：

1. 了解瑞典的重要节日。
2. 熟悉瑞典民居的典型特点。
3. 熟悉瑞典的饮食文化。
4. 了解瑞典的传统服饰特点。
5. 熟悉瑞典人的礼节。

知识要点

瑞典民俗文化

一、重要节日

- 国庆日：6月6日
- 圣诞节：12月25日
- 节礼日：12月26日

二、民居

瑞典风格是18世纪晚期在古斯塔夫三世统治时期形成的，瑞典人对新古典主义中繁杂的优雅形式进行简化，增大了舒适性的比例，追求自然与朴素，并把此风格设计推向了顶峰。在瑞典人心中，大自然和家庭在他们的生活中扮演着很重要的角色，生活中要充满阳光。瑞典民居的外观多是红白相间的，围墙不但低矮，而且中间镂空。有些甚至只是用铁条、木条围成栅栏，与外界形成象征性的分隔。瑞典小镇民居造型各具特色，每家都有草坪，有少量花卉和树木，但不种菜，因为种菜浇肥会影响其他人家。草坪由人工或机器人打理。院子有孩子玩耍的蹦床和秋千等简单设施。

三、饮食

瑞典人习惯于欧式西餐，以面食为主，爱吃烧卖、面包，对香肠、牛肉等也乐于食用。参加瑞典人主办的宴请活动时，要按主人排定的座次入席，同时要注意帮助座位旁的女伴入座。用餐时不要发出响声，一定要等到主人、年长者或比自己级别高的人敬酒后才能向他们敬酒。

四、服饰

瑞典的传统民族服装是：男子上身穿短上衣和背心，下身穿紧身裤子；少女一般不戴帽子，已婚的妇女则戴式样不一的包头帽。在正式场合，男子一般是西装革履，加上一件长外套；女子一般是西服上衣配短裙，或穿低胸露肩的长裙。

五、礼节

瑞典人文化素质较高、热情好客、淳朴诚实、谈吐文明、行为规矩、重诺守时，他们十分重视环境保护，爱花、爱鸟和其他野生动植物，热爱大自然。在瑞典，与外国客人相见时，瑞典人通常以握手为礼，有时也行接吻礼。瑞典人的婚礼有宗教婚礼和非宗教婚礼两种形式。宗教婚礼一般按福音路德教的礼仪进行；非宗教婚礼则由法官或其他有权主持婚礼的人主持，同时要有两位证婚人。

职场模拟演练

在瑞典街头，领队与游客一边鉴赏瑞典的木结构建筑，一边向游客介绍北欧的木结构建筑与中国木结构建筑的区别。

任务4　线路产品设计/产品特色推广/沿途讲解

任务导入

对应岗位：计调/销售/领队

情境描述：北欧每个国家都在发展冰雪旅游，却不同质，各有特色，挪威和瑞典具备丰富的山地资源和独特的地形地势，所以更加突出高山滑雪和越野滑雪项目。芬兰发挥市场主体作用，对客户市场进行细分，分门别类地制定有针对性的销售策略，并实施从冰雪运动项目到餐饮、住宿、游玩等其他服务一体化经营模式。芬兰浴在世界上享有盛誉，芬兰已形成“滑雪+温泉+度假”的休闲冰雪旅游模式。旅游从业者能否从北欧的冰雪旅游模式中得到一些启示？

任务清单：

1. 了解瑞典旅游市场现状。
2. 从文化角度了解瑞典的世界遗产。
3. 熟悉瑞典的食、住、行、游、购、娱等旅游业基本情况。

知识要点

瑞典旅游业

一、旅游业概况

瑞典的旅游市场中，入境游的主要客源地为挪威、德国、丹麦、英国；出境游的主要目的地为西班牙、挪威、法国。瑞典十分重视中国市场，中国游客不仅可以随团申请申根国颁发的ADS（被批准的旅游目的地国家）签证前往瑞典，还可以选择自助游申请个人旅游签证。2019年是瑞典旅游业创纪录的一年，因为越来越多的瑞典人选择在瑞典境内度假，而非出国旅游。瑞典最大的露营地运营商——北欧露营第一营（Nordic Camping-First Camp）显示了创纪录的数字，即全部营地预订一空。

二、世界遗产

自瑞典1985年1月22日加入《保护世界文化与自然遗产公约》的缔约国行列以来，截至2019年，经联合国教科文组织审核被批准列入《世界遗产名录》的瑞典世界遗产共有15项。瑞典的世界遗产数量明细见表3-8-1。

表3-8-1　瑞典的世界遗产数量明细

遗产数量	文化遗产	文化景观遗产	自然遗产	混合遗产	其中	跨国遗产	濒危遗产	除名遗产
15	13	0	1	1		2	0	0

遇见世遗3-8

瑞典

三、旅游线路示例

旅游线路示例见表3-8-2。

表3-8-2 旅游线路示例

线路（目的地参团）	北欧四国双峡湾童话10日之旅
D1居住地—赫尔辛基	夜宿飞机，赫尔辛基
D2居住地—赫尔辛基	接机
D3赫尔辛基—斯德哥尔摩	西贝柳斯公园—赫尔辛基大教堂（外观）—南码头露天市场，搭乘诗丽雅或维京五星游轮前往斯德哥尔摩
D4斯德哥尔摩	斯德哥尔摩市政厅—瓦萨沉船博物馆—斯德哥尔摩王宫（外观）—峡湾街
D5斯德哥尔摩—卡尔斯塔德—奥斯陆	斯德哥尔摩—奥斯陆
D6奥斯陆—松恩峡湾—峡湾小镇于尔维克	弗洛姆小镇—挪威三文鱼场参观—入住百年贵族酒店Brakanes
D7峡湾小镇于尔维克—哈当厄尔峡湾—峡湾小镇盖罗	哈当厄尔峡湾观景游船—哈当厄尔峡湾
D8峡湾小镇盖罗—奥斯陆—哥德堡	维格兰雕塑公园—霍尔门考伦滑雪跳台（外观）—哥德堡市政厅广场（外观）—哥德堡哥塔广场（外观）—哥德堡歌剧院（外观）
D9哥德堡—哥本哈根	安徒生雕像（外观）—小美人鱼铜像—神农喷泉—阿美琳堡宫（外观）
D10哥本哈根—居住地	哥本哈根—居住地

四、餐食

1.早餐：酒店西式自助、便携式早餐盒。

2.正餐：瑞典肉丸餐、瑞典小龙虾餐、邮轮海鲜自助、酒店西式自助、三文鱼餐、哥本哈根烤脆皮猪肉餐、挪威峡湾酒店西式晚餐（两道式）、哥德堡自助海鲜餐、中式团餐桌餐。

五、住宿

旅游团队入住的是相当于国际三星或四星的酒店。在瑞典还有一些奇特的酒店，很有特色，会让行程锦上添花。

树屋酒店：位于北部村庄Harads，拥有6间悬挂在吕勒河附近松树林中的客房。游客还可在树上享用晚餐。夏季有徒步旅行、划皮划艇或骑宽胎自行车探索周边地区的活动。冬季有狗拉雪橇、骑雪地摩托车、冰上钓鱼和穿雪鞋行走等活动。

冰雪酒店：由托尔讷河的冰块建成，客人在冰雪房间内的驯鹿皮上过夜，室温在-5°C左右，只能在重型睡袋中保暖。冬季，酒店周边有狗拉雪橇、驯鹿雪橇、雪地摩托、漂流和钓鱼等活动，幸运的话还可以看见北极光。夏季，客人可以体验午夜阳光。

木筏酒店：韦斯特罗斯的Hotell Utter Inn乍一看似乎只是一个漂浮在港口木筏上的小木屋，实际是一居室酒店房间，有一个厨房和一个水面以上的卫生间，在水面以下三米处有一间卧室，游客透过全景窗户可以看到水下世界，可以实现“和鱼一起睡觉”的梦想。

萨拉银矿酒店：坐落在旧银矿床萨拉银矿场内，提供乡村风格装饰的客房。客人可以参观内部的采矿博物馆。夏季，萨拉银矿场有导游活动，其内部的高丝冒险道配有索道、吊桥和其他挑战项目，游客还可在前台租用自行车和独木舟。

六、交通

（一）机场和航空公司

我国游客赴瑞典旅游通常到达的是斯德哥尔摩阿兰达国际机场，从我国北京出发，飞行时长约9.5小时。除此之外，游客也可以从国内其他城市出发，但一般至少需要一次中转。斯德哥尔摩有4个机场，通行中国的航班一般降落在斯德哥尔摩阿兰达国际机场。这里有4个航站楼，餐饮购物等都比较方便，也是瑞典通往北部极地地区的最重要枢纽。从阿兰达机场来往市区，乘坐大巴或机场高速列车比较方便。

与各国机场从来都只有清一色的商业广告相比，阿兰达国际机场却是群星闪耀的名人堂。从2005年开始，一个名为Welcome to my Hometown的肖像展出现于此，近20年来，这些名人肖像就是一个浓缩的瑞典。每一位第一次到达这里的游客都会感受到心灵的震撼，这也是瑞典这个国家的价值观最直观的输出。

（二）境内交通

1.火车：瑞典国内的铁路网络密布，也与其他国家的城市相连接，乘坐火车是瑞典较受欢迎的旅行方式。瑞典火车的准点率极高，很少有拥挤的情况。尤其是在斯德哥尔摩—哥德堡—马尔默这三地之间往返的火车，票价较为适中，车厢整洁舒适，乘车和携带行李非常方便，沿途风光秀美。

2.内陆段飞机：瑞典几个主要的旅行城市和地区，都设有机场，廉价航空在欧洲比较普遍，票价较低。斯德哥尔摩是出行的枢纽城市，北欧航空（SAS）和挪威航空等航空公司几乎每天都有从这里飞往瑞典北部城市基律纳的航班，出行方便，基律纳机场有免费机场大巴接驳至市内。

3.巴士：瑞典国内出行最便宜的交通方式。有多家大巴运营商在瑞典的几大城市及周边市镇之间开通了多条线路，行车准时，乘坐舒适。在市区的中心车站设有上车点，因此乘坐也比较方便。

4.公交：瑞典城市公交系统较为发达，公交不仅在市内畅通，也常常通行于周边市镇。

七、游览

（一）主要旅游城市

主要旅游城市介绍见表3-8-3。

表3-8-3　主要旅游城市介绍

城市	简　介	代表景点
斯德哥尔摩	●瑞典首都，位于梅拉伦湖与波罗的海的交汇处，市内水道纵横，有70余座大小桥梁，素有“北方威尼斯”的美誉；北欧第二大城市。 ●始建于公元13世纪中叶，老城区已有700多年历史，装饰着木雕和石刻的古建筑及狭窄的街道使老城区凸显出中世纪风貌，附近有瑞典王宫、尼古拉教堂及政府大厦等建筑。 ●工业发达，还有科学院、大学和原子能研究中心。也是一座文化名城。有建于17世纪初的皇家图书馆，还有博物馆50多个。 ●位于城市以东的沙丘巴登地区有一座名为“北海草堂”的中国式园林，是中国近代维新派领袖康有为旅居瑞典时修建的	斯堪森露天博物馆；北欧博物馆；瓦萨沉船博物馆；国王街；王后街；塞尔格尔广场；斯德哥尔摩市政厅；斯德哥尔摩大教堂；诺贝尔博物馆等

续表

城市	简　介	代表景点
哥德堡	●著名港口城市，与丹麦北端隔海相望，瑞典第二大城市，斯堪的纳维亚最重要的港口。 ●地处哥本哈根、奥斯陆和斯德哥尔摩3个北欧国家首都的中心，有450多条航线通往世界各地，是北欧交通航运枢纽，集中了瑞典、丹麦、挪威3个国家50%的工业，有“瑞典的利物浦”和“瑞典西部窗口”两个别称。 ●是按荷兰建筑风格设计的，仍保留了许多19世纪以来的古迹。城内人工河道与自然河道、湖泊连成一体，风光秀丽	玛斯塔盖特教堂；古斯塔夫·阿道夫广场；哥德堡大学；沃尔沃汽车博物馆；里瑟本主题乐园；口红大楼；斯堪森堡；哥德堡歌剧院等
马尔默	●位于瑞典南端，波罗的海海口厄勒海峡东岸，瑞典第三大城市，面积约154平方千米。 ●马尔默工业发达，造船业尤为突出，是瑞典重要的军事基地、港口和交通枢纽，许多国际性商品交易会和博览会经常在此举行。 ●马尔默市区现分为新、老两部分，老城区濒临海洋，为运河环绕，新城区向内陆延伸，十分现代化。 ●马尔默市环境宜人，保留着许多16世纪的古建筑和博物馆。园林、公园和饭店在瑞典都是首屈一指的	圣彼得大教堂；马尔默大广场；HSB旋转中心；里伯斯堡海滩；柳塘公园；桑库特佩特利教堂；胡斯城堡等

（二）主要旅游资源

主要旅游资源介绍见表3-8-4。

表3-8-4　　主要旅游资源介绍

旅游资源	简　介
维纳恩湖	●位于瑞典南部，是北欧最大的湖泊。整个湖泊由东北向西南延伸，长145千米，宽80千米，面积约5 550平方千米，最深97米。 ●维纳恩湖在约1万年前的冰河时期形成，现在湖里还有一些从冰河时期遗留下来的物种。 ●湖水经约塔河向西南注入卡特加特海峡。除南岸外，湖滨四周多岩石和树林，南岸低平，有利于耕作。对特罗尔赫泰运河进行的改造工程使远洋船舶能从卡特加特海峡进入维纳恩湖直达卡尔斯塔德、利德雪平、维纳什堡、克里斯蒂娜港、奥莫尔沿湖港口。这些城镇均有重要工业，诸如制革厂、铁制品厂、造纸厂等
韦特恩湖	●瑞典第二大湖，位于瑞典中部偏南地区，介于延雪平和阿斯克松之间。湖的走势呈东北—西南向。湖全长129千米，最宽处26千米，深118米，面积1 912平方千米。湖水以险流著称，向东经穆塔拉河注入波罗的海，湖的东西两侧都是悬崖，几乎没有港口。 ●1832年，随着约塔运河的通航，湖区得以发展起来。南端的延雪平是湖边最大的城镇
诺贝尔故居	●坐落在瑞典中部卡尔斯库加市，离斯德哥尔摩200多千米，是一座乳白色的二层楼房。由于四周种满白桦树，因此得名白桦山庄。这里环境清幽，楼前有绿草坪和布置了诺贝尔雕像的花坛，楼后则是一方池塘。 ●1894年阿尔费雷德·诺贝尔结束了海外漂泊生涯回国定居，在这里度过了他生命中的最后两年。白桦山庄也是现今唯一保存完整的诺贝尔故居。 ●1975年山庄纪念馆建成，这里成为旅游胜地和诺贝尔学术活动中心

续表

旅游资源	简　介
瑞典皇宫	●坐落在斯德哥尔摩老城区的斯塔丹岛上，临水而建。建造这座皇宫花了60多年时间，1754年完工。外观是一座横向的方形三层建筑，共有608个房间，比英国的白金汉宫还多4间。 ●宫殿有哥白林和瑞典两种设计风格，以其华丽的挂毯而闻名。这里是国王办公和举行庆典的地方。皇宫的很多厅室现已对外开放，包括皇家寓所、古斯塔夫三世的珍藏博物馆、珍宝馆、三王冠博物馆、皇家兵器馆等。最有怀旧氛围的房间是贝尔纳多特套间内的奥斯卡二世书房，舒适朴素，摆满了19世纪的杂物及家人的照片。 ●每天中午，皇家卫兵都会列队穿过大桥来到宫门前，按古老传统举行隆重的换岗仪式
瓦萨沉船博物馆	●位于斯德哥尔摩动物园岛上，是专为展览一艘从海底打捞上来的瓦萨号沉船而修建的独具特色的博物馆。瓦萨号是奉瑞典国王古斯塔夫二世的旨意于17世纪建造的双层炮舰，是瑞典有史以来耗资最多（2.25亿瑞典克朗）、装潢最精美的一艘船，但初航就沉没了。 ●1961年，瑞典政府将战船打捞出水，1964年，又在打捞沉船的现场建起了这座水上博物馆，并正式开放。 ●博物馆的设计者根据舰船本身的布局，沿船体四角设了双层看台，观众可将船上的景物一览无余。瓦萨号共有5层甲板，载有64门大炮。第一斜桅下蹲着一具巨大的金狮塑像，船尾龙骨有6层楼高，分50多层，有精心雕刻的700多件雕塑品。 ●世界上被打捞起来的最古老和保存最完整的战舰，船上的装饰和雕塑展现了17世纪文艺复兴晚期瑞典流行的巴洛克艺术风格
斯堪森公园	●位于斯德哥尔摩的基尔哥登岛上，占地30余公顷，集中展示了18—19世纪瑞典各地不同风格的传统建筑，建有150幢房舍，是世界上第一座露天博物馆。 ●奥脱尔·赫赛里乌斯于1891年为保存“正在消失的古老瑞典”而修建，从多种角度向人们展示昔日瑞典民俗生活，包括农舍、城市街道、手工业作坊、教堂和钟楼等。 ●公园内工作人员身着民族服装，为参观者表演传统织布、打铁、吹制玻璃器皿和制作陶器等
斯德哥尔摩市政厅	●位于瑞典首都市中心的梅拉伦湖畔，是该市市政委员会的办公场所。市政厅建于1911年，历时12年完成。建筑两边临水，一侧耸立着高106米的塔楼，其外墙由800万块红砖砌成。 ●市政厅内有巨大的宴会厅，也称“蓝厅”，因每年12月10日在此举办诺贝尔奖颁奖典礼和宴会而闻名于世。 ●市政厅的“金厅”正中墙上大幅壁画上画着梅拉伦湖女神，女神脚下是来自欧洲和亚洲的各色人种，象征着梅拉伦湖与波罗的海结合而诞生的斯德哥尔摩，是世界人民向往的理想中心之地。这幅画是现实主义与浪漫主义相结合的杰作，也是市政厅“镇厅之宝”

八、购物

斯德哥尔摩是一个极具设计创意的地方，世界主要的时装名牌都在这里展现，街上有数不清的贩卖创意的商店，里面出售着世界各地的小摆设，也有许多旧货和古玩商店、大百货商店，当然还有卖玻璃工艺品和室内装潢品的商店。在北欧，流行着“挪威人先思考，瑞典人然后制造，丹麦人最后负责推销”的说法，足见瑞典人的制造能力。

（一）场所

在瑞典旅游主要的购物场所有北欧百货（Nordiska Kompaniet）、宜家、旧城购物大街和皇后街等。

（二）购品

游客在瑞典旅游主要购买的商品有彩绘木马、瑞典蜡烛、不锈钢制品、皮具（硬币包、钱包、手袋、旅行袋）、银器、玻璃器皿等。

九、娱乐

（一）观看舞台表演

在俱乐部、酒吧、餐馆、音乐厅、戏剧院和大型体育场（如斯德哥尔摩的圆球体育馆），都可欣赏到世界明星艺术家、瑞典著名艺术家或者新星的表演。夏季的娱乐一般都是在露天的公园中举行，Grona Lund游乐场除了有游乐场和餐馆外，还有一个大型的提供多种表演的露天舞台。世界上保留最完好的古老戏剧场所——王后岛的宫廷戏剧院，每年夏天都上演不同的歌剧节目。在斯德哥尔摩的水节及夏季其他时间，市中心经常搭起舞台，举行世界级的音乐会演出。

（二）夜生活体验

旅游贴士3-8

瑞典

斯德哥尔摩是欧洲最热闹的都市，南区和国王岛有很多酒吧，市中心也有很多酒吧和餐馆，尤其在御花园和斯兑乐广场。歌剧咖啡厅（Café Opera）是瑞典年轻人最喜欢去的夜生活地点之一。卡尔松酒吧（Karlsson）位于国王街，营业不久就成为斯德哥尔摩最著名的迪斯科舞厅。欧裔国王酒吧（King Creole），也位于国王街，每天都有大型乐团演奏，适合喜爱热闹气氛的年轻人。

职场模拟演练

在线测评3-8

瑞典

1. 车上导览——利用既有线路中的一天，查看路线，进行车上沿途风光讲解。

2. 购物指导——购物环节有保健品店、化妆品店等，通过查找相关资料，为游客做好购物方面的指导。

3. 景区导览——选择一个城市、一个景区或一项世界遗产，融入相关文化要素，介绍给游客。

模块小结

欧洲三面环海，气候温暖湿润，平原广布，河湖众多，自然旅游资源丰富。欧洲是人类文明的重要发祥地之一，历史文化底蕴较为深厚。正因为如此，欧洲是现代旅游业的诞生地，也是全球最重要的旅游目的地和客源地之一。欧洲各国旅游发展历史悠久，产业规模庞大，且竞争力较强。无论是就国际旅游接待规模还是国家旅游竞争力排名而言，全球旅游第一方阵中绝大多数均为欧洲国家。很多欧洲国家在其旅游业发展中，高度重视文化遗产旅游资源的可持续利用。

我的习得与思考

模块四
美洲旅游区

项目一 加拿大

◎ 学习目标

知识目标：

•熟悉加拿大的基本国情。

•熟悉加拿大的政治经济简况。

•掌握加拿大的节日、民居、饮食、服饰、礼节等民俗文化。

•掌握加拿大的食、住、行、游、购、娱等旅游业基本情况。

能力目标：

•能够策划加拿大旅游产品。

•作为领队能够协助当地导游安排落实在加拿大的旅游行程，并按照行程计划为游客提供讲解、陪同游览等服务。

•作为产品销售能够运用新媒体技术，策划实施加拿大旅游产品线下线上营销推广。

素养目标：

•培养学生理解世界文化层面的“美美与共”和对我国优秀传统文化的认同感，具有深厚的爱国情感和民族自豪感。

•培养学生乐观向上的工作和生活态度，具有自我管理能力、集体意识和团队合作精神。

•培养学生具有健康的体魄、心理和健全的人格，具有良好的行为习惯、一定的审美意识和人文素养。

任务1 领队说明会

任务导入

对应岗位：领队

情境描述：很多游客在出行之前看了行程单，做了些功课，并把这次赴加之行看成国家公园深度游……的确，在加拿大，仅落基山脉便成就了班夫（Banff）、贾斯珀（Jasper）、沃特顿湖（Waterton Lakes）、库特尼（Kootenay）和幽鹤（Yoho）5个妙趣横生的国家公园。那么，领队应如何准备这次国家公园之旅呢？

任务清单：

1.熟悉加拿大的自然地理（位置、地形、气候、自然资源等）。

2.熟悉加拿大的人文地理（人口、民族、语言等）。

知识要点

加拿大概况

一、位置

加拿大面积为998万平方千米，仅次于俄罗斯。加拿大为北美洲最北国家，东迄大西洋，西濒太平洋，西北部与美国阿拉斯加州为邻，南接美国本土，北至北冰洋，东北部和丹麦领地格陵兰岛相望，东部和法属圣皮埃尔和密克隆群岛相望。

二、地形与地貌

加拿大整个国土位于高纬度地区，属于典型的“北国风光”。加拿大也是世界上地形最复杂的国家之一，地势东西高，中间低。东南部多低山和丘陵，与美国接壤的湖泊和圣劳伦斯地区地势平坦；中部为大平原，约占全国面积的一半；西部为科迪勒拉山系，是加拿大地势最高的地区。加拿大境内湖泊众多，是世界上湖泊最多的国家之一。著名的湖泊有美加交界处的五大湖，湖水向东流入圣劳伦斯河。

三、气候

加拿大位于北半球的高纬度地带，约有1/5的领土位于北极圈内。加拿大国土辽阔，各地气温差异较大。冬季比较漫长，北部地区一年仅两三个月温度在0℃以上；南部气候温和，四季分明；西海岸夏季凉爽干燥，冬季温和潮湿。秋季是加拿大最漂亮的时节，漫山遍野的枫叶使加拿大有“枫叶之国”的美誉。

四、自然资源

加拿大地域辽阔，森林和矿产资源丰富。矿产有60余种，镍、锌、铂、石棉的产量居世界首位。森林覆盖面积占国土面积44%。加拿大渔业发达，是世界上最大的渔产品出口国之一。

五、人口与民族

加拿大人口为4 000万（2023年6月）。主要为英、法等欧洲后裔，土著居民约占3%，其余为亚洲、拉美、非洲裔等。

六、语言

英语和法语同为官方语言。

七、国旗与国徽

加拿大国旗为长方形，长宽之比为2∶1。旗面自左至右由红白两色组成，两边的红色代表大西洋和太平洋。中央绘有一片11个角的红色枫树叶。枫树是加拿大的国树，也是加拿大民族的象征。

加拿大国徽为盾徽。图案中间为盾形，盾面下部为一枝三片枫叶；上部的四组图案分别为三头金色的狮子、一头直立的红狮、一把竖琴和三朵百合花，分别象征加拿大在历史上与英格兰、苏格兰、爱尔兰和法国之间的联系。盾徽之上有一头狮子举着一片红枫叶，既是加拿大民族的象征，也表示对第一次世界大战期间加拿大的牺牲者的悼念。狮子之上有一顶金色的王冠，象征女王是加拿大的国家元首。盾形左侧的狮子举着一面联合王国的国旗，右侧的独角兽举着一面原法国的百合花旗。底端的绶带上用拉丁文写着“从海到海”，表示加拿大的地理位置——西濒太平洋，东临大西洋。

八、行政区划

全国分10省3地区。10省为不列颠哥伦比亚、阿尔伯塔、萨斯喀彻温、曼尼托巴、安大略、魁北克、新不伦瑞克、新斯科舍、爱德华王子岛、纽芬兰和拉布拉多，3地区为育空、西北、努纳武特。各省设省督、省长、省议长和省内阁。地区也设立相应职位和机构。

九、时差

加拿大首都渥太华位于西五区，执行夏令时的时候比北京时间晚12个小时；执行冬令时的时候比北京时间晚13个小时。

职场模拟演练

在领队说明会上，请你从自然地理和人文地理的角度简单介绍一下加拿大的国情，让游客对加拿大有一个大致的了解。

任务2　车上讲解/与游客交谈

任务导入

对应岗位：领队

情境描述：加拿大是历史悠久的移民国家，自1867年联邦成立以来，已有超过1 700万移民来到加拿大。加拿大移民政策一直不断调整，从最初允许移民自由出入到以“经济发展”为导向。加拿大目前已经出现了劳动力短缺、人口老龄化、地区发展不均衡等问题，为了解决这些问题，加拿大的移民政策一定会更加精细化和多元化。领队也要了解与旅游相关的社会现象，以便为游客做好陪同讲解工作。

任务清单：

1.熟悉加拿大重要历史时期的大事件。

2.了解加拿大的国体和政体。

3.了解加拿大经济现状。

知识要点

加拿大的简史和政治、经济概况

一、简史

●原为印第安人与因纽特人居住地。

●17世纪初沦为法国殖民地，后被割让给英国。

●1867年7月1日，英国将加拿大省、新不伦瑞克省和新斯科舍省合并为联邦，成为英国最早的自治领。此后，其他省也陆续加入联邦。

●1926年，加拿大获得外交上的独立。

●1931年，加拿大成为英联邦成员国，其议会也获得同英议会平等的立法权，但仍无修宪权。

●1982年，英国女王签署《加拿大宪法法案》，加拿大议会获得立宪、修宪的全部权力。

二、政治

加拿大至今没有一部完整的宪法，主要由在各个不同历史时期通过的宪法法案构成，其中包括1867年英国议会通过的《不列颠北美法案》。有关法案规定，加拿大实行联邦议会制，尊英国国王为国家元首，总督为英国国王在加拿大的代表，英语、法语均为官方语言。议会由参议院和众议院组成，参众两院通过的法案由总督签署后成为法律。总督有权召集和解散议会。

三、经济

加拿大是西方七大工业国家之一。制造业、高科技产业、服务业发达，资源工业、初级制造业和农业是国民经济的主要支柱。加拿大以贸易立国，对贸易依赖性较高，经济上受美国影响较深。2021年加拿大制造业总产值1 869亿加元，约占国内生产总值9%，从业人员约占全国就业人口9.1%。农作物主要有小麦、大麦、亚麻、燕麦、油菜籽、玉米、饲料用草等，可耕地面积约占国土面积16%。加拿大渔业发达，75%的渔产品供出口，是世界上最大的渔产品出口国之一。

加拿大现行通用货币是加元，加元与人民币的汇率为：1加元≈5.3544人民币；1人民币≈0.1868加元（2024年1月）。

职场模拟演练

从本任务情境描述的话题中任选一个，作为与游客的谈资，帮助游客更好地了解加拿大和加拿大社会。

任务3　线路产品设计/沿途导览/景区讲解

任务导入

对应岗位：计调/领队

情境描述：地陪导游提醒游客加拿大是禁烟的国家，对于吸烟有严格的规定，任何封闭空间内，任何抬头看不到天空的地方都不能吸烟，包括遮阳伞下或等车的玻璃房等；儿童或青少年游乐场附近50米范围内不允许吸烟……加拿大正在实施史上最严的禁烟令。领队有义务提醒游客在异域要遵守当地法律，入乡随俗。

任务清单：

1. 了解加拿大的重要节日。
2. 熟悉加拿大民居的典型特点。
3. 熟悉加拿大的饮食文化。
4. 了解加拿大的传统服饰特点。
5. 熟悉加拿大人的礼节。

知识要点

加拿大民俗文化

一、重要节日

●国庆节：7月1日

●感恩节：10月第二个星期一

●万圣节：11月1日

二、民居

加拿大的住宅区多属开放式小区，区内马路纵横，房子外观造型各不相同，错落有致，朴素大方。民居大致有独立住房（别墅）、联排别墅和公寓楼房等。第一种是3层的独立住房（别墅），地上2层加地下室，有洗衣间，车库，独立的供电、供气、供暖、供水系统，自成体系。第二种是两家或几家连在一起的联排别墅，联排别墅要交物业费，独门无院。第三种是3～4层的公寓楼房，与我们中国百姓住的楼房相似。房屋的木屋架及内墙板都是预制的，由工厂生产。这种预制件运输方便，现场安装快捷，抗震性能好。加拿大居民都十分注重别墅的环境美化，家家户户的别墅门前屋后都有花园草坪，四周种花或栽松柏，松柏被修剪成多种形状。

三、饮食

加拿大人的早餐最简单，食品通常是烤面包、鸡蛋、咸肉和饮料。午餐一般从家里带，或在快餐店、单位餐厅吃。午餐食物也很简单，通常是三明治、饮料和水果。晚餐一般是一天中最丰盛的正餐，全家人团聚，共进晚餐。正规的晚餐主要有鸡、牛肉、鱼或猪排，加上土豆、胡萝卜、豆角等蔬菜和面包、牛奶、饮料等。加拿大人忌食各种动物的内脏，也不爱吃肥肉。

四、服饰

加拿大人的穿衣习惯与其他西方人相同。在正式的场合，都要穿着整齐，男子一般穿西装，女子一般穿裙服。女子的服装款式要新颖、颜色要协调，但不太注重面料。在非正式场合，加拿大人穿着比较随便。

五、礼节

加拿大人朴实、友善、随和，很易于接近，熟人见面直呼其名，握手拥抱；在正式的社交场合则十分注重礼节；喜欢谈论天气和政治，忌讳涉及私人生活和隐私的话题。加拿大人不随便送礼，但在遇到分别、朋友过生日或结婚时都要送礼，并附上一张签名的祝贺卡。礼品一定要当面打开，不论大小、贵贱，收礼者都应对送礼者表示感谢。加拿大人十分注重公众场合的文明礼貌。在教堂做礼拜时，要穿着整齐，不可随便说话、吃东西、出入。在影剧院看戏、听音乐会时，要衣着整齐，同时还要在开演前入座。

职场模拟演练

旅游团队在中国的春节之际到达了加拿大，唐人街附近人山人海，旌旗飘扬，热闹非凡，连很多加拿大当地人也加入其中和中国人共度春节。领队应向游客介绍加拿大独特的多元文化节日的特点。

任务4 线路产品设计/产品特色推广/沿途导览/景区讲解

任务导入

对应岗位：计调/销售/领队

情境描述：游客对加拿大国家公园的评价颇高，加拿大没有采用建禁区的方式来保护国家公园，因为保护不是严防死守，而是在细化保护需求的基础上人为干预并合理利用，从而很好地处理了保护与利用的矛盾。

任务清单：

1.了解加拿大旅游市场现状。

2.从文化角度了解加拿大的世界遗产。

3.熟悉加拿大的食、住、行、游、购、娱等旅游业基本情况。

知识要点

加拿大旅游业

一、旅游业概况

旅游业是加拿大经济的重要组成部分，也是重要的收入来源，是全国六大外汇来源之一。加拿大的旅游基础设施具有较高的水平，交通发达，旅行机构和旅馆饭店众多。

二、世界遗产

自加拿大1976年7月23日加入《保护世界文化与自然遗产公约》的缔约国行列以来，截至2019年，经联合国教科文组织审核被批准列入《世界遗产名录》的加拿大世界遗产共有20项。加拿大的世界遗产数量明细见表4-1-1。

遇见世遗4-1

加拿大

表4-1-1 加拿大的世界遗产数量明细

遗产数量	文化遗产	文化景观遗产	自然遗产	混合遗产	其中	跨国遗产	濒危遗产	除名遗产
20	7	2	10	1		2	0	0

三、旅游线路示例

旅游线路示例见表4-1-2。

四、餐食

1.早餐：酒店西式自助餐、便携式早餐盒。

2.正餐：枫树果露、枫糖煎三文鱼、加拿大熏鲑鱼、布罗美湖鸭、蓝色小丸子、酱汁乳酪、西式自助餐、中式团餐桌餐。

表4-1-2　　　　旅游线路示例

线路1（跟团游）	加拿大东西海岸+落基山脉12日游
D1上海—多伦多	航班
D2多伦多	花钟—尼亚加拉大瀑布—尼亚加拉湖滨小镇—史凯隆塔—尼亚加拉号角游轮—多伦多大学—新（老）市政厅—加拿大国家电视塔
D3多伦多—渥太华	市政厅—皇家军事学院—千岛湖游船
D4渥太华—蒙特利尔	国会大厦—里多运河—加拿大皇家造币厂—加拿大国家美术博物馆—汤伯朗山度假村—圣约瑟大教堂
D5蒙特利尔	古城墙—国家战争公园—费尔蒙-芳堤娜酒店—小香普兰街
D6蒙特利尔—卡尔加里	班夫镇—玻璃观景山缆车—弓河瀑布—惊奇角—班夫奇石观景台
D7卡尔加里—班夫国家公园	天然石桥—翡翠湖—8字形隧道—幽鹤国家公园—班夫镇中央大街
D8班夫国家公园—卡尔加里	路易斯湖—路易斯湖城堡酒店—梦莲湖
D9卡尔加里—温哥华	伊丽莎白女皇公园—唐人街—加拿大广场—盖斯镇—史丹利公园—卡皮兰诺吊桥
D10温哥华	宝翠花园—省议会大楼—维多利亚港—不列颠哥伦比亚省议会大厦—帝后城堡饭店—维多利亚港湾—BC渡轮
D11温哥华—上海	航班
D12上海	抵达上海浦东国际机场
线路2（自由行）	加拿大东部6日游
D1 多伦多	加拿大国家电视塔—安大略省皇家博物馆—卡萨罗马城堡—多伦多大学—多伦多群岛
D2 尼亚加拉瀑布城—多伦多	尼亚加拉大瀑布—彩虹桥—雾中少女号游轮—摩天塔—尼亚加拉湖滨小镇
D3 金斯顿	金斯顿市政厅—千岛群岛
D4 蒙特利尔	圣母大教堂（圣母圣殿）—67民居—蒙特利尔老港—自然生态博物馆—麦吉尔大学—皇家山公园
D5魁北克	魁北克省议会大厦—老魁北克—魁北克圣母圣殿主教座堂—魁北克城堡—蒙特伦西瀑布
D6渥太华	国会山庄—渥太华国会大厦—丽都运河—渥太华圣母院—拜沃德市场—加拿大国家美术馆

五、住宿

加拿大酒店不评星级，团队旅游入住的是相当于国内三星级的酒店。虽然加拿大地广，人却集中居住于一些特定城市，在人烟稀少的省份，不事先预订酒店很难找到住处。加拿大的住宿也是别有风味的，可以选择在风情浓郁的葡萄酒乡或历史悠久的乡间小旅馆落脚；可以在古色古香的海边B&B酒店，枕着涛声入眠；可以选择在山脚边的牧场住宿；可以尝试魁北克著名的冰雪酒店，整间酒店完全由冰雪筑成。在旅游季节，或遇有大型体育赛事，北美游客蜂拥而至，会使城市中的旅馆突然爆满，住房费用也会因之而上涨，此外，还有青年旅馆可供选择，由于有人数的限制，也应该提早预订。

六、交通

（一）机场和航空公司

从我国直飞加拿大共有10多个航班，可以在北京、上海、广州、成都、厦门、郑州、昆明和重庆等地，选择中国国际航空、海南航空、加拿大航空、中国东方航空、中国南方航空、四川航空、厦门航空、天津航空等。

我国游客赴加拿大旅游最常使用的机场有温哥华国际机场、蒙特利尔皮埃尔国际机场、多伦多皮尔逊国际机场等。

（二）境内交通

1.内陆段航空：在加拿大国内，各大城市都有航班往来，还有支线连接很多小城镇。加拿大幅员辽阔，西边的太平洋海岸与东边的大西洋海岸地区的时差就有4.5小时，所以飞机也就成为了游客最常选择的交通工具。

2.铁路出行：加拿大国铁遍及全国，拥有两条横贯东西海岸的铁路大动脉，从东部的新斯科舍省到西部的温哥华，一路畅通，加上支线基本上覆盖了北极以南的加拿大领土。全加铁路网向南与美国东西海岸的铁路干线相连，构成了四通八达的北美铁路系统。

3.乘船：在加拿大的海岸线周围，比如不列颠哥伦比亚省，乘船是很常见的出行方式。不列颠哥伦比亚省的轮渡是从温哥华到维多利亚的主要交通方式，当地的公交公司负责轮渡的接驳。

4.公交：加拿大每个城市都有自己的公交网络，覆盖整个城市。但是周末的等候时间很长。下车前需要及时按“Stop”或者拉车窗附近的黄色细绳来提醒司机有人要在下一站下车。

七、游览

（一）主要旅游城市

主要旅游城市介绍见表4-1-3。

表4-1-3　主要旅游城市介绍

城市	简　介	代表景点
渥太华	●位于安大略省东部与魁北克省交界处，渥太华河下游南岸，与魁北克省隔河相望。 ●加拿大首都和政治文化中心，全国第四大城市。 ●整个城市平均海拔约109米，属大陆性寒温带针叶林气候，夏季空气湿度较大，有海洋性气候的特点。渥太华春天有“郁金香城”的美誉，冬季又被称为“严寒之都”	国会大厦；国会山庄；丽都运河；不熄之火；渥太华圣母院；加拿大国家美术馆；总督府；加拿大皇家铸币厂等
多伦多	●五大湖区的重要港口城市，是加拿大最大城市，安大略省的省会，全国工业和商业中心。 ●多伦多属于温带大陆性湿润气候，夏季湿润，冬季寒冷，城市四季分明。 ●世界级城市，也是世界上最大的金融中心之一，在经济上的领先地位体现在金融、商业服务、电信、宇航、交通运输、教育、旅游、体育等多个领域。多伦多证券交易所是世界第七大证券交易所，总部设于市内	多伦多群岛；多伦多电视塔；尼亚加拉大瀑布；卡萨罗马城堡；安大略省皇家博物馆；新市政厅等
蒙特利尔	●坐落于加拿大渥太华河和圣劳伦斯河交汇处，是加拿大第二大城市，世界上最内陆的海港。 ●典型的英法双语城市，法语居民占多数，体现出独特的法国文化底蕴，被认为是北美的“浪漫之都”。作为加拿大历史最悠久的城市，具有浓郁的拉丁气息。 ●风格各异的教堂构成引人注目的文化奇观	奥林匹克城；万国博览会旧址；蒙特利尔旧城；圣母院教堂；圣约瑟夫大教堂；唐人街；皇家山公园等
温哥华	●坐落在不列颠哥伦比亚省西南部，是加拿大第三大城市，北美西岸水陆交通的主要枢纽之一。 ●温哥华港是加拿大最大和最繁忙的港口，以货物总吨数计是北美第四大港口。 ●温哥华属于温带雨林气候，夏季气温一般在20℃左右，冬季气温在0℃以上，温润而舒适，有“加拿大雨都”之称。 ●温哥华市内公园遍布，史丹利公园是最负盛名的自然公园	史丹利公园；卡皮拉诺吊桥及公园；盖乐镇；加拿大广场；唐人街；狮门大桥；不列颠哥伦比亚大学；格兰弗岛

（二）主要旅游资源

主要旅游资源介绍见表4-1-4。

表4-1-4 主要旅游资源介绍

旅游资源	简　介
班夫国家公园	●创立于1885年，是落基山脉的门户，面积6 641平方千米，是加拿大第一个也是世界第三个国家公园，被联合国教科文组织列为世界文化遗产。 ●加拿大历史最悠久的国家公园，拥有最原始、未经破坏的自然生态环境，也是受到世界上最严谨的法律保护的区域。 ●2010年，由全球最受欢迎的旅游评论网站TripAdvisor用户评选的加拿大户外探险目的地中，班夫国家公园荣登榜首
尼亚加拉大瀑布	●位于加拿大安大略省和美国纽约州的交界处，是北美东北部尼亚加拉河上的大瀑布，也是美洲大陆最著名的奇景之一。与伊瓜苏瀑布、维多利亚瀑布并称为世界三大跨国瀑布。 ●由3部分组成：美国瀑布、新娘面纱瀑布及马蹄瀑布，全长54千米，海拔却从174米直降至75米，上游河段河面宽2～3千米，水面落差仅15米
芬迪湾	●位于加拿大新不伦瑞克省和新斯科舍省之间，是大西洋西岸主要海湾之一，三面被陆地包围，仅西南与缅因湾连通，两者以大马南岛为界。芬迪湾以世界上最大型的潮汐闻名。 ●湾口处的宽度为52千米，湾长为151千米，面积9 300平方千米，平均深度75米，最大水深214米，是世界海潮潮差最大的海湾
诺奎山	●位于加拿大阿尔伯塔省班夫镇的西北方。山上古木参天，是夏天的避暑胜地，有缆车可以直达海拔2 133米的山顶，远眺班夫镇市街和四周明媚的风光。 ●班夫国家公园里的三大滑雪胜地之一。此滑雪场提供各种服务和配件设施，包括5条吊车索道（3条4人吊椅索道）和28条雪道，垂直高度落差达503米，年降雪量达243厘米
哈利法克斯城堡	●位于加拿大新斯科舍省哈利法克斯的城堡山上。这里历来是兵家必争之地，历史上曾三次建为要塞。 ●现存的城堡建于1825年，城堡内有新斯科舍博物馆和兵器军械博物馆。城堡山东麓的古钟楼建筑奇特、雄伟
多伦多电视塔	●位于加拿大安大略省的多伦多市，是该市的标志性建筑。 ●电视塔高达553.3米，建于1976年，共147层，圆盘状的观景台远看像飞碟，伫立在多伦多的港湾旁。 ●电视塔内建有高447米的金属阶梯，有1 776级，是世界上最高的金属阶梯。整个电视塔用钢5 600吨，混凝土4万立方米，总重13万吨，被称为“加拿大的巨象”
白求恩故居	●加拿大国家级历史文物单位，是为纪念中国人民熟悉的老朋友白求恩医生而保存的古迹建筑。纪念馆于1976年8月30日揭幕。 ●游客中心展示着中国各界捐赠的许多纪念品：毛泽东主席的光辉篇章《纪念白求恩》微雕本；中央美院李琦教授的白求恩人物画像；印有白求恩头像的各种纪念瓷盘、木雕、纪念邮票、纪念章等

八、购物

（一）场所

在加拿大旅游主要的购物场所有免税店、布鲁尔-约克维尔区、皇后西街、奥特莱斯、肯森顿市场、国王东街等。

（二）购品

游客在加拿大旅游主要购买的商品有土著艺术品类（如鹿皮鞋、陶器、手工艺品等）；食品类（如枫糖浆、加拿大冰酒、加拿大西洋参、枫叶茶、鲑鱼制品等）；化妆品类（如伊丽莎白雅顿等）；保健品类（如多种维生素糖、小熊糖、儿童鱼油等）。

九、娱乐

（一）体验飞越加拿大（FlyOver Canada）

飞越加拿大（FlyOver Canada）由温哥华的加拿大广场（Canada Place）推出。约30分钟的4D模拟飞行体验带领游客从空中横跨加拿大，感受从西海岸到东海岸之间壮丽的风景。当体验开始时，栅栏撤掉，整排椅子向前移，被升至20米，高悬在空中，游客像是乘坐着直升飞机，冲过山巅、扎进峡谷、飞过河流、越过冰川，感受着草原之风拂过面颊，沉醉在繁华大都市的喧嚣中……飞越尼亚加拉大瀑布、国会山庄、冰川和加拿大广场的五帆等标志性地点。“飞行”途中座椅会倾斜变换角度，游客脸上还能感受到水雾。

（二）路易斯湖滑雪

路易斯湖滑雪场拥有4座山峰的滑道，曾被滑雪杂志评为“风景最优美的滑雪场”，交通便利。雪场分为5个不同的区域，每个区域都各有特色，大多数雪道都在树线以上，地形变化多端，这里的平均年降雪量为360厘米，大部分区域仍然有人工降雪，雪质良好，最高海拔为2 637米，最低为1 645米，落差大。从滑雪场可以远眺环绕着路易斯湖的群山，十分壮观，很多滑雪爱好者都评价这里是“令人终生难忘的滑雪场地”。

旅游贴士4-1

加拿大

职场模拟演练

1. 车上导览——利用既有线路中的一天，查看路线，进行车上沿途风光讲解。

2. 购物指导——购物环节有保健品店、化妆品店等，通过查找相关资料，为游客做好购物方面的指导。

3. 景区导览——选择一个城市、一个景区或一项世界遗产，融入相关文化要素，介绍给游客。

在线测评4-1

加拿大

项目二 美国

◎ 学习目标

知识目标：

•熟悉美国的基本国情。

•熟悉美国的政治经济简况。

•掌握美国的节日、民居、饮食、服饰、礼节等民俗文化。

•掌握美国的食、住、行、游、购、娱等旅游业基本情况。

能力目标：

•能够策划美国旅游产品。

•作为领队能够协助当地导游安排落实在美国的旅游行程，并按照行程计划为游客提供讲解、陪同游览等服务。

•作为产品销售能够运用新媒体技术，策划实施美国旅游产品线下线上营销推广。

素养目标：

•培养学生具备国际的视野，厚植爱国情感、民族自豪感和对我国优秀传统文化的认同感。

•培养学生具有健康的体魄和心理、完善的人格，具有良好的行为习惯、一定的审美意识和人文素养。

•培养学生乐观向上的工作和生活态度，并具有自我管理能力、集体意识和团队合作精神。

任务1 领队说明会

任务导入

对应岗位：领队

情境描述："城市观光购物""海岸线风光""大峡谷国家公园"是吸引中国游客赴美国旅游的核心；以美东和美西两条经典旅游线路为首选；娱乐项目以游船、夜游和歌舞戏剧为主；女性是旅游消费的主要人群，其中以购买服装鞋帽、保健品和奢侈品为主；中国游客对美国旅游的整体印象较好，尤其对卫生条件、交通、住宿较为满意……赴美旅游的行程往往较长，对领队来说对客服务的时间就比较长，因此领队在出发之前要了解游客旅游动机、消费偏好等方面的信息，做好准备。

任务清单：

1.熟悉美国的自然地理（位置、地形、气候、自然资源等）。

2.熟悉美国的人文地理（人口、民族、语言等）。

知识要点

美国概况

一、位置

美国全称美利坚合众国，位于北美洲中部，东临大西洋，西濒太平洋，北邻加拿大，南部靠墨西哥湾，面积约937万平方千米，居世界第四位。本土东西长4 500千米，南北宽2 700千米，海岸线长22 680千米。美国全国分50个州和1个特区，除阿拉斯加州和夏威夷州以外的48个州都位于美国本土。

二、地形与地貌

美国国土地形复杂，地势东西高、中央低，大致可分为3个地形区，东部是阿巴拉契亚山脉构成的山地和大西洋沿岸平原；中部是大平原，约占国土面积的一半；西部是科迪勒拉山系构成的山地和高原。美国河流湖泊众多，其中密西西比河全长6 020千米，居世界第四位。苏必利尔湖、密歇根湖、休伦湖、伊利湖和安大略湖等五大湖为世界最大的淡水湖群。其中，密歇根湖属美国，其余四大湖为美国和加拿大共有。

三、气候

美国地域辽阔，各地气候差异较大，大体可分为5个气候区：东北部沿海的温带气候区、东南部的亚热带气候区、中央平原的大陆性气候区、西部高原的干燥气候区、太平洋沿岸的海洋性气候区。阿拉斯加州属北极圈内寒冷气候，夏威夷州属热带气候。

四、自然资源

矿产资源总探明储量居世界首位。煤、石油、天然气、铁矿石、钾盐、磷酸盐、硫磺等矿物储量均居世界前列。其他矿物有铜、铅、钼、铀、铝矾土、金、汞、镍、碳酸钾等。战略矿物资源钛、锰、钴、铬等主要靠进口。森林面积约44亿亩，覆盖率达33%。

五、人口与民族

美国人口约3.33亿（2023年10月）。非拉美裔白人占57.8%，拉美裔占18.7%，非洲裔占12.4%，亚裔占6%，印第安人和阿拉斯加原住民占1.1%，夏威夷原住民或其他太平洋岛民占0.2%（以上比例存在重叠）。

六、语言

通用英语。

七、国旗与国徽

美国的国旗旗面由13道红白相间的宽条构成，左上角还有一个包含了50颗白色小五角星的蓝色长方形。50颗小星代表美国的50个州，13条间纹则象征着美国最早建国时的13块殖民地。红色象征勇气，白色象征真理，蓝色则象征正义。这面旗帜俗称“星条旗”，正式名称为“合众国旗”。

美国国徽实际上是美国官方大纹章上的图案。国徽主体为一只胸前带有盾形图案的白头海雕。白头海雕是美国的国鸟，它是力量、勇气、自由和不朽的象征。盾面上半部为蓝色横长方形，下半部为红、白相间的竖条，其寓意同国旗。鹰上的顶冠象征在世界主权国家中又诞生一个新的独立国家——美利坚合众国；顶冠内有13颗白色五角星，代表美国最初的13个州。鹰的两爪分别抓着橄榄枝和13支箭，象征和平与武力。鹰嘴叼着的黄色绶带上用拉丁文写着“合众为一”，意为美利坚合众国由很多州组成，是一个完整的联邦。

八、行政区划

全国共分50个州和1个特区（哥伦比亚特区），有3 143个县。联邦领地包括波多黎各和北马里亚纳；海外领地包括关岛、美属萨摩亚、美属维尔京群岛等。

九、时差

美国首都华盛顿位于西五区，执行夏令时的时候，比北京时间晚12个小时，执行冬令时的时候，比北京时间晚13个小时。

职场模拟演练

在领队说明会上，请你从自然地理和人文地理的角度简单介绍一下美国的国情，让游客对美国有一个大致的了解。

任务2　车上讲解/与游客交谈

任务导入

对应岗位：领队

情境描述：中国和美国是世界上最大的经济体，其经济合作对全球经济具有重要影响。2023年9月，中美两国成立经济领域工作组，包括“经济工作组”和“金融工作组”，以进一步增进两国经贸联系，促进两国经济发展。领队应该多多关注时事，以正确的价值导向为游客提供深度讲解服务。

任务清单：

1.熟悉美国重要历史时期的大事件。

2.了解美国的国体和政体。

3.了解美国经济现状。

知识要点

美国简史和政治、经济概况

一、简史

美国原为印第安人聚居地，从建国至今只有200多年的短暂历史。

●15世纪末，西班牙、荷兰、法国、英国等开始向北美移民，印第安人迁往西部。

●1773年，英国已建立了13个殖民地（即美国独立时的13个州）。

●1775年，爆发北美人民反对英国殖民者的独立战争。

●1776年7月4日在费城召开了第二次大陆会议，组成“大陆军”，乔治·华盛顿任总司令，通过《独立宣言》，宣布建立美利坚合众国。

●1783年独立战争结束，1787年制定联邦宪法，正式确定了“美利坚合众国”这个国名。

●1788年，乔治·华盛顿当选为第一任总统。

●1812年，完全摆脱英国统治。

●1860年，反对黑人奴隶制度的共和党人亚伯拉罕·林肯当选总统。

●1862年9月宣布《解放黑人奴隶宣言》后，南部奴隶主发动叛乱，爆发了南北战争。1865年，战争以北方获胜而结束，为资本主义在美国的迅速发展扫清了道路。

●19世纪80年代，美国工业生产总值超过英国，跃居世界首位。

●20世纪以来，美国一直是世界头号经济强国。

二、政治

美国实行总统制。总统是国家元首、政府首脑兼武装部队总司令。总统通过间接选举产生，任期4年。2021年1月20日，乔·拜登宣誓就任总统。美国实行三权分立的政治体制，立法、行政、司法三部门鼎立，并相互制约。国会是最高立法机构，由参、众两院组成。司法机关以联邦最高法院为首。政府内阁由总统、副总统、各部部长和总统指定的其他成员组成。内阁实际上只起总统助手和顾问团的作用，没有集体决策的权力。美国有多个党派，但在国内政治及社会生活中起重大作用的只有共和党和民主党。

三、经济

美国有高度发达的市场经济，其国内生产总值居世界首位。美国工业生产保持稳定，信息、生物等高科技产业发展迅速，利用高科技改造传统产业也取得了新进展。美国主要工业产品有汽车、航空设备、计算机、电子和通信设备、钢铁、石油产品、化肥、水泥、塑料及新闻纸、机械等。美国主要出口商品为：汽车、大豆、精炼石油、飞行器、原油、集成电路等。主要进口商品是：汽车、原油、广播设备、计算机、汽车零件等。美国前五大货物出口市场为加拿大、墨西哥、中国、日本、英国。美国前五大货物进口来源地为中国、墨西哥、加拿大、日本、德国。

美国现行通用货币是美元，美元与人民币的汇率为：1美元≈7.1747人民币；1人民币≈0.1394美元（2024年1月）。

职场模拟演练

从本任务情境描述的话题中任选一个，作为与游客的谈资，帮助游客更好地了解美国和美国社会。

任务3　线路产品设计/沿途导览/景区讲解

任务导入

对应岗位：计调/领队

情境描述：圣诞节前夕，游客看到美国的街道上和商场里有很多精美的节日装扮，不禁和中国的传统节日做了下对比。领队应熟悉中美两国传统节日的文化差异，如中国的传统节日强调团聚，而美国的传统节日追求个性化，注重个人情感的表达，从而为游客进行准确的讲解。

任务清单：

1. 了解美国的重要节日。
2. 熟悉美国民居的典型特点。
3. 熟悉美国的饮食文化。
4. 了解美国的传统服饰特点。
5. 熟悉美国人的礼节。

知识要点

美国民俗文化

一、重要节日

- 独立日：7月4日
- 万圣节：11月1日
- 感恩节：11月的第四个星期四

二、民居

美国的民居样式大致有以下几种：

1. 褐石别墅和联排别墅：纽约等地比较常见的建筑风格，别墅的一层通常是客厅、餐厅和厨房，卧室和洗浴室在楼上，还会有地下室，或者在花园那一层会有更多的居住空间。联排别墅因为有共用的墙，窗户一般就只能开在房前和房后。

2. 现代风格：强调实用主义，第二次世界大战后美国对建筑材料进行了革新，使用了大量的新材料，玻璃、钢铁和水泥代替了传统的砖块和木头。开放式设计提供了最大限度的娱乐空间，大量玻璃的使用使得屋内自然光线充足，现代建筑材料的使用会让屋内风格显得很冷峻。

3. 美式平房：美国一种比较流行的建筑款式，带有凉台或走廊，夏天人们可以在凉台上纳凉，或者在走廊上养花、散步。这种小屋通常只有一层，顶上有一个加盖的阁楼，因此有着漂亮的斜屋顶。美式平房主要建于20世纪初期，空间较为狭窄，天花板也较低。

4. 单层房屋：第二次世界大战后开始流行，它跟美式平房的区别是其屋顶坡度小，比较平缓，在美国西部或者西南部十分常见。客厅、卧室、厨房都集中在一层楼，这是单层房屋的一大卖点，对于家里行动不便的老人或者有婴幼儿的家庭都非常方便；缺点则是没有多余的空间作为储藏室。

5.殖民式风格房屋：多出现在美国东部，16世纪末，老牌的欧洲殖民国家，如英国、法国、西班牙和荷兰，在美国的东北部大举推行移民政策，因此出现了英式、西班牙式、荷兰式等各种“殖民”风格。外观上，“对称性”是标准英式殖民屋的最大特点。房子正立面的基本格局是：二层结构，九窗一门。一层的正门两侧，各有两扇窗；二层，正门之上有一扇窗，左右各有两扇窗。

6.维多利亚式：英国维多利亚女王在位时（1837—1901年）出现的特殊住宅风格。如今多出现在波士顿、旧金山、匹兹堡等地。它的建筑特点包括：尖顶；窗户伸出了房屋的墙壁；屋外有栏杆围绕的走廊和阳台，而且有屋顶覆盖；外墙覆以鱼鳞般的木片；建有一座尖塔；屋顶上还有窗户伸出，上覆屋顶；有圆形或方形的立柱以及精细的装饰。

三、饮食

美国人早餐一般在家中吃，比较简单，有果汁、麦片、咖啡、香肠、鸡蛋等。午餐一般食用快餐，如三明治、汉堡包、热狗等，加上一些蔬菜和饮料。晚餐是一天中最丰盛的，通常的主菜是牛排、猪排、烤肉、炸鸡等，再配以青菜、面包、黄油等。晚餐的最后一道菜是甜食，再喝一杯咖啡。美国人用餐一般不追求精细，但追求快速和方便。美国人一般偏好清淡，喜欢凉拌菜和嫩肉排。美国人的饮品主要有啤酒、葡萄酒、鸡尾酒、咖啡、可乐和各种果汁等，喜欢在各种饮品中加冰，很少使用热饮。

四、服饰

美国人除在正式场合穿着正规外，平时穿着打扮追求舒适、无拘无束，十分随便，主要根据自己的喜好决定穿着，体现自己的独特审美观与气质、风度。美国人在正式社交场合十分注重穿着，如果参加宴会、集会和其他社交活动，一定要根据请柬上的服装要求选择好服装，以免失礼。在非社交场合，也要讲究礼仪。

五、礼节

美国人以不拘礼节、自由自在著称，习惯主动和人打招呼，只在正式场合行握手礼。初次见面，相互介绍也很简单，介绍后握手须简短有力。若女士无意主动伸手，则男士点头或鞠躬致意。关系密切的亲朋之间，可行亲吻礼。对于别人的握手、拥抱、吻手、注目、点头等礼节，也以同样方式回礼。相互称呼时通常直呼姓名，一般不用“先生”“太太”“小姐”等称呼，也不称正式头衔。只对法官、医生、高级官员、教授、高级神职人员称呼头衔。称呼长者忌用“老”字。美国人十分重视隐私权，最忌打听别人的私事。交谈、示意喜欢用手势，习惯于打过招呼即谈正事。美国人重视生日，尤其是孩子的生日，应邀出席生日聚会的客人应送礼物以示祝贺。

职场模拟演练

领队向游客介绍美国的传统节日和节庆文化，进而引申到传统节日反映的社会主流价值观等方面。

任务4　线路产品设计/产品特色推广/沿途讲解/景区讲解

任务导入

对应岗位：计调/销售/领队

情境描述：博物馆是美国的重要旅游资源，全国建有约500座博物馆。美国很重视博物馆建设，目的是让更多的美国人了解自己国家的历史与文化。在华盛顿，所有的博物馆都是免费的，纽约大都会博物馆是最大的博物馆，每天接待游客4.5万人次，博物馆的展品来自世界各地，也有一些个人收藏品，丰富多彩。在目前团队赴美旅游行程中也有参观大都会博物馆和小众特色博物馆的产品项目。领队应该熟悉产品项目的内容，以便做好对客讲解服务工作。

任务清单：

1.了解美国旅游市场现状。

2.从文化角度了解美国的世界遗产。

3.熟悉美国的食、住、行、游、购、娱等旅游业基本情况。

知识要点

美国旅游业

一、旅游业概况

美国旅游资源极其丰富，在自然旅游资源方面集森林、湿地、湖泊、河流、草原、沙漠、高山、火山、峡谷、冰雪、海洋于一体；在人文旅游资源方面有众多的博物馆、国家步道系统、古今名胜、文化设施和主题公园等。美国旅游业发展速度大大超过其经济增长速度，旅行和旅游产业已成为第二大服务出口产业、第三大零售产业。全美平均每8个从业人员中就有1人直接或间接从事旅游业。对许多州、区域和城市来说，旅游业已成为一种强大的经济力量，备受政府和各界重视。

二、世界遗产

自美国1973年12月7日加入《保护世界文化和自然遗产公约》的缔约国行列以来，截至目前，经联合国教科文组织审核被批准列入《世界遗产名录》的美国世界遗产共有24项。美国的世界遗产数量明细见表4-2-1。

遇见世遗4-2

美国

表4-2-1　美国的世界遗产数量明细

遗产数量	文化遗产	自然遗产	混合遗产	其中	跨国遗产	濒危遗产
24	11	12	1		2	1

三、旅游线路示例

旅游线路示例见表4-2-2。

表4-2-2　　旅游线路示例

线路1（跟团游）	美国东海岸9日游
D1 上海—波士顿	麻省理工学院
D2 波士顿—奥尔巴尼—雪城	公园街教堂—哈佛大学—纽约州议会大厦
D3 雪城—布法罗	雪城大学—尼亚加拉大瀑布—“雾中少女号”游船—新娘面纱瀑布
D4 布法罗—康宁—哈里斯堡	尼亚加拉大瀑布—时尚奥特莱斯—康宁玻璃中心
D5哈里斯堡—华盛顿	国会山—白宫（外观）—华盛顿纪念碑（外观）
D6华盛顿—费城—普林斯顿大学—新泽西	普林斯顿大学—费城市政厅（外观）—独立宫（外观）—美国铸币厂
D7新泽西—纽约—新泽西	自由女神环岛游船—华尔街—铜牛—第五大道—哥伦比亚大学—圣帕特里克教堂（外观）
D8新泽西—波士顿—上海	夜宿飞机
D9波士顿—上海	抵达上海
线路2（自由行）	美国西海岸小环线15日游
D1洛杉矶	加州迪士尼乐园—迪士尼加州冒险乐园
D2洛杉矶	好莱坞环球影城—格里菲斯天文台—好莱坞星光大道
D3洛杉矶	比弗利山庄—加州大学洛杉矶分校—盖蒂中心
D4洛杉矶—棕榈泉	沙漠山奥特莱斯
D5棕榈泉—大峡谷国家公园	大峡谷国家公园
D6大峡谷国家公园	隐士之路沿线—沙漠观景路
D7大峡谷国家公园—佩吉	羚羊峡谷—马蹄湾
D8佩吉—拉斯维加斯	赌城大道—百乐宫音乐喷泉表演
D9拉斯维加斯—优胜美地国家公园	优胜美地峡谷
D10优胜美地国家公园	优胜美地峡谷—冰川点观景点
D11优胜美地国家公园—旧金山	联合广场—中国城
D12旧金山	金门大桥—九曲花街
D13旧金山—斯坦福—蒙特雷—卡梅尔	斯坦福大学—17英里湾
D14卡梅尔—大苏尔—圣西蒙—圣巴巴拉	比克斯比大桥—赫斯特城堡
D15圣巴巴拉—洛杉矶	比弗利购物中心

四、餐食

1.早餐：酒店美式自助。

2.正餐：海鲜大餐、德州烧烤牛腩、龙虾卷、田纳西州辣子鸡、费城牛肉奶酪三明治、深盘比萨、主肋牛排、水牛城鸡翅、野牛肉丸子、路易斯安那州什锦饭、龙虾通心粉。

五、住宿

团队旅游入住的是三钻酒店，相当于国际三星酒店级别。美国的住宿和我们国内差不多，大体上分Hotel（酒店）、Motel（汽车旅馆）、Bed & Breakfast（提供床位和早餐）3种，舒适度指标由高到低的排序为：Hotel、Motel、Bed & Breakfast，价位也和舒适度成正比。自由行游客在选择住宿时，建议避开市中心和闹市区。YouGov的数据以“正面评价”和“游客满意度”两个指标对美国最受欢迎的25家连锁酒店进行了排名，比较受游客欢迎的有假日酒店、万豪酒店、智选假日酒店、希尔顿、迪士尼乐园及度假村、万怡酒店、汉普顿酒店等。

六、交通

（一）机场和航空公司

从中国直飞美国的城市有很多，可以选择的航班也很多，见表4-2-3。

表4-2-3 中国赴美国的出发城市和执飞航空公司

到达机场	出发城市	执飞航空公司
西雅图塔科马国际机场	北京	海南航空、中国东方航空、中国南方航空、达美航空
	上海	海南航空、中国南方航空、达美航空
	深圳	厦门航空
旧金山国际机场	北京	美国联合航空、中国国际航空
	上海	美国联合航空、中国东方航空、达美航空
	成都	美国联合航空
	广州	中国南方航空、厦门航空、达美航空
圣何塞国际机场	北京	海南航空
	上海	中国国际航空
洛杉矶国际机场	北京	美国航空、中国国际航空
	上海	美国联合航空、美国航空、中国东方航空、达美航空、中国南方航空
	广州	达美航空、中国南方航空、厦门航空
	成都	海南航空
	长沙	海南航空
	南京	中国东方航空
	青岛	厦门航空
拉斯维加斯麦卡伦国际机场	北京	海南航空
芝加哥奥黑尔国际机场	北京	美国联合航空、美国航空、海南航空
纽约约翰肯尼迪国际机场	北京	中国国际航空、美国联合航空
	上海	中国东方航空、达美航空、
	广州	中国南方航空 、厦门航空、达美航空
	成都	海南航空
波士顿洛根国际机场	上海	海南航空
华盛顿杜勒斯国际机场	北京	联合航空、中国国际航空
亚特兰大哈兹菲尔德-杰克逊机场	上海	达美航空、中国东方航空

（二）境内交通

1.内陆段航空：对于非自驾及往来较远城市的游客来说，美国境内频繁的空中航线是再好不过的选择。美国航空业竞争激烈，可选择的航空公司众多，航线覆盖十分广泛。纽约、洛杉矶等国际化大都市都设有多个机场承接络绎不绝的旅客，境内机票价格相对划算。游客如果行李不多，可以选择美国的廉价航空，价格最为便宜，但不提供餐食及免费托运行李服务。主要航空公司有：美国联合航空、达美航空、美国航空、全美航空、维珍航空等。

2.火车：美国铁路的发展程度十分有限，幅员辽阔的国土之上只行驶着缓慢的普快列车，至今没有一条高速铁路，火车票价高昂，很多城市间缺少直达列车，从东海岸至西海岸搭乘火车，常常要大费周折地在中途转车。

3.地铁：美国目前只有9座城市拥有地铁线路，分别为纽约、华盛顿、芝加哥、波士顿、费城、西雅图、洛杉矶、旧金山、圣迭戈。其中，地铁线路最发达的要数纽约及华盛顿，在这两座城市搭乘轨道交通游览景点十分方便。美国的地铁大多兴建于20世纪，很多线路已有百年历史，车站和车厢都较为老旧。相对崭新的是旧金山的地铁，哪怕时至今日也是全美境内最现代化的轨道交通。东海岸（纽约、华盛顿、费城、波士顿）的人口众多，乘坐地铁也较为频繁。西海岸（旧金山、洛杉矶）大部分当地人都会选择自驾出行，地铁班次较少，常规为1小时内3～4班，晚间基本上30～60分钟有一班。

七、游览

（一）主要旅游城市

主要旅游城市介绍见表4-2-4。

表4-2-4　主要旅游城市介绍

城市	简　介	代表景点
华盛顿	●美国首都，全称“华盛顿哥伦比亚特区”，为纪念美国开国元勋乔治·华盛顿和发现美洲新大陆的哥伦布而得名。 ●位于马里兰州和弗吉尼亚州之间的波托马克河与阿纳卡斯蒂亚河汇流处。华盛顿为温带大陆性气候，气候温和，四季分明。 ●华盛顿市区面积178平方千米，特区总面积6 094平方千米。华盛顿在行政上由联邦政府直辖，不属于任何一个州。 ●华盛顿是美国的文化中心之一。有众多人文景观，大多数免费对游人开放	华盛顿国家广场；美国国会山；白宫；美国国家航空航天博物馆；华盛顿纪念碑；林肯纪念堂；富兰克林·罗斯福纪念碑；杰斐逊纪念堂等
纽约	●美国第一大都市和第一大商港，美国的金融中心，也是全世界金融中心之一，被人们誉为“世界之都”。 ●纽约位于纽约州东南哈得孙河口，濒临大西洋。它由五个区组成：曼哈顿、布鲁克林、布朗克斯、昆斯和里士满，面积828.8平方千米。 ●联合国总部所在地，总部大厦坐落在曼哈顿岛东河河畔	自由女神像；大都会艺术博物馆；时代广场；帝国大厦；华尔街铜牛；第五大道；华尔街等
旧金山	●美国西部最早开发的大都市，它是早期华人聚居的地方，因此也被称为“大埠”，又称“圣弗朗西斯科”“三藩市”，位于美国加利福尼亚州西海岸圣弗朗西斯科半岛，市区面积121.73平方千米。 ●它是美国太平洋沿岸的大商港，也是美国西部的金融中心，弥漫着浪漫的艺术气氛，是各种稀奇古怪文化滋生的地方，如20世纪60年代的“嬉皮”	金门大桥；九曲花街；旧金山渔人码头；中国城；美国艺术宫；联合广场；恶魔岛；旧金山市政厅等
洛杉矶	●地中海型气候，冬天十分温暖，一年四季总是阳光明媚、百花盛开，山河、湖泊、海洋、沙漠、林地等旅游资源丰富。 ●闻名于世的好莱坞就坐落在此，迪士尼乐园每年要接待上千万名游客，包括许多国家的总统、总理等领导人。 ●金融贸易中心和文化教育中心。全市有800多家银行，还有数十所高等院校	好莱坞环球影城；好莱坞星光大道；圣塔莫尼卡海滩；加州迪士尼乐园；比弗利山庄；好莱坞标志；格里菲斯天文台；格劳曼中国大剧院

（二）主要旅游资源

主要旅游资源介绍见表4-2-5。

表4-2-5　　主要旅游资源介绍

旅游资源	简　介
科罗拉多大峡谷	●位于美国西部亚利桑那州西北部的凯巴布高原上，科罗拉多大峡谷的形状极不规则，大致呈东西走向，蜿蜒曲折。 ●大峡谷全长446千米，平均宽度16千米，最大深度1 740米，平均谷深1 600米，总面积2 724平方千米。 ●峡谷两壁及谷底气候、景观有很大不同，南壁干暖，植物稀少；北壁高于南壁，气候寒湿，林木苍翠；谷底则干热，呈一派荒漠景观。 ●由几十个国家公园相连，其中尤以塞昂国家公园、布赖斯国家公园、拱门国家公园和纪念谷等最为著名
肯塔基州的猛犸洞	●位于玛格丽特河南21千米处，洞内有3 500多年前的猛犸化石。该洞在1850年首次被欧洲人记录在案，1904年后向大众开放。 ●美国肯塔基州的猛犸洞共五层，由超过250条的地下通道组成，总长超过240千米，最大的洞穴高38米，可容下一座足球场，是世界上最为庞大的洞穴体系。猛犸洞以溶洞之多、之奇、之大称雄世界。有77座地下大厅，其中最高的一座称为“酋长殿”，它略呈椭圆形，长163米、宽87米、高38米，厅内可容数千人
黄石国家公园	●位于美国中西部怀俄明州的西北角，并向西北方向延伸到爱达荷州和蒙大拿州，面积达8 956平方千米，是世界第一座国家公园，成立于1872年。 ●久负盛名的旅游胜地，黄石河、黄石湖纵贯其中，有峡谷、瀑布、温泉及间歇喷泉等，景色秀丽，引人入胜。园内最高峰为华许布恩峰，海拔3 550米，园内的森林占全园总面积的90%左右，水面占10%左右。 ●6 000万年以来，黄石地区多次发生火山爆发，构成了现在海拔2 000多米的熔岩高原
德纳里山	●位于美国阿拉斯加州的中南部，地处阿拉斯加山脉的中段，海拔6 193米，为北美洲的第一高峰。在南北二峰中，南峰较高，山势陡立。 ●德纳里在印第安语中的含意是“太阳之家”
白宫	●北接拉斐特广场，南邻爱丽普斯公园，与高耸的华盛顿纪念碑相望，被称为“总统大厦”“总统之宫”，是美国总统府所在地。 ●白宫是一座白色的二层楼房，共占地7.3万多平方米，由主楼和东、西两翼三部分组成。主楼宽51.51米，进深25.75米，共有底层、一楼和二楼3层。底层有外交接待大厅、图书室、地图室、瓷器室、金银器室和白宫管理人员办公室等。 ●现在白宫的一部分在规定时间内向全世界公民开放
国会大厦	●位于美国首都华盛顿哥伦比亚特区，是美国国会所在地。美国人把它看作民有、民治、民享政权的最高象征。 ●1793年9月18日由华盛顿总统亲自奠基，1800年投入使用。 ●整幢国会大厦是一座3层的平顶建筑，其中央是一座高高耸立的圆顶，也分3层。圆顶上还有一个小圆塔，塔顶直立着自由女神铜像。她头顶羽冠，右手持剑，左手扶盾，永远眺望太阳升起的地方
金门大桥	●位于美国旧金山市，是世界著名大桥之一，被誉为近代桥梁工程的一项奇迹。设计者是工程师施特劳斯。 ●大桥于1933年动工，1937年开通，全长约2.7千米，桥两端有两座高达227米的塔，是世界上最大的单孔吊桥之一，被视为旧金山的象征。 ●大桥北端连接北加利福尼亚，南端连接旧金山半岛。整个大桥造型宏伟壮观、朴实无华。桥身呈朱红色，横卧于碧海白浪之上，华灯初放，如巨龙凌空，使旧金山市的夜空景色更加壮丽
大都会艺术博物馆	●位于美国纽约第五大道上的82号大街，与著名的美国自然历史博物馆遥遥相对，占地13万平方米。世界四大美术馆之一，是美国最大的艺术博物馆，也是纽约市最热门的旅游景点之一。 ●藏有埃及、巴比伦、亚述、希腊和罗马等各地艺术珍品330余万件

八、购物

（一）场所

在美国旅游主要的购物场所有免税店、奥特莱斯（如拉斯维加斯、卡马里奥、沙漠山、伍德伯里）、时代广场、第五大道、梅西百货、罗迪欧大道、第三步行街、密歇根大道桥、联合广场等。

（二）购品

游客在美国旅游主要购买的商品有奢侈品类（如蔻驰、迈克·科尔斯、凯特·丝蓓）；化妆品类（如倩碧、雅诗兰黛、契尔氏、伊丽莎白雅顿、品木宣言）；保健品类（如普丽普莱、鱼油、多维小熊糖、善存、安利纽崔莱）；食品类（如巧克力、坚果类、干果类、曲奇类）；服装类品牌（如Lee、Levis、American Eagle、AF、Hollister、Nautica、Tommy Hilfiger、Guess、Calvin Klein、Columbia）；鞋类品牌（如Cat、Vans、Converse、New balance）；百货类（如Zippo打火机、厨具）等。

九、娱乐

（一）百老汇话剧或歌剧

百老汇作为美国音乐剧及舞台剧的发源地而享誉全球，纽约的百老汇大街盘踞着几十家经典的剧院，每天都上映着精彩绝伦的百老汇作品。不论是像《名扬四海》（Fame）之类的经典剧集，还是让人耳目一新的新排的高质量话剧或者歌剧，都能在这里看到。经典剧目推荐：歌剧魅影（The Phantom of the Opera）、妈妈咪呀（Mama Mia）、邪恶女巫（Wicked）、狮子王（Lion King）、芝加哥（Chicago）等。

（二）主题乐园

美国以超百座的乐园数成为世界上主题乐园最多的国家。洛杉矶是迪士尼与环球影城的“老家”，而奥兰多则有着世界上最大的迪士尼世界与环球影城。除了这两座世界顶级乐园连锁外，美国还有很多独具匠心的本土乐园，其中包括以海洋生物为主的海洋世界（Sea World），专门打造过山车的六旗公园（Six Flags）、将动物园与主题乐园完美结合的布什公园（Busch Gardens），以及紧邻北美五大湖的雪松点乐园（Cedar Point），这些都是世界主题乐园的典范之作。

（三）现场观看NBA

这想必是众多球迷的愿望。NBA的常规赛从每年10月下旬持续到下一年的4月中旬，随后的季后赛（淘汰赛）一直持续到6月底，最后决出总冠军。这期间游客要想看一场心仪球队现场的比赛，需要提前锁定好比赛日期及场馆。购票最简单的方式就是在比赛当天去球馆现场买票，常规赛的门票几乎都可以买到，季后赛热门场次的门票可能需要提前预订。

（四）体验水上娱乐项目

想要体验潜水、水上脚踏车、香蕉船等水上娱乐项目的话可以前往塞班岛、关岛及夏威夷。美国本土的水上项目有冲浪、沙滩排球，可以在“冲浪之都”洛杉矶、加州最南部城市圣迭戈以及佛罗里达州的迈阿密尽情体验。美国本土海滩鲜有人工拦起来的游泳区域，西海岸大多数的海滩浪高风急。美国海滩上很难见到娱乐设备，大多是享受日光、沙滩及带着冲浪板驰骋海浪的当地人。

旅游贴士4-2

美国

职场模拟演练

在线测评 4-2

美国

1. 车上导览——利用既有线路中的一天，查看路线，进行车上沿途风光讲解。

2. 购物指导——购物环节有保健品店、化妆品店等，通过查找相关资料，为游客做好购物方面的指导。

3. 景区导览——选择一个城市、一个景区或一项世界遗产，融入相关文化要素，介绍给游客。

项目三 墨西哥

◎ 学习目标

知识目标：

•熟悉墨西哥的基本国情。

•熟悉墨西哥的政治经济简况。

•掌握墨西哥的节日、民居、饮食、服饰、礼节等民俗文化。

•掌握墨西哥的食、住、行、游、购、娱等旅游业基本情况。

能力目标：

•能够策划墨西哥旅游产品。

•作为领队能够协助当地导游安排落实在墨西哥的旅游行程，并按照行程计划为游客提供讲解、陪同游览等服务。

•作为产品销售能够运用新媒体技术，策划实施墨西哥旅游产品线下线上营销推广。

素养目标：

•培养学生具备国际的视野，厚植爱国情感、民族自豪感和对我国优秀传统文化的认同感。

•培养学生具有健康的体魄和心理、完善的人格，具有良好的行为习惯、一定的审美意识和人文素养。

•培养学生乐观向上的工作和生活态度，并具有自我管理能力、集体意识和团队合作精神。

任务1 领队说明会

任务导入

对应岗位：领队

情境描述：行前说明会上，领队问到对墨西哥旅行的期望，人文历史爱好者的印象里充斥着对未知而神秘的玛雅文明和阿兹特克文明的无限向往，潜水爱好者期盼着一次惊险的海底洞穴之旅……墨西哥是一个饱经风霜却依然热情洋溢的国家。动画电影《寻梦环游记》让墨西哥旅游持续升温。领队应先了解游客的需求和心理预期，从做好行前说明会的讲解和服务开始，带领游客去体验墨西哥的多元文化吧！

任务清单：

1. 熟悉墨西哥的自然地理（位置、地形、气候、自然资源等）。

2. 熟悉墨西哥的人文地理（人口、民族、语言等）。

知识要点

墨西哥概况

一、位置

墨西哥全称是“墨西哥合众国”，位于北美洲南部。北邻美国，南接危地马拉和伯利兹，东临墨西哥湾和加勒比海，西南濒太平洋。海岸线长11 122千米，国土面积196.44万平方千米。

二、地形与地貌

东、西、南三面为马德雷山脉所环绕，中央为墨西哥高原，东南为地势平坦的尤卡坦半岛，沿海多狭长平原。

三、气候

墨西哥气候复杂多样。高原地区终年温和，平均气温10～26℃；西北内陆为大陆性气候；沿海和东南部平原属热带气候。大部分地区分旱季（10月至次年4月）、雨季（5月至9月），雨季集中了全年75%的降水量。

四、自然资源

墨西哥是世界重要的矿业生产国。墨西哥主要的能源矿产资源有石油、天然气、铀和煤等；金属矿产有铁、锰、铜、铅、锌、金、银、锑、汞、钨、钼等；非金属矿产有硫、石墨、硅灰石、天然碱和萤石等。储量居世界前列的矿产有：银居世界首位；铜和石墨居世界第三位；硫和重晶石居世界第六位；钼、铅和锌居世界第七位；锰居世界第十一位。

五、人口与民族

1.30亿（2023年）。印欧混血人和印第安人占总人口的90%以上。

六、语言

西班牙语为主要使用语言。

七、国旗与国徽

墨西哥国旗呈长方形，长与宽之比为7∶4。从左至右由绿、白、红3个平行相等的竖长方形组成，白色部分中间绘有墨西哥国徽，图案内容来自关于墨西哥历史的传说。绿色象征独立和希望，白色象征和平与宗教信仰，红色象征国家的统一。

墨西哥国徽图案为一只展翅的雄鹰嘴里叼着一条蛇，一只爪抓着蛇身，另一只爪踩在从湖中的岩石上生长出的仙人掌上。仙人掌是墨西哥的国花，象征着墨西哥民族及其顽强的斗争精神。图案下方为橡树和月桂树枝叶，象征力量、忠诚与和平。这组图案描绘了墨西哥人的祖先阿兹特克人建国的历史。

八、行政区划

全国划分为32个州（首都墨西哥城已由联邦区改为州），州下设市（镇）和村。

九、时差

墨西哥首都墨西哥城位于西六区，执行夏令时的时候，比北京时间晚13个小时；执行冬令时的时候，比北京时间晚14个小时。

职场模拟演练

在领队说明会上，请你从自然地理和人文地理的角度简单介绍一下墨西哥的国情，让游客对墨西哥有一个大致的了解。

任务2　车上讲解/与游客交谈

任务导入

对应岗位：领队

情境描述：墨西哥历史悠久，自公元前1500年左右的奥尔梅克文明开始，经过玛雅文明、托尔特克文明和阿兹特克文明等多个时期的发展和演变，形成了独特的文化和艺术风格。特别是阿兹特克文明以其宏伟的建筑、精湛的艺术和复杂的社会结构而闻名于世。领队如果熟悉当地的历史，会让自己的讲解更加有内涵和依据。

任务清单：

1. 熟悉墨西哥重要历史时期的大事件。
2. 了解墨西哥的国体和政体。
3. 了解墨西哥经济现状。

知识要点

墨西哥简史和政治、经济概况

一、简史

美洲文明古国。玛雅文化、奥尔梅克文化、托尔特克文化和阿兹特克文化均为墨西哥印第安人创造。

- 1519年，西班牙殖民者入侵。
- 1810年9月16日，伊达尔戈神父发动起义，开始独立战争。
- 1821年，墨西哥宣告独立。
- 1824年10月，成立联邦共和国。
- 1910年，爆发资产阶级民主革命。
- 1917年，颁布资产阶级民主宪法，宣布国名为墨西哥合众国。
- 革命制度党自1929年起连续执政71年。
- 2000年、2006年国家行动党连续两次赢得大选。
- 2012年，革命制度党重新执政。
- 2018年，国家复兴运动党赢得大选。

二、政治

实行总统制。总统是国家元首和政府首脑，任期6年，终身不得再任。不设副总统职位。宪法规定立法、行政、司法三权分立；总统通过直接选举产生；土地、水域及其他一切自然资源归国家所有；工人有权组织工会、罢工等。联邦各州制定本州宪法，但州政府权力受国家宪法约束。

三、经济

墨西哥是拉美经济大国、《美墨加协定》（原北美自由贸易区）成员、世界最开放的经济体之一，同50个国家签署了自贸协定。墨西哥工业门类齐全，石化、电力、矿业、冶金和制造业较发达。墨西哥是传统农业国，是玉米、番茄、甘薯、烟草的原产地。墨西哥主要出口原油、工业制成品、石油产品、服装、农产品等，主要出口对象为美国、加拿大、欧盟、中美洲、中国等；主要进口食品、医药制品、通信器材等，主要进口来源国为美国、中国、德国、日本、韩国等。全国贫富分化严重，贫困人口占总人口的41.9%。

墨西哥现行通用货币是墨西哥元，与人民币的汇率为：1墨西哥元≈0.4243人民币；1人民币≈2.3568墨西哥元（2024年1月）。

职场模拟演练

从本任务情境描述的话题中任选一个，作为与游客的谈资，帮助游客更好地了解墨西哥和墨西哥社会。

任务3　线路产品设计/沿途导览/景区讲解

任务导入

对应岗位：计调/领队

情境描述：游客提到墨西哥饮食文化中的国酒龙舌兰，问导游用餐时能否喝到。在电影《飞屋环游记》结尾，埃克托将手中的龙舌兰遥敬星辰与月光，一饮而尽，让我们看到了一个墨西哥人与国酒龙舌兰的熟悉与依恋。特别是在墨西哥独立日这一天，当地人甚至会喝到舌头发硬。领队如果熟悉当地的民俗文化，就会给自己和游客的谈话增加更多的话题和谈资，便于讲解服务的开展。

任务清单：

1. 了解墨西哥的节日和重要节庆文化。
2. 熟悉墨西哥民居的典型特点。
3. 熟悉墨西哥的饮食文化。
4. 了解墨西哥的传统服饰特点。
5. 熟悉墨西哥人的礼节。

知识要点

墨西哥民俗文化

一、重要节日

●独立日：9月16日

- 圣诞节：12月25日

二、民居

传统的墨西哥房屋通常使用黏土砖建造，这些承重结构对恶劣气候具有良好抵抗力。然而，随着墨西哥成为现代主义的圣地，混凝土变得越来越流行，随着对可持续材料的认识不断提高，建筑师们现在也开始使用当地制造的土坯砖，因为它们成本低且在当地易于获得。

三、饮食

墨西哥人的口味浓重，喜欢吃辛辣食品，菜式均以酸辣为主，辛辣味调料是墨西哥人餐桌上必不可少的。正宗的墨西哥菜，材料多以辣椒和番茄为主，味道有甜、辣和酸等，酱汁90%以上是用辣椒和番茄调制而成的。墨西哥菜分前菜、汤类、主菜和甜品，其中汤类较为清淡，用以突出主菜的酸辣特色。粟米是墨西哥人的主粮之一，也是墨西哥菜不可缺少的材料之一，而以粟米制成的副食品举不胜举。墨西哥人对海产品加工深有研究，出产的罐头鲍鱼鲜嫩肥硕，味美无比，驰名世界。

四、服饰

墨西哥人的穿着打扮，既有强烈的现代气息，又有浓厚的民族特色。在墨西哥人的传统服饰之中，名气最大的是“恰鲁”和“支那波婆兰那”。前者是一种类似于骑士服的男装，看起来既帅又酷；后者则为一种裙式女装，穿起来让人显得既高贵，又大方。墨西哥人非常讲究在公共场合着装的严谨与庄重，男士一定要穿长裤，女士则务必要穿长裙。

五、礼节

墨西哥人通常的问候方式是微笑和握手，在亲朋好友之间也施亲吻礼和拥抱礼。墨西哥人的姓名一般由教名、父姓、母姓三部分组成。在一般场合可用略称形式，即只称教名和父姓；妇女婚后改为夫姓，夫姓之前须加一个“德”字表示从属关系。在公共场所男子穿短裤、妇女穿长裤都是不适宜的。墨西哥人认为骷髅是公正的象征，“骷髅艺术”盛行全国。

职场模拟演练

领队带游客用餐之前，向游客介绍墨西哥的饮食文化及国酒龙舌兰。

任务4　线路产品设计/产品特色推广/沿途导览/景区讲解

任务导入

对应岗位：计调/销售/领队

情境描述：在墨西哥，酷爱历史古迹的游客可以探寻玛雅文明、托尔特克文明和阿兹特克文明，考察西班牙、法国、美国入侵后留下的文化印记；追求极致旅行体验的人可以在绝美海景处观鲸、悬崖佳境处留影、热门粉红湖打卡、乘坐热气球俯瞰太阳月亮金字塔；还有的游客已经走过欧洲、北美、海岛等诸多目的地，想要寻找一个别样体验的目的地。如果你负责旅行社旅游产品的销售或散客接待，你会怎样推荐墨西哥旅游产品呢？

任务清单：

1.了解墨西哥旅游市场现状。

2.从文化角度了解墨西哥的世界遗产。

3.熟悉墨西哥的食、住、行、游、购、娱等旅游业基本情况。

知识要点

墨西哥旅游业

一、旅游业概况

墨西哥的旅游资源极其丰富，从东西海岸的阳光沙滩，到北部边陲的沙漠景观，从玛雅文明遗址，到殖民时代老城，旅游资源数量高居拉美第一。此外，墨西哥还有111个特色村镇、187个考古遗址、1 200多个博物馆和艺术画廊。

墨西哥是世界第六大旅游国家，墨西哥旅游业占了该国GDP的8.7%。墨西哥政府在加快旅游业发展方面取得的成功，主要归功于以下几个关键因素：增加航空连通；开发新的旅游产品；举办大型赛事、活动等。然而，安全因素和过度开发引发的环保问题仍然是墨西哥旅游业发展的最大障碍。

二、世界遗产

遇见世遗4-3

墨西哥

自墨西哥1984年2月23日加入《保护世界文化与自然遗产公约》的缔约国行列以来，截至2019年，经联合国教科文组织审核被批准列入《世界遗产名录》的墨西哥世界遗产共有35项。墨西哥的世界遗产数量明细见表4-3-1。

表4-3-1 墨西哥的世界遗产数量明细

遗产数量	文化遗产	文化景观遗产	自然遗产	混合遗产	其中	跨国遗产	濒危遗产	除名遗产
35	25	2	6	2		0	1	0

三、旅游线路示例

旅游线路示例见表4-3-2。

四、餐食

1.早餐：酒店西式自助、便携式早餐盒。

2.正餐：克萨迪亚斯（Quesadillas奶酪玉米饼）、塔马莱（Tamales墨西哥粽子）、马塞特（Machetes巨大玉米饼）、墨西哥玉米卷（Tacos）、特莱乌达斯（Tlayudas墨西哥比萨）、比里亚（Birria墨西哥炖肉）、墨西哥海鲜饭（Mexican Rice）、鸡肉法吉塔（Chicken Fajita烤鸡肉）、中式团餐桌餐。

五、住宿

墨西哥的住宿有露营地、宾馆、青年旅社、汽车旅馆、星级饭店和度假村等类型。青年旅社一般在大学和度假村附近的城镇，有六人通铺和简单齐全的设备。家庭

表 4-3-2　　旅游线路示例

线路（跟团游）	探访多彩墨西哥11日游
D1上海—墨西哥城	航班
D2墨西哥城	墨西哥城国家宫殿—墨西哥城主教堂—墨西哥城宪法广场—瓜达卢佩圣母大教堂—墨西哥城国家美术馆—墨西哥城国家人类学博物馆
D3墨西哥城—瓜纳华托	迭戈·里维拉博物馆—皮毕拉纪念碑—联合花园—华雷斯剧院—瓦伦西亚教堂—瓜纳华托圣母大教堂
D4瓜纳华托—墨西哥城	瓜纳华托大学
D5墨西哥城	特奥蒂瓦坎古城
D6墨西哥城—梅里达	胡亚雷斯国际机场—雷约恩机场 梅里达大教堂—梅里达大广场
D7梅里达—奇琴伊察—坎昆	库库尔坎金字塔—修女院—武士神庙—千柱广场
D8坎昆	阿库马尔—图伦大道—坎昆水下博物馆—女人岛
D9坎昆—墨西哥城	坎昆机场—胡亚雷斯国际机场
D10墨西哥城—上海	夜宿航班
D11上海	抵达上海

旅馆是由民居改装的，价格便宜。最受旅行者欢迎的还是以房间为单位的中小旅馆，有些是大厦或小酒馆改建的，有些则颇有历史意义。豪华型酒店在墨西哥并不缺乏，一些连锁酒店在墨西哥城的质量都达到了国际水平。另外，本地的高级酒店，或多或少都将墨西哥风格混入其酒店服务设施中。

六、交通

（一）机场和航空公司

目前，中国可以飞往墨西哥城的城市有很多：北京、天津、上海、广州、深圳、厦门、杭州、温州、沈阳、成都、香港、台北等。主要航空公司有：墨西哥航空、加拿大航空、美国航空、美联航、达美航空、法国航空等。大部分航班需要在美国或欧洲城市经停、换机。除在墨西哥城入关外，还可能经停蒂华纳或洛斯卡沃斯，后飞抵墨西哥城。

我国游客赴墨西哥旅游通常使用的机场是墨西哥城唯一的客运机场——贝尼托·胡亚雷斯国际机场，它也是拉丁美洲最大的机场，位于老城区以东6 000米，共2座航站楼，游客可乘坐地铁、公交车和出租车到达市区。

（二）境内交通

1.铁路：墨西哥的火车由墨西哥铁路局国营，但是不准时，比便宜又舒适的巴士慢很多。

2.公交车：墨西哥的公交系统发展得较好，价格便宜。搭乘公交前要注意该班车是Local（从你所在的车站发车）还是De Paso（从其他车站发车）。巴士可分为豪华车、头等车以及二等车。豪华车有可斜躺式座椅、空调，还提供餐饮。头等车有盥洗室和空调。二等车较便宜，但比较拥挤。

3. 地铁：在墨西哥城公共交通系统中占有极为重要的地位。共有线路11条，总长202千米，每个地铁站至少与一条公共汽车线路连接，地铁枢纽站则与多条公交线路连接，方便人们就近换乘。

4. 出租车：大城市里出租车很多，价格也很合理，对于外国游客来说，最好是在合法的出租车站或旅馆叫Sitio出租车，而不要随便在路边拦车。

七、游览

（一）主要旅游城市

主要旅游城市介绍见表4-3-3。

表4-3-3　主要旅游城市介绍

城市	简　介	代表景点
墨西哥城	●位于墨西哥谷的盆地中央，海拔2 240米，是墨西哥的首都，也是全国的政治、经济、文化和交通中心。 ●墨西哥城群山环绕，气候温和，四季如春，大大小小的花园镶嵌在全城的各处，景色秀丽。 ●墨西哥城南北略长，东西略窄。东北是古文化区，西南是现代化的新兴工业区。宪法广场是墨西哥城的中心，广场的正中央有根粗大的旗杆，每天的升降旗仪式吸引着众多海内外游客	宪法广场；墨西哥城主教座堂；国家宫；国家艺术宫；独立纪念柱；弗里达卡罗博物馆；查普尔特佩克城堡；大神庙等
瓜达拉哈拉	●位于中央高原西缘格兰德河左岸，是墨西哥哈利斯科州的首府，墨西哥第二大城市，始建于1531年。 ●1940年以后瓜达拉哈拉成为墨西哥西部最大的商业、金融和工业中心，同时也是铁路、公路、航空交通枢纽	卡瓦尼亚斯济贫院；赎罪教堂等
普埃布拉	●建于1531年，是一座典型的西班牙风格的城市。 ●墨西哥普埃布拉州的首府，位于该州中部地区，是该州的商业、工业和农业中心。有纺织、汽车、食品、建筑材料等工业，玛瑙、陶器、玻璃和首饰等手工艺术品驰名国内外。 ●1987年，联合国教科文组织将普埃布拉历史名城列入《世界遗产名录》	乔鲁拉大金字塔等

（二）主要旅游资源

主要旅游资源介绍见表4-3-4。

八、购物

（一）场所

在墨西哥旅游主要的购物场所有免税店、Bazar Sabado市集、Mercado Insurgentes市集、三大百货公司（El Nuevo Mundo，El Palacio de Hierro和Liverpool）、65街的Garcia Rejon Handicrafts Market等。

（二）购品

游客在墨西哥旅游主要购买的商品有食品（如辣椒、龙舌兰酒、海产品等）；手工艺品（如银器、陶器、皮具、草梗画、皮雕、木雕、手编篮子、羊毛毯等）；饰品（如珠宝、金银首饰等）。

表4-3-4　　主要旅游资源介绍

旅游资源	简　介
帕里库廷火山	●位于墨西哥米却肯州西部，距离墨西哥城以西约320千米，是北美洲最年轻的火山。 ●1943年2月20日，涌出岩浆，喷出火山灰。24小时之内就形成50米高的火山锥，一个星期内达到100米。到1952年3月4日，帕里库廷火山在不断喷涌了9年后，终于停止了活动，最终的高度达到457米，海拔高度3 170米，共喷出10亿吨熔岩，冷却的岩浆依地形的不同形成了厚度在2～35米的火山岩层。 ●墨西哥最具魅力和最令人激动的自然景观，并成为墨西哥画坛流行一时的创作题材
太阳月亮金字塔	●太阳金字塔位于特奥蒂瓦坎亡灵大道东侧，是特奥蒂瓦坎古城遗迹的代表性建筑，约建于公元2世纪，是世界第三大金字塔。 ●太阳金字塔的方形塔基规模为225米×222米，5层塔身共高63米。这座体积达100万立方米的庞大建筑，除雕刻着绚烂图案的火山石外壁外，整个主体以250万吨泥土和砂石堆砌。 ●月亮金字塔位于亡灵大道北端，建造时间晚于太阳金字塔约200年，塔基规模为150米×120米，4层塔身高46米，体积为38万立方米，以100万吨左右的泥土和砂石堆砌而成，外壁同样饰有华丽的图案。月亮金字塔建造精细，其200多级台阶每级倾斜角度皆不相同。塔前宽阔的月亮广场上矗立着美丽的鸟蝶宫，同样是特奥蒂瓦坎的主要遗迹之一
天主教堂	●位于宪法广场以北，是拉丁美洲最大的天主教教堂，由西班牙人在1573年开始修建，至1813年才完全竣工，漫长的修建时间使大教堂包含了古典巴洛克、新古典等多种建筑风格。 ●大主教堂主体由两侧高耸的钟楼和中间宽广的主殿构成，其中钟楼高67米，主殿宽110米。教堂中保存了16个礼拜堂中古老的雕像和家具，最引人注目的就是顶上辉煌壮丽的圣经故事壁画
国家宫	●位于墨西哥城中心的宪法广场的整个东侧，是墨西哥联邦行政机构所在地。国家宫长200余米，红色立面。 ●国家宫的正门入口上方高悬着多洛雷斯钟，钟的上面为阳台，每年墨西哥独立日，墨西哥总统都会在这个阳台，带头高呼“墨西哥万岁”。 ●国家宫内部为西班牙式的庭院，走廊也为西班牙风格，走廊的墙壁上嵌满展现墨西哥在西班牙占领前本土生活风貌的壁画，其中最著名的是墨西哥绘画三杰之一的迭戈·里维拉在1929—1935年创作完成的《羽蛇神》
国家人类学博物馆	●位于墨西哥城最大的公园查普特佩克公园北部，是整个拉美地区最大的博物馆，中央大厅巨大的圆柱伞顶瀑布极为醒目。 ●博物馆分两层，玛雅文化馆和阿兹特克文化馆是一楼最重要的两个展厅，收藏的展品是这两大印第安文明的集中体现。博物馆二层展厅展示了服饰、乐器、武器、宗教器皿和生活用具等多种文物，反映了墨西哥各民族的文化、艺术、宗教和生活方式等情况。 ●此外，博物馆内还有关于人类学概述、达·芬奇理论、史前时代和美洲大陆原始移民等内容的相关介绍。

九、娱乐

（一）体验Mahahual（马哈瓦尔）渔村生活

在Mahahual渔村，藏着一栋栋小木屋，游客走进这里，就好像走进了七个小矮人的世界。棕榈树紧靠着小木屋生长，形成绿荫，遮蔽正午的艳阳。小渔村非常注重生态保护，桌子椅子都是实木搭建，全村用太阳能供热水，晚上的路灯也是声控的。游客住在小木屋里，透过偌大的落地窗，一眼就能望到街道另一面的细沙和加勒比海；早上伴着翻滚的海浪声起床，每天可以提着浮潜设备，下海游泳。每周都有游轮经过，Mahahual是其中一站。游客还可以在海边露营，深情地拥抱自然。五颜六色的小店和标签，像颜料店一样让人眼花缭乱。小镇非常提倡环保，主街上的唯一交通工具就是自行车，汽车只能从辅路绕行。

（二）Grutas de Tolantongo（托兰通戈洞穴）温泉

旅游贴士4-3

墨西哥

很多游客喜欢住在酒店提供的帐篷里，可以直接在温泉旁边享用BBQ，还可以随时跳下温泉泡一泡。整个峡谷区内遍布温泉洞、温泉池、温泉瀑、温泉河，呈现出靓丽的蓝色，犹如仙境。游客还可以体验悬崖温泉、温泉溶洞，穿上潜水鞋，带上手电筒等装备，体验别有洞天的溶洞。

职场模拟演练

在线测评4-3

墨西哥

1.车上导览——利用既有线路中的一天，查看路线，进行车上沿途风光讲解。

2.购物指导——购物环节有保健品店、化妆品店等，通过查找相关资料，为游客做好购物方面的指导。

3.景区导览——选择一个城市、一个景区或一项世界遗产，融入相关文化要素，介绍给游客。

项目四　巴西

◎ 学习目标

知识目标：

•熟悉巴西的基本国情。

•熟悉巴西的政治经济简况。

•掌握巴西的节日、民居、饮食、服饰、礼节等民俗文化。

•掌握巴西的食、住、行、游、购、娱等旅游业基本情况。

能力目标：

•能够策划巴西旅游产品。

•作为领队能够协助当地导游安排落实在巴西的旅游行程，并按照行程计划为游客提供讲解、陪同游览等服务。

•作为产品销售能够运用新媒体技术，策划实施巴西旅游产品线下线上营销推广。

素养目标：

•培养学生具备国际的视野，厚植爱国情感、民族自豪感和对我国优秀传统文化的认同感。

•培养学生具有健康的体魄和心理、完善的人格，具有良好的行为习惯、一定的审美意识和人文素养。

•培养学生乐观向上的工作和生活态度，并具有自我管理能力、集体意识和团队合作精神。

任务1　领队说明会

任务导入

对应岗位：领队

情境描述：由于地理位置、民俗文化的差异，我国游客在巴西体会更多的是惊奇、惊喜甚至是惊讶，因为巴西有着日夜奔腾汹涌、壮美无比的伊瓜苏大瀑布，有着神秘的雨林和遍布各种神奇生物乐园的湿地，有着如同帕拉伊巴碧玺一般的地下湖，有着广阔无垠的南部牧场，有着全世界最美的湿地落日，有着水量丰沛、支系繁多的河流，当然还有热情奔放的巴西人民。面对这个“被上天眷顾的国度”和游客出行前紧张、猎奇的心理，你准备好履行领队义务了吗？

任务清单：

1.熟悉巴西的自然地理（位置、地形、气候、自然资源等）。

2.熟悉巴西的人文地理（人口、民族、语言等）。

知识要点

巴西概况

一、位置

巴西全称“巴西联邦共和国”，位于南美洲东部。北邻法属圭亚那、苏里南、圭亚那、委内瑞拉和哥伦比亚，西界秘鲁、玻利维亚，南接巴拉圭、阿根廷和乌拉圭，东濒大西洋。海岸线长约7 400千米。巴西全国面积为851.04万平方千米，是南美洲面积第一大的国家，仅次于俄罗斯、加拿大、中国和美国。

二、地形与地貌

巴西的地形主要分两大部分：一部分是分布在巴西南部的巴西高原；另一部分是分布在北部亚马孙河流域和西部的平原。全境可分为亚马孙平原、巴拉圭盆地、巴西高原和圭亚那高原。巴西境内有亚马孙、巴拉那和圣弗朗西斯科三大河系。

三、气候

国土的80%位于热带地区，最南端属亚热带气候。北部亚马孙平原属赤道（热带）雨林气候，年平均气温27～29℃。中部高原属热带草原气候，分旱、雨两季，年平均气温18～28℃。南部地区年平均气温16～19℃。

四、自然资源

矿产、土地、森林和水力资源十分丰富。铌、锰、钛、铝矾土、铅、锡、铁、铀等29种矿物储量位居世界前列。铌矿储量已探明520万吨，产量占世界总产量的90%以上。石油探明储量149亿桶，居世界第15位，南美地区第二位（仅次于委内瑞拉）。森林覆盖率达62%，木材储量658亿立方米，占世界1/5。水力资源丰富，拥有世界18%的淡水，人均淡水拥有量2.9万立方米。

五、人口与民族

人口2.03亿，排名拉美第一、世界第七。黑白混血种人占45.35%，白种人占43.46%，黑种人占10.17%，黄种人和印第安人等占1.02%。

六、语言

官方语言为葡萄牙语。

七、国旗与国徽

国旗形状为长方形，长宽之比为10∶7。绿色旗面的中间有一个黄色菱形。位于菱形中间的蓝色天球仪上的27颗白色五角星，代表巴西的26个州和1个联邦区，白色绶带上用葡萄牙文写着“秩序和进步”。绿色和黄色是巴西的国色。绿色象征巴西广大的丛林，黄色象征丰富的矿藏和资源。

国徽中央是一颗以其特产咖啡枝和烟叶围绕的由金、红、绿三色组成的大五角星。圆形中心有五颗白色的五角星，代表南十字星座。下面蓝色绶带上写着：“巴西联邦共和国”和“1889年11月15日”的字样，象征巴西是一个独立、自由、团结和富饶的国家。

八、行政区划

全国共分26个州和1个联邦区。州下设市，全国共有5 570个市。

九、时差

巴西首都巴西利亚位于西三区，比北京时间晚11个小时。

职场模拟演练

在领队说明会上，请你从自然地理和人文地理的角度简单介绍一下巴西的国情，让游客对巴西有一个大致的了解。

任务2　车上讲解/与游客交谈

任务导入

对应岗位：领队

情境描述：在导游讲到巴西发展现代化的出口经济时，游客抢着说，“咖啡经济”绝对功不可没，我们也要带些咖啡回去……巴西3/4的咖啡都用来出口，咖啡经济的兴盛为巴西早期现代化奠定了重要的基础。

任务清单：

1. 熟悉巴西重要历史时期的大事件。
2. 了解巴西的国体和政体。
3. 了解巴西经济现状。

知识要点

巴西简史和政治、经济概况

一、简史

- 1500年4月22日，葡萄牙航海家佩德罗·卡布拉尔抵达巴西。16世纪30年代葡派远征队在巴西建立殖民地，1549年任命总督。
- 1808年，拿破仑入侵葡萄牙，葡萄牙王室迁往巴西。
- 1821年，葡王室迁回里斯本，王子佩德罗留巴任摄政王。
- 1822年9月7日，佩德罗王子宣布独立，建立巴西帝国。
- 1889年11月15日，丰塞卡将军发动政变，推翻帝制，成立巴西合众国。
- 1964年3月31日，军人政变上台，实行独裁统治，1967年改国名为巴西联邦共和国。
- 1985年1月，反对党在总统间接选举中获胜，结束军人执政。
- 1989年，首次以全民直接选举方式举行大选。
- 2002年10月，以劳工党为首的左翼政党联盟候选人卢拉赢得大选，成为巴西历史上首位直选左翼总统。
- 2006年10月，卢拉赢得连任。

●2010年10月，迪尔玛·罗塞芙作为劳工党候选人赢得大选，成为巴西历史上首位女总统，2014年10月赢得连任。

●2018年10月，巴西举行总统大选，社会自由党候选人博索纳罗当选新任总统，于2019年1月1日正式就职。

●2022年10月，卢拉作为劳工党候选人再次赢得大选，于2023年1月1日正式就职。

二、政治

巴西宪法规定，总统是国家元首和政府首脑，兼任武装部队总司令，总统由直接选举产生，没有直接颁布法令的权力。国民议会由联邦参议院和众议院组成，行使立法权，为国家最高权力机关。内阁为政府行政机构，内阁成员由总统任命。

三、经济

经济实力居拉美首位。农牧业发达，是多种农产品主要生产国和出口国。工业基础雄厚，门类齐全，石化、矿业、钢铁、汽车工业等较发达，民用支线飞机制造业和生物燃料产业在世界上居于领先水平。服务业产值占国内生产总值近六成，金融业较发达。

20世纪60年代末到70年代中期，经济年均增长率高达10%，被誉为“巴西奇迹”。80年代，受高通胀和债务困扰，经济陷入长期滞胀。90年代，巴西政府推行外向型经济模式，经济重拾增势。受1998年亚洲金融风暴波及，1999年发生严重金融动荡，经济增速再次放缓。2003年劳工党人卢拉执政以后，采取稳健务实经济政策，巴西经济逐步走上稳定发展道路，2010年曾成为世界第七大经济体。

巴西现行通用货币是雷亚尔，与人民币的汇率为：1巴西雷亚尔≈1.4747人民币；1人民币≈0.6781巴西雷亚尔（2024年1月）。

职场模拟演练

从本任务情境描述的话题中任选一个，作为与游客的谈资，帮助游客更好地了解巴西和巴西社会。

任务3　线路产品设计/沿途导览/景区讲解

任务导入

对应岗位：计调/领队

情境描述：因为正值二月下旬，游客询问导游会不会碰到狂欢节表演、桑巴的热歌劲舞。“古老传统”“活力四射”是世界各国游客对巴西的普遍认知。巴西在历史上受欧洲国家文化、非洲文化和亚洲文化的不断冲击、调和，形成了富有特色的、五彩斑斓的巴西文化。

任务清单：

1. 了解巴西的节日和重要节庆文化。

2. 熟悉巴西民居的典型特点。

3. 熟悉巴西的饮食文化。

4. 了解巴西的传统服饰特点。

5. 熟悉巴西人的礼节。

知识要点

巴西民俗文化

一、重要节日

●独立日：9月7日

二、民居

巴西传统民居有以下几个类型：

1. 抹灰篱笆小屋：这种乡土建筑类型在殖民时期被广泛应用。它是一种以木条或竹棍编织的藤架为基础的墙体建造技艺，藤架固定在地板上，手工将黏土填充到空隙中。

2. 夯土房屋：类似于抹灰篱笆小屋的建造方法，夯土房屋因其较砖石建筑更具耐久性且更便于建造而在殖民时代被引入。在填入的黏土、石灰和砾石混合物被机械压实之后，夯土房屋的木构架将会被去除。

3. 干栏房屋：这是一种凌驾在沼泽土壤或水体上的房屋，在降雨量大的地区大量出现。尤其在巴西的北部地区会经常发现这种类型的房屋。

4. 棚屋：世界各地贫民窟的建筑通常被称为“棚屋”。在巴西，它们通常是用没有石膏的砖石建造的，这类建筑代表了巴西相当一部分城市人口的现实生活状态。

5. 木构房屋：这项建造技艺是在19世纪多姆•佩德罗二世的统治下，由南方的德国移民带到巴西的。这种类型只在该地区以及东南局部地区出现。建造技艺包括安装和连接木材，水平、垂直或对角制作木构架，空隙中填塞砖块、石头或者黏土。

三、饮食

在饮食方面，因为巴西是欧、亚、非移民聚集之地，饮食习惯深受移民国影响，所以各地习惯不一，极具地方特点。巴西人以大米为主食，喜欢在油炒饭上撒上类似马铃薯粉的番芋粉，再加上豆子一起食用。巴西有名的菜肴是豆子炖肉，烤肉是极为常见的风味菜。巴西人喜欢烧烤，食物中肉类较多。巴西人的社交活动离不开酒，还有一些人爱喝马黛茶，巴西还是世界上最大的咖啡消费国之一。

四、服饰

巴西人的穿着十分考究。他们不仅讲究穿戴整齐，而且主张在不同的场合里，人们的着装应当有所区别。在重要的政务、商务活动中，巴西人主张一定要穿西装或套裙。在一般的公共场合，男人至少要穿短袖衬衫、长裤，女士则最好穿高领带袖的长裙。商务访问时，宜穿保守式样的深色西装。

五、礼节

在巴西，熟人相见时，男士之间互相拥抱、拍打后背，以示关系非同一般；女士之间，或女士遇到熟识的男士，则要亲吻面颊，表示亲热。在一些社交场合，身份高贵的女士经常伸出手让人亲吻。在巴西也有握手的礼节，这一般用在初次见面或不太熟识的人之间。巴西人赠送礼物时，接受礼品的人要当面打开包装，向送礼者表达谢意。巴西人招待普通朋友，一般是到餐馆请客。巴西人喜欢饮酒，但一般不劝酒，也不灌酒。

职场模拟演练

团队游客在巴西街头观看节庆表演，领队向游客讲解巴西这个多元文化之国的狂欢节庆文化。

任务4　线路产品设计/产品特色推广/沿途导览/景区讲解

任务导入

对应岗位：计调/销售/领队

情境描述：在巴西，除了观赏壮美的自然景观、亲近自然生物、鉴赏博物馆和教堂外，还可以看一场热辣的国舞桑巴表演、在万人足球场看一场足球赛、像当地人一样去迷人海滩享受日光浴等。客人询问在巴西是否有自由活动时间去体验这些娱乐项目，领队解释说“考虑到巴西有些区域的治安问题，娱乐项目由旅行社安排，有些是包含在行程中的”。在当地游览时，领队要特别提醒游客注意安全问题。

任务清单：

1. 了解巴西旅游市场现状。
2. 了解巴西的世界遗产。
3. 熟悉巴西的食、住、行、游、购、娱等旅游业基本情况。

知识要点

巴西旅游业

一、旅游业概况

巴西的旅游业至今已有70多年的历史。近年来，旅游业发展迅速，在国民经济中占有较重要地位。巴西的旅游基础设施相当完善，国内交通运输系统有较高的水平，航空交通也比较发达。旅游设施完善，各著名旅游点都建有不同等级的旅馆。城市中随处可见现代化的高楼和艺术性的建筑。巴西人热情的性格处处展现着奇妙的异域风情。

二、世界遗产

自巴西1977年9月1日加入《保护世界文化与自然遗产公约》的缔约国行列以来，截至2019年，经联合国教科文组织审核被批准列入《世界遗产名录》的巴西世界遗产共有22项。巴西的世界遗产数量明细见表4–4–1。

表4-4-1　巴西的世界遗产数量明细

遗产数量	文化遗产	文化景观遗产	自然遗产	混合遗产	其中	跨国遗产	濒危遗产	除名遗产
22	13	1	7	1		1	0	0

遇见世遗4-4

巴西

三、旅游线路示例

旅游线路示例见表4-4-2。

表4-4-2　旅游线路示例

线路（跟团游）	巴西经典9日游
D1 香港	集合
D2 香港—多哈—圣保罗	航班
D3 圣保罗—伊瓜苏	东方街（LIBERDADE）—巴西皇宫—欧式皇家花园—护宪革命纪念碑—拓荒者雕塑—拉美民俗纪念馆—拉美议会大厦
D4 伊瓜苏	275个瀑布组成的伊瓜苏瀑布群/伊瓜苏市区观光
D5 伊瓜苏—里约	伊泰普水坝
D6 里约	耶稣山—热带植物园—科帕卡巴纳海滩
D7 里约—圣保罗	瓜那巴拉湾—海滨大道—第二次世界大战烈士纪念碑—天梯大教堂
D8 圣保罗—多哈	航班
D9 多哈/香港	航班

四、餐食

1. 早餐：酒店美式自助餐。

2. 正餐：黑豆饭套餐、巴西烤肉、巴西炖鱼餐、巴西炖肉、巴西大炖菜、大虾烤串、牛奶玉米。

五、住宿

巴西拥有数不清的旅馆，中心区以及海滨地区既有各种面向游客的高档国际品牌的度假酒店，如万豪酒店、洲际酒店等，也有方便长期滞留者的经济实惠的小旅馆。一般连锁酒店，尤其是在旅游区，均有严密的安保系统。当然，如果预算有限，入住小旅馆时，一定要妥善保管好证件并与复印件分开存放。入住青年旅馆时也可以自己带一把锁，以备不时之需。

六、交通

（一）机场和航空公司

我国游客赴巴西旅游有多条航线可选择：经欧洲前往，可选法航、汉莎航空、荷兰航空等；经约翰内斯堡前往，可选南非航空；经美国前往，可选美联航（但需申请美国签证），其中经欧洲转机时间较长，机场花费较高。

我国游客赴巴西旅游通常使用的机场是里约热内卢的加里奥国际机场。从机场到市区可以选择搭乘机场巴士或出租车，车程大概40分钟。

（二）境内交通

1.地铁：里约热内卢有设备一流、四通八达的地下交通，各车站以及每个车厢内都备有行车路线图。地铁交通网是从市中心呈辐射状向外四散，终点站有公交车线路连接，通常一张车票可同时搭乘地铁和公交车。

2.公交车：实际停留点没有明显的标志。如果看到路边有行人比较集中的地方，而且行人朝着与行进方向相反的方向张望的话，就应该是公交站了。公交车的速度很快，司机都是看到车站有人招手才停车。

3.出租车：出租车会按里程计费。如果发现没有按里程计费的话，乘客可以要求司机打开里程表。

七、游览

（一）主要旅游城市

主要旅游城市介绍见表4-4-3。

表4-4-3 主要旅游城市介绍

城市	简 介	代表景点
里约热内卢	●位于巴西东南部，曾经是巴西首都。里约热内卢东南濒临大西洋，海岸线长636千米，是巴西第二大城市。 ●属于热带干湿季气候，终年高温，一年中有明显的干季与雨季。年平均气温25℃。 ●依山傍水，风景优美，湖泊山峰相间，景色奇特，是巴西著名的观光旅游胜地	基督山；科帕卡巴纳海滩；甜面包山；天梯教堂；基督救世主石像；依帕内玛海滩；塞勒隆台阶等
圣保罗	●位于巴西东南部，圣保罗州的首府，南半球最大的都市；南美洲最富裕的城市；巴西最大的工业城市。 ●沿海为狭长低地，属亚热带季风及亚热带湿润气候，炎热多雨；大崖壁以北的内地为高原和谷地，气候温和。 ●圣保罗也是一座文化城市，市内有圣保罗大学、天主教大学、医科大学及其他各类高等学府和专科学院，拥有藏书逾百万册的圣保罗图书馆	圣保罗主教堂；东方街；圣保罗独立公园；拉美纪念馆；伊比拉布埃拉公园；圣保罗艺术博物馆；蝙蝠侠胡同等
萨尔瓦多	●巴西最早的首都，现为巴伊亚州首府，是巴西的一座古城，至今已有400多年历史。 ●巴西第三大城市。市区分上城古城和下城新城两部分。商城建筑分布在起伏的山坡上，下城则向海滨一带延伸，两城之间有电车和电缆相连，成为该市一大奇观。 ●代表城市古老风貌的佩洛里尼奥区拥有拉美最大的欧洲殖民统治时期的建筑群，1985年被联合国教科文组织确定为世界文化遗产	巴拉、伊塔普昂、巴拉多雅西佩等海滨城市
黑金城	●又名“欧鲁普雷图”，是米纳斯吉拉斯州的第一个首府，始建于1698年，因盛产黄金而得名“黑金城”。 ●自1993年被命名为“国家财富”后，整个城市被精心保护起来，所有街道、广场、教堂、住宅原封不动保留下来。 ●驴车、马车、牛车、殖民时代的建筑群、教堂、广场、昔日总督府及众多的历史古迹和艺术珍品无不吸引着来自世界各地的游客	欧鲁普雷图古镇等

（二）主要旅游资源

主要旅游资源介绍见表4-4-4。

表4-4-4　　主要旅游资源介绍

旅游资源	简　介
伊瓜苏瀑布	●世界上最宽的瀑布，位于巴西与阿根廷边界上伊瓜苏河与巴拉那河合流点上游23千米处，为马蹄形瀑布，高82米，宽4 000米。 ●伊瓜苏瀑布是世界五大瀑布之一，1984年被联合国教科文组织列为世界自然遗产
瓜纳巴拉湾	●位于巴西东南部，大西洋海湾，1502年被发现。 ●瓜纳巴拉湾长约31千米，最宽约29千米，入口处宽约1.61千米，东侧为帕帕加尤峰和圣克鲁斯堡，西侧为塔糖峰和圣若昂堡
巴西博物馆	●位于博阿维斯塔公园里的皇宫，收藏品有100多万件。镇馆之宝是块大陨石，重达5 360千克。 ●这里还收藏着巴西1975年出土的人类头骨。科学家们考察后认为，这块头骨距今已有1万多年，是美洲最古老的人类化石
里约大教堂	●位于里约热内卢的中心，始建于1964年，1976年落成使用，是为了纪念圣塞巴斯蒂安而建造的。 ●教堂呈圆锥形，高75米，底径106米，整个框架结构由规则的方框构成。教堂造型独特，气势恢宏，可容纳2万人，是里约热内卢的标志性建筑之一，也是现代艺术的杰作
里约热内卢基督像	●坐落在里约热内卢国家森林公园中高710米的科科瓦多（耶稣山）山顶之上，俯瞰着整个里约热内卢市。耶稣张开双臂欢迎来自世界各地的游客，是巴西人民热情和宽阔胸怀的象征。 ●是一座装饰艺术风格的大型耶稣基督雕像。它是该市的标志，也是世界最闻名的纪念雕塑之一

八、购物

（一）场所

在巴西旅游主要的购物场所有免税店、周末市场、里约苏尔购物中心、阿加斯坦（H.Stern）珠宝店、圣保罗大市场、伊帕内玛露天集市、巴西艺术品商店、瑞德广场土特产店等。

（二）购品

游客在巴西旅游主要购买的商品有宝石类（如天然水晶、祖母绿、红宝石、紫晶洞、紫晶石等）；食品类（如咖啡、马黛茶、卡沙萨酒、黑豆等）；百货类（如蜂胶等）。

九、娱乐

（一）看一场炫丽热辣的桑巴舞表演

桑巴是音乐加舞蹈的混合体。桑巴是欧洲白人音乐与非洲黑人音乐融合的产物。提起巴西，“桑巴舞”绝对是首先跃入人们脑海的巴西印象词之一。桑巴舞被称为巴西的“国舞”，无论男女老少、何时何地，只要激越的音乐响起，人们就会伴着音乐舞动起来。所以来到里约热内卢，足球、烤肉、桑巴舞一个都不能错过。

（二）在万人足球场看一场足球赛

巴西足球在全世界的地位举足轻重，罗纳尔多、卡卡、罗纳尔迪尼奥等这些世界级的足球运动员都来自巴西。马拉卡纳体育场是为迎接第四届世界杯在巴西召开而建的，目前可以容纳10万观众观看比赛。球场内还建有一个足球博物馆，馆内陈列着贝利等著名球星的球鞋，这里也是2016年里约奥运会开幕式以及足球比赛场馆。

（三）参与狂欢节沉浸在狂欢的海洋

巴西狂欢节一般在每年2月“圣灰日”前的星期五开始，有的城市要持续一周，最负盛名的是里约热内卢狂欢节。狂欢节期间全城人倾城而出，不分肤色种族、贫富贵贱，潮水般涌上街头。盛大的桑巴游行是狂欢节的高潮，大型彩车簇拥着“国王”和“王后”率先开路，男女舞者们大跳热情奔放的桑巴，把气氛推向高潮。游客也会被这样激情四射的气氛所感染，情不自禁地加入狂欢的人群当中。

（四）像当地人一样去海滩享受日光浴

旅游贴士4-4

巴西

里约热内卢是一座沿海城市，全市约有70多个海滩，几乎每走一段就能看到沙滩和蔚蓝的大海。来到里约热内卢，自然不能错过和当地人一起加入海滩日光浴大军，科帕卡巴纳海滩是最热门的海滩。科帕卡巴纳海滩位于里约热内卢市的黄金地段，被称为世界上最著名的海滩之一，海岸沿线长达4.5千米，海水蔚蓝，浪花雪白，沙滩洁净松软，非常迷人。

育德启智4-1　　巴西“中国移民日”：龙舟竞渡激荡中巴交流活力

8月15日是巴西“中国移民日”，连日来，巴西各地举行庆典活动。巴西最大城市圣保罗首度举办龙舟赛，来自巴西利亚、圣保罗、桑托斯的多支巴西女子龙舟队乘风破浪，激荡出中巴交流的活力。圣保罗龙舟队的教练罗德里格斯手抚金光灿灿的龙舟龙首笑着说：“三条美丽而威严的巨龙在海上竞渡，队员齐心协力、团结协作，让我对中国龙舟文化一下子就着迷了，我们一起划桨，感受这艘船的力量和激情。”罗德里格斯说，作为竞技性航海运动，龙舟赛已经成为世界上发展最快的运动之一。

中巴建交49年以来，中巴关系如同龙舟乘风破浪、不断前行。两百多年来，一代代中国移民拼搏奉献、融入巴西社会，在为当地发展作出积极贡献的同时，也广泛传播端午、春节、中秋等节庆文化，成为中巴文化交流互鉴的生动写照。

圣保罗是南美洲第一大城市，聚集30万华侨华人。“融合文化和体育的龙舟赛，彰显了中国移民群体对巴西社会建设作出的杰出贡献。”巴中社会文化研究中心主席罗士豪说，华侨华人深耕巴西，正在创造新的历史。

资料来源：林春茵. 巴西“中国移民日”：龙舟竞渡激荡中巴交流活力［EB/OL］.［2023-08-15］. https：//baijiahao.baidu.com/s? id=1774282035189179182&wfr=spider&for=pc.

思政元素：文化自信；讲好中国故事

学有所悟：圣保罗州设立“中国文化暨移民日”，是对圣保罗州华侨华人勤劳工作、与巴西人民友好相处、为当地做出贡献等方面的充分肯定，也是对中巴友好合作和中巴文化交流的高度赞誉。党的二十大报告指出，世界各国应“弘扬和平、发展、公平、正义、民主、自由的全人类共同价值，促进各国人民相知相亲，尊重世界文明多样性，以文明交流超越文明隔阂、文明互鉴超越文明冲突、文明共存超越文明优越，共同应对各种全球性挑战”。同时，导游作为文化传播者，应讲好中国故事、传播好中国声音，推动中华文化更好走向世界。

职场模拟演练

在线测评4-4

巴西

1.车上导览——利用既有线路中的一天，查看路线，进行车上沿途风光讲解。

2.购物指导——购物环节有保健品店、化妆品店等，通过查找相关资料，为游客做好购物方面的指导。

3.景区导览——选择一个城市、一个景区或一项世界遗产，融入相关文化要素，介绍给游客。

模块小结

美洲西临太平洋，东临大西洋，纵贯南北半球，气候复杂多样；西部纵贯南北的科迪勒拉山系高大雄伟；拥有世界最大的高原——巴西高原；世界最大的平原——亚马孙平原；世界最大的热带雨林；世界流量最大的河流——亚马孙河；世界最大的淡水水域——北美五大湖——被誉为“北美地中海”；自然旅游资源丰富多彩。本区的原有居民是印第安人，历史上曾创造了辉煌的玛雅等印第安文化。同时，本区也是一个以移民为主的地区，各色人种、各种文化相互交融，民俗文化也引人注目。本模块选取的美国、加拿大、墨西哥、巴西等国家，地域广袤，自然景观丰富，文化特色鲜明，在其旅游发展政策与战略制定中，呈现出以下几个共性特征：一是建立完善的国家公园体系；二是大力提高游客可进入性；三是重视海外市场营销工作。

我的习得与思考

模块五

非洲旅游区

项目一 摩洛哥

◎ 学习目标

知识目标：

•熟悉摩洛哥的基本国情。

•熟悉摩洛哥的政治经济简况。

•掌握摩洛哥的节日、民居、饮食、服饰、礼节等民俗文化。

•掌握摩洛哥的食、住、行、游、购、娱等旅游业基本情况。

能力目标：

•能够策划摩洛哥旅游产品。

•作为领队能够协助当地导游安排落实在摩洛哥的旅游行程，并按照行程计划为游客提供讲解、陪同游览等服务。

•作为产品销售能够运用新媒体技术，策划实施摩洛哥旅游产品线下线上营销推广。

素养目标：

•培养学生具备国际的视野，厚植爱国情感、民族自豪感和对我国优秀传统文化的认同感。

•培养学生具有健康的体魄和心理、完善的人格，具有良好的行为习惯、一定的审美意识和人文素养。

•培养学生乐观向上的工作和生活态度，并具有自我管理能力、集体意识和团队合作精神。

任务1 领队说明会

任务导入

对应岗位：领队

情境描述："身在非洲，却不像非洲；不是欧洲，却近似欧洲；是阿拉伯国家，又不同于其他阿拉伯国家。"这就是游客之所以想感受这个神秘国度的原因。由于殖民统治历史和紧邻欧洲的地利之便，这里孕育出混合着阿拉伯、欧洲和非洲三种文化的特有风情，吸引着欧洲及世界各地的旅游者。奔赴与惯常地文化差异很大的目的地国家，游客在临行前都是兴奋而紧张的，领队准备好怎样向游客介绍摩洛哥了吗？

任务清单：

1.熟悉摩洛哥的自然地理（位置、地形、气候、自然资源等）。

2.熟悉摩洛哥的人文地理（人口、民族、语言等）。

知识要点

摩洛哥概况

一、位置

摩洛哥，全称摩洛哥王国，位于非洲西北端。东、东南接阿尔及利亚，南部为西撒哈拉，西濒大西洋，北隔直布罗陀海峡与西班牙相望，扼地中海入大西洋的门户。海岸线1 700多千米，面积45.9万平方千米（不包括西撒哈拉26.6万平方千米）。

二、地形与地貌

地形复杂，中部和北部为峻峭的阿特拉斯山脉，东部和南部是高原和前撒哈拉高原，仅西北沿海一带为狭长低缓的平原。最高峰图卜加勒山海拔4 165米，乌姆赖比阿河是第一大河，长556千米，德拉河是最大的间歇河，长1 150千米。主要河流还有木卢亚河、塞布河等。

三、气候

摩洛哥气候多样。北部为地中海气候，夏季炎热干燥，冬季温和湿润，1月平均气温12℃，7月平均气温22 ~ 24℃，降水量300 ~ 800毫米；中部属副热带山地气候，温和湿润，气温随海拔高度而变化，山麓地区年平均气温约20℃，降水量300 ~ 1 400毫米；东部、南部为热带沙漠气候，年平均气温约20℃，年降水量在250毫米以下。摩洛哥常年气候宜人，花木繁茂，有“烈日下的清凉国土”的美誉。

四、自然资源

摩洛哥约有1/5的地区为森林覆盖，主要树木资源有西洋杉、枞树、杜松、野橄榄和矮棕榈等。磷酸盐为主要资源，储量1 100亿吨，占世界储量的75%，位居世界首位。其他矿产资源有铁、铅、锌、钴、锰、钡、铜、盐、磁铁矿、无烟煤、油页岩等。其中油页岩储量1 000亿吨以上，含原油60亿吨。

五、人口与民族

3 667万人（2022年）。阿拉伯人约占80%，柏柏尔人约占20%。

六、语言

阿拉伯语为国语，通用法语。

七、国旗与国徽

摩洛哥国旗呈长方形，长与宽之比为3∶2，旗底为红色，中央有一颗由五根绿色线条交叉组成的五角星，被称为“苏莱曼之印”。国旗的红色来自摩洛哥古国早期国旗的颜色。绿色五角星有两种解释：绿色是穆罕默德后代所喜欢的颜色，五角星象征人民对伊斯兰教的信仰；这一图案是驱病避邪的所罗门护符。

盾形的摩洛哥国徽曾经是王徽，上面一轮光芒四射的金色太阳正普照白雪覆盖的阿特拉斯山，天空、国王和御座的意义包含其中。山前的红土代表沙漠及火焰般灼热的烈日。盾徽两侧各绘有一只向着徽顶王冠攀登的雄狮，勇猛而威严。在国徽基部的金色饰带上，用阿拉伯文书写着《古兰经》中的一句教诲：“如果你们相助真主，他就相助你们。”

八、行政区划

全国划分为12个大区（包括西撒哈拉），62个省和13个省级市，1 503个市镇。

九、时差

摩洛哥首都拉巴特位于零时区，执行夏令时的时候比北京时间晚7个小时；执行冬令时的时候比北京时间晚8个小时。

职场模拟演练

在领队说明会上，请你从自然地理和人文地理的角度简单介绍一下摩洛哥的国情，让游客对摩洛哥有一个大致的了解。

任务2　车上讲解/与游客交谈

任务导入

对应岗位：领队

情境描述：一座历史文化名城，就是一座古老而富有生命力的历史文化博物馆，更是城市发展的“根”与“魂”。地陪导游讲道：“摩洛哥王国历史悠久，自公元前7世纪起腓尼基人就在沿海一带开办商埠，在公元8世纪建立了第一个阿拉伯人的国家……”无论是作为领队还是游客，摩洛哥之旅或能为我们提供保护、传承与发展历史文化的诸多经验。

任务清单：

1.熟悉摩洛哥重要历史时期的大事件。

2.了解摩洛哥的国体和政体。

3.了解摩洛哥经济现状。

知识要点

摩洛哥简史和政治、经济概况

一、简史

●最早的居民是柏柏尔人。

●7世纪阿拉伯人进入。

●8世纪建立第一个阿拉伯王国。

●1660年，阿拉维王朝建立并延续至今，穆罕默德六世国王是该王朝的第22位君主。

●从15世纪起，西方列强先后入侵。

●1912年3月30日，摩洛哥沦为法国的保护国。同年，法国同西班牙签订《马德里条约》，摩洛哥北部地带和南部伊夫尼等地被划为西班牙保护地。

● 1956年独立。

● 1957年8月14日定国名为摩洛哥王国，苏丹改称国王。

● 1961年2月，穆罕默德五世国王逝世。同年3月，哈桑二世国王登基。

● 1999年7月23日，哈桑二世国王病逝，王储西迪·穆罕默德于同日即位，7月30日正式登基，称穆罕默德六世。

二、政治

摩洛哥为君主立宪制国家；国王是国家元首、宗教领袖和武装部队最高统帅；首相由议会选举中得票最多的政党任命，拥有提名和罢免大臣、解散议会等重要权力，议会拥有唯一立法权，众议院占主导地位。

三、经济

摩洛哥经济总量在非洲排名第五、北非排名第三。磷酸盐出口、旅游业、侨汇是摩洛哥的主要经济支柱。农业有一定基础，但粮食不能自给。渔业资源丰富，产量居非洲首位。工业发展势头良好，特别是汽车产业发展迅速且初具规模，纺织服装业是重要产业之一。摩洛哥1996年同欧盟签署联系国协议后，进一步优化经济结构，改善投资环境，加强基础设施建设，2010年同欧盟建立自由贸易区。摩洛哥政府致力于扩大内需，加强基础设施建设，扶持纺织、旅游等传统产业，发展信息、清洁能源等新兴产业，积极吸引外资，经济继续保持增长。

摩洛哥现行通用货币是摩洛哥迪拉姆（MAD），与人民币的汇率为：1人民币≈1.3887摩洛哥迪拉姆；1摩洛哥迪拉姆≈0.7201人民币（2024年1月）。

职场模拟演练

从本任务情境描述的话题中任选一个，作为与游客的谈资，帮助游客更好地了解摩洛哥和摩洛哥社会。

任务3　线路产品设计/沿途导览/景区讲解

任务导入

对应岗位：计调/领队

情境描述：导游向游客介绍摩洛哥的美食，游客猜想摩洛哥的饮食应该是非洲最好吃的，因为它集聚了3种美食的精华。导游也同意这种说法，当地的土著柏柏尔族人的游牧文化带来的是摩洛哥炙烤菜品和可以用手撕着蘸酱料吃的大饼；阿拉伯人带来的是羊肉、甜品以及椰枣；犹太人带来了他们的腌制柠檬和橄榄。听完导游的介绍，游客已经迫不及待要去品尝街头巷尾的市井美食，体验一种全新的异域风味。

任务清单：

1. 了解摩洛哥的重要节日。

2. 熟悉摩洛哥民居的典型特点。

3. 熟悉摩洛哥的饮食文化。

4. 了解摩洛哥的传统服饰特点。

5. 熟悉摩洛哥人的礼节。

知识要点

摩洛哥民俗文化

一、重要节日

- 国庆日（国王登基日）：7月30日
- 独立日：11月18日

二、民居

摩洛哥民居显示出古老的阿拉伯文化与现代的西方文化并存的多元化特点，既充满了文艺精致的欧洲遗风，又极具浓郁的异域气质。最能代表摩洛哥民居的就是Riad（在阿拉伯语中是“花园”的意思）。Riad呈回字形结构，中间是宽敞的露天庭院，和中国的四合院很相似，不同的是摩洛哥民居的墙很高，临街的墙上没有窗户。民居的屋门很小，都是用优质木料并经过雕花油漆而成。建筑群体特征体现为模式上的对称、垂直、尖拱，主体取集中式平面。摩洛哥人注重隐私感，是一种完全内向发展的居住方式。走进传统的Riad里，就像进入了一个当地的博物馆，每一个门廊、每一个摆设都精心设计。摩洛哥民居对室内装潢极其重视，四面墙都有陶瓷片镶嵌的五彩图案，天花板由成千上万块雕花细木或雕花石膏组合而成。

三、饮食

摩洛哥人在烹制美食时会添加很多天然香料，摩洛哥人喜欢使用酸甜的水果来代替各种精致的调味料，油炸这种烹饪方式并不常见，大多是蒸煮和炙烤。摩洛哥的主菜主要有塔吉、卡夫塔塔吉、歇莫拉酱系列菜品、布斯蒂拉甜馅饼、乌梅炖羊肉/牛肉、瑞菲沙、摩洛哥烤全羊、蒸羊头、海鲜大餐、腌柠檬炖鸡、鹰嘴豆炖羊蹄、腌柠檬炖牛肚等。配菜主要有炸土豆球、扎洛克茄子沙拉、炸茄子片、蜗牛汤、腌橄榄等。主食常有馕饼、哈沙米饼、法式多孔薄煎饼、摩洛哥手抓饼、古斯米等。

四、服饰

在摩洛哥，城市和乡村的服饰有明显区别。城里女子多穿白色、灰色长袍。农村妇女常全身披裹白色。摩洛哥人多用宽大的盖头布做头饰，需要时可以遮脸。

五、礼节

摩洛哥人与客人相见，一般惯用拥抱礼，握手礼也日益普及。摩洛哥女子与客人相见时往往施屈膝礼。

职场模拟演练

领队在带领游客品尝当地特色风味餐之前，应向游客介绍摩洛哥饮食的特色。

任务4　线路产品设计/产品特色推广/沿途导览/景区讲解

任务导入

对应岗位：计调/销售/领队

情境描述：在摩洛哥游览，游客会发现摩洛哥的城市建筑很有特点，很多城市都有老城区和新城区，并且融合得很好。导游讲道："在摩洛哥，被授予'世界文化遗产'的城市目前就有5座，即菲斯（老城区）、得土安（老城区）、马拉喀什（老城区）、索菲拉（老城区）、马扎甘（葡萄牙城）。"一座历史文化名城，就是一座古老而富有生命力的历史文化博物馆，更是城市发展的"根"与"魂"。如何保护与发展历史文化名城，是当今世界共同关注的。

任务清单：

1. 了解摩洛哥旅游市场现状。
2. 从文化角度了解摩洛哥的世界遗产。
3. 熟悉摩洛哥的食、住、行、游、购、娱等旅游业基本情况。

知识要点

摩洛哥旅游业

一、旅游业概况

旅游业是摩洛哥的经济支柱，为推动经济和社会发展做出了重要贡献。它是摩洛哥仅次于出口和侨汇的第三大外汇来源和吸收就业的主要部门。摩洛哥旅游业发达，已成为第二大支柱产业、第二大平衡国际收支来源和第二大吸引就业的行业。摩洛哥是非洲第一大旅游目的地。2016年6月1日，摩洛哥正式实施对中国公民的免签政策，从此中国赴摩洛哥旅行的人数迅速增长。2020年1月摩洛哥皇家航空公司（RAM）开通了达尔贝达—北京直航航线，为我国游客赴摩洛哥旅游提供了便利。

二、世界遗产

自摩洛哥加入《保护世界文化与自然遗产公约》的缔约国行列以来，截至2019年，经联合国教科文组织审核被批准列入《世界遗产名录》的摩洛哥世界遗产共有9项。摩洛哥的世界遗产数量明细见表5-1-1。

表5-1-1　　摩洛哥的世界遗产数量明细

遗产数量	文化遗产	文化景观遗产	自然遗产	混合遗产	其中	跨国遗产	濒危遗产	除名遗产
9	9	0	0	0		0	0	0

遇见世遗5-1

摩洛哥

三、旅游线路示例

旅游线路示例见表5-1-2。

表 5-1-2 旅游线路示例

线路（目的地参团）	北非后花园·多彩摩洛哥8日游
D1国内城市—达尔贝达	抵达后酒店入住
D2达尔贝达—马拉喀什	达尔贝达—马拉喀什—库图比亚清真寺—马约尔花园—巴伊亚宫—不眠广场
D3马拉喀什—本·哈杜筑垒村—瓦尔扎扎特	马拉喀什—本·哈杜筑垒村—阿特拉斯影城
D4瓦尔扎扎特—托德拉峡谷—梅祖卡	瓦尔扎扎特—托德拉峡谷—梅祖卡沙漠
D5梅祖卡—伊芙兰—菲斯	梅祖卡—伊芙兰小镇—菲斯
D6菲斯—舍夫沙万	菲斯古城—古兰经学院—舍夫沙万
D7舍夫沙万—达尔贝达	蓝色小镇舍夫沙万—达尔贝达
D8达尔贝达—国内城市	抵达国内城市

四、餐食

1.早餐：酒店西式自助餐、便携式早餐盒。

2.正餐：摩洛哥牛肉库斯库斯、柏柏尔烘蛋+摩洛哥柠檬鸡肉塔吉料理、肉串+茄香沙拉、米德特驿站鳟鱼料理、菲斯特色餐、摩洛哥牛肉丸、卡夫塔塔吉料理、摩洛哥鸡肉库斯库斯、菲斯百年古迹黑枣小杏仁特色餐。

五、住宿

旅游团队入住的是当地5星级酒店及当地特色酒店。摩洛哥作为网红旅游打卡地，住宿环境也是多种多样。

1.庭院酒店（Riad）：一般集中在城市的老城区，是由过去富人宅邸庭院改造而成的酒店，布置上通常运用了很多雕花、拱门、马赛克等摩洛哥当地特色装饰，具有浓厚的异域风情。

2.民居（Dar）：大多由居民的古宅改造而来。Dar民居的构造没有Riad那样统一的风格，并且不同地区的Dar酒店的房间格局、泳池配建、风格装饰也多有不同。

3.城堡酒店（Kasbah）：大多集中在摩洛哥沙漠周边地区的民俗村落中，多由红土建成的民居改造而成，很有原始风味。现在经过改造的这类酒店大都带有顶层露台，游客可以一边吃着美食，一边欣赏峡谷绿洲或沙漠风光，很是惬意。

4.沙漠帐篷酒店（Desert Camp）：沙漠星空下，在有独立卫浴和丰盛美食的帐篷酒店过夜，是在摩洛哥绝对不容错过的享受，网红帐篷酒店需要提前很久才可能预订到。

5.现代都市酒店（Hotel）：多集中于大都市，有多种星级可供挑选，其中不乏奢华型国际大酒店。

六、交通

（一）机场和航空公司

我国游客赴摩洛哥旅游使用最多的是达尔贝达国际机场，它又名穆罕默德五世国际机场，是位于摩洛哥达尔贝达市东南30千米处的一个民用机场，以开国国王穆罕默德五世的名字命名。达尔贝达国际机场是摩洛哥最繁忙的机场，由摩洛哥国家机场管理局运营管理。在达尔贝达国际机场提供航班服务的航空公司有俄罗斯国际航空、阿尔及利亚航空、法国航空、阿联酋航空、马耳他航空、意大利航空、巴尔干保加利亚航空、摩洛哥皇家航空等。

我国游客赴摩洛哥旅游，直航的话可以在北京大兴国际机场搭乘摩洛哥皇家航空到摩洛哥达尔贝达国际机场。如果选择转机，常见转机地有法兰克福、迪拜、巴黎、伊斯坦布尔、马德里等。

（二）境内交通

1.内陆段航空：摩洛哥皇家航空公司（RAM）几乎垄断了摩洛哥的航空业；另一家规模较小的国内航空公司为Regional Airlines（区域航空公司）。这两家都以达尔贝达作为运输中心，航班多在达尔贝达国际机场起落。另外，在马拉喀什、拉巴特、菲斯等旅游城市也都有国际机场，主要往返于国内和欧洲部分城市。

2.火车：摩洛哥的铁路交通十分方便，是城市间交通的理想选择。全国主要有两条客运线路：一条是北端海港城市丹吉尔途经拉巴特、达尔贝达最终到达马拉喀什的线路；另一条是由东北方城市纳祖尔经过菲斯最终到达马拉喀什的线路。火车分为快车（Rapide，TCR）和普通（Ordinaire，TNR）两种，不同之处主要体现在舒适度上。快车更加舒适，基本是新车，有空调，票价比普通火车高30%。

3.城际大巴：摩洛哥有CTM和Supratours两大国营巴士公司，经营的城际大巴干净安全，价钱和火车差不多，但行李要另收5迪拉姆/件的费用。

4.出租车：摩洛哥的出租车分为Grand Taxi（巨型出租车）和Petit Taxi（小型出租车）两种。Grand Taxi都是老式奔驰，用作城市间短途交通，前排坐2个人，后排坐4个人。Petit Taxi是城市内的普通出租车，是自由行游客在市内观光的主要交通方式。这种出租车最多搭乘3个人，乘坐时要求打表即可。

5.租车：持中国驾照可以在国际租车公司Europcar和Hertz预订车辆。摩洛哥与中国一样靠右行驶，道路状况整体不错，绝大多数为沥青路面，一般车辆都能正常通行。若想自驾进入山区或沙漠地区的小镇，可以租一辆越野车，更加安全可靠。在摩洛哥自驾需注意路边的限速标志，高速公路不得超过120千米/小时，国道不得超过100千米/小时，城市道路不得超过60千米/小时。

七、游览

（一）主要旅游城市

主要旅游城市介绍见表5-1-3。

表5-1-3　　主要旅游城市介绍

城市	简　介	代表景点
达尔贝达	●达尔贝达（曾用名：卡萨布兰卡）是摩洛哥的第一大城市，东北距首都拉巴特88千米，濒临大西洋。 ●树木常青，气候宜人。有时大西洋上海浪滔天，港内却水波不兴。南北绵延几十千米的细沙海滩，是最好的天然游泳场。 ●沿岸的旅馆、饭店和各种娱乐设施掩映在一排排整齐而高大的棕榈树和橘子树下，有着绮丽独特的引人之处	哈桑二世清真寺；穆罕默德五世广场；圣心大教堂；滨海大道等
马拉喀什	●全国第三大城市；历史古城；摩洛哥南部地区的政治中心。 ●位于国境南部，北距首都拉巴特320千米，东距峰顶终年积雪的阿特拉斯山50千米，虽然地处沙漠边缘，但气候温和，林木葱郁，花果繁茂，以众多的名胜古迹和幽静的园林驰名于世，被誉为“摩洛哥南部明珠”	马若雷勒花园；德吉玛广场；马拉喀什老城；巴迪皇宫；巴伊亚王宫
拉巴特	●首都拉巴特位于西北部的布雷格雷格河口，濒大西洋，是摩洛哥政治、文化中心和交通枢纽。 ●由两个紧连的姐妹城组成，即拉巴特新城和萨勒旧城。新城中以西式楼房和阿拉伯民族风格的精巧住宅为主，街道两旁绿树成荫，街心花园比比皆是。王宫、政府机关、全国高等学府都坐落在这里。 ●萨勒旧城围以红色城墙，城内多古老阿拉伯建筑和清真寺，后街小巷是一些手工艺品作坊，居民的生活和生产方式依然保留着浓厚的中世纪风采	乌达雅堡；拉巴特王宫；拉巴特海滨；哈桑塔；拉巴特老城；拉巴特麦地那等

（二）主要旅游资源

主要旅游资源介绍见表2-1-4。

表2-1-4　　主要旅游资源介绍

旅游资源	简　介
阿特拉斯山脉	●位于非洲西北部，长2 400千米，横跨摩洛哥、阿尔及利亚、突尼斯三国，把地中海西南岸与撒哈拉沙漠分开。 ●两种不同气团——北部的湿冷极地气团和南部的干热带气团的汇合点。山脉体系形如拉长的椭圆形，山脉之间有一个广阔的平原和高原综合体。 ●主峰宏伟壮观，可与阿尔卑斯山脉、比利牛斯山脉相媲美，梦幻般光滑的粉色花岗岩峰峦勾勒出蜿蜒的峡谷和陡峭的悬崖，宛如一幅月牙形风景画
瓦卢比利斯遗址	●位于梅克内斯以北约30千米处。公元1世纪时，这里曾经是一座繁华的城市，整个城市呈现出一派欣欣向荣的景象。 ●留有保存完好的凯旋门和剧场的白色石圆柱，甚至连古城的街道、居民住房、油磨房、公共浴室、市场等都依然清晰可见。 ●还有许多镶嵌式的壁画，从废墟中还挖掘出大批制作精巧的青铜人像和大理石人头像
丹吉尔	●摩洛哥北部的古城和海港，位于非洲大陆西北角进入直布罗陀海峡的入口处，同欧洲大陆隔海相望，坐落在世界交通的十字路口。 ●是一座历史悠久的古城。据考古学家研究证实，丹吉尔是公元前2世纪由腓尼基人所建造，是世界上最古老的城市之一，比意大利的罗马建城还早。 ●终年气候宜人，素有“摩洛哥夏都”之称，每年接待游客超过100万人次，享有“非洲旅游胜地”美誉

八、购物

（一）场所

在摩洛哥旅游主要的购物场所有摩洛哥商城、达尔贝达中央市场、圣人区（Qartier Habous）、马拉喀什露天广场——不眠广场等。

（二）购品

游客在摩洛哥旅游主要购买的商品有坚果油、彩绘工艺盘、银器、木制品摆件、色彩明艳的玻璃杯、青铜茶壶等。

九、娱乐

（一）骑骆驼漫游撒哈拉沙漠

撒哈拉沙漠是摩洛哥最具吸引力的旅游项目，作家三毛曾说："每想你一次，天上飘落一粒沙，从此形成了撒哈拉。"在这里，游客不仅可以领略大漠风情，而且能看到奇特风光、璀璨星空。摩洛哥沙漠团一般从马拉喀什出发，Erg Chigaga沙丘群和Erg Chebbi沙丘群是两个主要营地，游客骑骆驼或乘越野车进入沙漠，下午抵达沙漠宿营地，夜宿沙漠或沙漠边缘的酒店。途中可以看到阿特拉斯山的壮美风景，本·哈杜筑垒村这座世界遗产村落，还有瓦尔扎扎特、托德拉峡谷、梅祖卡小镇等景观。

（二）马拉喀什马车巡游

对于初来乍到的游客来说，最好的游览方式就是乘坐马车巡游老城，在久负盛名的Majorelle花园，去寻找各种热带植物。这里的仙人掌、竹林、墙帘都非常有特色。游客可以感受它厚重的历史，鉴赏设计师伊夫·圣·洛朗的设计。马拉喀什的帕梅拉尔区域有阿拉伯国王的建筑，经常在假日举行庆典。马拉喀什最有特色的是红石头城墙和各种城门。6英里长的城墙共有10个各有特色的城门，这些城门都被其他城市所模仿。

旅游贴士5-1

摩洛哥

职场模拟演练

1. 车上导览——利用既有线路中的一天，查看路线，进行车上沿途风光讲解。

2. 购物指导——购物环节有保健品店、化妆品店等，通过查找相关资料，为游客做好购物方面的指导。

3. 景区导览——选择一个城市、一个景区或一项世界遗产，融入相关文化要素，介绍给游客。

在线测评5-1

摩洛哥

项目二 南非

◎ 学习目标

知识目标：

•熟悉南非的基本国情。

•熟悉南非的政治经济简况。

•掌握南非的节日、民居、饮食、服饰、礼节等民俗文化。

•掌握南非的食、住、行、游、购、娱等旅游业基本情况。

能力目标：

•能够策划南非旅游产品。

•作为领队能够协助当地导游安排落实在南非的旅游行程，并按照行程计划为游客提供讲解、陪同游览等服务。

•作为产品销售能够运用新媒体技术，策划实施南非旅游产品线下线上营销推广。

素养目标：

•培养学生具备国际的视野，厚植爱国情感、民族自豪感和对我国优秀传统文化的认同感。

•培养学生具有健康的体魄和心理、完善的人格，具有良好的行为习惯、一定的审美意识和人文素养。

•培养学生乐观向上的工作和生活态度，并具有自我管理能力、集体意识和团队合作精神。

任务1 领队说明会

任务导入

对应岗位：领队

情境描述：游客和领队一起分享对南非的印象，“钻石是南非的标签；地理课本里的好望角似乎是在世界的另一头，遥远到无法触及；《动物世界》中巨大的动物园……”假如你是领队，应该如何介绍游客向往中的南非呢？

任务清单：

1.熟悉南非的自然地理（位置、地形、气候、自然资源等）。

2.熟悉南非的人文地理（人口、民族、语言等）。

知识要点

南非概况

一、位置

南非全称南非共和国，地处南半球，有“彩虹之国”的美誉，位于非洲大陆最南端，东濒印度洋，西临大西洋，北邻纳米比亚、博茨瓦纳、津巴布韦、莫桑比克和斯威士兰，另有莱索托为南非领土所包围。海岸线长约3 000千米。

二、地形与地貌

南非全境大部分为海拔600米以上高原。德拉肯斯山脉绵亘东南，卡斯金峰高达3 660米，为全国最高点；西北部为沙漠，是卡拉哈里盆地的一部分；北部、中部和西南部为高原；沿海是狭窄的平原。奥兰治河和林波波河是境内的两大主要河流。

三、气候

南非大部分地区属亚热带和热带草原气候，东部沿海为亚热带湿润气候，南部沿海为地中海式气候。全境气候分为春夏秋冬四季。12月至次年1月为夏季，最高气温可达38℃；6月至8月是冬季，最低气温为-12℃。全年降水量由东部的1 000毫米逐渐减少到西部的60毫米。

四、自然资源

南非矿产资源丰富，是世界五大矿产资源国之一。现已探明储量并开采的矿产有70余种。铂族金属、氟石、铬、黄金、钒、锰、锆、钛、磷酸盐矿、铀、铅、锑等储量居世界前列。南非是世界上最大的黄金生产国和出口国，黄金出口额占全部对外出口额的1/3，因此又被誉为“黄金之国”。

五、人口与民族

人口6 200万（2022年）。有黑人、有色人、白人和亚裔四大种族，分别占总人口的81%、8.8%、7.6%和2.6%。

六、语言

有12种官方语言，其中，英语和阿非利卡语为通用语言。

七、国旗与国徽

南非国旗启用于1994年4月27日。国旗呈长方形，长宽之比为3∶2。由红、绿、蓝、白、黑、黄6种颜色组成，旗面上区为红，下区为蓝。旗面中央是横Y形三色条，象征着南非聚合不同的民族，共同发展，一起走向今后的道路。三色条的中间色为绿色，代表土地，绿色的两侧各有金色和白色，金色代表金子，白色代表白人，金色一端连接黑色三角形，黑色代表黑人。

南非国徽启用于2000年4月27日。太阳象征光明的前程；展翅的鹭鹰是上帝的代表，象征防卫的力量；万花筒般的图案象征美丽的国土、非洲的复兴以及力量的集合；平放的长矛与圆头棒代替了鹭鹰的双脚，象征和平以及国防和主权；鼓状的盾徽象征富足和防卫精神；盾上的人物图案象征团结；麦穗象征富饶、成长、发展的潜力、人民的温饱以及农业特征；象牙象征智慧、力量、温和与永恒；两侧象牙之间的文字是“多元民族团结”。

八、行政区划

全国共划为9个省，设有278个地方政府，包括8个大都市、44个地区委员会和226个地方委员会。

九、时差

南非位于东二区，比北京时间晚6个小时。

职场模拟演练

在领队说明会上，请你从自然地理和人文地理的角度简单介绍一下南非的国情，让游客对南非有一个大致的了解。

任务2 车上讲解/与游客交谈

任务导入

对应岗位：领队

情境描述：在旅游大巴上，游客和导游谈到南非的百姓对中国游客都很友好，地陪导游讲到中国与南非的很多渊源，“在南非有很多中南合作的项目，包括港口、铁路、公路、电信和能源诸多领域”。南非是最早与中国签署“一带一路”合作谅解备忘录的非洲国家。南非驻华大使也说过：“中非交往独特之处在于理解尊重彼此文化和价值观。”如果我们了解彼此的历史，欣赏彼此的文化，理解和尊重彼此的社会运转方式，就更容易开展经贸合作。领队也要多关注与目的地国家的双边关系等时事，以便更好地为游客提供个性化讲解服务。

任务清单：

1.熟悉南非重要历史时期的大事件。

2.了解南非的国体和政体。

3.了解南非经济现状。

知识要点

南非简史和政治、经济概况

一、简史

- 最早的土著居民是桑人、科伊人及后来南迁的班图人。
- 17世纪起，荷兰人、英国人相继入侵并不断将殖民地向内地推进。
- 19世纪中叶，白人统治者建立起四个政治实体：两个英国殖民地，即开普、纳塔尔殖民地；两个布尔人共和国，即德兰士瓦共和国和奥兰治自由邦。
- 1899—1902年，英布战争以英国人艰难取胜告终。
- 1910年，4个政治实体合并为“南非联邦”，成为英国自治领。

●1948年，国民党执政后，全面推行种族隔离制度，镇压南非人民的反抗斗争，遭到国际社会的谴责和制裁。

●1961年，退出英联邦（1994年重新加入），成立南非共和国。

●1989年，德克勒克出任国民党领袖和总统后，取消对黑人解放组织的禁令。

●1994年4—5月，南非举行首次不分种族大选，曼德拉出任南非首任黑人总统。

二、政治

新宪法规定，南非实行三权分立。立法权属于国会，国会由国民议会和参议院组成；总统是国家元首和政府首脑，任期5年，不得超过两任，由国民议员直接选举产生，通常是多数党的领袖；司法权属于独立的法院。南非国父是纳尔逊·曼德拉。

三、经济

南非是非洲第一大经济体，是非洲经济最发达的国家。人均生活水平在非洲名列前茅。农业、矿业、制造业是南非三大经济支柱。工业体系是非洲最完善的，深井采矿技术位居世界前列，矿产是南非经济主要来源。旅游业逐渐成为南非发展速度最快的行业，是南非第三大外汇收入和就业部门。

南非的现行通用货币是南非兰特，与人民币的汇率为：1南非兰特≈0.3832人民币；1人民币≈2.6096南非兰特（2024年1月）。

职场模拟演练

从本任务情境描述的话题中任选一个，作为与游客的谈资，帮助游客更好地了解南非和南非社会。

任务3　线路产品设计/沿途导览/景区讲解

任务导入

对应岗位：计调/领队

情境描述：游客与领队正在谈论南非街头上一个神奇的现象，人们特别喜欢用头来顶一些瓶瓶罐罐的东西。上学的孩子们也喜欢用头顶着书包；建筑工人用头顶砂浆和水泥桶；妇女们在熙熙攘攘的街头闹市顶着各式各样的物品来进行叫卖……这些勤劳质朴的南非人民仍在沿袭最原始的头顶重物的传统，成了南非一道独特的风景线。领队要深入了解目的地国家民俗文化，以便于做好全程陪同游览服务。

任务清单：

1. 了解南非的重要节日。

2. 熟悉南非民居的典型特点。

3. 熟悉南非的饮食文化。

4. 了解南非的传统服饰特点。

5. 熟悉南非人的礼节。

知识要点

南非民俗文化

一、重要节日

●新年：1月1日

●自由日：4月27日

●劳动节：5月1日

●青年节：6月16日

●妇女节：8月9日

●传统节：9月24日

二、民居

南非的民居（具体来说是约翰内斯堡的民居）很有特色，它是欧洲的居住理念与南非政治、经济、文化环境相融合的产物。南非的民居很少有高楼大厦，多数都贴近大自然。蓝天白云下，绿树掩映中，具有田园风格的HOUSE是南非民居的一大特色。南非的民宅有两大类，即HOUSE和公寓，而HOUSE又分成三类，即HOUSE、CLUSTER-HOUSE、TOWN-HOUSE。HOUSE就是一个独立的院落中的一个独立的房子，犹如我们所说的别墅，这是南非的白人和富有黑人的主要居住形式。其他两种是近十几年的产物。由于治安较差，住在大HOUSE里感到不安全，一些人便住进了有保安人员看守的大院子。院子里面被分成若干个独立院落，独立院落便被称为CLUSTER-HOUSE。不再分院的连体房子叫TOWN-HOUSE，类似我们说的联排别墅。公寓式住宅和我们国内大同小异，但数量不多。

三、饮食

南非当地白人平日以吃西餐为主，经常吃牛肉、鸡肉、鸡蛋和面包，爱喝咖啡与红茶。黑人喜欢吃牛肉、羊肉，主食是玉米、薯类、豆类。他们不喜生食，爱吃熟食。南非著名的饮料是国宝茶。在南非黑人家做客，主人一般会端上刚挤出的牛奶或羊奶，有时是自制的啤酒。

四、服饰

在城市之中，南非人的穿着打扮基本西化。在正式场合，他们都讲究着装端庄、严谨。因此进行官方交往或商务交往时，最好穿样式保守、色彩偏深的套装或裙装，不然就会被对方视为失礼。不同部族的人在着装上往往会有自己不同的特色。

五、礼节

在社交场合，南非人所采用的普遍见面礼节是握手礼，他们对交往对象的称呼则主要是“先生”、“小姐”或“夫人”。在黑人部族中，尤其是在广大农村，他们习惯把鸵鸟毛或孔雀毛赠给贵宾，客人此刻得体的做法是将这些珍贵的羽毛插在自己的帽子或头发上。

职场模拟演练

非洲大陆距离我们遥远，文化差异大，正因为这样我们才到此猎奇，寻求文化的差异性。整理并学习非洲的民俗文化，模拟导游的车上沿途讲解。

任务4　线路产品设计/产品特色推广/沿途导览/景区讲解

任务导入

对应岗位：计调/销售/领队

情境描述：导游在车上一边讲解一边和团里的一名小学生开玩笑，“这里会让你学到最多的关于动物的英语单词”，你可以随着萌宝企鹅一起摇摆（南非是有企鹅的），在水底笼潜与鲨鱼共舞，或者在海边听听鲸鱼喷水的声音，和海豹、海豚来一场偶遇。以前只在电视里看到的动物会真实出现在眼前，在酒店与保护区之间可以看到各种野生动物在营地中自由行走。敞篷越野车带来的旅游体验非常新奇，大象的睫毛近到根根分明，花豹在眼前盯着你，草原狮王在远处咆哮，树上的长尾猴随时会来偷袭食物……不可思议的场景令人终生难忘。

任务清单：

1.了解南非旅游市场现状。

2.从文化角度了解南非的世界遗产。

3.熟悉南非的食、住、行、游、购、娱等旅游业基本情况。

知识要点

南非旅游业

一、旅游业概况

南非自然风光绮丽多姿，人文景观丰富灿烂，素有“游览一国如同环游世界”的美誉。旅游业是当前南非发展最快的行业之一，产值占国内生产总值的9%，从业人员达140万人。旅游资源丰富，设施完善，有700多家大酒店，2 800多家大小宾馆、旅馆及10 000多家饭馆。旅游点主要集中于东北部和东、南沿海地区，生态旅游与民俗旅游是南非旅游业两大最主要的增长点。中国一直是南非最重要的旅游和贸易市场之一。基于旅游业数字化趋势，南非推出了“南非旅业助手”小程序，帮助我国旅游业者更便捷地获取目的地资源，并为计划前往南非旅游的游客提供便利和规划行程。同时，南非旅游部正通过中国文化国际交流中心促进普通话培训的开展，进而提升行业整体服务水平。

二、世界遗产

自南非加入《保护世界文化与自然遗产公约》的缔约国行列以来，截至2019年，经联合国教科文组织审核被批准列入《世界遗产名录》的南非世界遗产共有10项。南非的世界遗产数量明细见表5-2-1。

遇见世遗5-2

南非

表5-2-1　南非的世界遗产数量明细

遗产数量	文化遗产	文化景观遗产	自然遗产	混合遗产	其中	跨国遗产	濒危遗产	除名遗产
10	2	3	4	1		1	0	0

三、旅游线路示例

旅游线路示例见表5-2-2。

表5-2-2　旅游线路示例

线路1（跟团游）	心动南非8日游
D1 北京—约翰内斯堡	航班
D2 约翰内斯堡	太阳城（地震桥/度假村）—匹林斯堡国家公园动物保护区
D3 约翰内斯堡	比勒陀利亚—总统府—教堂广场—先民纪念馆
D4 约翰内斯堡—开普敦	蒙蒂娱乐城—钻石加工厂—开普敦
D5 开普敦	海豹岛—豪特湾—企鹅滩—西蒙小镇—好望角—街心花园—乔治大教堂（外观）—2010年南非世界杯比赛场地绿点球场（外观）/大西洋海边观景大道
D6 开普敦	桌山—工艺品店
D7 开普敦—约翰内斯堡	开普敦国家植物园
D8 约翰内斯堡—北京	航班
线路2（目的地参团）	南非全景10日游
D1 国内—约翰内斯堡	太阳城—匹林斯堡国家公园
D2 约翰内斯堡	匹林斯堡国家公园
D3 约翰内斯堡—开普敦	匹林斯堡国家公园 航班
D4 开普敦	海豹岛—豪特湾—好望角自然保护区—博多斯海滩
D5 开普敦	桌山—维多利亚港购物—斯坦林布什酒庄（Stellenbosch）
D6 开普敦	荷兰东印度花园—波卡普街—观鲸小镇赫曼纽斯（Hermanus），出海观鲸活动
D7 开普敦—厄加勒斯角	海滨城市莫塞尔贝—迪亚士博物馆
D8 克尼斯纳	海滨小镇克尼斯纳
D9 乔治市	齐齐卡马国家公园—猴园—鸟园—布劳克朗桥
D10 乔治市—国内	搭乘回国航班

四、餐食

1.早餐：酒店西式自助餐、便携式早餐盒。

2.正餐：鸵鸟肉餐、牡蛎大餐、西式龙虾餐、动物保护区酒店自助晚餐、酒庄品酒、酒店西式自助餐、中式团餐桌餐。

五、住宿

旅游团队入住的酒店通常是相当于国际三星或四星的酒店，考虑到安全和治安的问题，一般会安排在大城市的市中心。自由行游客在南非旅游住宿的选择上比较多样化，如约翰内斯堡的住宿设施多种多样，有五星级饭店、乡间休养地、豪华别墅、旅舍、宾馆、家庭旅馆、自助营房和青年接待站等。旅游城市开普敦的各种档次的酒店众多，设施完善，服务周到。很多五星级酒店都具有19世纪英国风味，宽阔的中庭让游客有一种复古的感受。在开普敦周边和花园大道上，有许多美丽的小镇值得逗留。在这些小镇上不妨选择简朴但舒适、充满家庭温馨氛围的小旅馆，标准间+早餐的价格只有200～300兰特。

六、交通

（一）机场和航空公司

南非境内一共有9个主要机场，我国游客赴南非旅游通常使用的是约翰内斯堡国际机场和开普敦国际机场。我国游客赴南非旅游可以从北京、广州、香港等地出发，直航降落至南非的约翰内斯堡国际机场。如果时间允许也可以选择在迪拜、多哈、新加坡等地转机。开普敦国际机场位于南非开普敦，距离市中心约20千米，目前是仅次于约翰内斯堡国际机场的南非第二大机场和非洲第三繁忙机场，同时也是南非航空公司的枢纽机场。

我国游客赴南非旅游，直航的话可以选择的航空公司有：中国国际航空、国泰港龙航空、南非航空公司。转机的话可以选择阿联酋航空，在迪拜转机；新加坡航空，在新加坡樟宜机场转机；埃塞俄比亚航空，在埃塞俄比亚转机；卡塔尔航空，在多哈转机。

（二）境内交通

1.机场交通：南非的飞机场有南非各大城市之间的航空运输和机场往返巴士客运服务。比如蓝色列车，一周三次，在开普敦和比勒陀利亚之间开行。

2.地铁：乘坐地铁从开普敦到斯泰伦和帕尔酒庄等周边乡镇基本上算是安全的。南非的铁路系统很方便，普通列车也像飞机一样分为头等舱、公务舱和经济舱。在经济舱内，只有座位，一般没有餐车。

3.出租车：由于历史的原因，南非的城市公交系统不发达，出租车是市内主要工具。乘坐时要注意的是打车的手语，如食指向上是要去市中心，食指向下是要去市郊。

七、游览

（一）主要旅游城市

主要旅游城市介绍见表5-2-3。

表 5-2-3　　主要旅游城市介绍

城市	简　介	代表景点
开普敦	●南非的立法首都，也是全国第二大城市和重要港口。世界公认的最漂亮、最迷人的海滨城市，南非最古老的城市，也是南非共和国的发祥地。始建于1652年，原为荷兰东印度公司供应站驻地，是西欧殖民者最早在南非建立的据点，故南非人亲切地称它为"母亲城"。 ●在开普敦城北崖壁纵横的台伯山上，乘坐缆车可眺望山景，观赏大西洋和印度洋的不同风光。 ●城西拥有独一无二的桌山，因山顶平整如桌而得名，山峰绵延平展，攀上桌山，可以看到两洋的交汇处海水呈现出不同的颜色	好望角；桌山；企鹅滩；豪特湾；大康斯坦提亚葡萄酒庄园；开普角；信号山；西蒙镇等
约翰内斯堡	●南非第一大城市，交通、文化及工商业中心，又有"金都"之称。 ●约翰内斯堡国际机场距市区24千米，是通往南非各城市和非洲各地的交通关口	曼德拉广场；唐人街；人类起源中心；宪法山；约翰内斯堡植物园与大坝等
比勒陀利亚	●南非的行政首都，位于约翰内斯堡北部56千米的内陆高原上，全国四大城市之一。南非总统府位于比勒陀利亚，各国使馆亦集中于使馆街。 ●比勒陀利亚位于东北部高原上的马加利山麓谷地，海拔1 378米，市区跨林波波河支流阿皮斯河两岸，由12座桥梁连接。 ●著名的比勒陀利亚大学、国家文化开放博物馆等都位于此，是全国文化中心	联合大厦；教堂广场；开拓者纪念堂；南非国家动物园；比勒陀利亚植物园；自由公园；南非自然历史博物馆等
德班	●德班拥有300万人，被称作"非洲最佳管理城市"，也是著名的国际会议之都。 ●属海洋性气候，夏天湿气较重，但冬天非常温和。该市最著名的是海滩区及数十个公园，很多游客慕名而来	乌沙卡海洋世界；黄金里程；海事博物馆等

（二）主要旅游资源

主要旅游资源介绍见表5-2-4。

表 5-2-4　　主要旅游资源介绍

旅游资源	简　介
圣卢西亚湿地公园	●位于南非东海岸，早在石器时代初期这里就有人类活动，其北部是斯威士兰和莫桑比克（二者均为非洲东南部国家）。 ●1999年该公园被联合国教科文组织列为世界自然遗产。圣卢西亚湿地公园的植物种类繁多，总计有152个科、734个属。南非31%的植物生长在这里
克鲁格国家公园	●南非最大的野生动物园，位于德兰士瓦省东北部、勒邦博山脉以西地区，毗邻津巴布韦、莫桑比克两国边境。 ●公园长约320千米、宽64千米，占地约2万平方千米。 ●园中一望无际的旷野上，分布着众多的大象、狮子、犀牛、羚羊、长颈鹿、野水牛、斑马、鳄鱼、河马、猎豹、牛羚、黑斑羚、鸟类等异兽珍禽。园内有非洲独特的、高大的猴面包树。 ●每年6月至9月的旱季是入园游览的最好季节
布莱德河峡谷	●位于南非克鲁格国家公园西边的布莱德河峡谷自然保护区。 ●峡谷内有布莱德水库和3个圆形茅屋形状的奇石，还有瀑布、岩石等景色
桌山	●因其山顶平展得如同一个巨大的桌面而得名。 ●桌山是开普敦最著名的景点，有缆车直上山顶，可在此远眺、俯瞰开普敦、桌湾的美丽景色
罗宾岛	●南非著名的旅游胜地之一，位于南非西开普省，距开普敦以北11千米，面积约6平方千米，被大西洋桌湾环抱。 ●"罗宾"在荷兰语中意为海豹，因早期欧洲航海者在岛上捕食海豹而得名

八、购物

（一）场所

在南非旅游主要的购物场所有免税店、工艺品店 AFRICAN AMBER GALLERY、酒庄、开普敦绿色广场、维多利亚码头购物中心、顶级超市 Woolworths 等。

（二）购品

游客在南非旅游主要购买的商品有手工艺品类（如动物制品、手绘鸵鸟蛋、木雕等）；饰品类（如钻石饰品、黄金饰品等）；食品类（如巧克力、香肠、葡萄酒、南非国宝茶等）。

九、娱乐

（一）狩猎

南非是非洲野生动物的家园，也给游客们提供了体验人类祖先追逐猎物的机会。在南非狩猎，需要提前向南非狩猎协会和野生动物保护组织申报，申报成功后经过5~7天的培训，领取官方认可的狩猎许可证书后才可以持猎枪去猎杀指定的猎物。在狩猎时不能单独行动，需要有专业的猎手陪同才行。被捕杀的猎物需要上缴至动物标本制作室进行加工处理，也可以将自己的猎物邮寄回国，但需要申请进出口许可证。

（二）赛马

南非广阔的草原因地势平坦而成为世界上最好的赛马场地。南非的赛马场很多，经常会举办赛马比赛，游客只需要购买门票即可参观，也可以体验骑马、马球等马背上的运动。还有周岁马拍卖会，每当举办时都能吸引很多游客。每年3月，来自全世界的赛马运动员、俱乐部或者游客云集于豪登杰尔斯顿，参加一年一度的赛马拍卖会，非常热闹。

（三）水上运动

南非三面环海，与水有关的南非旅游娱乐活动非常受游客欢迎。只要经过简单的培训，游客就能穿戴专业的潜水设备跟随潜水员参观美丽的海底世界，与海龟、五颜六色的海鱼同游。相比温和的潜水运动，游客也可以选择惊险刺激的帆板、帆船等水面运动，随着海浪在海面上遨游。很多游客也会乘坐游艇前往远海区域，观赏一望无垠的海面，用钓竿垂线进行海钓。

（四）观赏歌剧

南非的音乐旅游业非常发达，无论是宗教圣歌还是爵士乐，无论是乡村音乐还是国际歌剧，都能在南非占据一席之地。南非的歌剧生机勃勃，开普敦、茨瓦内、布隆方丹等城市每天都有本土戏剧、音乐剧、舞剧、百老汇作品、芭蕾舞上演。在南非旅行，静下心来看一场南非歌舞剧，听一听南非音乐也是非常惬意的。

旅游贴士 5-2

南非

育德启智 5-1　　**南非2023年“金砖国家”峰会**

2023年8月22日至24日，2023年金砖国家领导人第十五次峰会在南非约翰内斯堡举行。国家主席习近平出席金砖国家领导人第十五次会晤并发表重要讲话，强调金砖合作正处于承前启后、继往开来的关键阶段。我们要把握大势，引领方向，坚守联合自强的初心，加强各领域合作，推进高质量伙伴关系，推动全球治理变革朝着更加公正合理的方向发展，为世界注入更多确定性、稳定性、正能量。

金砖各国家领导人高度评价金砖合作机制取得的积极进展。各方认为，受地缘政治冲突、世界经济困难等影响，新兴市场国家和发展中国家面临日益严重的贫穷、不平等、不公平等挑战，实现可持续发展目标任重道远。20多个国家申请加入金砖，充分彰显了金砖合作机制的生命力、吸引力以及在国际事务中的战略价值。金砖国家应该在涉及彼此核心利益问题上相互支持，尊重各国自主选择符合本国国情的现代化道路。国际金融体系不应成为地缘政治竞争的工具，应该加快推动国际金融货币体系改革，提高新兴市场国家和发展中国家的代表性和发言权，推动实现可持续发展和包容性增长，造福五国和广大发展中国家人民。

“金砖国家”是指巴西、俄罗斯、印度、中国和南非这五个国家，英文名称定为BRICS（取每个国家英文名称的首字母）。金砖国家国土面积占世界领土总面积26.46%，人口占世界总人口41.93%。2021年五国经济总量约占世界的25.24%，贸易总额占世界的17.90%，金砖国家之间贸易额比2006年增加300%。习近平主席称金砖国家是“一支不可忽视的重要力量”。

金砖国家对世界经济增长的贡献率超过50%，是名副其实引领世界经济增长的最主要动力源。中国通过设立“中非发展基金”“丝路基金”等，为发展中国家提供援助和支持。在全球气候治理方面，金砖国家为《联合国气候变化框架公约》及其《巴黎协定》的达成以及敦促发达国家履行对发展中国家的责任实施协同立场等作出巨大贡献。

资料来源：根据网络资料整理。

思政元素：大国外交；多边合作共赢

学有所悟：党的二十大报告指出：“全面推进中国特色大国外交，推动构建人类命运共同体，坚定维护国际公平正义，倡导践行真正的多边主义”“完善外交总体布局，积极建设覆盖全球的伙伴关系网络，推动构建新型国际关系”。作为新兴市场和发展中国家的代表，金砖国家发挥局势“稳定器”、发展“加速器”作用，为全球发展注入金砖力量。

职场模拟演练

在线测评5-2

南非

1. 车上导览——利用既有线路中的一天，查看路线，进行车上沿途风光讲解。

2. 购物指导——购物环节有保健品店、化妆品店等，通过查找相关资料，为游客做好购物方面的指导。

3. 景区导览——选择一个城市、一个景区或一项世界遗产，融入相关文化要素，介绍给游客。

模块小结

被称为“热带大陆”“高原大陆”“世界聚宝盆”“天然动物园”的非洲历史悠久、文化独特。随着非洲新兴经济体开始从依赖农业、商业转向服务业，旅游业已成为非洲国家发展战略的重点。

我的习得与思考

模块六
中东旅游区

项目一 埃及

◎ 学习目标

知识目标：

•熟悉埃及的基本国情。

•熟悉埃及的政治经济简况。

•掌握埃及的节日、民居、饮食、服饰、礼节等民俗文化。

•掌握埃及的食、住、行、游、购、娱等旅游业基本情况。

能力目标：

•能够策划埃及旅游产品。

•作为领队能够协助当地导游安排落实在埃及的旅游行程，并按照行程计划为游客提供讲解、陪同游览等服务。

•作为产品销售能够运用新媒体技术，策划实施埃及旅游产品线下线上营销推广。

素养目标：

•培养学生具备国际的视野，厚植爱国情感、民族自豪感和对我国优秀传统文化的认同感。

•培养学生具有健康的体魄和心理、完善的人格，具有良好的行为习惯、一定的审美意识和人文素养。

•培养学生乐观向上的工作和生活态度，并具有自我管理能力、集体意识和团队合作精神。

任务1 领队说明会

任务导入

对应岗位：领队

情境描述：赴埃及的旅游应该是一次以了解古建筑、人文历史、考古遗址为主的巡礼，游客中有很多都是人文历史爱好者或者相关领域的专家，知识积累也都很丰厚，因此领队在行前说明会上应做好功课，激起游客的游览热情。

任务清单：

1. 熟悉埃及的自然地理（位置、地形、气候、自然资源等）。

2. 熟悉埃及的人文地理（人口、民族、语言等）。

知识要点

埃及概况

一、位置

埃及全称阿拉伯埃及共和国。跨亚、非两大洲，大部分位于非洲东北部，只有苏伊士运河以东的西奈半岛位于亚洲西南部。西连利比亚，南接苏丹，东临红海并与巴勒斯坦、以色列接壤，北濒地中海。海岸线长约2 900千米，面积100.1万平方千米。

二、地形与地貌

埃及的疆土略呈不规则的四边形。东西宽1 240千米，南北长1 024千米，地形平缓，没有大山，最高峰凯瑟琳山海拔2 637米。尼罗河是埃及的生命线，是“埃及的母亲河”。它自南向北注入地中海，是非洲第一长河，也是世界上最长的河流，全长6 670千米。

三、气候

全国干燥少雨，气候干热。尼罗河三角洲和北部沿海地区，属亚热带地中海气候，气候相对温和。其余大部分地区属热带沙漠气候，夏季气温较高，昼夜温差较大。每年4—5月间常有“五旬风”，夹带沙石，损坏农作物。

四、自然资源

埃及自然资源丰富，主要有石油、天然气、磷酸盐、铁、锰、煤、金、锌、铬、银、钼、铜和滑石等。埃及的石油和天然气探明储量分别位居非洲国家第五位和第四位。

五、人口与民族

埃及人口约1.04亿。伊斯兰教为国教，信徒主要是逊尼派，占总人口的84%。科普特基督徒和其他信徒约占16%。另有1 000万~1 400万海外侨民。

六、语言

官方语言为阿拉伯语。

七、国旗与国徽

埃及的国旗呈长方形，长与宽之比为3∶2。自上而下由红、白、黑3个平行相等的横长方形组成，白色部分中间有国徽图案。红色象征革命，白色象征纯洁和光明前途，黑色象征埃及过去的黑暗岁月。

埃及国徽为一只金色的鹰，称萨拉丁雄鹰。金鹰昂首挺立、舒展双翼，象征胜利、勇敢和忠诚，它是埃及人民不畏烈日风暴、在高空自由飞翔的化身。鹰胸前为盾形的红、白、黑三色国旗图案，底部座基饰带上用阿拉伯文写着“阿拉伯埃及共和国”。

八、行政区划

埃及共由27个省组成，包括5个城市省、上埃及8省、下埃及9省和沙漠地区5个边疆省。

九、时差

埃及首都开罗位于东二区，比北京时间晚6个小时。

职场模拟演练

在领队说明会上，请你从自然地理和人文地理的角度简单介绍一下埃及的国情，让游客对埃及有一个大致的了解。

任务2　车上讲解/与游客交谈

任务导入

对应岗位：领队

情境描述：从开罗到卢克索，据地陪导游介绍，一连穿行了7个农业省。在那么长的路途中，游客注意到埃及的农民把作物种得很粗疏、很随意，收得也很随意。在田间劳动的人很少，但又显然不是因为实现了机械化，这与中国的农耕文化不同。

任务清单：

1.熟悉埃及重要历史时期的大事件。

2.了解埃及的国体和政体。

3.了解埃及经济现状。

知识要点

埃及简史和政治、经济概况

一、简史

●公元前3200年，美尼斯统一埃及，建立了第一个奴隶制国家，经历了古王国、中王国和新王国时期，当时国王称法老。

●公元前525年被波斯人征服，成为波斯帝国的一个行省。

●在此后的1 000多年间，埃及相继被希腊和罗马征服。

●公元641年，阿拉伯人入侵，埃及逐渐阿拉伯化，成为伊斯兰教一个重要中心。

●1517年被土耳其人征服，成为奥斯曼帝国的行省。

●1882年英军占领后成为英国的“保护国”。

●1922年2月28日，英国宣布埃及为独立国家，但保留对国防、外交、少数民族等问题的处置权。

●1952年7月23日，以纳赛尔为首的自由军官组织推翻法鲁克王朝，成立革命指导委员会，掌握国家政权，并于1953年6月18日宣布成立埃及共和国。

●1958年2月同叙利亚合并成立阿拉伯联合共和国。

●1961年叙利亚发生政变，退出“阿联”。

●1971年9月1日改名为阿拉伯埃及共和国。

二、政治

共和制政体，总统为国家元首，由选举产生，掌握实权。现任总统阿卜杜勒·法塔赫·塞西，2014年6月就职，2018年6月连任。2023年12月再度当选连任。2019年4月修宪，将议会由一院制改为两院制。众议院拥有立法权、监督权和财政权，政府对众议院负责，受其监督。

三、经济

埃及经济属开放型市场经济，埃及拥有相对完整的工业、农业和服务业体系。服务业约占国内生产总值46%。工业以纺织、食品加工等轻工业为主，约占国内生产总值的36%。农村人口占总人口55%，农业占国内生产总值18%。棉花是埃及最重要的经济作物，被称为“国宝”。经过近几年的改革，农业生产实现了稳定增长。但随着人口增长，埃及仍需进口粮食，是世界上最大的粮食进口国之一。石油天然气、旅游、侨汇和苏伊士运河是四大外汇收入来源。

埃及现行通用货币是埃及镑，与人民币的汇率为：1人民币≈4.307埃及镑；1埃及镑≈0.2322人民币（2024年1月）。

职场模拟演练

从本任务情境描述的话题中任选一个，作为与游客的谈资，帮助游客更好地了解埃及和埃及社会。

任务3　线路产品设计/产品特色推广/沿途导览/景区讲解

任务导入

对应岗位：计调/领队

情境描述：一名游客在埃及的墓葬和神庙中看到了很多衔尾蛇的形象符号，于是与领队聊起中国和埃及的“蛇符号文化”。领队可以从中外对比的角度进行讲解，如中国《山海经》中蛇身人面的异兽，都被赋予生命永恒的象征……在古埃及文化中，蛇象征着法老的权力，衔尾蛇代表着太阳圆盘，以及太阳东升西落的过程，象征着再生与永恒……

任务清单：

1. 了解埃及的重要节日。
2. 熟悉埃及民居的典型特点。
3. 熟悉埃及的饮食文化。
4. 了解埃及的传统服饰特点。
5. 熟悉埃及人的礼节。

知识要点

埃及民俗文化

一、重要节日

●国庆日：7月23日

二、民居

埃及人的住宅有其独特的形式，与他们的社会生活和炎热的气候相适应。富有人家的房舍比较宽敞，一般多用石料砖瓦建成，大都不超过两层。通常在门前建影壁墙，以防开门时外人看到里边。过去门上用木闩，门闩上有特别的闩钉插入，只有用相应的带闩钉的“钥匙”才能开启。阳台外部封闭，有木窗，窗上雕刻非常精致。房屋均为平屋顶，不用拱架。因为埃及雨少，人们常在屋顶上晒衣服，房顶四周，往往建起一人高的围墙。房子中间有天井，用以采光和通风。底层多为佣人居室、厨房、男宾接待室以及禽舍、牲口棚等。在顶层，常常开些天窗，用以通风。房屋特点和周围的清真寺等大建筑协调一致。现代房屋建筑虽受西方影响，发生了很大变化，但依然保留上述很多特点。

三、饮食

埃及人的主食有米饭、面包等，荤菜有牛羊肉，素菜有洋葱、黄瓜等。埃及人通常以“耶素”（不发酵的平圆形埃及面包）为主食，进餐时与“富尔”（煮豆）、“克布奈”（白乳酪）、“摩酪赫亚”（汤类）一并食用，喜食羊肉、鸡、鸭、鸡蛋及豌豆、洋葱、南瓜、茄子、胡萝卜、土豆等，在口味上一般要求清淡、甜、香、不油腻。埃及人在正式用餐时忌讳交谈，否则会被认为是对神的亵渎。埃及人一般都遵守伊斯兰教教规，忌讳喝酒，喜欢喝红茶，有饭后洗手、饮茶聊天的习惯，忌吃猪肉、狗肉，不吃海参、虾、蟹等海味，不吃除肝以外的动物内脏，不吃鳝鱼、甲鱼等。埃及人还不吃红烩带汁和没熟透的菜，不喜欢吃整鱼和带骨刺的鱼。

四、服饰

女性的主要穿着是具有现代感的丘尼克，这是一种从胸到脚踝的筒形紧身裙，是埃及女子的正式服饰。埃及的传统服装是阿拉伯大袍，在农村不论男女仍以穿大袍者为多。20世纪20年代后期，西方服装逐步进入埃及。当地妇女喜欢戴耳环手镯等。在一些边远地区，女子外出还保留着蒙面纱的习俗。此外，长短袖的两用衫（即猎装）也是埃及人夏季正式和半正式的礼服。一般政府官员、职员、学生大多穿衬衣、长裤、牛仔裤、毛衣、夹克等。

五、礼节

埃及人与朋友相见时，常称呼对方为“阿凡提”，意思是“先生”，原来这一称呼只限于王室，现在这一称呼已被广泛使用。埃及人与宾朋相见或送别时，一般都惯以握手为礼，或施拥抱礼。还时兴亲吻礼，如男女间亲昵性亲吻、敬重性亲吻、崇敬性亲吻。“亲手礼”往往是对恩人的亲吻礼的另一种形式。“吻脸”多是妇女们相见时的一种礼节，即先亲一下右颊、再亲一下左颊；若是亲戚或关系密切者，还要再亲一下右颊；男人间也互相亲吻。埃及人谈话时习惯站得靠近些，他们会用目光注视对方但不盯视。埃及人认为用手指招呼人是不礼貌的。

职场模拟演练

游客在埃及的街头看到了民居和各式建筑以及绘画、雕刻等艺术形式。领队简单和游客交谈，向游客讲解古埃及美学上的特点并对比东西方的美学差异。

任务4　线路产品设计/产品特色推广/沿途导览/景区讲解

任务导入

对应岗位：计调/销售/领队

情境描述：游客请领队推荐些值得买的小物件作为伴手礼，领队在附近的市场推荐了纸莎草画和雪花石。纸莎草画的内容多为相关的神话故事或法老传奇，制作精美。领队还要提醒游客纸莎草纸是经得起揉搓的，一揉搓就破裂的纸莎草纸是用香蕉树皮做的，不要买。雪花石是帝王谷的特产，石材透光性好，古埃及人相信雪花石有着与太阳相通的能量，现在被制作成器皿盛放精油、香精等。

任务清单：

1. 了解埃及旅游市场现状。
2. 从文化角度了解埃及的世界遗产。
3. 熟悉埃及的食、住、行、游、购、娱等旅游业基本情况。

知识要点

埃及旅游业

一、旅游业概况

埃及是举世闻名的四大文明古国之一，历史悠久、文化灿烂，有丰富的文物古迹、风景优美的海滨，主要旅游景点有金字塔、狮身人面像、卢克索神庙、阿斯旺高坝、沙姆沙伊赫等。埃及地理位置优越，是世界上旅游业相当发达的国家之一，政府非常重视发展旅游业，旅游业是埃及国民经济的龙头产业，2022—2023财年埃及旅游业收入达136亿美元，同比增长26.8%。旅游业带动了包括食品工业在内的80多个相关产业的发展。

二、世界遗产

埃及于1974年2月7日成为联合国教科文组织世界遗产委员会成员国。截至2019年，埃及共有7项世界遗产。埃及世界遗产数量明细见表6-1-1。

表6-1-1　　埃及世界遗产数量明细

遗产数量	文化遗产	文化景观遗产	自然遗产	混合遗产	其中	跨国遗产	濒危遗产	除名遗产
7	6	0	1	0		0	0	0

遇见世遗6-1

埃及

三、旅游线路示例

旅游线路示例见表6-1-2。

表6-1-2 旅游线路示例

线路1（跟团游）	埃及全景8日游
D1 深圳—阿斯旺	航班
D2 阿斯旺—卢克索	吉萨金字塔群—狮身人面像—圣母玛利亚教堂—伊斯兰教老城区—阿慕尔清真寺
D3 卢克索—红海	哈素女王庙—孟农神像—卡纳克神庙群—卢克索神庙—红海—帝王谷
D4 红海	红海玻璃船—沙漠冲沙
D5 红海	自由活动
D6 红海—开罗	开罗老城区观光—悬空教堂—犹太教堂—阿慕尔清真寺—哈利利集市—尼罗河游船
D7 开罗	卡纳克神庙—卢克索城内观光—费卢卡帆船
D8 开罗—香港—深圳	航班
线路2（自由行）	埃及经典全景11日游
D1 出发地—开罗	吉萨金字塔群—红色金字塔—弯曲金字塔—阶梯金字塔
D2 开罗—阿斯旺	菲莱神庙—阿斯旺大坝—费卢卡帆船—努比亚村—未完成的方尖碑
D3 阿斯旺—科翁坡	阿布辛贝勒神庙—科翁坡神庙
D4 卢克索	科翁坡神庙—埃德福神庙
D5 卢克索	帝王谷—哈素女王庙—孟农神像
D6 卢克索—赫尔格达	卡纳克神庙—红海
D7 赫尔格达	出海冲沙
D8 赫尔格达—开罗	赫尔格达—开罗
D9 开罗—亚历山大—开罗	蒙塔扎宫殿—罗马剧场—卡太贝城堡
D10 开罗	开罗博物馆—阿里清真寺—萨拉丁城堡—悬空教堂—哈利利集市
D11 开罗—出发地	航班

四、餐食

1.早餐：酒店西式自助餐。

2.正餐：地中海的烤鱼餐；国菜蚕豆（炸蚕豆饼、焖蚕豆）；甜点（巴斯布萨、库纳法、欧玛阿里、巴克拉瓦、罗斯勒本）；埃及烤肉餐、埃及烤鱼餐、非正式埃及国菜富尔及塔米亚；埃及炸鱼饭等。

五、住宿

旅游团队入住的酒店是相当于国际三星级或四星级酒店。近年来，无论是星级酒店、尼罗河水上酒店还是背包旅行的沿途旅店，其设施的便利性和舒适度都在日益提高，甚至往往会超乎游客预期。自由行游客会有更多的选择。比如，度假胜地的顶级豪华酒店、水疗馆、古迹旅馆、生态度假村、高尔夫度假村、沙漠营地。以下列举些有特色的酒店：

●米娜宫酒店（MenaHouse Oberon）：原为狩猎场，能够俯瞰金字塔的风光。

●开罗万豪酒店（Cairo Marriott）：19世纪与苏伊士运河同时代建成。

●索非特冬宫酒店（Sofitel Winter Palace）：位于卢克索，是尼罗河附近的地标式五星级酒店，从这里可以看到河对岸的帝王谷。

●萨拉姆莱克酒店（El Salamlek）：位于亚历山大港，曾经是王室居住地。

●生态酒店（Qasr El Bawity）：位于西部沙漠，有富有个性的游泳池和客房。

六、交通

（一）机场和航空公司

我国游客赴埃及旅游可以从北京、上海和香港等地出发，大都需要转机，选择新加坡航空、大韩航空、阿联酋航空等抵达开罗国际机场。具体航班线路和执飞航空公司见表6-1-3。

表6-1-3　　中国赴埃及的航班线路和执飞航空公司

到达机场	航班线路	执飞航空公司
开罗国际机场	北京—新加坡—迪拜—开罗（20小时）	新加坡航空
	北京—汉城—开罗（20小时）	大韩航空
	北京—卡塔尔—开罗（16小时）	卡塔尔航空
	北京—开罗 （去12小时；返9小时）	埃及航空
	上海—迪拜—开罗（10小时）	阿联酋航空
	香港—迪拜—开罗（10小时）	阿联酋航空

（二）境内交通

1.内陆段飞机：开罗与阿斯旺之间的航班每天有四五班之多，从开罗到阿斯旺航程约1.5个小时，停经卢克索的航班大概需两个小时。

2.火车：每天开罗都会有两趟车次发往阿斯旺，乘坐夕发朝至的空调火车是去阿斯旺比较经济实用的选择。座位分一、二等舱和普通舱等若干等级，一等舱和二等舱都是飞机座椅，可向后放倒，比较舒服。卧铺包厢每个房间两个人，有小的洗手池，免费提供晚餐和早餐，历时6小时到达阿斯旺。

3.旅游车：菲莱神庙、古采石场、阿斯旺高坝同在一个区域，包车前往游览是最便利的，自由行游客可以请酒店帮忙联系。

七、游览

（一）主要旅游城市

主要旅游城市介绍见表6-1-4。

表6-1-4　　主要旅游城市介绍

城市	简　介	代表景点
开罗	●埃及首都，位于埃及北部，横跨尼罗河，是整个中东地区的政治、经济和商业中心。 ●开罗是埃及和阿拉伯世界最大的城市，也是世界上最古老的城市之一。城中现代文明与古老传统并存，西部以现代化建筑为主，大多建于20世纪初；东部则以古老的阿拉伯建筑为主，有250多座清真寺。城内清真寺的高耸尖塔随处可见，故开罗又称“千塔之城”。 ●工业高度集中。制造业产值占全国近半数，同时发展了钢铁、石化、机械制造、汽车等一系列工业	孟菲斯遗址；金字塔；埃及博物馆；开罗塔；苏丹·哈桑清真寺；艾资哈尔清真寺；萨拉丁城堡；阿布丁宫等
亚历山大	●埃及最大的海港，全国第二大城市，位于尼罗河口以西一条狭长地带上，西北临地中海，东南靠迈尔尤特湖。 ●亚历山大建城至今已有2 000多年的历史。公元前332年，希腊马其顿国王亚历山大大帝在北临地中海的尼罗河三角洲上建城并以自己的名字命名。 ●自建成到公元641年一直是埃及的首都，现在是一座现代化的城市和重要的国际航空港。这里四季如春，古迹众多，是举世闻名的旅游胜地	孔姆·艾尔苏卡法地下墓穴；拉斯埃丁宫；希腊罗马博物馆；皇家珍宝馆；罗马剧场；盖特贝城堡；埃及蒙塔扎王宫和花园等
卢克索	●埃及中南部重要城市，坐落在开罗以南670多千米处的上埃及尼罗河畔，位于古埃及中王国和新王国的都城底比斯南半部遗址上，是古底比斯文物集中地。卢克索是世界上最大的露天博物馆，有着“宫殿之城”的美誉。 ●尼罗河穿城而过，河的东岸是壮丽的神庙和充满活力的居民区，河的西岸则是法老、王后和贵族的陵墓。 ●卢克索已成为一座现代旅游城市、埃及的旅游胜地	卡纳克神庙；卢克索神庙；帝王谷等
阿斯旺	●位于首都开罗以南900千米的尼罗河东岸，是埃及的南大门，非洲的门户和唯一一条由海上进入非洲腹地的通道。 ●市区附近尼罗河上筑有著名的阿斯旺大坝，为世界七大水坝之一。大坝是一项集灌溉、航运、发电的综合利用工程。它的建成不仅控制了洪水，从根本上消除了泛滥和干旱，而且给尼罗河下游带来了充足的水源，保证了尼罗河下游农田用水	阿斯旺大坝；菲莱神庙；拉美西斯二世神庙等

（二）主要旅游资源

主要旅游资源介绍见表6-1-5。

表6-1-5　主要旅游资源介绍

旅游资源	简　介
尼罗河	●非洲第一大河，也是世界第一长河流。尼罗河谷和三角洲是埃及文化摇篮，也是世界文化的发源地之一。 ●尼罗河在埃及境内长1 530千米，到开罗后分成两条支流，注入地中海。这两条支流冲积形成尼罗河三角洲，面积2.4万平方千米，是埃及最富饶、人口最稠密的地区，人口占全国总数的96%。 ●尼罗河上有许多游船，夜晚泛舟河上，既可欣赏两岸旖旎风光，又可观看船上著名的东方舞表演
苏伊士运河	●世界最著名的人工航道，历时10年由法国人投资挖成，位于埃及东北部，是欧、亚、非三洲交通要塞，连接红海和地中海、大西洋和印度洋，具有重要战略意义和经济意义。 ●苏伊士运河每年承担着全世界14%的海运贸易。为满足国际航运需要，增加国家财政收入，获得运河所有权，埃及政府于1976年起又开始对运河进行扩建，完成了连接埃及本土与西奈半岛的著名运河隧道工程，使运河成为世界最繁忙的水道，也是埃及著名旅游胜地
金字塔	●埃及共发现金字塔110座，最大、最著名的是开罗郊区吉萨沙漠里的祖孙三代金字塔：胡夫金字塔、哈夫拉金字塔和孟卡拉金字塔。 ●胡夫金字塔是最大的金字塔，是第四王朝第二个国王胡夫的陵墓，建于公元前2690年左右，原高146.5米，因年久风化，顶端剥落10米，现高136.5米。该金字塔内部的通道对外开放。 ●第二座金字塔是胡夫的儿子哈夫拉国王的陵墓，建于公元前2650年，比前者低3米，但建筑形式更加完美壮观，塔前建有庙宇等附属建筑和著名的狮身人面像。雄伟的狮身人面像守卫着哈夫拉金字塔已达4 600多年之久，巨像高22米、长57米，除狮爪外，全部由一块岩石雕成。 ●第三座金字塔是孟卡拉金字塔，规模较小，实际体积仅有胡夫金字塔的1/10。由于当时正是第四王朝的衰落时期，金字塔的建筑也开始衰落
法老村	●位于开罗市内尼罗河的一个小岛上，该村由埃及首任驻华大使哈桑·拉贾布集资修建，1977年正式对外开放。 ●在“法老村”里还有几百名现代人扮演的“村民”，他们身着法老时代的服饰，使用当时的生产工具，按古埃及人的方式从事农耕、渔猎及手工业制作。他们有的在表演制作木乃伊，有的在制作香精，有的在制作纸草画，再现了几千年前的古埃及社会生活情景。 ●村里有著名的法老图、金字塔建筑方法的模型展示，每年吸引成千上万的游客慕名前来参观
埃及博物馆	●位于埃及首都开罗的解放广场，于1902年建成开馆，是世界上最著名、规模最大的古埃及文物博物馆。 ●该馆收藏了古埃及从史前时期至希腊、罗马时期的雕像、绘画、金银器皿、珠宝、工艺品、棺木、石碑、纸草文书等共30余万件，其中大多数展品年代超过3 000年
古采石场遗址	●距阿斯旺市区仅2 000米。采石场沿尼罗河而建，约有6 000米长。 ●阿斯旺地区的石质好，颜色多为有小黑点的玛瑙红，石体光滑润泽，即使在现代也是很奢侈的建筑装饰材料。 ●采石场遗址中有一个著名的景点——未完成的方尖碑。这个巨大的方尖碑横卧在采石场中，长41米、重1 267吨，原本是女王哈特谢普苏特修建的。方尖碑是法老和太阳神直接沟通的连接，必须是实心且完整无缺，否则传导的阳光就会被中断。考古学家通过实验，推测古埃及石匠通过对断层纹火烧和浇注冷水，利用热胀冷缩的原理，加速开凿坚固的花岗岩石
卢克索神庙	●位于开罗以南670多千米处的尼罗河畔。神庙长262米、宽56米，由塔门、庭院、柱厅、方尖碑、放生池和诸神殿构成。 ●神庙的大部分工程由第十八朝法老艾米诺菲斯三世完成，后来的拉美西斯二世又增建了大门和庭院，并在塔门竖立了六尊他的雕像

八、购物

（一）场所

在埃及旅游主要的购物场所有哈利利集市、卢克索的露天市场、苏克大街等。

（二）购品

游客在埃及旅游主要购买的商品有纸莎草画；银饰品（如有法老图案和象形文字的银项坠、手链、手镯和耳环）；香料、香精和香水；棉织品（MOBACO、SPANKER、VENTI等品牌棉制品）；地毯、挂毯；埃及茶（如红茶、洛神花茶、茴香茶）；雪花石雕刻、象形文字雕刻饰品等。

九、娱乐

（一）尼罗河帆船Felucca

Felucca（费卢卡帆船）即三桅小帆船，自古就是尼罗河上使用的交通工具之一，当年的法老就是乘坐这种三角风帆船巡视自己的国土的。现在乘坐尼罗河帆船Felucca被世界各地游客公认为最浪漫的事情。Felucca有上千年历史，是完全靠人工操纵的单桅小帆船，借风力而行。船身有十几米长，中间宽两头尖，可乘坐6~8人。船头是帆，船尾是舵，只需一人在船尾掌舵操帆即可。三角风帆高高耸立，河面不时掠过白色水鸟，撑船人一般为努比亚人，偶尔在驾船之余，还会为游客唱上几段民族歌曲，别有韵味。

（二）观赏阿斯旺努比亚藤杖舞（tahtib）

在阿斯旺，每年2月、3月和10月经常会有努比亚舞蹈演员和乐手在尼罗河滨海路附近的文化中心演出。民间剧团的表演反映乡村生活的场景，同时还表演著名的努比亚模仿棍棒打斗的舞蹈，即努比亚藤杖舞（tahtib）。藤杖舞的阿拉伯语名字叫塔提卜，本是传统的格斗武术的术语，如今包括武术和表演艺术。塔提卜最初是在阿布西尔考古遗址的雕刻品上发现的，阿布西尔是古王国时期的一个大墓地，位于开罗西南郊。塔提卜与射箭、摔跤一起，是当时教给士兵的三门战争科目。

（三）体验热气球

旅游贴士6-1

埃及

在卢克索的西岸，还可以乘坐热气球俯瞰这座城市。参与热气球项目，需要早晨四五点钟起床，热气球经营公司会到酒店或游船上接游客，然后乘船横跨尼罗河到达起飞点，船上通常会有茶、咖啡和蛋糕。在出发前，驾驶员会讲述相应的注意事项。在飞行中，还会对途经的景点（如帝王谷、哈特谢普苏特神庙等）进行讲解。整个飞行过程40~50分钟，最终降落在无人的沙漠，再由热气球项目的公司开车将游客送往市内。

职场模拟演练

在线测评6-1

埃及

1.车上导览——利用既有线路中的一天，查看路线，进行车上沿途风光讲解。

2.购物指导——购物环节有保健品店、化妆品店等，通过查找相关资料，为游客做好购物方面的指导。

3.景区导览——选择一个城市、一个景区或一项世界遗产，融入相关文化要素，介绍给游客。

项目二　土耳其

◎　**学习目标**

知识目标：

•熟悉土耳其的基本国情。

•熟悉土耳其的政治经济简况。

•掌握土耳其的节日、民居、饮食、服饰、礼节等民俗文化。

•掌握土耳其的食、住、行、游、购、娱等旅游业基本情况。

能力目标：

•能够策划土耳其旅游产品。

•作为领队能够协助当地导游安排落实在土耳其的旅游行程，并按照行程计划为游客提供讲解、陪同游览等服务。

•作为产品销售能够运用新媒体技术，策划实施土耳其旅游产品线下线上营销推广。

素养目标：

•培养学生具备国际的视野，厚植爱国情感、民族自豪感和对我国优秀传统文化的认同感。

•培养学生具有健康的体魄和心理、完善的人格，具有良好的行为习惯、一定的审美意识和人文素养。

•培养学生乐观向上的工作和生活态度，并具有自我管理能力、集体意识和团队合作精神。

任务1　领队说明会

任务导入

对应岗位：领队

情境描述：游客反复和领队确认，我们可以吃到土耳其大餐吗？行程中有乘坐热气球吗？我们在棉花堡能泡到温泉吗？我们能看到六座高塔的蓝色清真寺吗？土耳其，一个一言难尽的神奇国度，是游客的天堂。独特的地理位置，已经保证了其丰富多彩——处于亚欧交界，有自然风景，也有人文艺苑、世界遗产之城、两洲之城等各色景致。领队应熟悉土耳其的情况，做好此次出行的领队服务。

任务清单：

1.熟悉土耳其的自然地理（位置、地形、气候、自然资源等）。

2.熟悉土耳其的人文地理（人口、民族、语言等）。

知识要点

土耳其概况

一、位置

土耳其共和国是一个横跨欧亚两洲的国家，面积78.36万平方千米，其中97%位于亚洲的小亚细亚半岛，3%位于欧洲的巴尔干半岛。北临黑海，南临地中海，东南与叙利亚、伊拉克接壤，西临爱琴海，并与希腊以及保加利亚接壤，东部与格鲁吉亚、亚美尼亚、阿塞拜疆和伊朗接壤。

二、地形与地貌

小亚细亚半岛为高原地形，最大的高原是安那托利亚高原，高原海拔最低1 524米，最高1 981米，地势东高西低。位于土耳其东北边界附近的亚拉拉特山的海拔高达5 165米，是土耳其最高峰。幼发拉底河与底格里斯河发源于此，从境内穿过向东南流去，为沿岸农业和城市提供水源。土耳其地处安纳托利亚断层带，位于非洲板块和欧亚板块之间，两个板块相对移动形成的断层是地震多发带，因此土耳其地震频繁。

三、气候

土耳其的气候类型变化很大。东南部较干旱，中部安纳托利亚高原比较凉爽，为大陆性气候；西部的马尔马拉海、爱琴海和地中海地区为地中海型气候。一般来说，土耳其的夏季长，气温高，降雨少；冬季寒冷，寒流带来了降雪和冷雨。果园、麦田和水库储有充沛的雨水，去海滩游玩的人可以享受充足的日照。

四、自然资源

矿产资源丰富，主要有花岗石、大理石、硼、铬、钍和煤等，总值超过2万亿美元。其中，花岗石和大理石储量占世界40%，品种数量均居世界第一。三氧化二硼储量7 000万吨，价值3 560亿美元；钍储量占全球总储量的22%；铬矿储量1亿吨，居世界前列。此外，黄金、白银、煤储量分别为516吨、1 100吨和155亿吨。石油、天然气资源匮乏，需大量进口。水资源短缺。

五、人口与民族

土耳其人口8 528万（2023年2月），土耳其族占80%以上，库尔德族约占15%；城市人口占总人口的70.5%。

六、语言

官方语言为土耳其语。

七、国旗与国徽

土耳其国旗呈长方形，长与宽之比为3∶2。旗面为红色，靠旗杆一侧有一弯白色新月和一颗白色五角星。红色象征鲜血和胜利；新月和星象征驱走黑暗、迎来光明，象征幸福和吉祥。

土耳其没有官方的国徽，由一个有很多政府机构使用的标志所代替。

八、行政区划

土耳其行政区划等级为省、县、乡、村。全国共分为81个省。

九、时差

土耳其的首都安卡拉位于东三区，比北京时间晚5个小时。

职场模拟演练

在领队说明会上，请你从自然地理和人文地理的角度简单介绍一下土耳其的国情，让游客对目的地国家有一个大致的了解。

任务2　车上讲解/与游客交谈

任务导入

对应岗位：领队

情境描述：2023年2月6日，土耳其发生7.8级地震，地震对土耳其经济的影响是巨大的。经济学家和投资者表示，重建成本可能达到数百亿甚至数千亿美元。领队应熟悉土耳其的经济情况，为游客进行讲解说明。

任务清单：

1.熟悉土耳其重要历史时期的大事件。

2.了解土耳其的国体和政体。

3.了解土耳其经济现状。

知识要点

土耳其简史和政治、经济概况

一、简史

● 土耳其人史称突厥，自8世纪起由阿尔泰山一带迁入小亚细亚。

● 13世纪末建立奥斯曼帝国。

● 16世纪达到鼎盛期。

● 20世纪初沦为英、法、德等国的半殖民地。

● 1914年奥斯曼帝国在第一次世界大战中加入同盟国作战，1918年战败。根据《凡尔赛和约》，土耳其丧失了大片领土，土崩瓦解。

● 1919年，凯末尔领导民族解放战争反抗侵略并取得胜利。

● 1923年10月29日建立土耳其共和国，凯末尔当选首任总统。

二、政治

土耳其的政治体制是议会制共和制，奉行多党制。行政权由政府行使，立法权属于政府及土耳其大国民议会，司法则独立于行政及立法。国家首领称为总统。总统任期五年，由国民议会选举产生。

三、经济

土耳其属发展中国家，私有和公有经济成分并存，主要以农业和制造业为基础。虽然国内生产总值增长快于人口增长，但人均国内生产总值仍低于欧洲国家。自20世纪80年代实行对外开放政策以来，土耳其经济实现跨越式发展，在农产品、纺织品、汽车、船只及其他运输工具、建筑材料和家用电子产品领域皆居领先地位。土耳其的私人部门已有显著发展，然而国有企业在工业、银行业、运输及通信领域仍占有重要地位。

职场模拟演练

从本任务情境描述的话题中任选一个，作为与游客的谈资，帮助游客更好地了解土耳其和土耳其社会。

任务3　线路产品设计/产品特色推广/沿途导览/景区讲解

任务导入

对应岗位：计调/销售/领队

情境描述：谈到饮食，导游抛给游客的问题是“茶叶人均消费量全球排名第一位的是哪个国家？”答案竟是土耳其！对于来自茶叶故乡的中国游客来讲，这个答案有点尴尬。土耳其茶文化起源于古丝绸之路的中国，经过发展与改良，形成了自己独特的红茶文化。土耳其人煮茶讲究茶汤的色泽，红如玛瑙，不带杂质。喝茶方式简单直接，灌注而下，端杯呷啜，一如土耳其游牧民族热情豪放的民族性格。如果说中国茶引发的是淡泊、静谧、悠远的意境的话，土耳其红茶带给人的则是热烈、奔放、和睦的感受。

任务清单：

1. 了解土耳其的重要节日。
2. 熟悉土耳其民居的典型特点。
3. 熟悉土耳其的饮食文化。
4. 了解土耳其的传统服饰特点。
5. 熟悉土耳其人的礼节。

知识要点

土耳其民俗文化

一、重要节日

- 新年：1月1日
- 国家主权和儿童日：4月23日

●青年和体育节：5月19日
●民主和国家团结日：7月15日
●胜利日：8月30日
●共和国成立日：10月29日

二、民居

在土耳其卡帕多西亚，众多巨大石灰岩石笋拔地而起，当地人就在这些石笋上凿洞，挖出房间，挖出窗子。有的地方依照地势，做出阳台，修建台阶。人们将一个个石头砸成自己理想的样式，根据石头的形状建筑成布局各异的石洞院落。每一户居民的房型都不会重复，也成了小镇一道道亮丽的风景线。不少居民的房屋是在一块巨石之中，如今建筑水平的提升能够让当地人打造更好的石头房子，更容易分割出卧室、餐厅、厨房，甚至花园和客厅。白天家家户户炊烟袅袅，鸡犬相闻，完全是一种卡通片般的岁月静好，到晚上灯光点点，又好像是外星人基地和一座座飞船。正因如此，这里成为世界文化遗产，游客蜂拥到这里，要体验一下在这样的石笋屋子里住一晚的感觉。因此，当地村民经营民宿，家家都生活富足。

三、饮食

土耳其菜是世界上顶级的菜系之一，与法国菜、中国菜等菜系并列。土耳其在地理位置上的天然优势造就了它的食物也是非常丰富多彩的，拥有着许多特别的口味。

土耳其家庭平日的早餐是简单的，但周末全家聚在一起的早餐则是丰盛的大餐，由许多不同的食物组成；午餐通常是由季节性菜肴、汤、沙拉等组成，不提供以肉类为主的菜肴，以及甜点；晚餐通常是与家人享用，更精致、更丰富。晚饭后9点到10点左右还会吃一种叫“yatsilik”的大餐点，其中最常见的一些食物是季节性新鲜水果、李子干、无花果、干果浆（葡萄、杏或桑葚），以及开心果、杏仁、烤鹰嘴豆、烤南瓜籽和葵花籽、核桃和榛子等坚果。土耳其人喜欢喝红茶、浓咖啡。

四、服饰

土耳其人的传统衣着为：男子头戴红色的高筒毡帽或呢帽，身穿长袍与灯笼裤。妇女则面罩黑纱，身着黑袍与灯笼裤。随着土耳其社会的发展，这种传统的穿着打扮在日常生活中已不多见。现代土耳其人的着装基本上已经西方化。男子大都着西装。在民间，土耳其男人十分讲究蓄须。其不同的式样，往往代表不同的年龄和地位。土耳其妇女则一般不再面罩黑纱，她们通常喜欢穿鲜艳的上衣和花哨的灯笼裤，但是不穿无袖上衣和西式短裤。进入清真寺做礼拜时，她们必须全身被包裹起来。

五、礼节

土耳其是伊斯兰国家，进入清真寺须脱鞋及保持肃静。土耳其人至今仍极崇敬其国父凯末尔将军，不论公司商号还是政府机关均悬挂有凯末尔的相片。在土耳其拜访，要尽量提前预约，准时赴约。

职场模拟演练

在去往土耳其特色风味餐厅的路上，领队向游客介绍世界三大美食国家之一土耳其的饮食文化，可以和中国菜肴、茶饮等对比讲解。

任务4　线路产品设计/产品特色推广/沿途导览/景区讲解

任务导入

对应岗位：计调/销售/领队

情境描述：跟团游的行程基本是伊斯坦布尔、卡帕多西亚、以弗所、安塔利亚等城市，有爱好人文历史的游客让导游介绍些侧重于历史文化遗址的景点，导游推荐到内姆鲁特山（海拔2 134米）看日出，山顶是古代科默金王国国王安梯奥彻斯一世为自己修造的陵墓；去安卡拉的安纳托利亚文明史博物馆看赫梯王国的宝物；去泽乌玛马赛克博物馆看精美的马赛克……

任务清单：

1.了解土耳其旅游市场现状。

2.从文化角度了解土耳其的世界遗产。

3.熟悉土耳其的食、住、行、游、购、娱等旅游业基本情况。

知识要点

土耳其旅游业

一、旅游业概况

旅游业是土耳其外汇收入重要来源之一。特洛伊、以弗所等古城遗址和卡帕多西亚、棉花堡是主要风景名胜地。中国和土耳其分别位于古丝绸之路的东西两端，政治、经济和文化贸易方面的交往历史悠久。2011年，正值中土建交40周年之际，我国开通首条中土航线，促进两国政治、经贸、文化及旅游等多个领域的交流与合作。尽管中国游客在土耳其整体市场所占份额还很小，但发展势头强劲。目前，中国是土耳其最主要客源国之一，市场潜力巨大。

二、世界遗产

自土耳其1983年3月11日加入《保护世界文化与自然遗产公约》的缔约国行列以来，截至2018年，经联合国教科文组织审核被批准列入《世界遗产名录》的土耳其世界遗产共有18项。土耳其世界遗产数量明细见表6-2-1。

遇见世遗6-2

土耳其

表6-2-1　土耳其世界遗产数量明细

遗产数量	文化遗产	文化景观遗产	自然遗产	混合遗产	其中	跨国遗产	濒危遗产	除名遗产
18	14	2	0	2		0	0	0

三、旅游线路示例

旅游线路示例见表6-2-2。

表6-2-2　旅游线路示例

线路1（跟团游）	土耳其10日深度游
D1重庆	航班
D2重庆—多哈—伊斯坦布尔	蓝色清真寺—圣索非亚大教堂—伊斯坦布尔“大巴扎”
D3伊斯坦布尔—恰纳卡莱	博斯普鲁斯海峡—托普卡帕故宫
D4恰纳卡莱—Foca小镇—库萨达斯	特洛伊古城—Foca小镇—Kircilar观看皮衣秀
D5库萨达斯—帕姆卡莱	以弗所古城—棉花堡—希拉波利斯古城
D6帕姆卡莱—卡帕多西亚	卡帕多西亚—苏丹哈迈古驿站
D7卡帕多西亚	卡帕多西亚当地民居家中饮茶—土耳其热气球—地毯博物馆—蘑菇谷、骆驼岩、乌奇萨要塞、猎人谷—格雷梅博物馆—珠宝加工厂—地下城—阿瓦诺斯土耳其特色陶瓷—土耳其肚皮舞表演
D8卡帕多西亚—安卡拉	图兹湖—安纳托利亚文明博物馆—阿塔图尔克博物馆
D9安卡拉—多哈	安卡拉自由活动 航班 多哈珍珠岛—卡塔拉文化村—伊斯兰艺术博物馆—多哈瓦其夫市场
D10多哈—重庆	航班
线路2（自由行）	土耳其小全景8日游
D1伊斯坦布尔	蓝色清真寺—圣索菲亚大教堂—托普卡帕故宫—博斯普鲁斯海峡
D2切什梅—阿拉恰特—伊兹密尔—库萨达斯	切什梅市海滨休闲区—以弗所古城—库萨达斯
D3代尼兹利—费特希耶	希拉波利斯和帕穆克卡莱—棉花堡—石灰华梯田
D4费特希耶—卡什	费特希耶滑翔伞—卡普塔斯海滩—卡什小镇
D5卡什—安塔利亚	阿斯潘多斯圆形剧场—哈德良门—罗马海港—卡莱伊奇老城区
D6卡帕多西亚	格雷梅镇—卡帕多西亚ATV
D7卡帕多西亚	卡帕多西亚热气球—阿瓦诺斯镇—乌奇希萨多尔城堡—精灵烟囱—格雷梅日落观景台
D8卡帕多西亚—伊斯坦布尔	多尔玛巴赫切宫—塔克西姆广场—独立大街—大巴扎

四、餐食

1.早餐：酒店西式自助餐、便携式早餐盒。

2.正餐：地中海风味料理、当地特色炖肉陶瓮料理、土耳其馅饼、船形比萨、土耳其肉卷饼、炸鱼、布尔萨（Bursa）烤肉、土耳其炒肉、陶罐牛肉。

五、住宿

团队旅游入住的是相当于国际标准四星级或五星级酒店，通常有海滨酒店、特色温泉酒店、洞穴酒店等类型。卡帕多西亚格雷梅镇的洞穴酒店是新晋的旅游热门打卡地。格雷梅镇是卡帕多西亚地区最古老的村落之一，曾是《星球大战》的取景地，也因此也被称为“地球上最像月亮的地方”，其中的一大特色就是洞穴酒店。格雷梅镇是卡帕多西亚地区的游客大本营，从伊斯坦布尔、安卡拉、安塔利亚等主要城市开出的长途大巴车都在这里停靠。小镇上聚集了众多极富特色的洞穴酒店，每处酒店都有一个高高露台，在此可以看到不远处的奇特地貌——“仙人烟囱”（fairy chimneys）。镇旁边的山上是观赏日落的绝佳地点。夜晚的格雷梅镇也很漂亮，沿着山坡排开的酒店灯火，点缀在深蓝色的夜空中，安静的街道间只有狗吠和人们小声交谈的声音，让人安心。

六、交通

（一）机场和航空公司

我国游客赴土耳其旅游通常使用的机场是土耳其伊斯坦布尔国际机场，即阿塔图尔克国父机场，它是土耳其与外界沟通的重要门户。伊斯坦布尔国际机场在世界机场中排名第八位，可以接待300多家航空公司的班机。每天接待乘客的数量高达82 000多人，起降飞机的数量超过700架。机场设施十分完善，有机场大巴来回穿行，可连接机场与市区之间的交通。

我国游客赴土耳其旅游可以从北京、上海、广州、成都、武汉、香港直飞伊斯坦布尔。可以选择的航空公司有中国南方航空、土耳其航空等。

（二）境内交通

1.火车：土耳其国铁以东方快车闻名，但线路不够完善，车次也不多。如果从土耳其国内其他城市去往伊斯坦布尔，可以搭乘长程巴士。土耳其国铁票价便宜，特别是卧铺，在设备上不输给欧洲火车。伊斯坦布尔和安卡拉是两个最大的火车起讫站，伊斯坦布尔的锡尔凯吉车站是前往欧洲的国际列车发车站。

2.城际大巴：土耳其的道路网络广泛且维修很好，连接伊斯坦布尔和安卡拉的高速公路，再加上两座博斯普鲁斯大桥，就构成了伊斯坦布尔的迂回道，使得往来欧亚变得非常方便。土耳其的长途巴士非常发达，路网多而密，新型车多，有冷气且禁烟。

3.租车：如果自驾进入伊斯坦布尔市区，就要承受相当大的交通压力。和大部分国际都市一样，伊斯坦布尔堵车相当严重。

七、游览

（一）主要旅游城市

主要旅游城市介绍见表6-2-3。

表 6-2-3 主要旅游城市介绍

城市	简 介	代表景点
安卡拉	●土耳其首都，西方原称其为安哥拉，1930年土耳其政府更名为安卡拉。 ●土耳其政治、经济、文化、交通和贸易的中心，也是一座历史悠久的古城，从罗马帝国、拜占庭帝国到奥斯曼帝国统治时期，都是重要的政治、军事和商业中心，1923年成为土耳其共和国首都。 ●安卡拉在小亚细亚半岛上安纳托利亚高原的西北部，海拔900米，临萨卡里亚河支流安卡拉河	土耳其国父陵；安卡拉城堡；安纳托利亚文明史博物馆；罗马剧场；罗马浴室遗迹；阿塔图尔克广场
伊斯坦布尔	●土耳其最大的城市和港口、工商业中心和主要的旅游胜地，也是欧洲最大的都会区之一。 ●是一个同时跨越欧、亚两大洲的名城，位于黑海和马尔马拉海之间的博斯普鲁斯海峡及金角湾横贯其中。控制了黑海的进出，自古以来就是兵家必争之地。 ●伊斯坦布尔风光秀丽、古迹繁多、交通便利、商业发达，是一座世界著名的旅游城市	托普卡帕故宫；苏雷曼尼亚清真寺；圣索菲亚大教堂；蓝色清真寺；加拉太塔；地下水宫；博斯普鲁斯海峡大桥等
伊兹密尔	●土耳其第三大城市，第二大港，旧称“士麦那”，位于安纳托利亚高原西端的爱琴海边。 ●重要的工业、商业、外贸、海运中心之一，也是历史文化名城、旅游胜地和军事要塞	以弗所古城；塞尔苏斯图书馆；阿尔忒弥斯神庙；塞尔丘克小镇；希林杰小镇；哈德良神庙；切什梅城堡等
布尔萨	●旧称“布鲁萨”，位于土耳其西北部，是该国第四大城市，位于丝绸之路上，自中国传入蚕桑，誉称“丝绸之城”。 ●夏季雪融，为城市提供充足用水，农业发达，种植蔬菜、水果、玉米和向日葵，遍植桑树，有“绿色布尔萨”之称。 ●全国纺织工业中心，有棉、毛纺织和丝织业、地毯业。布尔萨以滑雪胜地、奥斯曼帝国苏丹陵墓和肥沃的平原而闻名，它还是许多著名土耳其食品的发源地	朱玛勒克兹克小镇；绿色清真寺；乌鲁清真寺；乌鲁达山；奥斯曼式建筑等

（二）主要旅游资源

主要旅游资源介绍见表6-2-4。

表 6-2-4 主要旅游资源介绍

旅游资源	简 介
爱琴海	●位于土耳其的西部，与地中海相连。爱琴海岛屿众多，共有大小约2 500个岛屿，又有“多岛海”之称，其中大部分岛屿属于西岸的希腊，一小部分属于东岸的土耳其。 ●爱琴海岸有着土耳其最为秀丽的自然景观，清澈的海水轻拍迷人的海岸，橄榄树林、悬崖绝壁、苍松翠柏掩映着宽阔的沙滩。 ●牧歌式的渔村散落于平民疗养地和拥有5 000年历史文化与神话遗产的古代文明之中

续表

旅游资源	简　介
卡帕多西亚	●位于安卡拉东南方向的奈乌谢伊尔，是300万年前埃尔吉耶斯山和哈桑山两座巨大的火山喷发造就的奇特景观。格雷梅国家公园汇聚了奇特地貌的精华。 ●开凿的洞窟最早是公元前4000年当地人用以居住的。拜占庭时代教会和修道院也开凿了一些洞穴，有的作为教堂使用，其中金色的壁画和周围的自然环境相互映衬，亦真亦幻
科贾泰佩清真寺	●坐落在首都安卡拉市中心科贾泰佩区，是中东地区最大的清真寺之一，1988年正式揭幕对外开放。 ●该寺由主建筑与附属设施两部分组成，占地面积为3万平方米。清真寺主建筑从地面到穹顶的高度为47.7米，有4座宣礼塔。 ●可供2.4万人同时做祈祷
圣索菲亚大教堂	●位于伊斯坦布尔，建于东罗马皇帝查士丁尼统治时期（532—537年），是世界上唯一由神庙改建为教堂并由教堂改为清真寺的建筑，现在称为阿亚索菲亚博物馆。 ●教堂主体呈长方形，占地面积近8 000平方米。中央大穹顶直径32.6米，穹顶离地54.8米，通过帆拱支撑在四个大柱墩上。 ●内部空间丰富多变，装饰富丽堂皇。大主教宝座以纯银制成，祭坛上悬挂丝与金银混织的窗帘，被称为现代世界“七大奇迹”之一
托普卡帕故宫	●坐落于伊斯坦布尔的一个叫“皇宫鼻”的山顶上，1478年建成，是奥斯曼帝国鼎盛时期25位苏丹住过的宫殿。土耳其共和国成立以后，将其改为博物馆，也是土耳其最大的博物馆。 ●宫殿占地70万平方米，四周有5 000米长的宫墙环绕。整个宫殿有7座大门：4座朝陆地，3座朝海洋，主门面对圣索菲亚教堂。 ●全宫分3个内苑，四旁环绕着成组的宫室，其中有名的建筑有：1472年建筑的彩石砖阁、谒见厅、保留着先知穆罕默德圣物的圣堂、为纪念1638年攻下巴格达而建的精致的巴格达亭等。 ●托普卡帕故宫博物馆分瓷器馆、土耳其国宝馆、历代苏丹服饰馆、古代刺绣馆、古代武器馆、古代钟表馆等，还有一座图书馆及书法展览室
艾菲索斯古城	●位于伊兹密尔市东南40千米处，大约在公元前1000年由居住在安纳托利亚高原西端爱琴海沿岸的爱奥尼亚人兴建。 ●目前世上保存最好和最大的希腊罗马古迹城，由127根石柱环绕，其中36根有精美的雕刻，与阿尔特米斯神殿同列为古代世界七大奇迹
佩尔格古城遗址	●位于距安塔利亚18千米的佩尔格，在公元前1500年是小亚细亚东部和叙利亚北部一个部族赫梯人的聚居地。 ●佩尔格古城始建于公元前3世纪，历经希腊、罗马、基督教时期，是地中海地区保存最完整的古城市，有圆形残塔、罗马式剧场、体育场、浴场、集市和神殿等。古城遗址已经成为土耳其十大露天博物馆之一，是游人穿越时空、探访古迹之旅的重要旅游目的地

八、购物

（一）场所

在土耳其旅游主要的购物场所有珠宝展示中心、地毯展示中心、陶瓷专卖店、皮衣专卖店、糖果专卖店、大巴扎等。

（二）购品

游客在土耳其旅游主要购买的商品有手工制珠宝类（如蓝宝石、绿宝石、黄金饰品等）；皮革制品类（如皮革服装、手提包、腰带、皮鞋等）；地毯类（如丝绸地毯、围毯、车毯、墙上挂毯等）；服饰类（如大披肩、丝巾等）；手工艺品类（如海泡石烟斗、陶瓷手工艺品等）；食品类（如糖果等）。

九、娱乐

（一）观赏土耳其肚皮舞表演

土耳其是肚皮舞的发源地之一。土耳其音乐吸收了吉普赛风格的快速的鼓点节拍。相比于埃及音乐的绵长悠扬、回环曲调和重复吟唱，土耳其音乐高低起伏较大，明快流畅，节奏鲜明，风格自由奔放。现代风格的土耳其肚皮舞音乐受西方影响较大，在传统的土耳其音乐中加入了电子音乐元素，在那一份大漠古韵中又增添了一份现代时尚感，因而更符合现代人的审美品位。舞蹈和音乐自成一体，土耳其风格肚皮舞也具有同样洒脱、外向的品质。

（二）乘坐卡帕多西亚热气球

土耳其的热气球闻名遐迩，作为世界上热气球观光的三大胜地之一，卡帕多西亚之所以广受热气球观光客的青睐，是因为这里拥有类似月球地表的独特地貌，当热气球飘浮至500米以上的高空时，是俯瞰“月球表面”的最佳视角。

热气球观光项目通常附带上迎接日出，从高空俯瞰卡帕多西亚，褶皱的山脉、弯曲的河流、散落的村庄，仿佛都在迎着日出缓缓升腾，好像进入了一个如梦似幻的美妙世界。热气球对风向和天气的要求都很严格，在卡帕多西亚，每年4—10月的日出时分，土耳其天气晴朗，是热气球的最佳飞行时间。同时，日出前后气流相对较为稳定，风力、气温、能见度都合适，有利于热气球飞行。

（三）体验土耳其浴

土耳其浴是利用浴室内的高温，使人大汗淋漓，再用温水或冷水淋浴全身，达到清除污垢、舒活筋骨、消除疲劳的目的。浴室内，有一批被称为“坦拉克”的专业按摩师。沐浴者舒展四肢躺卧在“肚皮石”上，双手涂满橄榄油的按摩师便在他身上推、拿、揉、按，使其全身皮肤微红，血脉流畅，沐浴者顿觉浑身轻松，舒适无比。土耳其人进浴室大都带一个丰盛的食品盒，装着羊肉串、腰子、酸奶、榛子等食品。沐浴后，新朋旧友聚在一起，边吃喝边聊天，然后各自回到更衣室的单间，美美地睡上一觉，直到太阳西下才回家。

伊斯坦布尔的恰阿奥卢浴室建于1714年。19世纪英国画家汤姆斯阿隆曾来此游历，绘制了大名鼎鼎的《恰阿奥卢浴室》铜版画，此画作在欧洲各国广为流传，恰阿奥卢浴室也成为土耳其浴的象征。

旅游贴士6-2

土耳其

育德启智 6-1　　共建“一带一路”合作给土耳其民众带来实实在在的利益

土耳其巴赫切谢希尔大学教授赛达特·艾巴尔日前接受新华社记者专访时表示，在“一带一路”框架下，土中两国在各个领域展开了务实合作，这切实促进了土耳其经济发展，给土耳其民众带来实实在在的利益。

艾巴尔说，越来越多的中国公司在土耳其投资兴业，特别是在基础设施、交通、高科技和金融等领域。“巴库—第比利斯—卡尔斯”跨国铁路2017年开通后，中国和土耳其之间货运时长缩短一半以上。2020年底，土耳其首列对华出口商品货运班列满载货物抵达中国西安。“随着时间推移，列车班次成倍增长，促进了土中贸易发展。”中国企业还为土耳其1915恰纳卡莱大桥的建设作出了贡献，中国蜀道集团下属四川路桥中标了大桥的钢箱梁安装分项工程。

艾巴尔指出，除了基础设施和交通运输业，中方还在土耳其对高科技和金融业进行投资。华为土耳其公司2002年在土耳其开展业务，支持土耳其信息和通信技术生态系统发展，包括5G和AR技术。小米、OPPO和vivo等中国智能手机制造商也在土耳其进行直接投资，为土耳其民众创造了成千上万的就业机会。

中国工商银行（土耳其）股份有限公司的成立是中土合作在金融业最重要的举措之一。自2015年营业以来，工银土耳其已经为“一带一路”框架下的几个重大项目提供了融资，促进了土耳其经济、工业和社会发展。

采访中，艾巴尔高度评价中国在环境保护、民生和航天等领域取得的成就，以及在减贫和维护世界和平稳定等方面对全球的贡献。他还强调了当习近平主席2013年提出“一带一路”倡议后，土耳其第一时间积极响应，认为这并不只是从政治角度出发响应“一带一路”，更是从全人类发展角度对其给予积极回应，因为它是一个和平的倡议。

资料来源：王峰. 专访：共建“一带一路”合作给土耳其民众带来实实在在的利益——访土耳其巴赫切谢希尔大学教授艾巴尔［EB/OL］.［2023-06-27］. https: //www.yidaiyilu.gov.cn/p/256364.html.

思政元素：合作共赢；全人类发展；和平之路

学有所悟：党的二十大报告指出：“推动共建‘一带一路’高质量发展。”“一带一路”倡议不仅推动了互联互通，带动了沿线各国经济发展，而且促进了各国人民的相互了解，更带来了稳定的“和平之路”。

职场模拟演练

在线测评 6-2

土耳其

1. 车上导览——利用既有线路中的一天，查看路线，进行车上沿途风光讲解。

2. 购物指导——购物环节有保健品店、化妆品店等，通过查找相关资料，为游客做好购物方面的指导。

3. 景区导览——选择一个城市、一个景区或一项世界遗产，融入相关文化要素，介绍给游客。

模块小结

中东地区地处欧、亚、非三大洲的交通要道，素有世界石油宝库之称，也是世界三大宗教的发源地，丰富而独特的民俗风情和宗教文化古迹、海滨、沙漠、死海等奇特的自然景观，构成了神秘而诱人的旅游吸引地。埃及和土耳其是中东地区客源相对比较集中的两个国家，人文体验和自然风光都丰富多彩，穿行撒哈拉沙漠，触摸金字塔，拜谒古老的神庙和清真寺；沐浴地中海，红海，黑海和博斯普鲁斯海峡的海风……足以把感慨、感叹、感动做成“木乃伊”永远封存。

我的习得与思考

参考文献及网址

[1] 顾至欣，朱丽. 出境旅游目的地国家概况 [M]. 北京：中国旅游出版社，2023.

[2] 王昆欣，饶华清. 中国旅游客源地与目的地概况 [M]. 5版. 北京：高等教育出版社，2023.

[3] 王佩良. 中国主要旅游客源国与目的地概况 [M]. 北京：旅游教育出版社，2023.

[4] 苏莹莹，翟崑. 马来西亚蓝皮书：马来西亚发展报告（2022）[M]. 北京：社会科学文献出版社，2023.

[5] 中国旅游研究院. 中国出境旅游发展年度报告（2022）[M]. 北京：旅游教育出版社，2022.

[6] 赵利民. 旅游客源国（地区）概况 [M]. 5版. 大连：东北财经大学出版社，2021.

[7] 张金霞，王越. 中国主要旅游客源国与目的地国概况 [M]. 武汉：华中科技大学出版社，2021.

[8] 中国政府网，https：//www.gov.cn.

[9] 中华人民共和国外交部，https：//www.fmprc.gov.cn.

[10] 中国旅游研究院，https：//www.ctaweb.org.cn.

[11] 中国社会科学院旅游研究中心，http：//trcchina.cssn.cn.

[12] 新华网，http：//www.news.cn.